MES INSCRIPCIONS

1352

PARIS. — TYP. DE E. PLON, NOURRIT ET Cⁱᵉ, RUE GARANCIÈRE, 8.

MES INSCRIPCIONS

JOURNAL INTIME

DE RESTIF DE LA BRETONNE
(1780-1787)

PUBLIÉ D'APRÈS LE MANUSCRIT AUTOGRAPHE
DE LA BIBLIOTHÈQUE DE L'ARSENAL

AVEC PRÉFACE, NOTES ET INDEX

PAR

PAUL COTTIN

PARIS
LIBRAIRIE PLON
E. PLON, NOURRIT ET Cie, IMPRIMEURS-ÉDITEURS
Rue Garancière, 10.

1889

FAC-SIMILÉ

DU MANUSCRIT AUTOGRAPHE

DE RESTIF DE LA BRETONNE.

Fac-similé d'un tiers de page (voir notre page 281, § 980) du manuscrit autographe de Restif de la Bretonne.
Hauteur du fragment de l'original : 0ᵐ,08. — Largeur : 0ᵐ,21.

PRÉFACE

I

NOTRE MANUSCRIT ; UTILITÉ ET OPPORTUNITÉ
DE SA PUBLICATION.

LE manuscrit autographe de Restif a été découvert dans le dépôt des Archives de la Bastille, à la Bibliothèque de l'Arsenal.

On sait que les papiers saisis par la police étaient versés, plus tard, à la Bastille. Comment l'œuvre de Restif a-t-elle pu s'y trouver? Sans doute à la suite d'une descente faite, pour tout autre motif, chez un imprimeur ou un éditeur, ou même chez un simple particulier : agité par des craintes perpétuelles, il avait la manie de cacher ses manuscrits hors de son logis[1]. Cependant, il ne fut point inquiété, et n'eut point à souffrir de perquisition chez lui, avant le 14 juillet 1789.

L'aspect de ces notes écrites au jour le jour, souvent heure par heure[2], serrées sur

---

1. Voir *Mes Inscripcions*, § 552, p. 128, et § 580, p. 140.
2. V., par exemple, le § 695, p. 188 ; au moment de sortir, il écrit : « Je vais savoir l'heure de Beaumarchais. » En rentrant, il ajoute : « Je ne l'ai pas sue. »

PRÉFACE.

un papier rugueux, presque illisibles par endroits, confirme ce que Restif dit lui-même : à l'exemple de Beaumarchais, il ménageait incroyablement le papier[1].

Leur déchiffrement n'a point été la moindre difficulté de notre tâche, encore compliquée par un grand nombre d'abréviations spéciales dont la clef ne s'obtient qu'à la longue[2]. Nous avons rétabli le texte le plus souvent possible[3].

Il comprend une période qui s'étend du 1ᵉʳ janvier 1780 au 19 août 1787, et ne forme pas plus de cinquante-six feuillets in-quarto, cotés 972 à 1028 et divisés en 1164 paragraphes. Suivent deux feuillets, chiffrés 1202-1203.

Dans ses promenades quotidiennes sur les quais de l'île Saint-Louis, Restif avait pris la bizarre habitude de tracer des inscriptions

---

[1]. V. *Monsieur Nicolas*, édition Liseux, t. XI, p. 163. Cubières-Palmézeaux et de Humboldt rapportent que cette habitude lui avait fait une réputation d'économie. Elle est, d'ailleurs, celle de presque tous ceux qui font des travaux de recherches et procèdent par notes.

[2]. Avertissons, à ce propos, nos lecteurs, qu'ayant suivi scrupuleusement le manuscrit, nous avons dû, parfois, comme Restif l'avait fait par erreur, répéter les numéros des paragraphes; que les renvois à *Monsieur Nicolas* s'appliquent à l'édition Liseux, beaucoup plus facile à se procurer que l'édition originale (nous avons, toutefois, été obligé de renvoyer à cette dernière pour le volume renfermant la *Morale*, la *Religion* et la *Politique*, car il n'a pas été réimprimé); que les personnages cités ayant pu figurer dans plusieurs notes, il sera bon de se reporter à l'index pour les éclaircissements.

[3]. Ce texte différera, par là, quelque peu de celui de notre *Revue rétrospective* de 1886, où nous l'avons publié pour la première fois. (*Revue rétrospective*, recueil de pièces intéressantes et de citations curieuses, cinquième semestre et suiv. Bureaux, 55, rue de Rivoli.)

commémoratives sur la pierre des parapets. Les paragraphes 1 à 551 donnent le relevé en bloc de ces inscriptions, commencé le jour où il s'aperçut qu'une main malveillante les effaçait. Le reste constitue le journal proprement dit [1].

Sur la première page, on lit : VII, MES INSCRIPCIONS.

Que contenaient les six chapitres précédents?... Probablement ce dont il est question au début de *Monsieur Nicolas* :

« Quelques faits, qui ne sont pas dans les *Époques*, se trouveront dans sept morceaux intitulés : *Mes affaires, Mes maladies, Ma physique, Ma morale et ma doctrine, Ma politique, Mon calendrier, Mes Contemporains*, MES DATES, enfin dans le *Drame de la vie*, articles qui formeront le complément de l'*Histoire* [2]. »

Plus loin, après avoir parlé succinctement de ses maladies, Restif ajoute :

« Après cet article de *Mes Maladies*, il serait naturel de donner ici celui de *Mes Affaires*, mais elles me semblent suffisamment exposées dans le cours de mon histoire. Quant à mes INSCRIPCIONS ou DATES, que je comptais placer ensuite, elles auraient peut-être intéressé quelques personnes; mais mon ouvrage est déjà

---

1. Le chevalier de Cubières-Palmézeaux, dans sa notice de l'*Histoire des compagnes de Maria*, réimprimée en tête de la *Bibliographie de Restif de la Bretonne*, par Paul Lacroix, fait allusion à l'habitude de Restif « d'écrire tous les soirs, en rentrant chez lui, ce qu'il avait vu ou entendu dans la journée ».

2. *Monsieur Nicolas*, t. I, p. 43. En ne comptant pas le *Drame de la vie*, qui forme un volume à part, cela fait huit morceaux.

trop volumineux. D'ailleurs, ces INSCRIPCIONS ou DATES ont servi de base à tous les détails où je suis entré[1]... »

Ceci n'est pas tout à fait exact, car les répétitions dans le récit n'ont jamais fait reculer Restif. La vraie raison fut le manque de fonds : les huit tomes de *Monsieur Nicolas* avaient paru de 1794 à 1797, époque où les souscripteurs qui n'avaient point encore payé se trouvaient incapables de le faire, les uns parce qu'ils étaient absents, d'autres parce qu'ils étaient ruinés, d'autres enfin parce qu'ils avaient péri sur l'échafaud. Aussi les derniers volumes ne furent-ils tirés qu'à cent cinquante ou deux cents exemplaires, tandis que les premiers l'avaient été à quatre cents.

Le défaut d'argent contraignit donc Restif à résumer, à ne donner qu'un aperçu de ses *Maladies*[2], à se contenter de ce qu'il dit de ses *Affaires* dans la partie intitulée: *Mes ouvrages*[3], à n'imprimer que deux pages de *Mes Contemporains*, qui n'eussent point formé le chapitre le moins curieux de ses mémoires[4], et à mettre absolument de côté *Mes Inscripcions*.

De ces sacrifices, le plus dur fut sans doute le dernier, car il considérait *Mes Inscripcions* comme le complément indispensable du plus important de ses ouvrages, de *Monsieur Nicolas* : « Elles peindront mieux, dit-il, l'état de mon cœur que les plus éloquents discours. »

« Désormais, dit-il encore au § 459 de notre

---

1. V. *Monsieur Nicolas*, t. XI, p. 206.
2. V. *Monsieur Nicolas*, t. XI, p. 193.
3. V. *Monsieur Nicolas*, t. XIV.
4. V. ces deux pages, t. VIII, p. 4829, de la 1re édition.

manuscrit, je ne ferai mon histoire que par le journal de ma vie, écrit en abrégé sur la pierre de l'Ile Saint-Louis. »

Ce passage montre ce qu'il faut penser du prétexte que nous avons réduit à sa juste valeur, quand il voulait expliquer la non-publication des *Inscripcions*.

Enfin ces dernières font, dans sa pensée, si bien partie intégrante de *Monsieur Nicolas* qu'il y renvoie dans le passage suivant[1] : « Voyez les deux extraits (du *Journal de Paris* et des *Affiches de Province*) page ooo. » Le numéro de la page est resté en blanc parce que *Monsieur Nicolas* n'était point encore imprimé, mais on les trouve à la page 103 du tome XIV.

Le § 1164, qui termine *Mes Inscripcions*, en marque-t-il la fin ? Avons-nous un manuscrit complet, ou plusieurs feuillets ont-ils été perdus ?

La perte d'un certain nombre de feuillets semble probable, car nous verrons qu'en 1788, peut-être même au début de la Révolution, Restif continuait à écrire sur l'Ile Saint-Louis. De plus, un carnet ou *Memento*, sur lequel il jetait des notes relatives à ses ouvrages, et dont nous aurons à reparler[2], renferme une page d'inscriptions conduisant jusqu'au 2 mars 1788. Il suit de là que notre feuillet 1027, qui s'arrête au 19 août 1787, ne peut être le dernier du manuscrit.

Quant à ceux qui sont chiffrés 1202-1203,

---

1. V. *Mes Inscripcions*, § 546.
2. V. page 323.

ils font, croyons-nous, partie du « *Grand état de mes affaires* » dont il est question au § 548.

Complet ou non, l'ouvrage offre un intérêt incontestable. Vainement objecterait-on qu'il rapporte certains faits déjà connus par *Monsieur Nicolas* : cette répétition n'en prouve, au contraire, que mieux la sincérité de l'autobiographie de Restif; elle démontre que *Monsieur Nicolas*, si incroyable que paraissent ses aveux, n'est point une histoire fabriquée à plaisir, ni même « romanisée », selon l'expression de l'auteur. Il faut l'accepter comme un récit authentique peignant « un homme tout entier ». A ce point de vue, Restif fut bien fondateur de l'école naturaliste.

Quelle différence, d'ailleurs, entre cet ensemble de notes écrites pour saisir au vol une idée, garder mémoire d'un dîner, d'un malaise ou d'un rendez-vous, soulager sa colère ou adoucir son chagrin, quelle différence entre cette reproduction instantanée du fait et la narration écrite à tête reposée, avec les développements et les digressions dont l'auteur était coutumier?

Et non seulement on y trouve la preuve de la sincérité de *Monsieur Nicolas*, mais on y voit bien mieux ce que Restif, au milieu de préoccupations de toutes sortes, conservait de tendresse pour ses enfants, d'énergie pour son travail, luttant contre la censure, contre la critique hostile, contre l'homme indigne que sa fille aînée avait épousé malgré lui. On ne peut voir également que là comment il trouvait, de plus, le temps de fréquenter le monde, les théâtres, de secourir quelques infortunes, et — car il faut tout dire — de satisfaire son irrésistible penchant pour les galantes aventures.

« Maudit, s'écrie-t-il, soit celui qui n'ose parler de lui-même parce qu'il n'a que des vices et des platitudes recouvertes d'orgueil! Maudit soit celui qui redoute le sourire niais des sots!... Maudit soit celui qui n'ose avouer ses défauts et qui veut pédantesquement passer pour un être parfait! J'en ai avoué plus d'un et j'en confesserai de bien plus graves, dans un autre ouvrage (*Monsieur Nicolas*). D'où vient ne parlerais-je pas de moi? Connais-je quelqu'un aussi bien que je me connais? Si je veux anatomiser le cœur humain, n'est-ce pas le mien que je dois prendre[1]?... »

Nous ne croyons pas que les *psychologues* de notre temps aient fait une profession de foi plus carrée, et nous ne sommes pas les premiers à le constater : M. R. Vallery-Radot le reconnaît aussi, et il prédit le développement progressif du « moi philosophique » dans un article du *Temps*[2]. Il y voit une conséquence logique du mouvement qui porte la seconde partie de notre siècle vers les journaux intimes, autobiographies et confessions. Il remarque qu'avec les progrès de la science, « sur les champs de bataille comme dans les luttes politiques, où tout se décide maintenant à coup de chiffres formidables, la personnalité humaine est de plus en plus écrasée ». Que

1. V. *Nuits de Paris*, p. 2511.
2. 11 mars 1886.

se passe-t-il dans l'âme de l'individu, annihilé par la force brutale de la matière? « Par un singulier contraste, par une sorte de revanche psychologique, ce *moi* entraîné comme un fétu de paille dans un courant de fatalité, est un *moi* plus pensant et plus souffrant que jamais. Assistant soit à la soustraction, soit à la ruine de ses efforts, il se réfugie dans un état permanent et aigu de sensibilité. Il s'étudie, il se regarde, il s'écoute vivre. Et ce qu'il cherche en dehors de lui, ce qui l'attire encore chez les autres, c'est cette même préoccupation d'individualisme..... » Ce besoin « d'enquête d'âme » est tellement impérieux que, si le récit émane d'un témoin obscur ou même d'un simple comparse, il n'en éveille que plus la curiosité, parce qu'il donne, « au lieu de la rhétorique sonore, à grand orchestre, des bulletins de victoire, la notation même d'un sentiment vraiment humain... »

En recherchant les précurseurs de l'école, M. Vallery-Radot salue, au passage, le « moi révolutionnaire » de Rousseau, le « moi bourgeois » de Marmontel, et il arrive au « moi paysan de Restif de la Bretonne, dans les premiers livres de *Monsieur Nicolas* ». Il ne s'occupe pas des derniers, où se trouve le *moi humain*. Mais M. Jules Assézat leur avait déjà rendu justice, en principe. Voici ses conclusions[1] :

« Les seuls livres durables, ceux que la postérité recherchera toujours, ce sont les documents historiques, biographiques ou autres. Tout livre qui n'a pas des qualités littéraires

---

1. Introduction des *Contemporaines du commun*.

extraordinairement supérieures ou qui n'apprend rien sur une époque, une famille, un homme, disparaîtra à juste titre. L'histoire se refait tous les cinquante ans, et une histoire, si bonne qu'elle soit, ne tient pas lieu des mémoires particuliers. La science a besoin de nouveaux interprètes tous les quinze ans, au moins : leurs prédécesseurs sont déjà démodés; le roman, le théâtre, à part quelques exceptions, suivent la mode. Il ne reste, au bout d'un siècle, et il ne restera éternellement de livres que ceux dans lesquels la préoccupation de bien dire aura cédé devant celle de dire quelque chose de neuf et d'original.

« Or, Restif a dit quelques-unes de ces choses. Quand il n'aurait fait que se montrer lui-même, il serait toujours recherché par les curieux, les seuls lecteurs sur lesquels il faille compter, dans l'avenir, et par les philosophes, qui n'auront jamais trop de pièces authentiques pour créer cette science si difficile, si compliquée, à peine ébauchée : la science de l'homme. »

Si *Monsieur Nicolas* a cette valeur, on peut l'attribuer plus encore à *Mes Inscripcions*, qui méritent, à coup sûr, encore mieux le sous-titre du *Cœur humain dévoilé*. Elles ont un autre mérite : leur concision nous épargne les peintures libres, multipliées dans le grand ouvrage. Quelques mots seulement, la plupart en latin, donnent de ce « demi-vieillard » une assez triste idée. C'est surtout ici que Restif a raison, quand il dit que, loin de vouloir « amabiliser » le vice, son but a été d'en montrer les conséquences funestes.

Grimm, plein de dédain pour l'auteur du *Pornographe*, dont il avait oublié jusqu'au nom, a fini par lui faire amende honorable, quand « cet original » devint un homme célèbre. Il lui appliqua, alors, non sans justesse, le vers d'Horace :

Cum flueret lutulentus, erat quod tollere velles.

Un certain nombre de critiques contemporains qui n'ont point de paroles assez amères pour en accabler Restif et les malavisés qui s'occupent de lui penseraient comme Grimm, s'ils se donnaient la peine de le lire, et de le lire sans parti pris. Ils cesseraient de le traiter, à *priori*, d' « écrivain cynique, dénué de toute espèce de talent », et de le renvoyer « à ses lecteurs ordinaires ».

La critique littéraire du milieu de ce siècle fut moins sévère, parce qu'elle apprécia sans subir l'influence de certains milieux. Le *Rousseau du ruisseau*, comme on l'appelait encore, fut relu à tête reposée. Des écrivains estimés firent revivre son nom dans des études spéciales. Le premier fut Gérard de Nerval[1]. Vinrent ensuite Charles Monselet[2], Paul Lacroix[3], Jules Assézat[4], Jules Soury[5].

1. V. ses articles sur *Les Confidences de Nicolas*, dans la *Revue des Deux Mondes* de 1850. Ils ont été réimprimés dans *Les Illuminés ou les Précurseurs du socialisme* (1852).
2. V. *Restif de la Bretonne, sa vie et ses amours* (1854).
3. V. *Bibliographie et iconographie de Restif de la Bretonne* (1875).
4. Introductions des extraits des *Contemporaines mêlées*, des *Contemporaines graduées*, des *Contemporaines du commun* (1875-76).
5. Étude publiée dans le *Temps* et reproduite dans les *Portraits du dix-huitième siècle* (1879).

PRÉFACE.   xj

Le prix des œuvres de Restif semble avoir monté proportionnellement. Vers 1850, à un étalage de la rue Touraine Saint-Germain (aujourd'hui rue Larrey), on achetait à quatre sous les volumes du *Cœur humain* et des *Posthumes* qui le complètent, dans une certaine mesure. Dix ans après, le libraire Alvarès, qui avait publié le volume de Monselet, revendait huit francs ce qui avait coûté vingt centimes. Éditée par Fontaine, la publication de Paul Lacroix détermina un second mouvement de hausse, en 1875. Dès lors, on peut dire que les productions originales de Restif firent prime à la Bourse de la librairie. Il y eut, un moment, de fortes exagérations; on parla d'un exemplaire complet de Restif à vingt mille francs[1]. Aujourd'hui, on est beaucoup plus calme, mais le mouvement qui porte des délicats et des curieux à étudier ses œuvres et à les réimprimer, s'accentue. *Le pied de Fanchette*[2], *Monsieur Nicolas ou le Cœur humain dévoilé*[3], *La vie de mon père*[4], *Le paysan et la paysanne pervertis*[5], ont été, tout récemment,

---

1. L'œuvre complète de Restif est d'ailleurs presque impossible à rencontrer, et la Bibliothèque nationale est loin de la posséder. On cite à peine un ou deux bibliophiles qui l'aient réunie.

2. Publié en 1881 par M. Octave Uzanne, dans la collection des *Petits conteurs du dix-huitième siècle*.

3. Quatorze volumes in-8° (1883). On en avait extrait et publié à part, en 1881, l'épisode de *Louise et Thérèse*, de même qu'on a publié à part, en 1885, l'*Histoire de Sara*, sous le titre de *Sara ou l'amour à quarante-cinq ans*.

4. Publiée en 1884. M. Assézat cite une autre réimpression de cet ouvrage, parue en 1848, dans une collection de *Romans chrétiens*.

5. Bruxelles, 1883, 4 vol. in-8°. Une autre édition, en 2 vol., a paru dans la même ville en 1886.

b

les objets d'éditions nouvelles. L'an dernier encore, un journal quotidien donnait en feuilletons une *adaptation* du *Paysan-Paysanne*[1].

Toutefois, ces réimpressions ne semblent pas devoir rendre à Restif la grande popularité qui fit, jadis, contrefaire les *Contemporaines* en Allemagne. Le goût du gros public est ailleurs, visiblement. Mais notre auteur n'en intéresse que davantage et il intéressera toujours les lecteurs d'ordre plus relevé, qui recherchent les *documents humains,* comme on les appelle avec justesse, et qui demandent exclusivement aux livres le tableau fidèle de leurs temps. Pour ceux-là, le roman devient, en quelque sorte, un complément *vécu* de la science ethnographique. La tendance a des côtés sérieux qui ne lui font pas redouter les caprices de la mode, et l'étude de mœurs sincère tend de plus en plus à prendre place dans les *varia* de l'histoire.

C'est, à nos yeux, ce qui a tiré et ce qui tirera toujours Restif de l'oubli.

II

RESTIF DE 1734 A 1788.

La vie de Restif est très connue. Nous nous bornerons à la résumer jusqu'à l'époque où finissent *Mes Inscripcions*.

---

[1]. Elle a paru dans le *Gil Blas*, puis en volume (1888), par les soins de M. Maurice Talmeyr. Il serait à souhaiter qu'on entreprît un travail du même genre pour les *Nuits de*

Nicolas-Edme Restif, né à Sacy, village situé à une demi-lieue de Vermenton, le 23 octobre[1] 1734, était l'aîné des enfants d'un premier mariage. Il ne prit le nom de La Bretonne qu'après ses premiers succès.

Tout en gardant les troupeaux, il avait, à onze ans, trouvé le moyen d'apprendre à lire, et feuilletait déjà la Bible.

C'était un enfant doux et timide que les filles du pays aimaient à taquiner et qui s'enfuyait à leur approche. Une ou deux aventures eurent bientôt fait de le rendre plus hardi.

Un jour, arrive au village le cousin Jean Restif, avocat : il interroge le jeune pâtre et reconnaît en lui des dispositions pour l'étude.

Son père l'envoie auprès de l'abbé Thomas, fils de sa première femme, sous-maître des enfants de chœur, à Bicêtre. Le séjour n'y fut point long : l'expulsion des Jansénistes arriva et obligea l'abbé Thomas à reprendre le chemin d'Auxerre. Nicolas fut placé chez un autre frère, curé de Courgis, qui lui fit commencer le latin.

C'est à Courgis qu'il vit Jeannette Rousseau, à laquelle il n'adressa qu'une seule fois la parole, ou pour mieux dire quelques mots balbutiés. Son souvenir ne le quitta jamais.

Une querelle avec ses frères le ramène au logis paternel : on le met en apprentissage chez un imprimeur d'Auxerre, M. Parangon.

Paris, pleines de renseignements sur les mœurs et l'histoire de la fin du dix-huitième siècle. — Complétons la nomenclature des réimpressions en citant le *Monument du costume* (1876), texte revu par M. Ch. Brunet, préface de M. A. de Montaiglon.

1. V. note 2, page 137. Il est mort le 3 février 1806.

Voir sa femme, la « céleste Collette », et en devenir éperdument amoureux, est bientôt fait. Encouragé par un Cordelier sceptique nommé Gaudet d'Arras, vaincu d'ailleurs par des sens déjà prompts à s'enflammer, l'apprenti fait violence à sa maîtresse. Malgré le relâchement de ses mœurs, il pense plusieurs fois à se marier. La vertueuse Parangon, qui lui a pardonné, va jusqu'à lui promettre la main de sa sœur Fanchette.

L'apprentissage fini, il quitte Auxerre et entre à l'Imprimerie royale de Paris. Peu satisfait du directeur Anisson Duperron, qui, paraît-il, exploitait ses ouvriers, il passe à l'atelier de Knapen, puis de Quillau.

L'ouvrage vient à manquer. Le voilà réduit à l'existence la plus misérable, quand arrive une lettre de M. Parangon qui lui offre une place de prote chez lui. C'était le salut ! Il accepte et court à d'autres infortunes. Mme Parangon était morte. Son mari, instruit de l'outrage fait à son honneur, avait juré de se vénger à sa manière, en attirant son ancien ouvrier à Auxerre et en lui faisant épouser une fille perdue, Agnès Lebègue.

Il faut lire *La femme infidèle* pour se rendre compte de ce qu'était cette Agnès, avant comme après le mariage. Toutefois la haine, qu'elle partage avec son gendre, « l'infâme Augé », contre lequel Restif semble avoir eu de sérieux griefs, pourrait être moins méritée en ce qui la concerne. Les accusations dont il l'accable ont rencontré des sceptiques. Grimod de la Reynière affirme l'avoir entendue parler de son mari en termes convenables et même élogieux. Il est, cependant, assez invraisemblable que tout soit de l'invention de Restif; il faut remarquer aussi qu'après la séparation des deux époux, leurs filles vinrent se réfugier chez lui au lieu de suivre leur mère.

Si on lui reproche d'avoir manqué de fermeté, il répond que son état précaire l'obligeait à fermer les yeux : « J'étais trop pauvre et trop occupé, dit-il, pour la mettre à la raison[1]. » On pourrait ajouter qu'il donna lui-même l'exemple d'une infidélité presque continuelle.

La publication de *La femme infidèle*, qui reproduit les lettres d'Agnès à ses amants et dont la honte retombe sur lui aussi bien que sur elle[2], ne peut s'expliquer que par son acharnement à dire la vérité. Ah! s'il avait eu entre les mains la lettre suivante que madame Lebègue mère[3] écrivait après le mariage à l'une des sœurs de son gendre : « Ma fille a toujours été fausse; elle a toujours été orgueilleuse et vaine. Elle a toujours été coquette, tant pour la mise que pour agacer les hommes... Elle a un défaut plus essentiel encore, c'est la fureur d'écrire à tort et à travers tout ce qui lui vient à l'esprit. » Et elle ajoute, cette mère prudente : « Je puis le dire, à présent qu'elle est mariée, aux parents de son mari! »

---

1. *Monsieur Nicolas*, t. X, p. 51.
2. *La femme infidèle* est un des ouvrages les plus rares de Restif. Mais on peut lire, dans *Monsieur Nicolas*, de nombreux détails sur le compte d'Agnès.
3. A l'égard de la mère, V. *Monsieur Nicolas*, t. IX, p. 108.

Il devait apprendre, en effet, qu'à ses autres défauts, elle joignait celui de se croire du génie littéraire. *La Femme infidèle* reproduit des pièces de théâtre et des vers de sa façon, ce qui peut expliquer pourquoi elle parut, à Grimod de la Reynière, aimer son mari, dont la réputation flattait sa vanité. Le monde est plein de ces oppositions de sentiments. Sa manie d'écrire donne lieu à une plaisante sortie de Restif, dans *Monsieur Nicolas* : quelqu'un avait découvert, dans une de ses lettres, une pensée de Mme Deshoulières ; la trouvaille fut un prétexte à compliments qui agacèrent Restif : « Et moi aussi, s'écrie-t-il, j'ai les mêmes pensées, les mêmes expressions, que nos plus grands hommes ! J'écris *tolérance* et *philosophie*, comme Voltaire ; *mère* et *nourrice*, comme Rousseau ; *Rome* et *Chimène*, comme Corneille ; *Hippolyte* et *Britannicus*, comme Racine ; *Lovelace* et *Clarisse*, comme Richardson ; *Manon Lescaut*, tout comme Prévost. Je dîne et je vais à la garde-robe, comme Turenne, et cependant je n'en suis pas plus fier ! »

Pour en revenir à ses infortunes conjugales, Restif ne pouvait accuser que lui-même. Avant son mariage, les preuves de facilité qu'Agnès lui avait personnellement données lui eussent ouvert les yeux s'il ne s'était point laissé aveugler volontairement par les sens[1]. Il en convient : « Jamais Poinsinet ne fut mystifié comme je me mystifiai moi-même. »

La rupture avec son patron était inévitable :

---

1. V. *Monsieur Nicolas*, t. IX, p. 82.

elle suivit de près la cérémonie. Restif revint à Paris en qualité de prote.

Son premier séjour dans la capitale avait été marqué par des aventures de toute sorte avec des femmes de tout genre : ouvrières, courtisanes, grandes dames même. Le second ne différa guère du premier auquel il ressembla aussi sous le rapport de la misère. Les désordres d'Agnès augmentèrent les charges du ménage, qui ne tarda pas à se désunir. Chacun vécut de son côté : elle, avec ses adorateurs, Joubert, Fontanes et autres; lui, avec toutes les femmes, surtout ses amies les modistes des rues de Grenelle ou Saint-Denis. Son bonheur était d'intriguer par des billets doux « pliés en éventail », et de donner des sérénades anonymes.

En même temps il se liait avec des hommes de lettres rencontrés chez ses libraires : Sébastien Mercier, Beaumarchais, la Reynière, Rivarol, Sylvain Maréchal. *Mes Inscripcions* montrent en quels termes il était avec eux.

Elles commencent avec la liaison de Restif et de Sara Debée, fille de son hôtesse de la rue de Bièvre, qui peut passer pour une ancêtre de *Madame Cardinal*. Cette liaison lui a fourni un épisode de *Monsieur Nicolas* et le sujet de *la Dernière aventure d'un homme de quarante-cinq ans*. Rien de plus simple que l'histoire de Sara, jeune personne coquette et dressée à cette fin par sa mère. L'étude est curieuse par la vérité avec laquelle sont mis en scène les divers personnages : Restif, Sara, Butel-Dumont, trésorier de France, censeur royal et économiste; Lavalette, avocat et censeur royal. Les acteurs sont d'une vie telle, qu'on est de l'avis de l'auteur quand il appelle ce chapitre « le plus dévoilant du *Cœur humain* ».

Les Sara ne sont point rares en ce monde. La publication de son aventure lui valut des confidences. Il en concluait que les hommes et les femmes avaient à peu près les mêmes aventures, ayant les mêmes passions[1], et qu'en faisant sa propre histoire, il avait fait celle du genre humain.

Au point de vue du mérite littéraire de l'ouvrage, nous ne saurions mieux faire que de donner l'appréciation de l'abbé de Fontenay :

« En lisant *la Dernière aventure d'un homme de quarante-cinq ans*, le ton de vérité qu'on y trouve étonne, saisit et donne de la confiance. Il est impossible de mentir ainsi. On y voit des inégalités, des répétitions, mais on sent que ces défauts sont naturels à l'homme fortement affecté, qui trace journée à journée les effets de la passion funeste qui le tourmente. Si l'on trouve des lettres dans le récit, on sent qu'un romancier les eût faites autrement et l'on se dit : *Ces lettres sont vraies*. Si l'éditeur cite des histoires épisodiques, elles ne sont ni de son style ni de son *faire*. S'il peint l'amour, ce n'est pas une jolie chimère, c'est la réalité. S'il peint la jalousie, le désespoir, le lecteur, entraîné, sent le désespoir et la jalousie. On est convaincu que l'écrivain trace ce qu'il a éprouvé. C'est le principal mérite de

---

1. V. *Monsieur Nicolas*, t. XI, pp. 150, 165. Le tome XIX des *Contemporaines*, 2ᵉ édition, renferme des lettres de Butel-Dumont qui « jettent un jour sur la *Dernière aventure* ».

cette production, écrite, du reste, par bonds et par sauts : le style en est tantôt vif, tantôt prolixe, diffus, languissant : même alors, il est pittoresque et montre l'âme affaissée de l'écrivain, qui se peint lui-même[1]. »

Pour se consoler de ses déceptions amoureuses, notre homme de quarante-cinq ans se promet de chercher le bonheur « dans d'autres soins que ceux d'un ridicule amour ». Le premier de ses soins est une visite à Mlle de Saint-Léger, femme auteur, jeune et jolie, qui possède une autre qualité essentielle pour lui : elle l'admire ! Comme elle n'a pas lu *la Dernière aventure*, Restif s'empresse d'offrir un exemplaire. La lettre de remerciement ne répond pas à son attente : c'est une critique amère. Il n'aime pas qu'on discute le fond ni la forme de ses œuvres ! Une rupture est la conséquence de la franchise de Mlle de Saint-Léger.

La vie laborieuse de l'écrivain est, ici, détaillée par le menu ; et ce menu ne peut qu'intéresser tous ceux qui ont passé par là. Ils verront Restif conduire à bonne fin plusieurs ouvrages à la fois et, se souvenant de son ancien métier, les composer parfois lui-même à la casse[2]. Ils le suivront dans ses démêlés

---

1. *Affiches de province*, 12 avril 1783.
2. S'il ne composait pas ainsi des ouvrages entiers, il en composait, du moins, des passages, « et ces endroits, faits à la casse, sans copie, sont toujours les meilleurs, les mieux écrits, les mieux pensés ». (*Revue des ouvrages*. Cette *Revue* se trouve à la suite de certains exemplaires de la *Paysanne pervertie* et des *Figures du paysan*.)

avec la censure, dans ses rapports avec les éditeurs, avec ses confrères, dont plusieurs, nous l'avons dit, portent des noms illustres. Grimod de la Reynière l'invite à ses soupers. Nous aurons à reparler du célèbre gastronome, à propos des promenades de l'île Saint-Louis[1].

Non moins curieuses sont les polémiques avec les « sous-feuillistes », c'est-à-dire les journalistes ou les auteurs assez criminels pour lui marchander l'enthousiasme. Il traite, dans sa colère, l'abbé Geoffroy d' « appareilleur de l'*Année littéraire* », Fréron et les Fréronistes de « vils automates »; Nougaret, d' « insecte littéraire ». Il ne cesse de poursuivre l'*insecte* de ses sarcasmes et de ses imprécations[2]. Restif ne pardonnait pas à Nougaret une « note infâme » parue dans sa « rapsodie », intitulée : *Le tableau mouvant de Paris*.

Parmi les ouvrages à la préparation desquels on assiste, citons :

Les Contemporaines, seconde édition. Elle est beaucoup plus curieuse que la première, à cause des lettres originales, notes, additions

---

[1]. Le journal de Restif est intéressant pour les amis de l'histoire de Paris; aussi avons-nous mis des notes à la plupart des noms de rues, monuments, hôtels, jardins, etc. Nous avons été aidé dans ce travail par M. Paul Lacombe, auteur de la *Bibliographie parisienne*. (Paris, Rouquette, 1887, in-8°.

[2]. Nougaret était cependant l' « Aristarque » qu'il s'était choisi pour la correction de son premier manuscrit, celui de *La famille vertueuse* (V. *Monsieur Nicolas*, t. IX, p. 217). Mais il paraît qu'il était devenu jaloux après la publication du *Paysan* (il avait publié en 1777 une *Paysanne pervertie*), et qu'il « ameuta tous ses *co-boulevaristes* » contre son ancien protégé. (V. *Monsieur Nicolas*, t. XI, p. 72.)

qu'elle renferme. Nous l'avons eue sous les yeux pour notre travail et pouvons affirmer qu'elle abonde en renseignements, non seulement sur Restif, mais sur les mœurs de son temps.

Monsieur Nicolas, « le plus intéressant, le plus utile de ses ouvrages », vient ensuite. Les sept premières pages en furent écrites le 14 novembre 1783. C'est un anniversaire qu'il n'a garde d'oublier. Il l'interrompt bientôt pour commencer *Oribeau*, « mal à propos intitulé par l'éditeur *Les veillées du Marais* ».

Les Françaises, quatre volumes terminés en vingt-six jours[1] !

Les fautes sont personnelles, comédie bâclée en trois jours. Mais que de remaniements à cette pièce ! Que de difficultés avec le théâtre, que d'entraves de toute espèce, pour aboutir à un échec ! A cette époque, Restif était piqué de la tarentule dramatique. Il n'eut que des soucis avec *La Fille naturelle*, *La Cigale et la Fourmi*, *Le Jugement de Pâris*, *Sa mère l'allaita* !! Aucune de ces pièces ne fut représentée, du moins sur la scène, malgré la protection de Beaumarchais et de Mercier. Alors comme aujourd'hui, on n'arrivait au théâtre qu'à force de persévérance et de souplesse.

Mais Restif avait plus d'une corde à son arc : il s'attaquait à la linguistique comme aux questions sociales. Notre manuscrit, et c'est un de ses mérites, donne des fragments du *Glossographe*, qui devait compléter la série des *Idées singulières*, et qui ne parut point : ils

---

[1]. *La paysanne pervertie* l'avait été en un mois.

s'ajouteront aux passages assez nombreux imprimés dans différents ouvrages.

Un autre projet qui ne fut jamais mis à exécution et dont il a dit à peine un mot dans les *Françaises*[1], est celui d'un *Journal contradicteur*, dirigé contre les journalistes et destiné à venger de leurs « bévues » les gens de lettres. Il fallait des fonds pour faire vivre ce périodique : Restif ne parvint pas à s'entendre ni avec le censeur De Montlinot, ni avec le comte de Béhague qui goûtaient fort son plan, mais qui, selon lui, voulaient une part un peu trop *léonine* dans les intérêts à venir.

C'est vers la même époque qu'il entreprend *les Parisiennes* et achève *la Femme infidèle* « commencée depuis longtemps! » Puis il conçoit l'idée du *Hibou spectateur nocturne*, dont il modifie plusieurs fois le titre, avant de trouver celui des *Nuits de Paris*; il assemble les matériaux des *Provinciales*, transformées ensuite en *Année des dames nationales*. Enfin il reprend, de temps à autre, le *Monsieur Nicolas* qu'il conduit jusqu'à la page 925, atteinte le 20 août 1785[2].

On n'aurait pas une idée complète du personnage, si on le croyait absorbé par ces nombreux travaux. Restif touche, en même temps, à mille choses, sans perdre une minute, allant et venant dans Paris, pour ses affaires comme pour ses amours, malgré la promesse qu'il s'était faite, après le mécompte de Sara. Renoncer à l'amour! C'eût été, pour lui, renoncer à la vie!

---

1. V. page 169, note 2.
2. V. § 534, p. 120.

En 1786, il est dans les filets de Félicité Mesnager, qui lui fournit « la dernière de ses grandes aventures ». Cette fois, l'erreur est de courte durée : d'un âge et d'une condition différente de celle de Sara, M¹¹ᵉ Mesnager joue un rôle identique auprès de lui, mais il n'en est pas la dupe : « Chose étonnante, écrit-il, même enthousiasme, même discours que Sara sur Lavalette!.. Je me suis senti très-refroidi. » (V. le § 735, p. 210.) Du reste, il n'a même plus l'illusion d'une réciprocité de sentiments qui est l'apanage ordinaire de la jeunesse.

Ses passions sont réduites à la satisfaction la plus vulgaire. Et pourtant! Ne le voit-on pas s'occuper encore de sa belle Londo, de M¹¹ᵉ Poinot, des ouvrières de la rue de Grenelle! Par exemple, il lui faut, désormais, se contenter de voir et de se montrer[1], en renonçant à de plus amples faveurs.

Les indications de travaux amoureux et littéraires sont entremêlées, dans son journal, du récit de ses infortunes conjugales, et surtout de ses querelles avec Augé. Ici, le doute n'est pas possible comme à l'égard de sa femme. Ce gendre est un misérable de la pire espèce[2]. La Reynière, qui ne ménageait point la vérité à son ami, et que nous avons vu défendre Agnès Lebègue, est sans pitié pour lui : « Je ne puis concevoir qu'un misérable, tel que

---

1. M. Soury, dans ses *Portraits au dix-huitième siècle*, remarque avec raison que Restif était de la race des « exhibitionnistes ». Il aimait à attirer l'attention sur sa personne, à s'exhiber. Cette manie est très caractérisée chez certains hommes; elle l'est à un haut degré chez lui.

2. Voir, pour les détails sur Augé, le § 586, p. 144.

celui qui vous tourmente, puisse avoir autant d'influence sur le bonheur d'un homme de génie... Il rendait votre fille malheureuse, vous l'avez soustraite à ses mauvais traitements : qu'avez-vous dorénavant à démêler avec lui ? Laissez-le clabauder tout à son aise... c'est un reptile qui s'agite dans sa fange. Ne lui laissez pas la satisfaction de croire qu'il vous rend infortuné : abandonnez-le à sa propre infamie. Vous l'avez fait connaître aux magistrats, à vos amis : vous n'avez rien à redouter de ses insultes, ni de ses propos. Il sera bien plus humilié par votre mépris que par votre vengeance. L'aigle qui plane dans les champs du soleil doit-il être troublé du coassement des grenouilles qui vivent dans le limon des marais ? Mettez plus de confiance dans les lois. Je vous répons qu'il ne se portera à aucun attentat contre votre personne. Je sais qu'il est veillé de près, et que, sans que vous vous en mêliez, il ne tardera pas à recevoir le châtiment qui vous est dû. »

Mais il désapprouve fortement Restif d'avoir dévoilé les noirceurs de son gendre dans *La Femme infidèle* et *Ingénue Saxancour* : « Vous n'avez pas vu qu'en couvrant de boue un homme qui, depuis longtemps, ne peut plus même être déshonoré, il en rejaillissait une grande partie sur votre fille même... Si jamais elle devient veuve, qui voudra d'une femme ainsi souillée et dont vous avez rendu la honte publique[1] ? »

---

[1]. Lettre du 20 septembre 1786, 2ᵉ édition des *Contemporaines*, et *Drame de la vie*, appendice.

Restif trouvait des compensations à ses malheurs domestiques chez ses filles Agnès et Marion.

Toutes deux étaient jolies. La seconde avait été surnommée « figure de vierge » par un ami de son père, le chevalier de Saint-Mars. Elle possédait « la qualité la plus essentielle des femmes, celle de donner aux malades les soins les plus doux ». Fort instruite, elle servait de secrétaire à son père et philosophait, à l'occasion, pour son propre compte. C'est encore la Reynière qui nous l'apprend : « Mlle Marion m'a fait l'honneur de m'écrire, le 11 mai, une lettre de dix pages in-folio très-serrées, que j'ai mis près de trois heures à lire. Il me faudrait trois jours pour y répondre... Je vous prie de faire agréer mes excuses à cette aimable et *philosophe* demoiselle [1]... »

Elle épousa son cousin Edmond, fils de Pierre Restif, resté laboureur à Sacy [2], et Agnès, après son divorce avec Augé, se remaria avec M. Vignon, dont les descendants existent encore aujourd'hui [3].

Toutes deux se conduisirent admirablement à l'égard de leur père, elles lui firent sentir « les douceurs de la paternité [4] », qu'il savait apprécier et qu'il méritait par la tendresse dont il les entourait, par le mal qu'il s'était

---

1. Lettre du 20 septembre 1786.
2. *Monsieur Nicolas*, t. XI, p. 158.
3. Le petit-fils de Restif, Victor Vignon-Restif de la Bretonne, est l'auteur du *Paria français*, le traducteur des *Poésies latines* de Rosvith, etc. Il est mort vers 1862, laissant deux enfants.
4. *Monsieur Nicolas*, t. XI, p. 42.

donné pour elles : « Hô comme il est des infortunés qui se privent du bonheur ! Je le sens mieux que personne (8 janvier 1788), en recevant les tendres soins de mes deux filles ! Puissent-elles être heureuses, et veuille le Ciel leur rendre un jour la double récompense de leur piété filiale [1] ! »

Aux deux grands chagrins de son existence, causés par sa femme et par son gendre, il faut en ajouter un troisième qui prenait une énorme importance à ses yeux : nous voulons parler des poursuites et des insultes des « poliçons » de l'île Saint-Louis qui, poussés peut-être par Augé, et certainement par le malin plaisir de tourmenter un vieillard d'étrange aspect, effaçaient ses inscriptions de dates sur les quais ! Le pauvre homme n'en dormait plus. Ses plaintes au commissaire de l'île ne produisaient aucun effet. Sa seule consolation était de les consigner sur ses cahiers, à côté de ses diatribes contre les ouvriers.

Ouvrier lui-même, il les connaissait mieux que personne et il avait le droit de les juger. Aussi quelle tristesse en voyant des anciens camarades abandonner leurs ateliers ! « Désolé contre les imprimeurs, s'écrie-t-il en 1788. Il n'est plus possible de faire travailler [2]... Aucun ouvrier ne travaille pour moi, aujourd'hui mercredi soir : le délire, la débauche, l'insubordination sont montés au comble [3] !... »

Puis il constate le mal qu'ont fait aux arti-

---

1. *Nuits de Paris*, p. 2902.
2. V. § 829, p. 240.
3. V. § 878, p. 255.

sans certaines théories[1]; on croirait ces lignes écrites d'hier : « 7 *novembre* 1785. — Il faut avouer qu'en tout pays, ce qu'on nomme le *peuple*, est un animal bien féroce! Je suis paysan, on connaît ma façon de penser sur le peuple et sur les grands; mais s'il faut dire ici, et sans humeur, ce que je pense, c'est que tous nos humanistes pourraient bien ne savoir ce qu'ils disent. Depuis quelque temps, les ouvriers de la capitale sont devenus intraitables parce qu'ils ont lu, dans nos livres, une vérité trop forte pour eux : que l'ouvrier est un homme précieux. Depuis qu'ils l'ont lue, cette vérité, ils paraissent prendre à tâche de la rendre un mensonge, en négligeant leur travail, et en diminuant de valeur au moins de la moitié : c'est ce qu'on entend dire aux maîtres de toutes les professions : « Nous ne faisons pas autant d'ouvrage, cette année, avec le double de bras, qu'il y a deux ans[2]. »

Cette autre mention prouve que les atteintes à la liberté du travail ne sont point d'invention récente : « 18 *septembre* 1786. — ...Vu les mâçons battre un des leurs qui voulait travailler, rue Couture[3]... »

Nous verrons plus loin comment il partait

---

1. Les *Nuits de Paris* (p. 2342) contiennent quelques pensées de Restif. En voici deux sur les ouvriers : « Honorer l'écolier, c'est le rendre paresseux; honorer l'ouvrier, c'est en faire un important. — Dites au sot qu'il est trop soumis, il devient insolent; dites à l'ouvrier qu'il travaille trop, il ne fera rien. » *Mes Inscriptions* renferment aussi des pensées justes sur l'amour (V. § 158); sur le monde (§§ 73, 86), etc.
2. V. § 554, p. 130.
3. V. § 842, p. 243.

de là pour prédire la Révolution. Et il ne se trompait pas.

III

LA RAISON DES INSCRIPTIONS.

Il est temps de parler des inscriptions singulières qui occupent, dans ce livre, la première place. Nous remonterons à leur origine, nous montrerons l'importance qu'avait, pour Restif, son innocente manie. L'exposé documentaire de son caractère viendra ensuite : il achèvera de faire comprendre son enfantillage. Nous entrerons, à ce propos, dans des détails bien minutieux, parce que ces minuties peuvent, seules, donner une idée exacte du personnage.

Restif, étant ouvrier imprimeur à Auxerre, avait coutume, pour s'attirer les bonnes grâces des filles de la ville, de composer, en leur honneur, des poésies qu'il leur remettait, après les avoir soigneusement transcrites sur des cahiers.

Voici le titre du premier :

Nicolai Edmundini Annæ Augustini Restifii Saxiacensis carmina quæ cecinit in vitæ suæ infortuniis. Primus codex, anno 1752[1].

Tout ce qui n'était point vers, dans ces ca-

---

1. Vers chantés par Nicolas-Edme-Anne-Augustin Restif, de Sacy, dans les malheurs de sa vie. Livre premier, année 1752.

PRÉFACE. xxix

hiers, *Codices* ou *Memoranda*, comme il les appelait, était écrit en latin, langue que les leçons de l'abbé Thomas et plus encore son application au travail lui avaient rendue familière. Elle avait pour but de dérouter les profanes. C'est la découverte d'un de ses cahiers qui lui avait valu une mercuriale de son frère et l'avait contraint de regagner le domicile paternel.

A Courgis, Jeannette Rousseau fut l'objet d'une de ses premières inscriptions sur le fameux *Codex*, dont nous ne soutenons pas, bien entendu, la latinité, à commencer par *Russica*. La voici intégralement :

Adoranda illa Russica prima mihi cor movit. Reputabam intus, die festo, in delubro Kurgiacæo, quæ mihi magis placeret amica. Species formaque jamjam visebantur, statura quidem, habitusque. Cùm hæc in mene volvebantur, ecce ad communionem accedentem Johannam deabus formosiorem aspicio. Amo statim, dein ardeo, sæpeque furo. Hæ Kurgisii evenere annis 1748. 9. 50[1].

L'extrait suivant des *Codices*, reproduit dans le *Drame de la vie*, rentre tout à fait dans le style des Dates de l'île Saint-Louis :

DATES DE MES CAHIERS, DE 1752 A 1754.
Annus est cùm hic adfui primum. 14 Julii 1752[2].

---

1. Cette adorable Rousseau fut la première qui fit battre mon cœur. Je songeais, un jour de fête, dans l'église de Courgis, à l'amie qui me plairait le plus. Je voyais déjà son extérieur, sa figure, sa taille, sa mise. Pendant que je me livrais à ces réflexions, voici Jeannette qui, plus belle que les déesses, s'approche pour communier. Je l'aime aussitôt, puis la passion me dévore, et souvent même je délire. Ces événements se passèrent à Courgis en 1748-9-50.
2. Il y a un an que j'arrivai ici, 14 juillet 1752. (V. *Mes Inscripcions*, p. 310, § 1128.)

Manè surgendo, 26 Octobre 1752, hoc reputo : quid sentiam anno sequenti, pari die et horâ ?... Revisi 53 [1]. (Ce dernier mot signifie qu'il a revu ce passage, l'année suivante, 1753.)

Hodiè, 21 Junii, Sacram. Ch. festi prid. 1753, *in horreo, juxta fenestram, cùm fessus sederem, annos superiores in mente revocavi. Quid anni ante duo, quid unus cogitabam ? Quid abhinc duobus transitis annis, quid uno ?...* 1754, *eâdem die, ferè in eodem statu hæc lego* [2].

. . . .

O quam nunc Heræ meæ (Mᵐᵉ Parangon) *formosissimæ amore excrucior infelici! Animum ostendere conor. Dicam certè* [3].

Quam malè me gero! Ægroto, mæreo. Attamen amorem Heræ dicere cogito. Quam formosa! Quam hanc felicem diem opto, quâ illi dicam amorem ardoremque! 6 Octobre 1753... *Obiit Coletta mense Martio,* 1757 [4].

Restif n'a pu rédiger les premiers livres de *Monsieur Nicolas* que grâce à ses cahiers. En

---

1. En me levant le matin du 26 octobre 1752, je fais cette réflexion : Que penserai-je l'an prochain à pareils jour et heure ?... Revu en 1753.

2. Aujourd'hui 21 juin, date *sainte* (voir ci-dessous pages xxxviij et xlvj), veille de la Fête-Dieu, 1753, m'étant assis, fatigué, contre la fenêtre d'un grenier, j'ai songé aux années précédentes. Que pensais-je il y a deux ans, un an ?... 1754, le même jour, je lis ceci, presque dans la même situation.

3. Oh! combien je suis maintenant torturé par mon malheureux amour pour ma belle maîtresse! (Mᵐᵉ Parangon.) Je m'efforce de montrer mes sentiments. Je parlerai certainement.

4. Comme je me porte mal! Je suis malade, triste. Cependant, je pense à avouer mon amour à ma maîtresse. Qu'elle est belle! Combien j'aspire à ce jour heureux où je lui dirai mon amour brûlant! 6 octobre 1753... Colette est morte au mois de mars 1757.

les ouvrant pour y prendre ses notes, il ne put se défendre d'un accès d'attendrissement :
« Les voilà, ces antiques cahiers, depuis quarante à quarante-cinq ans dépositaires fidèles de toutes mes pensées, écrites à mesure pour moi-même, non pour tromper les autres : je les dérobais à tout le monde... »

Il les relisait souvent et, à chaque lecture, ajoutait des commentaires en marge : « *O tempus felix*, écrivait-il en 1763, à l'aspect des premiers vers, *quomodo abiisti? Ebrietas dira juvenum, nunquam redibis!* » Il conservera, dans ses inscriptions de l'île, l'habitude de revoir et d'annoter les dates.

Voyons maintenant à quel mobile il obéissait. Il le dit dans *Monsieur Nicolas* :

« J'avais pour but principal de me ménager des anniversaires, goût que j'ai eu toute ma vie, et qui sera sans doute le dernier qui s'éteindra. L'avenir est pour moi un gouffre profond, effrayant, que je n'ose sonder; mais je fais comme les gens qui craignent l'eau; j'y jette une pierre. C'est un événement qui m'arrive actuellement. Je l'écris, puis j'ajoute : « Que penserai-je, dans un an, à pareil jour, à pareille heure?... » Cette pensée me chatouille. J'en suis le développement toute l'année, et comme presque tous les jours sont des anniversaires de quelque trait noté, toutes les journées amènent une jouissance nouvelle. Je me dis : « M'y voilà donc, à cet avenir dont je n'aurais osé soulever le voile, quand je l'aurais pu! Il est à présent. Je le vois. Tout à l'heure, il sera passé, comme le fait qui paraissait me l'annoncer! » Je savoure le présent; ensuite je me reporte vers le passé; je jouis de ce qui est comme de ce qui n'est plus, et si mon âme est dans une disposition convenable (ce qui n'arrive pas toujours), je jette dans l'avenir une nouvelle pierre, que le fleuve du temps doit, en s'écoulant, laisser à sec à son tour... Voilà quelle est la raison de mes dates, toujours exactes dans mes cahiers, et de celles que je fais encore tous les jours. Mais, dans mes douze années de mort, à la fleur de mon âge, de 1755 à 1765-66, je ne datais rien, ou peu de chose. La variété de mes sentiments et de mes amours, leur force, que la variété n'affaiblissait pas, prouvent combien les romans les plus accrédités sont loin de la vraisemblance, avec leur suite bien raisonnée, qui ne se dément jamais!... »

Se « ménager des anniversaires », tel est donc le but constant de Restif. Ces anniversaires étaient ceux des événements importants de sa vie. Ainsi, le 14 juillet 1753, il se rappelle, en se levant, que, deux ans plus tôt, à pareil jour, il arrivait à Auxerre. Aussitôt, il ouvre son premier cahier et écrit, comme nous venons de le voir : « Il y a deux ans que j'arrivai ici en apprentissage. »

Mais écrire ne lui suffit pas, il sent le besoin de « célébrer sa commémoration », en revoyant les lieux par lesquels il était passé à son arrivée dans la ville; il sort et parcourt les rues que son pied avait foulées le premier jour.

L'année suivante, il oublie jusqu'à midi de faire sa commémoration. Quel événement l'avait pu distraire de ce grave devoir? Madame Parangon était partie, ce matin-là, pour Paris. L'émotion excusait sa distraction... qu'il se hâta de réparer dans l'après-midi.

Cette même année 1754, l'aimable Colombe, d'Auxerre, a pour lui des complaisances qu'il se hâte d'inscrire; il en prend même les dieux à témoin : « 29 jun. *Columbam amicam dulce habui... Dii boni, scitis quid egimus!* »

Au commencement de septembre de la même année, Restif marque ainsi le début de sa passion pour Rose Lambelin : « *His diebus soleo loqui cum ingeniosâ puellâ Rosâ Lambelin, ad portam dominæ Chouin, carnicoquæ parisiensis vicinæ.* »

Le 9 septembre, il écrit cette phrase dont nous avons déjà vu l'équivalent et qui revient sans cesse, aussi bien dans les dates de ses cahiers que dans celles de l'Île Saint-Louis : « *Hodie dico : quid anno sequenti, tali die, sentiam, dicam aut agam?* » Elle était, paraît-il, le signe d'une vive agitation.

Voyons la suite, pour la gradation des sentiments. Le 10 : « Ha! quelle félicité!... *Heri, quam egi dulce juxta puellam Rosam!* » L'explication suivante lui a paru nécessaire : « Cette expression qui est souvent répétée dans mes cahiers, *agere dulce juxta puellam*, ne signifie autre chose qu'une grande satisfaction morale, au lieu que *habere dulce puellam* y est un terme décent pour exprimer la dernière faveur. »

Le 12 : « *Ad puellam carissimam Rosam ivi*, et j'ajoute : *O felicitatem, si perdurares!* »

Ce latin avait, pour Restif, l'avantage de lui procurer, à trente ou quarante ans de distance, des sensations délicieuses. Il lui semblait éprouver encore les émotions qui lui avaient dicté ses notes. Il recommande aux lecteurs de puiser à cette source de satisfactions : « O mes jeunes amis! Écrivez vos actions dans votre jeunesse! En cherchant, dans mes cahiers, je tombe sur mes dates, du 1ᵉʳ Auguste à la fin de décembre 1754, et elles me reportent délicieusement au temps où je les écrivais. Je m'y retrouve, je m'y sens, et quarante années s'effacent! C'est une délicieuse extase qui dure quelques minutes, mais qui abreuve l'âme plusieurs heures d'une ambroisie enivrante et *féïque*. »

Ailleurs : « Il me semble, aujourd'hui, que ces vers et ces notes, en les relisant dans le même cahier où je les inscrivis, me remettent dans la situation où j'étais alors; la vivacité de mon imagination réalise cette ivresse de jeunesse et d'amour dont il est si délicieux de sentir l'illusion[1]! »

L'émotion est si forte, quand il rapporte, dans *Monsieur Nicolas,* l'histoire de Madelon

---

[1]. En parcourant le manuscrit des *Souvenirs inédits* de E. J. DELÉCLUZE, dont nous avons publié la partie intéressante dans la *Revue rétrospective* de 1888-89, nous avons été frappé par une petite anecdote remontant à son enfance, et qu'on croirait racontée par Restif : Un soir de 1788 ou 89, Delécluze, alors tout jeune, s'était attiré à table une réprimande de ses parents. Resté seul dans la salle à manger, il écrivit sur le bois de la table : *Pauvre Étienne!* « Bien longtemps après, dit-il, j'ai retrouvé ces deux mots qui me remettoient aussitôt dans la même disposition d'esprit que celle où j'étois en les écrivant. » (T. Iᵉʳ du ms., p. 99.)

PRÉFACE. XXXV

Baron, morte à Auxerre au moment où il devait l'épouser, que la plume lui tombe des mains : « Le 16 février 1784, à trois heures et demie, dans mon lit où je travaille, je ressens le coup aussi douloureusement que le premier jour. Si je l'écrivais le 11 mars, je ne pourrais tenir la plume : les anniversaires m'émeuvent trop violemment. » Il s'arrête au milieu d'une phrase et dit, en note : « J'en restai ici, hier, suffoqué de douleur; je ne pouvais plus écrire. »

Quand il fut installé dans sa *proterie* de Paris, Restif continua ses *Memoranda*. L'idée de graver sur la pierre de l'Île Saint-Louis ne lui vint qu'en 1776; encore ne fut-ce qu'accidentellement. L'habitude n'en fut prise régulièrement qu'à partir de sa liaison avec Sara Debée. Il se servait d'une clef[1], qu'il remplaça ensuite par des *fers*[2] forgés exprès pour cette besogne.

Outre la facilité que présentaient les murs des jardins et les parapets des quais, l'Île Saint-Louis avait l'avantage de lui rappeler certaine île de l'Yonne où il allait, autrefois, lire, rêver, « exhaler ses transports ». Elle s'appelait et s'appelle encore l'*Île d'Amour*.

Cependant, quelques dates importantes furent inscrites sur sa fenêtre; par exemple celle du 8 août : *Timor et tremor*, relative à ses

---

1. V. la note de la page 4 de *Mes Inscripcions*.
2. V. *Les Nuits de Paris*, t. XVI, p. 334 : « J'allai aux Tuileries par le Pont-Royal. Au moyen *des fers qui me servent à graver sur l'Île*, il m'est quelquefois arrivé de grimper dans ce jardin après qu'il était fermé... »

craintes pour la *Paysanne pervertie*. Cette date était répétée sur le quai.

Quand il commença *La Dernière aventure d'un homme de quarante-cinq ans*, l'idée lui vint que les inscriptions de « son Île » pourraient servir à composer un curieux volume. Il écrivait en 1783 : « Si tous mes lecteurs devaient être affectés comme moi, je ferais un journal, et il serait assés intéressant; il montrerait la gradation de cette passion impérieuse et cruelle (pour Sara Debée). » Les dates étaient, en effet, multipliées dans l'état de bonheur ou de malheur, rares dans l'état d'inertie ou de tranquillité d'âme[1] : « Quand je connus Sara, mes dates devinrent journalières; j'allais soupirer sur mon Île chérie, j'y écrivais chaque événement en abrégé, la situation gaie ou douloureuse de mon âme, lorsque je fus malheureux. C'est ainsi que, sans le savoir, je prolongeais mon attachement pour Sara, en entretenant ma sensibilité[2]. »

Par une contradiction dont il offre de nombreux exemples, tantôt il déclare insensibles les hommes ne comprenant point le mobile qui le faisait agir; tantôt il convient de la futilité de son occupation. Le mot *enfantillage* est prononcé, dans le passage suivant de *la Prévention particulière*, où il explique sa manie : « Ma promenade de l'Île est un enfantillage, mais il est quelquefois agréable d'en avoir, à quarante-neuf ans. Étonné d'être parvenu à cet âge, moi condamné, dans mon enfance, à

---

1. V. *Mes Inscripcions*, § 33, p. 18.
2. *Monsieur Nicolas*, t. XII, p. 175.

une vie beaucoup plus courte, par tous ceux qui m'environnaient, cet étonnement est la source du plaisir que je trouve à écrire puérilement sur la pierre des dates que je revois deux, trois, quatre, cinq ans après avec attendrissement. Je ne sais si les autres hommes me ressemblent, mais c'est, pour moi une émotion délicieuse que celle occasionnée par une date, au-dessous de laquelle est exprimée quelquefois la situation de mon âme, il y a deux, trois ans. Si elle était triste, horrible même (car j'en ai de celles-là), je tressaille de joie comme un homme échappé du naufrage. Si elle était heureuse, je la compare et je m'attendris. Si elle était attendrissante, alors cet attendrissement se renouvelle avec force, il m'enivre et je pleure encore. Oh que la sensibilité est quelquefois délicieuse! Oh que la sensibilité est, quelquefois, cuisante, affreuse, déchirante! »

Sa promenade, accompagnée de la revision de ses dates, doublait donc le bonheur de se sentir vivre. S'il relevait de maladie, s'il éprouvait de la tristesse ou de l'inquiétude, s'il voulait se reposer d'un travail[1], son premier soin était de courir sur l'Île. Là, devant les caractères à demi effacés par le temps, il se complaisait dans sa rêverie. Quelquefois, l'inspiration se faisait sentir : il raconte, dans *les Nuits de Paris*, comment, au cours d'une de ces excursions *sérotinales*, au moment où il venait de repasser dans sa mémoire trente années de son existence, il écrivit le commen-

---

1. V. *Monsieur Nicolas*, t. XI, p. 43.

cement de cet ouvrage : « Dans ce désordre d'idées, j'avance, je m'oublie et je me trouve à la pointe orientale de l'Île Saint-Louis. C'est un baume salutaire qu'un lieu chéri ! Il me sembla que je renaissais. Mes idées s'éclaircirent. Je m'assis sur la pierre[1] et, à la tremblante lumière de la lune, j'écrivis rapidement[2]... »

Outre les sorties subites, faites sous l'impression du moment, il avait des visites obligées, des commémorations qu'il qualifie *saintes (sacra)*. Ainsi, jamais il n'eût manqué d'aller voir, le 14 septembre, ses « célèbres » dates de la rue Saintonge, au Marais, qui lui rappelaient Victoire Dorneval, fille d'un procureur, ni celle qui commémorait la mort de Pidansat de Mairobert, dont il avait gardé le cher souvenir[3].

Plus tard, quand ce Butel-Dumont dont il est question dans l'histoire de Sara, fut mort, il inscrivit son nom sur l'île, devenue l'île de la Fraternité, avec l'épitaphe suivante : « *Mortuus est dives Dumont, o Sara ! A me fere solo luctus. Et nos inopes vivimus ! Lugeamus Du-*

---

1. C'est une habitude qu'il conserva jusqu'à la fin. Lorédan Larchey nous a dit avoir appris d'un témoin des dernières années de la vie de Restif qu'on le voyait souvent écrire, assis sur les bornes, vêtu d'un manteau qui allait se raccourcissant avec les ans, parce qu'il rafraîchissait au ciseau ses bords effiloqués : il conservait longtemps ses vêtements, témoin le fameux habit bleu fait en 1773 et avec lequel il se vantait encore à La Reynière de monter la garde en 1792. (V. *Le Drame de la vie* et, ci-dessous, p. xciij.

2. *Les Nuits de Paris*, t. Ier, p. 3.

3. V. la note 3 de la page 180.

mont qui, si voluisset, feliciter nobiscum felicibus adhuc viveret! 27 feb. 89. »

Il faut encore mettre au nombre de ses anniversaires importants le commencement et la fin d'une liaison de femme ou d'un ouvrage, les visites aux censeurs, les menées de ses ennemis plus ou moins imaginaires, la peur de la Bastille, etc. Les dates d'un intérêt secondaire sont celles de la réception d'une lettre, de la rencontre d'un ami ou d'un joli pied de femme (on sait qu'il tenait les jolis pieds en estime particulière), de la correction d'une épreuve, d'un accès de colère, etc., etc.

Cet amusement puéril lui jouait quelquefois de mauvais tours. Les malintentionnés n'avaient que l'île à parcourir pour lire dans son cœur et se tenir au courant. Il le croyait, du moins : « On pénétrait dans ma pensée, dit-il dans *Monsieur Nicolas*, en lisant mes dates sur l'île Saint-Louis ; on devinait mes dispositions et l'on agissait en conséquence. »

« L'infâme Augé » n'aurait point manqué une si belle occasion d'être désagréable à son beau-père. Il prit à tâche d'effacer les inscriptions et se fit aider, dans sa besogne, par les écoliers de l'île. Restif crut d'abord que le coupable était un ouvrier nommé Angelot, qu'il avait traité d'ivrogne et contraint de quitter une imprimerie. Mais il reconnut son erreur ; c'était bien Augé qui ameutait les « poliçons » contre lui : « Accablé de chagrins, exposé, le soir, par les menaces d'attenter à ma vie qu'a faites un scélérat ; insulté pendant le jour par la populace de l'île Saint-Louis, à laquelle ce misérable m'a désigné, je n'osais presque plus sortir seul, ni le jour, ni dans l'obscurité. Non que je redoutasse un homme, mais je craignais une surprise qui devenait facile aux malintentionnés, à cause de ma concentration[1]. »

Désespéré, Restif écrivit au secrétaire du prévôt des marchands, qu'il connaissait. Tout ce qu'il obtint fut une sentinelle, qui le protégea quelques jours[2]. C'était déjà beaucoup pour un homme atteint de cette manie lapidaire, qui ne pouvait exciter l'intérêt de la police municipale, au contraire.

Il fit part de son chagrin à ses amis qui s'y associèrent, peut-être en riant sous cape : « Vous êtes étonné, lui écrivait obligeamment le censeur Bralle, de ce que les polissons de l'île Saint-Louis vous prennent pour un espion ! Se sont-ils trompés ? Ne l'êtes-vous pas de nos travers, de nos défauts et de ceux de l'univers entier ? Et ne les dénoncez-vous pas, tous les jours, au tribunal de la saine philosophie ? Mais ces enfants, au lieu de vous craindre et de vous poursuivre, auraient bientôt gémi avec vous, si vous leur eussiez donné le mot de l'énigme : *Tempus rigidum* 1786[3] ! »

Donc, Restif ne goûtait plus tranquillement son plaisir favori. Ce fut bien pis quand Augé se mit à révolutionner le quartier par ses esclandres, à faire des scènes à son beau-père et à sa femme au jardin du Roi, dans la

1. *Nuits de Paris*, p. 3224.
2. V. §§ 613 et 618, pp. 159 et 161.
3. *Les Contemporaines*, 2ᵉ édition, t. XIX. Lettre datée du 11 janvier 1786.

rue, jusque dans l'île[1]! « O mon île, s'écrie-t-il lyriquement, ton enceinte sacrée est polluée! Un scélérat l'a profanée! Depuis l'attentat de *Moresquin* (Augé), mon île est devenue, pour moi, un séjour de douleur! »

Il en tombe malade et, pour ne point perdre ses précieuses inscriptions, il se décide, en septembre 1785, à les transcrire sur les feuilles qui nous les ont conservées. Non content de cette première précaution, il les emporte dans une chambre louée secrètement rue Saint-Jacques[2].

Toutefois, la « profanation » d'Augé ne l'empêcha point de continuer longtemps encore ses promenades. Il semble même que, plus les années s'écoulaient, plus sa passion augmentait. Le plus curieux est qu'en inscrivant les événements à leur jour, afin d'y retourner, les années suivantes, le même jour, et, autant que possible, à la même heure, il croyait « *simplifier son existence* ». La date du 6 décembre, inscrite six fois, réduisait les six années à six jours : « Je ne vois que ces six jours depuis 1779 et je me les représente seuls. Voilà, sous ma date, l'affection de mon âme exprimée. C'est mon thermomètre moral[3]. »

« Le tour de cette île est devenu délicieux pour moi. Tous les jours y sont inscrits sur la pierre : un mot, une lettre exprime la situation de mon âme. Voilà trois ans que

---

1. V. les §§ 657 et suiv., p. 173.
2. V. le § 551, p. 128.
3. *Nuits de Paris*, p. 2888.

cela dure... Je vis quatre fois, dans un seul instant, au moment actuel, et les trois années précédentes : il y a trois ans, à pareil instant, à pareil jour, j'étais ainsi ! Deux ans, ainsi ! L'an passé, ainsi ! Et aujourd'hui, ai-je perdu, ai-je gagné en bonheur ? J'exprime ma situation par le mot propre. Je compare le tableau, et cette comparaison me fait vivre le temps passé, comme dans le moment présent. Elle empêche, renouvelée, la perte des années écoulées, et qu'au bout d'un temps je ne me sois étranger à moi-même[1]. »

Ses commémorations annuelles sont assurées par un petit travail d'entretien. Par exemple, il écrivait, en 1783, la date du 6 octobre 1785, la visitait de temps en temps, la « rafraîchissait », et, le 6 octobre revenu, il écrivait : « *Video tandem !* »

On a dit que la police, émue de la singularité de son occupation, avait fait gratter ses inscriptions, entre autres le nom de la marquise de Montalembert, tracé en caractères hiéroglyphiques (M.n.t.l.m.b.r.t.). Nous n'avons rien trouvé qui justifie cette assertion.

La marquise, femme du lieutenant général d'Angoumois et de Saintonge, avait rencontré Restif dans un dîner chez Lepelletier de Morfontaine, prévôt des marchands. Le soir même, il écrivait sur l'île : « 30 *ap.* 1784. — Je soupe chez M. Lepelletier avec trois dames, dont était la belle marquise de Montalembert[2]. »

---

1. *Nuits de Paris*, p. 2506.
2. V. le § 381, p. 86.

Le lendemain, plein de son souvenir, heureux des « mille marques flatteuses d'attention » qu'elle lui avait données, après le repas, pendant la lecture de sa *Paysanne*, il retournait sur le quai et ajoutait : « Je verrai, l'an prochain, ce qui sera résulté de cette rencontre. »

Ce qui en résulta, c'est qu'il ne la revit jamais. Elle s'était retirée dans un couvent. Il n'en a pas moins tracé d'elle un portrait enthousiaste dans *L'Année des dames nationales* : « La marquise de Montalemb..., dit-il[1], est une de ces femmes charmantes, destinées à embellir la société. Chéries parce qu'elles sont aimables et belles, constamment recherchées parce qu'elles sont sages, gaies, et que jamais elles ne forment ni ne font former de ces liaisons qui, tôt ou tard, exigent une rupture, on les rencontre toujours dans les mêmes maisons; on leur voit toujours les mêmes amis dans les deux sexes. La marquise avait pourtant tout ce qu'il fallait pour faire naître une passion violente : charmes provocants de la tête aux pieds, doux sourire, bouche mignonne, belles dents, gorge adorable, la main parfaite, le bras arrondi, taille svelte, marche voluptueuse, jambe fine sans être sèche, pied souple et délicat. Joignez à cet extérieur une âme bonne et compatissante, qui lui faisait encourager la timidité. »

Réduit à se contenter du souvenir de tant de charmes et à écrire, chaque année, le 30 avril : *Anniv. cænæ cum marchianâ M.n.t.l.m.b.r.t apud*

---

1. T. V, p. 1312.

dominum Pelletier, il prit le parti de mettre la marquise au nombre de ses *Muses* : c'est elle[1], et non, comme on l'a dit à tort, la marquise de Marigny, qui est l'héroïne des *Nuits de Paris*, sous le nom de la marquise de M***.

Il convient ici de chercher jusqu'à quel point ces *Nuits de Paris* peuvent être classées parmi les *mémoires personnels* de Restif. Cela ne nous éloigne point de notre sujet, puisque ce sont précisément les *Inscriptions* qui vont nous servir à déterminer la limite exacte entre le roman et la réalité.

Dans les premières lignes de notre manuscrit, on lit l'inscription suivante : 5 *nov^{bris}* 1779, *malum*[2]; à propos d'une maladie dont Restif souffrait.

Elle se retrouve dans les *Nuits*, mais avec une autre signification. Il ne s'agit plus de maladie, mais de la marquise de Montalembert : « Ce soir je sortis de bonne heure pour aller sur l'île... Arrivé sur le quai d'Orléans, mes yeux se portèrent sur la première date que j'eusse écrite, à pareil jour, en 1779 : 5 *nov^{bris}, malum*. Je ne saurais exprimer le sentiment d'attendrissement que j'éprouvai en me reportant à l'année précédente, en me rappelant ma situation, au même instant, à la même place, et la peine qui m'avait fait écrire le mot *malum, relatif à Madame de M*... Une foule d'idées se présentèrent : je restais

---

1. V. la note 2 de la page 261.
2. V. la page 3.

immobile, occupé à réunir le moment actuel à celui de l'année précédente, pour n'en faire qu'un seul. Je m'attendris, mes larmes coulèrent, et cet attendrissement était délicieux ! Je baisai la pierre[1]... »

Or, en 1779, Restif ne connaissait pas encore la marquise. Mais laissons-le continuer :

« En revenant, je retrouvai, à la lueur du réverbère : *Desperium! Diva mulier nobis adempta*, 17 sept^{bris} 1. Plus loin : *Silvia mortua*, 29 aug. 1. Plus loin : *Nouvelles de la marq. Mal.*, 29 sept^{bre} 1. Cette date est vis-à-vis la rue Bretonvilliers. J'avançais ainsi, retrouvant sur la pierre toutes les affections de mon âme pendant le malheur. Enfin, vis-à-vis le second jardin, je trouvai : *Marches. recup. hod.* 22 nov^{bris} 1. *Sacra*. Je poussai un cri de joie, à la vue de cette date, qui était pour moi une véritable reconnaissance... Hô, si j'avais vu, écrite sur la pierre, la nuit de notre premier entretien, moi dans la rue, elle à son balcon ! Quels transports, en relisant cette date ! Je résolus de tout écrire, désormais, sur l'île, parce que c'était me fournir un véritable aliment de sensibilité. »

Ce passage montre avec quelle surprenante facilité notre graveur sur pierre s'exaltait toutes les fois qu'il était question de la marquise. Les inscriptions précitées ont été tracées, cela est probable, mais elles s'appliquaient à d'autres personnes, et quant à l'entretien du balcon, Restif a lui-même

---

1. *Nuits de Paris*, p 2571

avoué qu'il n'a jamais eu lieu que dans son imagination.

On peut encore comparer, dans notre manuscrit, l'inscription : 30 X*bris* Ad. Ad.[1], avec le passage des *Nuits de Paris*[2] où il lui donne une signification différente; de même pour le 7 *maii* 70, *Dolendo*[3].

Les dernières pages des *Nuits* renferment un chapitre intitulé : *Dates effacées*. C'est une innocente vengeance contre mademoiselle de Saint-Léger, que Restif feint d'amener un jour chez madame de M*** et de présenter à Sara. Les deux jeunes personnes sont bientôt les meilleures amies du monde. Leur premier soin est d'aller voir les dates sur le quai et de gratter celles qui les concernent. Par une fantaisie de Restif, Sara, après avoir effacé le 31 *maii, Sara non redita*, efface le mot *Sacra* chaque fois qu'elle le rencontre, parce qu'elle le prend pour son nom. Les 1er mars, 2 avril, 3 mai, 4 juin, 5 juillet, 6 auguste, 7 septembre, 8 octobre, 9 novembre, 10 décembre, 11 janvier, 12 février disparaissent de la sorte[4].

Les jeunes filles vont faire part de leurs exploits à madame de M*** qui les tance vertement et leur ordonne de réparer leur méfait; elles obéissent : Restif les aperçoit et se

---

1. V. page 14 de *Mes Inscripcions*.
2. V. page 2415.
3. *Nuits de Paris*, p. 413.
4. Restif explique ici d'une nouvelle manière la consécration de ces jours : ils étaient, dit-il, pour lui, les Calendes des Anciens.

montre « indigné de la profanation », mais il se calme en apprenant qu'elles agissent d'après les instructions de la marquise.

Les Nuits de Paris sont presque entièrement écrites dans cet esprit de vérité relative. Seuls, les deux derniers volumes peuvent être considérés comme un journal authentique des débuts de la Révolution : l'auteur a soin de distinguer les passages où il écrit comme témoin oculaire de ceux où il raconte des faits qui lui ont été rapportés.

Il y a un peu à prendre et beaucoup à laisser, nous venons de le voir, dans les autres volumes. Mais le ton en est parfois si convaincu que les amis du *Spectateur nocturne* eux-mêmes s'y laissaient tromper. Grimod de la Reynière lui écrivait pour lui demander quelle dame se cachait derrière sa mystérieuse marquise. Il est vrai qu'au moment où paraissaient les *Nuits*, La Reynière était en exil et peu au courant des affaires de son collègue en originalité.

Tous deux s'étaient connus chez la veuve Duchesne[1], libraire, le 22 novembre 1782. La Reynière n'aurait eu garde d'oublier la date ! L'accueil affable[2] de l'auteur du *Pornographe* lui faisait un devoir de la retenir. De plus, particularité bizarre, Restif, ce jour-là, était entré, ou avait cru entrer dans sa quarante-huitième année, tandis que lui-même venait

---

1. *Contemporaines*, 2ᵉ édition, t. XXIX.
2. *Le Drame de la vie*, lettres de la Reynière (à l'appendice).

d'atteindre ses vingt-quatre ans : juste la moitié de son âge.

Leur confraternité s'affirme par des éloges mutuels. C'est d'abord La Reynière qui, dans ses *Réflexions philosophiques sur le plaisir*, appelle Restif « un des plus grands peintres du siècle[1] ».

Ennemi de la routine, des préjugés de caste et autres, adepte des idées nouvelles, Grimod avait tout ce qu'il fallait pour apprécier, en Restif, la sincérité naïve de l'homme, l'allure libre et fière de l'écrivain.

Naturellement, il en fit un invité des repas excentriques offerts dans l'hôtel de son père, fermier général demeurant rue des Champs-Élysées[2]. Restif parle de ces repas dans *Mes Inscriptions*, et plus amplement dans *Monsieur Nicolas*, dans les *Nuits de Paris*[3].

On sait que le premier eut lieu le 1ᵉʳ février 1783, en l'honneur de mademoiselle Quinault. Dans une salle funéraire, Grimod avait imaginé de banqueter, avec dix-sept invités, en

---

1. *Réflexions philosophiques sur le plaisir*. In-8° de 80 pages, 1783.

2. C'est pour cela que, dans *La femme infidèle*, Restif appelle La Reynière *M. de l'Élysée*. — Cet hôtel, situé au coin de la rue Boissy-d'Anglas et de la place de la Concorde, était occupé, sous la Restauration, par l'ambassade russe, et, plus récemment, par l'ambassade ottomane. Il l'est, aujourd'hui, par le cercle de l'*Union artistique*. L'architecte Barré le construisit pour le fermier général.

3. Voir aussi les *Mémoires secrets*, mais il faut rectifier leurs erreurs en comparant leur récit à celui de Barth, secrétaire de La Reynière, dans sa réponse au mystificateur Caillot-Duval. (*Correspondance philosophique de Caillot-Duval*, citée par M. Desnoiresterres, dans son ouvrage *Grimod de La Reynière et son groupe*.)

l'honneur de l'actrice qui venait de mourir et qui, dès son enfance, lui avait témoigné de l'amitié.

Ce souper eut un incroyable retentissement : il fit enlever, en peu de temps, trois éditions des *Réflexions philosophiques sur le plaisir, par un célibataire.* Le Roi désira voir un spécimen des lettres d'invitation, et le comte d'Artois voulut, dit-on, y assister *incognito*. D'ailleurs, La Reynière avait lancé trois cents invitations pour satisfaire les curieux admis dans une galerie régnant autour de la salle.

Restif, qui n'avait pas été des dix-sept convives[1], prit part au second festin, le jeudi 9 mars 1786, et non en février 1784, comme il est dit dans *Monsieur Nicolas*. Ce fut une imitation de la *Cène* des Romains. Le maître des cérémonies n'avait annoncé qu'un plat : on en servit vingt-huit. Le repas avait été précédé d'expériences électriques et d'un spectacle d'ombres chinoises.

Une estampe des *Nuits de Paris* représente Restif attablé entre Mercier et l'un des frères Trudaine. M. Monselet s'étonne, dans ses *Originaux du siècle dernier*, de le voir, « par une particularité au moins incongrue », assis, la tête couverte de son chapeau. Il suffit de se reporter à la lettre d'invitation[2] pour apprendre que Restif était enrhumé, ce jour-là,

---

1. Ce repas, dit-il dans *Monsieur Nicolas*, avait précédé d'un mois sa connaissance avec La Reynière (t. XI, p. 68). Raison inadmissible ; on verra, par la comparaison des dates ci-dessus, qu'il le connaissait depuis trois mois.
2. V. cette lettre dans les *Contemporaines*, 2ᵉ édition, t. XIX.

et qu'il avait été autorisé à rester couvert. L'estampe est fidèle jusqu'au scrupule.

De son côté, Restif, dont l'ingratitude n'était point le défaut, rendait à l'amphitryon amitié pour amitié, éloge pour éloge. Les *Nuits* ont conservé ce portrait :

« C'est l'homme le plus poli du royaume. Loin de ressembler à nos fats du jour, M. de la R..., né de parens opulens, s'est étudié à se donner toutes les vertus opposées aux travers du siècle. On est frivole : il a voulu être appliqué. On est dédaigneux, impertinent : il a voulu se montrer affable et ne considérer que le mérite personnel. Il estime et cultive avantageusement les lettres... On le croirait du siècle de chevalerie, par ses égards pour les femmes..., etc. »

Un amour contrarié aurait été le point de départ de ses singularités et de ses dissensions de famille : on l'avait empêché d'épouser une de ses cousines, Mlle Angélique de Bessy [1], dont il était passionnément épris, et qu'on se hâta de marier avec un sieur Mitoire [2]. Les folies auxquelles il se livra, la maîtresse qu'il prit [3] pour oublier sa « céleste cousine », la publication d'un mémoire satirique dirigé contre le marquis de la Salle [4], décidèrent ses parents à demander son exil. Une lettre de cachet l'en-

---

1. C'est du moins le nom que lui donne Restif, dans les *Françaises*.
2. V. *Mes Inscripcions* à la page 98, note 2.
3. Son nom paraît avoir été de Nosoyl (anagramme de Loyson). V. pour les détails sur cette dame la page 189, note 2. Elle assistait, habillée en homme, au premier souper.
4. V. *Mes Inscripcions*, p. 187, note 2.

voya dans l'abbaye des Bernardins de Domèvre, en Lorraine.

De Domèvre, Grimod entretint avec Restif une correspondance, reproduite dans le *Drame de la vie* et dans la seconde édition des *Contemporaines*. Elle dura jusqu'au moment où son libéralisme s'alarma des opinions avancées que la peur faisait professer à son ami, sous la Révolution.

Mais il est grand temps de revenir à notre sujet.

Les Inscriptions semblent avoir vivement intéressé La Reynière : « J'irai demain, écrit-il à Restif le 22 octobre 1785, faire le tour de l'île depuis cinq heures jusqu'à six heures. Si j'étais assez heureux pour m'y trouver avec vous, je redoublerais d'attachement pour ce séjour philosophique que vous m'avez rendu intéressant et cher depuis bien longtemps. J'entrerai par le Pont-rouge[1]. » L'originalité de cette fantaisie était faite pour lui plaire. Un des chagrins de son exil fut de ne plus l'accompagner dans ses pérégrinations. Presque toutes ses lettres y font allusion; celle-ci parle de la promenade mentionnée dans notre § 548 :

« Vous rappelez-vous cette longue promenade avec M. Anaximandre[2], qui en est sorti pénétré pour vous d'un saint respect? Avec quelle ivresse je me rappelle ces heureux momens! Je vous assure que tous les plaisirs de

---

1. *Contemporaines*, 2ᵉ édition, t. XXI.
2. Andrieux, auteur d'*Anaximandre*.

que, personnellement victime des abus de l'ancien régime, il les préfère à ceux du nouveau, il laisse échapper cette phrase qui peut passer pour un compliment, mais qu'il se fût bien gardé d'écrire, auparavant : « Vous avez beau graver dans l'île, sur la pierre ; ce que vous écrivez avec la plume bravera mieux les injures du temps[1] ! »

Ils se revirent pourtant, après la Révolution, et un passage de *Monsieur Nicolas* laisse entendre que l'amitié de Restif pour La Reynière était supérieure aux vicissitudes de la vie[2].

Restif n'a publié qu'une réponse aux lettres du gastronome ; elle est datée de 1792. Le tour de l'île est resté sa seule consolation, depuis trois ans : « Je ne vois plus, dit-il, ni Bralle, ni la citoyenne Deluynes (*sic*), ni Sieyès qui m'a envoyé ses immortels ouvrages, ni le citoyen Senac-Meilhan, ni les deux honnêtes académiciens d'Amiens, ni Beaumarchais dont j'aurais pourtant grand besoin. On ne m'entrevoit plus que le soir, sur l'île, qui est mon cimetière à moi, m'entretenant volontiers avec les absens qui ne m'aigrissent pas, et jamais avec les présens... Je revois annuellement ces dates si fort étudiées, souvent effacées par

---

1. *Drame de la vie*, appendice.
2. T. XI, p. 68. Par contre, dans un passage des *Nuits*, t. XVI, p. 312, il dit que La Reynière, autrefois son ami, est devenu son « ennemi mortel ». Il dit aussi, dans *Monsieur Nicolas*, qu'il fut un temps où il loua beaucoup La Reynière, mais, ajoute-t-il, « ce qui est vrai dans un temps, souvent est faux dans un autre ». De son côté, La Reynière parle, dans une de ses lettres, d'un « tour » que lui aurait joué Restif. Il ne s'explique pas davantage.

Joubert[1]. Elles sont invisibles pour tout le monde, oblitérées qu'elles sont par le temps, mais je les retrouve, moi, et elles abreuvent mon âme d'amertume, de fureur et de vengeance... »

Il repousse le reproche adressé par La Reynière de n'avoir pas toujours haï « les suppôts de l'ancienne police », en lui apprenant qu'il a refusé, en 1783, deux mille livres de pension offertes par Lenoir et Martin, auxquels le libraire Valade l'avait présenté « par surprise »; qu'il a bravé les menaces transmises par Fontanes, le 29 Auguste 1784, date écrite à deux endroits de l'île, avec le mot *fugere* : « J'ai tremblé, j'ai souffert, mais je n'ai jamais été lâche. »

Tous ses amis ont désiré voir ces fameuses inscriptions dont il parlait sans cesse : Marlin[2] lui écrivait pour lui reprocher de ne jamais accepter ses invitations et de demeurer invisible, quoiqu'il fût venu, en grande partie, à Paris, pour le voir : « Je comptais vous demander et obtenir l'agrément de faire une fois, ensemble, non pas le tour du monde, mais seulement le tour de l'île Saint-Louis. J'espérais que vous m'indiqueriés vous-même ces dates mélancoliques et délicieuses que votre main a tracées sur les parapets[3]. »

Le *Drame de la vie* se termine par une note prouvant que les inscriptions continuaient

1. On ne s'attendait guère à ce nom. C'était Augé, auparavant.
2. V. la note 2 de la page 75.
3. *Contemporaines*, 2ᵉ édition, t. XXIX.

Paris ne sont rien pour moi auprès de celui-là. C'est celui que je regrette le plus, qui va le plus à mon cœur. J'ai remarqué que, dans l'isle, vous étiez dix fois plus ouvert, plus confiant, plus aimant qu'ailleurs. Je reverrai avec un bien vif intérêt les marques que vous aurez faites pendant mon exil. Nous les visiterons ensemble, nous y marquerons l'époque de mon retour; nous y passerons une soirée entière, pour l'y consacrer[1]... »

Grande est la joie de La Reynière, quand Restif lui annonce l'inscription, sur l'île, de la date de son départ pour l'exil[2]. Il se transporte, par l'imagination, sur les quais, aux heures du tour quotidien, se dit qu'à ces heures-là, son ami pense à lui et revoit son nom gravé en différents endroits. Un jour viendra, où ils pourront refaire ce tour ensemble[3]. Il ajoute que Pons de Verdun, de passage dans le pays, est venu le voir; il demande que Restif lui fasse les honneurs de l'île, pour s'y entretenir de l'ami absent[4].

Ensuite, il donne des *commissions de dates* à Restif, le prie d'inscrire les 9 et 10 mars 1786 qui rappellent « la dernière de leurs orgies littéraires et nutritives[5] » avec MM. Trudaine, Le Pelletier, Mercier, de Chénier, etc.; le 8 avril 1786, jour de la clôture des déjeuners philosophiques et semi-nutritifs[6] « qui n'existeront

---

1. *Les Contemporaines*, t. XXVIII, 2ᵉ édition.
2. V. le § 1039, p. 294.
3. *Contemporaines*, 2ᵉ édition. Lettre du 20 septembre 1786. Tomes XXVII et XXVIII.
4. *Ibid.*, t. XXIX.
5. V. § 669, p. 177.
6. V. page 99, note 1.

plus que dans le souvenir des hommes et dans la *Lorgnette philosophique*¹ »; le 27 mars 1785, où ils se sont promenés jusqu'à la Grève, où l'on tirait le canon pour la naissance du duc de Normandie ²; le 16 novembre, le 4 décembre 1786 et surtout les 22 et 23 mars 1787. Il ne s'explique point sur ces dernières dates relatives à la visite, à Domèvre, de plusieurs « belles dames ³ » dont l'une pourrait bien avoir été Mlle Feuchère, l'actrice du théâtre de Lyon qu'il épousa trois ans après.

Il va jusqu'à rédiger les inscriptions à faire : « Vous marquerez surtout, dans votre île, le 3, le 8 et le 10 juin, ainsi : 3 *vel.* 8 *vel.* 10 *jun. dieb. felic. dilect. amb. luco Domaprensi* », etc. Parfaite imitation du style de Restif.

Quelle dut être sa douleur en apprenant qu'il demandait l'impossible, — que la réalisation de son désir eût constitué un *sacrilège*, que les dates devaient être inscrites le jour même ou l'anniversaire du jour de l'événement!

La Reynière se résigne et se contente d'écrire à la « docte et philosophe » demoiselle Marion; il la supplie de rappeler ses inscriptions à son père, lors des anniversaires.

Les dernières lettres de Domèvre laissent percer un refroidissement vis-à-vis de Restif. La politique ne les accordait pas aussi bien que la littérature. Après avoir déclaré à celui qu'il appelait autrefois son « illustre ami »,

---

1. Titre d'un ouvrage de Grimod de La Reynière.
2. *Drame de la vie*, appendice.
3. *Ibid.*

en 1792 et, avec elles, les désagréments : « Il faut, en finissant, que j'apprenne à mes concitoyens, qui viennent d'entendre beaucoup parler de mes dates sur l'île, qu'elles ont manqué récemment de me causer la mort! Les enfans du peuple *insulaire*, instruits par un ennemi, m'ont insulté à coups de pierres et par des injures atroces, le samedi 3 novembre et lundi 5, 1792. J'ai résolu d'y mettre ordre. Ces tigres s'élèvent apparemment au massacre, et je réclame le secours de tous leurs concitoyens. J'ai écrit à leur commandant. »

La dénonciation d'Augé, qui l'avait fait arrêter le 14 juillet 1789, avait failli le dégoûter à jamais de sa promenade : il raconte l'affaire dans la *Semaine nocturne*[1].

Au moment où il rentrait en son domicile par le pont de la Tournelle, un homme le força d'entrer au corps de garde situé à cet endroit. Là, il apprit qu'il était arrêté comme *espion du Roi* : « Ma foi, dit-il, je suis l'espion du vice, mais non celui du Roi ; je n'ai jamais eu l'honneur d'être en relation directe avec le chef de la Nation. » C'en était fait de lui si on l'eût conduit à l'Hôtel de ville, où le « monstre dénonciateur » le faisait accrocher infailliblement au fatal réverbère. Ce jour-là, d'ailleurs « on n'examinait rien ».

Mais Augé comptait sans les amies de son beau-père. Une jolie brune, Mlle Froment[2], avait observé la scène. Elle s'approche et

---

1. Pages 72 à 76.
2. V. la note 2 de la page 229.

parle au sergent de garde : « Hâ, dit-elle, c'est ce pauvre *dateur* que les enfans appelaient *griffon*, depuis qu'un vilain homme, petit et noir, le leur a fait remarquer. C'est un bon homme. Je me suis complue à le suivre pour lire ce qu'il écrivait. Cela était fort innocent... »

On relâche Restif, et sa libératrice se promettait de le revoir, mais il la détrompe par cette apostrophe en style pathétique : « Je n'y reviendrai plus, mademoiselle. Je chérissais mon île, mais la voilà profanée. Hélas ! elle l'était déjà. Un scélérat y a fait arrêter ma fille, malheureusement sa femme. Je ne pouvais le pardonner à ma chère île. Cependant, je l'aimais si tendrement que je n'ai pu la quitter, mais, aujourd'hui, je *la renonce*. Elle me fesait insulter par ses enfans ; je le lui pardonnais, parce que ses enfans n'étaient pas encore devenus cruels. Aujourd'hui qu'ils le sont devenus, ils la profaneraient en me pendant à l'un de ces réverbères sacrés qui m'ont si souvent éclairé dans le silence et l'obscurité de la nuit. (*Me retournant et baisant la dernière pierre du pont de la Tournelle :*) Hâ ! ma chère île ! ma chère île, où j'ai versé tant de larmes délicieuses ! Adieu te dis, adieu pour jamais ! Tous les Français seront libres, excepté moi. Je suis banni de mon île ! Je n'aurai plus la liberté de m'y promener, et le dernier charme de ma vie est pour jamais détruit. »

« Je m'étais arrêté. La jeune personne était attendrie : « Vous y reviendrez pour nous », me dit-elle.

« — Non, non ! le scélérat qui traîna ma famille dans la boue m'y ferait pendre à vos yeux... Je n'y reviendrai plus... »

« Et je n'y suis plus revenu. Le 14 juillet 1789 est la dernière de mes dates sur l'île. O 14 juillet, c'est toi qui, en 1751, me vis arriver à la ville, pour la première fois, tel que me présente la première estampe du *Paysan-Paysane!* C'est toi qui m'ôtas aux champs pour jamais, et c'est toi qui me bannis de mon île!... »

Il n'y revint pas, en effet... de quelques jours. L'habitude était trop invétérée, l'attraction trop vive pour qu'il pût se tenir parole. Il y retournait, bien qu'Augé l'eût de nouveau fait arrêter et lui eût fait passer « à la Ville » la nuit du 28 au 29 octobre 1789[1] ; il y retournait encore en 1792, comme nous l'avons vu par la correspondance de La Reynière, qui « souffrait » de le voir éloigné de ce lieu et le remerciait d'avoir « regravé » les dates qui le concernaient[2] ; il y retournait en 1793, quoiqu'on y eût assassiné un homme pris pour Dupont de Nemours, ex-constituant[3], et qu'il eût fait d'assez sérieuses réflexions à ce sujet.

Pourquoi cet entêtement dangereux ? C'est que l'île était désormais pour lui ce qu'avaient été autrefois les yeux des belles : un irrésistible

---

1. V. *Nuits de Paris*, t. XVI, p. 414 et suiv. Augé l'avait dénoncé en le déclarant auteur de trois pamphlets : *Moyen sûr à employer par les deux ordres pour dompter et subjuguer le tiers État et le punir de ses exactions. — Domine salvum fac Regem. — Dom B... aux États généraux.*
2. *Le Drame de la vie*, appendice.
3. *Nuits de Paris*, t. XVI, p. 492.

aimant. Il cherche à s'expliquer cet amour pour un endroit où il avait éprouvé tant d'ennuis[1] :

« D'où vient me promené-je ici, en m'exposant aux insultes, depuis 1785, que j'y fus injurié pour la première fois, après que j'eus été désigné aux enfans, par le scélérat qui me fit passer une nuit à la Ville, du 28 au 29 octobre 1789? C'est que je suis avide de sensations ; c'est que, par mes dates que je revois toujours avec transport, à la lueur de ces réverbères, je me rappelle les années où je les ai écrites, les passions qui m'agitaient, les personnes que j'aimais. En revoyant une date, d'aujourd'hui, par exemple, je vois qu'en 1777 j'étais heureux, en composant le *Nouvel Abeillard*, en aimant l'aînée Toniop[2], si propre, si élégante; qu'en 1778, mon bonheur était troublé par une imprudence; qu'en 1779 je perdis Mairobert et l'espérance d'achever un ouvrage important, dont on voit quelques lambeaux dans le *Paysan-Paysane*, les *Françaises*, etc.; qu'en 1780, j'étais dans l'ivresse causée par Sara ; qu'en 1781, j'étais dans la douleur causée par la même; qu'en 1782, j'étais tranquille ; qu'en 1783, j'étais doucement agité par mon goût pour madame Maillard; qu'en 1784, j'étais tremblant pour ma *Paysane pervertie*, qui était menacée ; qu'en 1785 j'étais étonné des pertes que j'avais évitées cette année; qu'en 1786 je composais les *Parisiennes*; qu'en 1787 je commençais les *Nuits de Paris*; qu'en 1788 je les achevais; qu'en 1789 je ve-

---

1. *Nuits de Paris*, t. XVI, p. 414 et suiv.
2. Poinot.

nais ici (dans l'île) en tremblant; qu'en 1790 j'avais des peines cruelles et une sorte de désespoir; qu'en 1791 j'étais encore dans la douleur; qu'en 1792 j'ai fini d'imprimer le *Drame de la vie*; qu'en 1793, qui est aujourd'hui, j'ai trouvé un ami généreux[1] qui vient à mon secours, pour achever d'imprimer mon *Année des dames nationales* et commencer *Les ressorts du cœur humain dévoilés*. Je vis, en un seul instant, dans quinze années différentes; je les goûte, je les savoure... Voilà pourquoi je reviens ici, à tous risques. Il est vrai que la tranquillité dont les enfans de la populace m'y privent diminue ma jouissance; mais ils ne l'anéantissent pas tout-à-fait. Je ne saurais plus goûter ici les rayons bienfesans du soleil; je n'y puis venir que le soir, au risque d'être assassiné par des bandits, mais cette crainte n'anéantit pas entièrement ma sensibilité. »

Cette dernière note, de l'hiver 1792, montre combien il avait été dangereux pour lui. Mais il a beau être lapidé, couvert de boue et d'insultes par les gamins sans pitié dont il est le souffre-douleur, le pauvre Restif revient encore pleurer dans son île:

« *Note.*

C'est dans une simple note que je dois raconter, non les anciennes injures qui m'ont été faites sur l'île, mais les nouvelles. Le 3 novembre 1792, je passais, revenant de la pointe orientale. Les enfans fesaient une patrouille factice. Je m'en croyais oublié, ou inconnu.

---

1. François Arthaud. V. p. 88

PRÉFACE. lxj

Mais un seul, qui était des anciens galopins qui m'insultaient, avertit les autres. Aussitôt, tous ces enfans se mirent à m'injurier et à me jeter des pierres. Je me hâtai de me retirer par la rue des Deux-Ponts. Ils me poursuivirent, me couvrirent de boue, et ils auraient exposé ma vie, s'il s'était trouvé là quelqu'un des grands vauriens qui m'avaient autrefois insulté. Je connais trop bien le peuple pour avoir réclamé le secours de la garde. La sentinelle me vit, mais elle eut la bonté de me laisser passer. Je me dérobai par la rue Guillaume... Le 5, je fus encore plus grièvement injurié et j'entendis ces petits Ogres dire entr'eux qu'il falait aller chercher des hommes pour me tuer. Je fus assailli de pierres et blessé. Je ne dus mon salut qu'à l'idée d'aller chercher des hommes : je rentrai dans l'Ile par la rue occidentale Saint-Louis. J'entendais les Ogres galoper après moi sur les quais. Je courus comme eux, afin qu'ils ne me devançassent pas, et j'eus le bonheur d'attraper le pont de la Tournelle, au moment où ils arrivaient au corps de garde. Aussi, depuis, je viens tard et, en quittant l'Ile, je l. b. et j. m. f. inf. H. »

Restif employait volontiers de mystérieuses initiales. On pourrait lire ici : *Je la baise, et je me fonds en pleurs (in fletibus?)*.

IV

RESTIF JUGÉ PAR SES CONTEMPORAINS.

Dès 1769, la publication du *Pied de Fanchette* et du *Pornographe* commença la réputation de Restif. Cependant, son premier succès ne date véritablement que du *Paysan perverti* (1775), dont la vogue força l'attention de la critique, jusque-là dédaigneuse.

En 1770, Grimm avait déclaré ne point connaître le nom de l'auteur de *La Mimographe*, qu'il trouvait ennuyeux et auquel il reprochait ses néologismes, entre autres le verbe *inconvénienter* : « C'est son livre, s'écrie-t-il, qui *inconvénienterait* les progrès du goût, s'il était possible de le lire! » Et quand parurent, deux ans plus tard, les *Lettres d'une fille à son père*, même dédain : « Ces lettres, dit Grimm, sont d'un original dont le nom ne me revient pas. »

Cependant, tout le monde parle du *Paysan perverti*, que les uns attribuent à Diderot, d'autres à Beaumarchais. Grimm change de ton, croyant que ce dernier y a collaboré : « Plein d'invraisemblance, de mauvais goût, souvent du plus mauvais ton, ce livre promène l'esprit sur les scènes de la vie les plus viles, les plus dégoûtantes, et cependant il attache, il entraîne... Il y a longtemps que nous n'avons point lu d'ouvrage français où nous ayons trouvé plus d'esprit, d'invention, de génie. Où le génie va-t-il donc se nicher? »

L'année suivante, à propos de *L'École des pères*, il appelle Restif « un des plus robustes cyclopes de la forge de Jean-Jacques ». Plus tard, il reconnaît les mêmes qualités, les mêmes défauts dans *La Malédiction paternelle* (1779), *Les Contemporaines* (1780), *La Dernière aventure* (1783). *La Paysanne pervertie* lui semble remplie de situations ingénieuses, de caractères naturels et vrais, de peintures pleines de coloris et de passion : « Il y a, dans ces tableaux, une chaleur, une négligence, une vérité de style qui donne de l'intérêt et même une sorte de vraisemblance aux événements les plus extraordinaires et les plus légèrement motivés. La bonne foi de l'imagination de l'auteur est, si l'on peut s'exprimer ainsi, la magie de son talent. »

Le rédacteur de la *Correspondance secrète*, Métra, se montre plus enthousiaste encore, sans en avoir l'air. A première lecture, *Le Paysan* lui paraît scandaleux. Il s'étonne que la police n'en ait point interdit la vente. Le succès de l'ouvrage le radoucit. Il a fini par s'apercevoir qu' « au milieu des fautes de langage, des longueurs, etc... *il fourmille* de traits de génie ». Il plaisante l'auteur sur son ancien métier et joue sur les mots en l'appelant « l'homme de lettres, le compositeur par excellence, qui a été prote, compositeur d'imprimerie ». Mais ce prote a du moins « l'avantage d'avoir un faire, une manière à lui, et d'offrir des tableaux vrais de ce qui se passe journellement dans les classes inférieures de la société ».

D'après le même Métra, *Les Contemporaines*

sont d'abord « des contes à dormir debout ». Cependant l'ouvrage s'enlève, et il y revient : « Il est peu d'hommes qui reconnoissent leurs femmes parmi les héroïnes de ces aventures, mais il n'est pas de femme qui n'y reconnoisse sa voisine, trait pour trait... En général ces petits ouvrages respirent une morale pure et même un peu sévère, comme celle de la soumission des épouses à leurs maris. » Ce mot est bien du temps.

D'autres critiques ne se laissent point désarmer, et condamnent Restif, qui les classe parmi « ces puristes » dont il a horreur. La Harpe surtout est sa bête noire. La Harpe a écrit que le *Paysan perverti* « est, en général, l'assemblage le plus bizarre et le plus informe d'aventures vulgaires mal amenées, du plus mauvais style et du plus mauvais goût ».

C'était, en effet, peine perdue que chercher là du bon goût. Le terrain ne s'y prêtait pas. Cependant, La Harpe n'est pas plus injuste que ses confrères, car il ajoute : « Au milieu de ce chaos, on est tout étonné de trouver des morceaux qui prouvent de la sensibilité et de l'imagination[1]. »

---

1. V. *Mes Inscripcions*, § 91, § 403, et *Monsieur Nicolas* : « Je ne me sais d'autres torts avec cet homme (La Harpe) que d'avoir l'énergie et l'imagination qu'il n'a pas. Il attaqua, dans le *Mercure* de 1777, deux de mes ouvrages, *Le Paysan* et *L'École des Pères*. Mais qu'y a-t-il de commun entre M. de La Harpe et moi ? Je n'ai aucune de ses qualités, il n'a aucun de mes défauts. Il versifie bien, il est correct, réglé, sage. Je ne versifie pas, je suis incorrect, désordonné et je porte quelquefois la chaleur de mon style ou la liberté de mes tableaux à un excès peut-être condamnable. A la vérité, j'ai souvent de l'onction..., mais M. de La Harpe

L'École des Pères était, selon La Harpe, un ouvrage « d'une assez bonne morale, mais un peu diffus et ennuyeux ». Dans *Le Nouvel Abeilard*, les idées étaient ingénieuses, mais l'auteur avait le défaut de donner pour intéressants les moindres faits : « C'est ainsi que l'on parvient à faire quatre gros volumes qui coûtent d'autant plus à lire qu'ils ont coûté moins à faire. »

Et, comme Métra, il persifle Restif à propos de son métier de typographe. Il va plus loin. Il reproche à Mercier d'avoir consacré tout un chapitre du *Tableau de Paris* au *Paysan perverti* : « On reconnaît Mercier aux louanges emphatiques qu'il donne aux plus mauvais écrivains, par exemple au trop fécond Restif de la Bretonne... Il s'écrie plus d'une fois, dans son enthousiasme risible : Oh! Restif de la Bretonne! Il ne manque plus que d'entendre M. Restif de la Bretonne s'écrier : Oh! Mercier! Et ce sera le concert de Gryphon et de Syphon, dans l'épigramme si connue de Rousseau. »

La Harpe était bon prophète; le concert eut lieu, et, à vrai dire, la gratitude devait l'amener. Restif fit, dans les *Nuits de Paris*[1], un éloge complet du *Tableau de Paris*. En quoi il ne saurait passer pour un flatteur, car cette vivante étude des mœurs parisiennes se lira toujours avec intérêt.

Sébastien Mercier resta chaud partisan de

n'en ayant jamais, nous ne devons pas nous rencontrer, pas même à l'Académie, dont je n'aurai certainement pas l'honneur d'être. »

1. Page 2900.

Restif. Leurs relations commencèrent précisément à propos de ce *Paysan perverti* pour lequel Mercier avait exprimé spontanément son admiration, sans connaître l'auteur. A la lettre de remerciement de Restif, il avait répondu en le priant de venir le voir, à Montrouge : « 31 août 1782. — J'ai à vous narrer l'histoire de vos grands succès dans toute la Suisse : votre nom y est devenu l'égal des plus grands noms. Et moi, je ne m'en étonne point : il y a longtemps que j'ai pensé que, du côté de l'invention, du génie et de la fécondité, personne ne vous égalait. »

La seconde édition des *Contemporaines*[1] contient d'autres lettres où Mercier, qui ne s'enthousiasmait point à demi, le traite de « grand peintre des mœurs nationales » et raisonne ainsi ses préférences : « Mes confrères ne savent pas tous lire. Ils lisent en auteurs. Je lis en qualité d'être sensible et qui demande à être remué. Je l'ai été cent fois, en vous lisant, et, de plus, vous m'avez donné des idées que je n'aurais pas eues sans vous. Voilà le fondement de mon estime. »

Cette mutuelle amitié se maintint jusqu'à l'année 1796, où Restif, présenté par Mercier comme candidat à l'Institut, n'obtint qu'une voix, celle de son ami. Les académiciens lui reprochaient son manque de goût. Crut-il avoir été mal secondé par Mercier? On ne sait. Toujours est-il qu'il lui en voulut de cet échec. Il poussa l'injustice au point de dé-

---

[1]. Tomes XIX, XX, XXI.

mentir ce qu'il avait dit du *Tableau de Paris*, soutenant que « Mercier n'avait rien vu de ce qu'il fabulise, pas même les auberges à quatre sous, qu'il décrit d'imagination ».

Beaumarchais montra toujours de l'amitié à Restif et lui rendit service aussi souvent qu'il le put. Dès l'année 1778, il lui avait offert la place de prote dans son imprimerie de Kehl. Plus tard, il arrangea une affaire désagréable que lui avait suscitée une des nouvelles de ses *Contemporaines*. Il lui écrivit, à ce propos : « *Paris, 18 juillet* (1780). — Je reçois votre lettre, Monsieur. Je vous prie de me venir voir ; je serai peut-être assez heureux pour arranger votre affaire. Je connais M. Picard[1], je ferai parler ou je parlerai à la dame *Contemporaine*. Je vous consolerai et vous proposerai une distraction peut-être agréable. Venez et nommez-vous à ma porte, qui vous sera ouverte en tout temps. Je vous salue et vous attendrai le matin qui vous conviendra. BEAUMARCHAIS. »

Quand, après un exil de trois ans, Beaumarchais, rentré en France, vit Restif besogneux, il lui exprima, en termes émus, le chagrin de ne pouvoir lui être utile ; il terminait sa lettre ainsi : « J'ai perdu, mon ami, le plus touchant plaisir de mon aisance : la possibilité d'obliger, du moins jusqu'à des temps moins désastreux... Je vous aime et ne puis vous aider[2]. »

---

1. Avocat de la plaignante, qui était une dame Laugé. (V. le § 245, p. 70.)
2. Lettre du 7 frimaire an V. (V. *Monsieur Nicolas*, t. XI, p. 65.)

PRÉFACE.

Restif devait avoir d'autres amis qu'il ne soupçonnait guère. Quelques-uns portent des noms illustres : Schiller, Gœthe, Humboldt, Lavater.

Le premier écrivait à Gœthe, le 2 janvier 1798 : «...Avez-vous lu, par hasard, ce singulier ouvrage de Restif : *Le Cœur humain dévoilé?* En avez-vous du moins entendu parler? Je viens de lire tout ce qui en a paru, et malgré les platitudes et les choses révoltantes que contient ce livre, il m'a beaucoup amusé. Je n'ai jamais rencontré une nature aussi violemment sensuelle. Il est impossible de ne pas s'intéresser à la quantité de personnages, de femmes surtout, qu'on voit passer sous ses yeux, et à ces nombreux tableaux caractéristiques qui peignent, d'une manière si vivante, les mœurs et les allures des Français. J'ai si rarement l'occasion de puiser quelque chose en dehors de moi, et d'étudier les hommes dans la vie réelle, qu'un pareil livre me paraît inappréciable [1]... »

« Gœthe [2], lui aussi, prisait fort *Monsieur Nicolas* et désirait connaître l'auteur. C'est, du moins, ce que Schiller avait mandé à Guillaume de Humboldt, qui se trouvait alors à Paris. Le 21 septembre 1798, Schiller écrivait à Gœthe que Humboldt connaissait la personne de Restif, mais non ses ouvrages. Quelques mois plus tard, dans une lettre datée de Paris,

---

1. *Correspondance de Schiller avec Gœthe,* édition Saint-René Taillandier, t. Ier, p. 413.
2. Ces lignes sont extraites des *Portraits du dix-huitième siècle,* par M. Jules Soury.

le 18 mars 1799, Humboldt pouvait envoyer à Gœthe ce portrait : « Restif est petit, mais robuste et bien bâti ; son visage est frappant... Il a une tête ovale, un front haut, un grand nez aquilin, des yeux noirs, tout de flammes, aux sourcils noirs aussi, mais extraordinairement touffus et longs, si bien qu'ils descendent sur les yeux. Rien de dur ou de sauvage, cependant, dans la physionomie. Il parle beaucoup, à haute voix, et avec une véhémence emportée, une ardeur sans frein. »

Cette description ressemble bien au portrait gravé qui se trouve dans *Le Drame de la vie* et qui a souvent été reproduit.

A cette époque, Humboldt avait lu *Monsieur Nicolas* : « Humboldt ne s'est fait aucune illusion sur l'homme, mais il n'en continue pas moins de vanter, avec Schiller et avec Gœthe, le *Cœur humain dévoilé*. C'est, pour lui, le livre le plus vrai, le plus vivant qui ait jamais existé. Ce n'est pas un livre, c'est un homme qu'on voit et qu'on entend. Si ce n'est pas une histoire, c'est encore moins une fiction ; Restif n'aurait jamais inventé tous ces récits : il n'en était pas capable... Humboldt estime, en profond psychologue, que celui qui n'a pas lu cet ouvrage ne connaîtra jamais bien le caractère français[1]. »

Une lettre de la Reynière montre que Lavater avait conçu une haute opinion des œuvres de Restif, qu'il comparait à l'un des romanciers les plus en vogue alors : « Le célèbre Lavater a lu plusieurs de vos ouvrages et m'a

---

1. *Portraits du dix-huitième siècle*, par M. Jules Soury.

beaucoup questionné sur votre compte.....
M. Lavater me retint près de quinze jours à
Zurich [1], et nous avons souvent parlé de vous,
dont il fait grand cas, et qu'il appelle le Richardson des Français [2]. »

A force d'en entendre parler, les grands
seigneurs voulurent avoir à souper l'auteur à
la mode, et Restif se vit inviter par les ducs de
Gesvres, de Mailly, de Montmorency, par la
duchesse de Luynes, par la marquise de Clermont-Tonnerre. On trouve, dans *Mes Inscriptions*, la mention du fameux dîner des *Académiciens d'Amiens*, où de nobles convives avaient
eu l'idée originale de se déguiser afin de voir
l'auteur du *Paysan* au naturel.

Sous ce rapport, le Paris mondain n'a point
changé; il cajole encore et cajolera toujours
l'homme dont on parle le plus.

Quoique d'un caractère un peu sauvage,
Restif acceptait assez souvent des invitations
qui lui permettaient d'étudier un monde inconnu : « J'ai vu, dit-il, le genre humain :
les bonnes gens chez mon père; la plate bourgeoisie à Auxerre; la canaille à Paris; la bonne
bourgeoisie chez Butel-Dumont; la magistra-

---

1. La Reynière avait vu changer son exil en bannissement et quitté Domèvre en juillet 1788, d'où il était passé en Suisse.

2. Une lettre du baron de Corberon, ministre du prince de Deux-Ponts, lui donne même le pas sur l'auteur de *Clarisse* :
« Plus vaste et plus détaillé, votre plan nous annonce une observation singulièrement étendue et des résultats qui doivent embrasser presque toutes les classes de la société. C'est le projet d'un écrivain-citoyen. » (*Les Contemporaines*, 2ᵉ édition, t. XIX.)

ture des deux genres et même la noblesse chez M. Le Pelletier de Morfontaine; l'auteuraille, la médicaille, l'intrigaille, l'actriçaille, la charlatanerie de tous les genres chez mon ami Guillebert, qui se plaisait à me faire étudier ce monde-là; la finançaille chez M. de la Reynière père; tout le monde chez son fils[1]. »

Il ne pouvait, d'ailleurs, qu'être flatté de la cause première de politesses qui honoraient en lui l'écrivain. S'il était recherché, c'était « comme un objet rare, que personne n'avait eu et qu'on était bien aise de montrer ». Mais c'étaient *Le paysan et la paysanne pervertis* qui le mettaient en relief, et les compliments faits à l'homme allaient droit à son œuvre.

V

SON CARACTÈRE.

Les précédents chapitres ont déjà permis de juger le caractère de Restif. Nous achèverons de le peindre en quelques traits.

Nous avons vu qu'il aimait les compliments. Pour la même raison, il ne pouvait supporter le blâme. Malheur à qui s'avisait de le critiquer! *Menteur, infâme, misérable faussaire, aussi méchant, sot, lâche, que méchant écrivain*, telles sont les épithètes dont il salue l'auteur d'articles parus dans le *Journal de Nancy* (1782). Il faut dire que le second de ces articles était

---

1. *Monsieur Nicolas*, t. XI, p. 147.

orné d'une estampe représentant les ruades d'un âne fouetté par un paysan. Le nom de Restif était écrit sous l'âne, et celui de « Monsieur de Nancy » sous le paysan. Il reçut le numéro le jour de la Pentecôte. On verra, dans *Mes Inscripcions*, l'effet produit par cet envoi.

Selon son habitude, il a reproduit *in extenso* l'article du journal, dans l'appendice d'un des volumes de la seconde édition des *Contemporaines*, afin de reprendre toutes les accusations de son « ennemi » et d'y répondre victorieusement.

Il a avoué que tout blâme lui causait « une peine cruelle ». C'était là une des causes de rupture les plus fréquentes avec ses amis. C'est ainsi qu'il se brouilla avec Mlle de Saint-Léger, avec Nougaret, avec l'abbé de Fontenay et tant d'autres.

C'est encore un froissement d'amour-propre qui le sépara de Mercier. Milran (Marlin, de Dijon), un de ses plus fanatiques enthousiastes, encourut sa colère non seulement parce qu'il prit le parti d'Agnès Lebègue, dans les querelles du ménage, mais parce qu'il ne loua pas sans réserve toutes les nouvelles des *Contemporaines*[1] et dit franchement son opinion sur *La femme infidèle*[2]. Milran ne lui avait cependant pas ménagé l'expression de son admiration pour certaines autres nouvelles, après lecture desquelles il lui écrivait : « Viens que je t'embrasse, ô mon compatriote[3] !... C'est toi qui, le premier après l'illustre Jean-Jacques,

---

1. *Les Contemporaines*, 2e édition, t. XIX
2. *Ibid.*, t. XXVII.
3. *Ibid.*, t. XXXIV.

as appris à l'homme à s'apprécier, non par le rang, non par les richesses, fruits du crime ou du hasard, mais par ses mœurs, par son travail, et ce travail lui-même par son degré d'utilité dans l'état social. Oui, je t'admire, même en te critiquant ! »

Mais Restif ne voulait que l'admiration, sans nuance, et Marlin s'en aperçut à ses dépens. Grand fut son chagrin. Bientôt, n'y pouvant tenir, il écrit à un ami que, malgré ses raisons légitimes d'en vouloir à Restif, il continue sa ferveur « au peintre des portraits vigoureux de *La Paysanne pervertie*, et à celui qui copie si fidèlement la nature ». En outre, deux de ses lettres au censeur Toustain-Richebourg[1] montrent son désir de réconciliation. Restif s'empresse de les publier, il en fait juges ses lecteurs, leur demandant s'il peut consentir à revoir M. Milran : « Si trois personnes sensées prennent la peine de lui donner leurs conseils et de les motiver, M. Jeandevert-Saxancour (Restif) se rendra volontiers à leur décision. » Nous ne savons si les *hommes sensés* répondirent à l'appel, mais le raccommodement eut lieu.

Les rancunes littéraires sont trop vives pour durer. Restif se réconcilia de même avec Mercier, avec l'abbé de Fontenay, avec Mlle de Saint-Léger, avec le dessinateur Sergent, qui n'avait pas trouvé de son goût les gravures des *Contemporaines*, avec l'acteur Granger auquel il reprochait d'avoir empêché la représentation d'une de ses pièces[2].

---

1. *Les Contemporaines*, 2e édition, t. XXVII.
2. V. la note 1 de la page 277. On trouve, dans *Mon-*

Ses colères étaient tôt éteintes, tôt allumées. On le voit, dans *Mes Inscripcions*, s'emporter un peu contre tout le monde, contre son tailleur qui lui réclame de l'argent[1], contre ses filles, qui le connaissent et laissent passer l'orage.

Il était si peu rancunier, qu'il parle avec une modération relative des plagiaires, ou du moins des auteurs qu'il considérait comme tels : Bertin d'Antilly, qui se serait approprié plusieurs scènes de *Sa mère l'allaita*; Flins des Oliviers qui aurait pris son *Réveil d'Epiménide à Paris* dans les *Nuits de Paris*. Il dit seulement que si Flins avait connu une autre pièce de lui intitulée *Le nouvel Epiménide ou la sage journée*, il en aurait profité « pour nourrir sa pièce, qui est faible, incohérente[2]... » Il est plus amer en parlant de La Chabeaussière, qui aurait tiré ses *Maris corrigés* de *La Femme dans les trois états de fille, d'épouse et de mère*.

On voit que, de tout temps, à tort ou à raison, on cria volontiers *au voleur!* dans le monde dramatique.

L'ingratitude n'était point, non plus, un défaut de Restif. Il resta toujours reconnaissant à Butel-Dumont d'avoir déclaré que, s'il était ministre, il ferait réimprimer et tirer à 50,000 exemplaires *Les Parisiennes*, pour les distribuer dans le royaume afin d'y rétablir les bonnes

---

sieur Nicolas, t. IV, p. 207, une liste de ses ennemis. A ceux que nous avons cités il faut joindre Linguet, Ginguené, Geoffroy, Panckoucke. Quant à Joubert et à Fontanes, qui paraissent avoir mérité sérieusement sa haine, par leur conduite avec Agnès Lebègue, il ne leur pardonna jamais.

1. V. le § 979, p. 283.
2. V. *La semaine nocturne*, p. 174.

mœurs. Butel voulut même faire couronner cet ouvrage par l'Académie.

Un passage de *Mes Inscripcions*[1] montre Restif applaudissant vigoureusement le *Tarare*[2] de Beaumarchais, et honnissant *Lanlaire*, son « infâme parodie ».

Jamais il n'oublia le censeur Pidansat de Mairobert qui parafait sans hésiter ses ouvrages et lui avait rendu d'autres services. Tous les ans, à l'anniversaire de son suicide, il allait revoir sa maison : « Sept ans que Mairobert est mort ! » écrit-il sur la porte, en 1786[3]. L'indifférence de l'ingénieur Bralle le remplit d'amertume ; il lui a fait dix visites sans le rencontrer : « Mes jambes se sont lassées, mais non pas mon cœur, s'écrie-t-il. Peut-on oublier ceux chez qui l'on a trouvé le vrai plaisir[4] ? » Vieux, alors, ruiné par les libraires et par la Révolution, privé de ses enfants, de ses amis dont les uns sont morts, les autres absents, il gémit sur son impuissance à saisir le bonheur dont il a fini, après bien des traverses, par découvrir la véritable source... Il pleure, et le chagrin lui dicte une page aussi sincère qu'émue[5]. On a dit à tort que Restif manquait de vraie sensibilité.

Une de ses dernières amies fut la comtesse Fanny de Beauharnais, tante de l'impératrice Joséphine, qui prit à tâche, avec ses filles Agnès

---

1. V. le § 1110, p. 308.
2. V. le § 1141, p. 312.
3. V. *Mes Inscripcions*, § 677, p. 180.
4. *Monsieur Nicolas*, t. XI, p. 180.
5. *Ibid.*, t. XI, p. 187.

f

et Marion[1], d'adoucir son sort. Il était invité chez la comtesse tous les vendredis : elle lui faisait lire ses manuscrits et lui communiquait ses idées. Ce fut elle qui lui suggéra le plan des *Lettres du tombeau*. La lettre suivante, si elle est due en partie à l'estime qu'elle avait pour l'écrivain, l'est certainement aussi à la connaissance de son faible pour les éloges : « Il me faudrait votre génie pour vous peindre, comme je la sens, l'admiration où je suis de votre premier volume (*Les Nuits de Paris*). C'est l'éloquence de Jean-Jacques, la touche grecque si gracieuse, la philosophie ornée d'un charme qu'elle n'a jamais qu'avec vous, etc., etc.[2]. »

Ses égards ne firent pas un ingrat : Restif la traite de « femme céleste » et la compare à Mme de M... (Montalembert), éloge suprême à ses yeux : « Elle me retrace tout ce que j'ai vénéré dans son sexe. C'est pourquoi je me trouve si bien lorsque je suis de l'un de ces soupers où l'honnête liberté, l'esprit, la bonté des convives égalent leurs lumières. On y voit des grands sans morgue, des étrangers qui font chérir et estimer leur patrie. Les entretiens de ceux-ci ne peuvent être que très-profitables! On les écoute, on compare et l'on connaît les hommes. »

Et comme la « céleste Cloé » (Mme de Beauharnais) avait eu, vers la même époque, une pièce sifflée aux Variétés, il prétend avoir vu

---

1. V. une lettre de ses filles adressée au *Journal de Paris*, le 15 février 1806.
2. Lettre insérée dans les *Nuits*. Madame de Beauharnais s'intéressait aussi à Marion Restif. V. *Monsieur Nicolas*, t. XIII, p. 299.

un auteur dramatique, applaudi au même théâtre, siffler sa propre pièce, en manière de protestation contre l'injustice du public[1]. Nous ne rappelons ce fait que pour montrer la chaleur de sa reconnaissance envers celle dont le nom n'est arrivé jusqu'à nous que par l'épigramme du poète Lebrun :

> *Églé, belle et poète, a deux petits travers :*
> *Elle fait son visage et ne fait pas ses vers.*

Après la comtesse, Restif eut, pour bienfaiteurs, le directeur Carnot, qui le secourut de son mieux, et François Arthaud, de Lyon, qui lui fournit les moyens d'imprimer *Monsieur Nicolas*. Un troisième Mécène, dont le nom n'est point resté, malheureusement, lui procura un emploi de deux mille francs dans les octrois. Des sympathies réelles ont donc soutenu « l'ami de la vérité ».

Il faut convenir, ici, que l'amour de la vérité était, chez lui, tempéré par une excessive confiance en sa supériorité.

Millin, dans le *Magasin encyclopédique,* nous a conservé cette phrase qui se trouvait au bas d'un placard annonçant la *Philosophie de Monsieur Nicolas* : « N. Restif de la Bretonne a été sans doute oublié dans la première formation de l'Institut national : on avait bien oublié l'article *Paris,* dans l'*Encyclopédie!* » Les réflexions moqueuses de Millin sont à lire[2]. Il dit, en résumé, que pour admettre Restif à l'Institut, il aurait fallu en exclure tous ceux

---

1. *Nuits de Paris,* p. 2650.
2. *Magasin encyclopédique,* t. IX, p. 550.

dont les idées sur la *planétisation*, les *planétocoles*, la physique des anciens *Chaldes*, etc., n'étaient pas d'accord avec les siennes [1], c'est-à-dire rayer les noms des citoyens Lagrange, Laplace, Lalande, Cassini, etc. Et il termine ainsi : « Monsieur Nicolas parle ensuite de la beauté physique. Il nous apprend qu'une grande femme est belle, qu'une petite est jolie et qu'un connoisseur disoit de Rosalie Poinot : « A chaque tour de jupe, elle fait éclore une grâce, un amour et un désir. » Il est malheureux qu'à la suite de ce portrait, on ne trouve pas l'adresse de Rosalie Poinot. »

On devine l'état où le mirent ces railleries. Pour se venger de Millin, il imagina de l'appeler *Ane-Licol-Malin,* à cause de ses initiales A. L. M., en déclarant « que l'injustice, la sottise avaient dicté l'extrait calomniateur qu'avait fait de sa *Physique un polisson cru membre de l'Institut*[2] », et en adressant au *Journal de Paris*[3] une lettre de protestation contre « le ton indécent que prend un homme de trente-six ans avec un homme de soixante-trois ». Il n'eut plus assez de dédain pour cette Académie qui l'avait refusé : « Tout est clique, dans ce malheureux pays. Voyez ce plat Institut ! » dit-il dans *Monsieur Nicolas*.

Après celui de Millin, l'article qui paraît l'avoir le plus affecté est celui du *Mercure* du 1ᵉʳ janvier 1777, sur le *Paysan* : « Des infâmes,

---

1. V. une plaisanterie sur le même sujet, p. 183, note 1.
2. *Monsieur Nicolas*, t. X, p. 131. On voit que les romantiques n'ont rien inventé en traitant de *polissons* les Académiciens.
3. Numéro du 14 novembre 1796.

des scélérats qui font un article de forcenés, aussi méchant que sot, contre un livre, un chef-d'œuvre... *Vils polissons!* (Il aimait le mot.) Et toi, superficiel et jaloux auteur de l'article du *Mercure* du 1ᵉʳ janvier 1777, qui n'as pas senti que cet ouvrage immortel était le plus utile, le plus vraiment philosophique, dans notre siècle, que je te hais! Que je te méprise! Quoi, brutes ou aveugles méchants, vous n'avez pas vu, vous n'avez pas examiné avec quelle adresse l'auteur dégoûte le paysan-laboureur de la ville, des manufactures, des arts!... Ingrat public¹! »

Les « pédants de collége² » qui le déchiraient dans *L'Année littéraire* lui avaient fait donner à ce recueil le nom d'*Ane littéraire*.

Les censeurs qui hésitaient à parafer ses ouvrages étaient des *misérables*; les directeurs qui refusaient ses pièces étaient des *bêtes*, tout bonnement. L'abbé Simon, censeur royal, n'ayant accepté qu'avec de nombreuses corrections *La Confidence nécessaire,* et Lebrun-Maupeou, autre censeur, l'ayant reçue sans restriction : « L'abbé Simon, dit-il, était un sot que l'étude n'avait rendu que plus suffisant, et Lebrun-Maupeou un homme du monde qui avait le sens commun³. »

Comme auteur, il n'hésite pas à se traiter lui-même de *génie*⁴, à déclarer que l'épître

---

1. *Les Nuits de Paris*, p. 2781.
2. *Monsieur Nicolas*, t. XIV, p. 114.
3. *Ibid.*, t. V, p. 153.
4. T. XI, p. 211. Il déclare, toutefois, dans les *Nuits de Paris*, qu'il ne se croit pas un génie pour avoir inventé des

dédicatoire à la Jeunesse, dans le *Marquis de Tavan*, un de ses romans, paru en 1771, est une perle. Il n'est pas une femme qui n'ait lu sa *Fille naturelle*, « chef-d'œuvre de célérité (il l'avait composée à la casse), peut-être chef-d'œuvre de pathétique ». Si un auteur dramatique puise le sujet d'une comédie dans un de ses contes, il est assuré de faire sa meilleure pièce.

Dans *L'Année des dames nationales*, Restif avertit le public que *Les Contemporaines* font les délices de l'Europe. Le frontispice de *Monsieur Nicolas* annonce que cet ouvrage se vend chez tous les libraires du continent. Il s'écriait déjà, avant sa publication : « Je prépare un ouvrage immortel ! » *La dernière aventure* offre « des tableaux dignes de l'Albane ». Ses ouvrages, en général, n'ont absolument rien à envier à ceux de Beaumarchais, et il prétend le prouver par la comparaison [1].

Il ne cesse de répéter que *Le Paysan perverti*

---

mots nouveaux : « Ni ces Messieurs qui m'en font un crime, ni moi, n'en avons, Dieu merci ! Le génie, comme en avait Corneille, ne peut exister, dans un siècle *esprité* comme le nôtre, à moins qu'il ne soit un peu fou, comme celui de J.-J. Rousseau. Ni Pascal, ni Racine, ni Boileau, ni Voltaire n'eurent de génie, mais beaucoup d'esprit, un excellent esprit que puissions-nous avoir... » Ses accès d'orgueil sont tempérés par des accès de modestie.

1. V. *Monsieur Nicolas*, t. XI, p. 162 : « PERTINAX et BELLEMARCHE. — Il existe à Paris deux hommes de lettres qui ont de singuliers rapports ! Il se trouve entre eux une grande ressemblance pour le genre d'esprit, pour le faire, la manière de travailler, des inclinations, la situation (une chose exceptée), le style et la marche des ouvrages. Bellemarche a fait *Eugénie*; Pertinax, la *Mère impérieuse*; Bellemarche, les *Deux amis*; Pertinax, la *Prévention nationale*; Bellemarche, le *Barbier de Séville*; Pertinax, l'*Épiménide grec*, etc »

eut quarante-deux éditions à Londres et quatre en Allemagne. Or, le *Paysan* ne semble pas avoir été traduit en anglais, et M. Paul Lacroix n'en a compté que sept éditions, tant en France qu'à l'étranger.

Peut-être faut-il voir un système dans ces gasconnades, et la phrase suivante des *Nuits* : « On peut se louer soi-même par indignation contre l'injustice des autres », nous en donne-t-elle la clef. Une seule fois il avoue le péché d'orgueil, mais pour si peu de temps! « Gâté par quelques succès qui m'avaient attiré des cajoleries, je me crus un personnage... Cette erreur ne dura que six mois[1]. »

Pour achever de juger Restif, il suffit de parcourir *Monsieur Nicolas* : il n'est exercice du corps où il n'ait excellé, ni qualités morales qui n'aient été siennes. A Auxerre, chacun admirait son courage ; on l'avait proclamé défenseur du beau sexe. Personne ne dansait, comme lui, *l'aimable vainqueur*[2]. Son agilité lui permettait de dépasser un lièvre à la course. Ses sens sont extrêmement fins, « tant pour l'ouïe que pour la vue et même pour l'attention ». La voix est « souple, avec des bas admirables et la plus grande étendue par le haut[3] ». Il inspire des passions violentes : une

---

1. *Monsieur Nicolas*, t. Ier, p. 28. La place nous manque pour rapporter une petite aventure assez joliment racontée dans les *Nuits de Paris*, p. 2519, et qui contribua, dit-il, à lui inspirer de la modestie.

2. « Espèce de danse aux beaux bras, dans le genre de celle de Vestris, de Gardel. » (*Monsieur Nicolas*.)

3. Il raconte, dans *Monsieur Nicolas*, qu'il avait failli s'engager à l'Opéra-Comique.

jeune fille est morte pour lui en 1753. Comme reproduction de son espèce, il accomplit des miracles[1]. Et ses enfants sont les plus beaux du monde.

Voilà pour le physique. Ses qualités ne sont pas moindres dans l'ordre intellectuel et moral ; Auxerre le regardait comme un modèle. Dans un bal public, il fut chargé, un soir, par les jeunes filles, d'emmener une certaine Tonton Laclos qui faisait du scandale. On la lui confia « comme étant le plus sage ». Confiance qu'il justifia, d'ailleurs, en se permettant une « familiarité ». Il faut dire qu'elle l'avait provoqué, et que « toutes les fois qu'une étincelle tombe sur l'amadou, le feu prend ».

Or, les étincelles tombèrent dru sur lui, à Auxerre. Il paraît que sa bonne réputation n'en souffrit point. Elle fit naître de l'enthousiasme chez deux de ses camarades, Gaudet et Théodore, qui lui étaient dévoués corps et âme. Le dernier, qui désirait un fils homme d'esprit, avait fait, avec Restif, de singuliers arrangements pour réaliser son vœu[2]. En 1771, il retrouve mariée une des innombrables personnes dont il s'attribue la paternité. Quand il se présente chez le mari, celui-ci, apprenant le nom du véritable père de sa femme, s'écrie, enthousiasmé : « Ton père efface la tache que t'avait imprimée ta mère[3] ! »

Comme preuve d'enthousiasme, il est difficile de trouver mieux.

---

1. Voir, ci-dessous, p. lxxxix.
2. V. *Monsieur Nicolas*, t. XIII, p. 175.
3. V. *Monsieur Nicolas*, t. XIII, p. 209.

La mémoire de Restif était unique : il lui suffisait, dit-il, de lire un volume une fois pour le réciter par cœur.

Parangon, qui le détestait comme homme, ne pouvait se passer de lui comme prote, tant son travail était remarquable.

L'esprit de Rivarol, le talent de Jean-Jacques, les découvertes des plus grands savants sont distancés : « Il est singulier, écrit-il dans *les Nuits de Paris,* que j'aie deviné ce que vient de découvrir l'illustre Herschell, que les soleils se déplacent et marchent dans une orbite immense, autour d'un centre universel. »

Voici encore un bout d'éloge introduit dans *Ingénue Saxancour*[1]. C'est Félicité Mesnager qui parle : « Hà! si vous saviez comme il (Restif) est séduisant! C'est un de ces hommes qui n'ont pas besoin de jeunesse pour se faire aimer. Ses distractions mêmes et son air préoccupé ont un charme, parce qu'on sent trop que ce n'est pas affectation. Il ne dit pas un mot qui ne soit l'expression d'un sentiment. S'il fait un compliment, il est délicat et persuasif; il vous détaille vos charmes et vous perfectionne de manière à faire aimer l'homme qui doit les pénétrer si bien et en deviner tout le prix[1]. »

---

[1]. *Ingénue Saxancour,* t. III, p. 126.

Aussi est-on surpris de voir parfois cet ennemi de la critique se critiquer lui-même. Dans un *Dialogue* entre un médecin et l'éditeur des *Contemporaines* (t. XXX; ce dialogue n'est peut-être pas de Restif, mais il le publie, de même qu'il publie souvent d'autres pièces qui n'ont rien de flatteur pour ses ouvrages), il donne la liste de

Il faut reconnaître que les femmes étaient le but suprême de son existence, son unique passion. Car il n'était ni ambitieux, ni avare, ni joueur, ni buveur, ni gourmand : « Les femmes, dit-il, furent toujours, pour moi, le feu, l'air et l'eau. » C'est à cause d'elles qu'il prit le goût du travail. Il avait besoin d'aimer et d'être aimé. Si douce que fût, pour lui, l'amitié d'un homme, il lui manquait toujours quelque chose, son cœur sentait un vide insupportable tant qu'une affection féminine n'y avait pris place : « L'amitié de Loiseau était l'unique appui qui me fût resté, mais mon cœur était conformé de façon qu'il me fallait absolument l'amour ou l'amitié d'une femme pour le remplir d'une manière agréable. Sans les femmes, j'étais un être nul, sans vigueur, sans énergie, sans activité, sans âme enfin. C'est pourquoi j'ai couru toute ma vie, sinon après l'amour, du moins après l'amitié d'une femme qui me plût, et mon malheur a été de m'être presque toujours trompé dans ce choix, ou de n'avoir pas réussi. »

C'est aussi pourquoi nous le voyons, à quarante-cinq ans et plus, ressentir toutes les angoisses de la jalousie[1], grimper, en véritable étudiant, derrière la voiture de sa maîtresse,

---

ses meilleures nouvelles, mais il avoue que « les 70-71 sont un peu vides... les 81-83 manquent de vraisemblance... les 97 et 98 sont peu intéressantes et manquent également d'art et de naturel... » Dans la *Revue des ouvrages*, il déclare que les *Nouveaux mémoires d'un homme de qualité* sont une des plus médiocres productions de l'auteur.

1. V. *Mes Inscripcions*, §§ 68 et 69, pp. 26 et 27.

PRÉFACE. lxxxv

pour savoir où elle va [1]; glisser des billets aux ouvrières et chanter devant leur boutique pour attirer leur attention [2]. Il est incapable de renoncer à l'amour, même quand l'âge lui en a montré les inconvénients.

Les amoureux ont le droit de faire de méchants vers. C'est ce qui arrive à Restif, et ce qu'il reconnaît d'ailleurs, dans la *Confidence nécessaire*, en parodiant un vers célèbre :

Pour moi Phœbus est sourd et Pégase est Restif.

Entre toutes ses poésies (dont *Monsieur Nicolas* reproduit une grande quantité), les plus mauvaises étaient celles adressées à madame Parangon. Il explique ce phénomène dans *Le drame de la vie* : « Il ne faut être que superficiellement amoureux pour faire de beaux vers ; la vraie passion étouffe le talent. »

Il y avait, cependant, du poète dans sa prose. On le voit par les descriptions pastorales des premiers livres de *Monsieur Nicolas* [3], par certains passages de l'histoire de Sara [4] et de *Mes Inscripcions* [5].

Voici un de ces passages où domine l'essence poétique ; il ne manque que des rimes :

« O temps heureux (dit-il en parlant de celui où il était fiancé à Fanchette), vous êtes

---

1. V. *Mes Inscripcions*, § 145, p. 53.
2. *Ibid.*, § 810, p. 233.
3. V. aussi l'anecdote du bois luisant, t. VI, p. 148.
4. Dans *Monsieur Nicolas*. Voyez le récit des promenades aux collines de la banlieue de Paris.
5. V. le § 49, p. 22 ; les §§ 16 et 18, pp. 13 et 15 ; le § 854, p. 247.

passés, comme l'onde qui fuit, pressée par celle qui la suit, toujours différente en paraissant toujours la même. Ainsi coulent les moments de la vie : le moment qui s'échappe est passé pour jamais, et le temps semble toujours le même. Le fleuve d'hommes qui s'écoule paraît toujours composé de vieillards, d'hommes faits, de jeunesse et d'enfants; on voit les mêmes folies, les mêmes crimes, les mêmes vertus rarement semés. Un spectateur isolé, éternel, croirait les hommes immortels comme lui, et ils n'ont été qu'un instant ! Ils n'ont eu qu'un instant de vie, souvent de malheur, et disparaissent pour jamais dans le gouffre de l'éternité, comme l'eau d'un fleuve dans l'abîme des mers[1] ! »

Il aimait la prose cadencée, qu'il mettait quelquefois en musique[2].

Sa fidélité au souvenir de Jeannette Rousseau ne l'empêcha point d'appliquer son principe que « l'amour est l'affaire la plus importante de l'homme, après le travail qui lui procure la subsistance[3] ». Sa manière de procéder le rendait, dit-il, irrésistible. Jamais femme sérieusement attaquée n'eût manqué de capituler, et il en donne la recette à qui veut l'employer. Elle doit réussir à tout le monde, à condition d'avoir du ressort et de la sensibilité : il s'agit d'entourer d'égards et de respect l'objet de ses vœux, lui inspirer confiance, lui témoigner de l'adoration en termes

---

1. *Monsieur Nicolas*, t. V, p. 243.
2. V. la note 1 de la page 45.
3. *Mes Inscripcions*, § 193, p. 64.

passionnés, lui faire mille gâteries et user de persévérance. Le succès est sûr, parce que la résistance est impossible : « Aucune femme, attaquée par un homme sensible, tel que je le fus, n'est coupable, parce que la séduction est *au-dessus de ses forces naturelles*[1]. »

Toutefois, sa sincérité même gâte un peu le tableau : il savait être « impérieux », surtout avec les filles sans expérience, et profiter des secrets qu'il apprenait sur le compte de ses victimes, auxquelles il promettait la discrétion en échange de leur bon vouloir. Ses procédés manquaient donc souvent de délicatesse[2].

Une de ses singularités est de venir, après des confidences de ce genre, révéler des accès de platonisme inattendus : il raconte avoir logé plusieurs mois, dans sa chambre, une jeune ouvrière, Jeannette Demailly, en prenant toutes les précautions voulues pour ne pas exposer l'innocence de la jeune fille. Une autre fois, songeant à se faire prêtre, il propose à une jolie Dijonnaise de l'engager comme gouvernante et de vivre tous deux comme frère et sœur. Il avait déjà fait à Marie Jehannin et à Yonne Bellecour[3] des propositions semblables. L'idée du sacerdoce ne se présentait jamais à son esprit sans celle d'une compagne.

Quand, par hasard, une femme lui résiste, il s'en réjouit comme d'un véritable bonheur[4] : « J'en atteste l'Être suprême, je ne le voulais

---

1. *Monsieur Nicolas*, t. V, p. 34.
2. *Ibid.*, t. IV, p. 188.
3. *Ibid.*, t. IX, p. 44.
4. *Ibid.*, t. X, p. 41, à la note.

pas¹! » s'écrie-t-il, quand il vient de commettre quelque sottise, d'agir en homme « *turpin* et vil ». Nous aurons à revenir sur son habitude, vraiment comique, de déclamer, d'adresser des invocations à la Nature et aux Astres de l'univers.

Chaque fois qu'une de ses maîtresses meurt, le souvenir de celles qui l'ont précédée revient à sa mémoire, d'où les énumérations fastidieuses de *Monsieur Nicolas* : il rapproche leurs qualités et les confond dans le même éloge. Déjà, à Auxerre, il racontait ses aventures aux filles dont il était amoureux. Spéculer sur la curiosité féminine était un de ses moyens de séduction.

Il en aima véritablement plus d'une et en fut aimé, mais l'oubli ne tardait pas à venir : la mort de Madelon Baron ne l'affligea pas huit jours². Les succès continuèrent : « Grands de la terre, s'écrie-t-il dans l'enthousiasme de ses souvenirs, dites-moi si votre jeunesse fut heureuse comme celle d'un fils de laboureur sans fortune³ ! » L'explication qu'il en donne, peu modeste, d'ailleurs, doit être rapportée : « J'avais l'âme honnête, expansive, sentimenteuse ; de beaux yeux, les lèvres appétissantes, une figure noble et romaine... C'est à mes yeux et à mes lèvres que je devais le premier goût inspiré⁴. »

Quelque extraordinaire que pût être son tem-

---

1. *Monsieur Nicolas*, t. X, p. 111.
2. *Ibid.*, t. IV, p. 187.
3. *Ibid.*, t. VI, p. 51.
4. *Ibid.*, t. X, p. 57.

pérament[1], nous ne pouvons admettre certains faits avancés par lui en toute sincérité, mais incompatibles, croyons-nous, avec les lois de la nature.

Il faut reconnaître, également, que la scène du souper chez Chéreau de Villefranche[2] est en contradiction avec les prétentions à l'innocence qu'il affiche dans *La femme infidèle* ; elle montre qu'il partageait en public l'inconduite de sa femme. Il est aussi fort à douter que la débauche n'ait été[3] autre chose pour lui qu'un moyen d'étude. Quelques traits[4] font comprendre ses raisons de se cacher, sous le nom de Siflavio, chez l'imprimeur Knapen, aussi longtemps qu'il crut pouvoir épouser la sœur de madame Parangon[5].

Le manque de travail et de conduite lui avait fait connaître la vraie misère : longtemps il avait habité un grenier « tapissé d'affiches de comédie, collées à cru sur les lattes », meublé d' « un mauvais grabat, deux chaises et une table brisées, une vieille cassette, sans fermeture, pour serrer ses habits ». La fenêtre était « une chatière ajourée par deux carreaux de papier huilé ». Il vécut trois mois avec *trois louis,* reçus du libraire Valade, pour le

---

1. V. son aventure avec mesdemoiselles Prudhomme et Baptiste, de l'Opéra-Comique, en 1757. *Monsieur Nicolas,* t. VII, p. 155.
2. V. *Monsieur Nicolas,* t. IX, p. 139.
3. V. *Monsieur Nicolas,* t. XIV, p. 139.
4. Voir, dans *Monsieur Nicolas,* les aventures de Pauline Ebret (XIII, 84) ; d'Hélène Senlaur (125) ; d'Apolline Canapé (128), etc.
5. *Ibid.,* XIII, 81.

prix de Lucile, un de ses premiers ouvrages [1]. Humblot lui donnait vingt-cinq sous par nuit de correction d'épreuves. Une voisine, émue de pitié, lui fit une aumône de deux louis. Un autre jour, il accepta, de la « paidomane » madame Desvignes, une somme d'argent destinée à payer son aptitude génératrice. Le besoin le pousse aux expédients les plus honteux. On en voit des exemples dans l'histoire de cette Zéphyre, qu'il a, cependant, tant aimée. Il dit que la faim fut la vraie coupable, qu'il se rendait à peine compte de ce qu'il faisait; on le voit s'éloigner de Paris pour ne point succomber de nouveau aux tentations. Il s'était un peu tard souvenu que : « les mœurs sont comme un collier de perles ; ôtez le nœud, tout défile [2]. »

L'ébruitement de ce passé devait autoriser bien des accusations. Sa femme, qui n'avait, relativement, rien à lui reprocher au point de vue des mœurs, insinua que Restif avait eu des relations incestueuses avec ses filles. Cette accusation le révolte. Il proclame que, si le fait était vrai, il l'avouerait, « pour l'instruction du genre humain ». Ayant admis la bonne foi de ses déclarations, nous n'hésitons pas à le croire. Il paraît, d'ailleurs, avoir été aussi bon père de famille que cela lui était possible : il refuse de profiter de l'égarement d'une amie de ses filles [3]. Si Marion a mal à la main, il en perd le sommeil [4]. Il cherche, dans

1. *Monsieur Nicolas*, t. XIV, p. 16.
2. *Ibid.*, t. IX, p. 28.
3. *Ibid.*, t. XI, p. 120.
4. *Mes Inscripcions*, §§ 1064, 1069, pp. 299, 300.

l'intérêt d'Agnès, à obliger son mari qu'il hait[1]. Il supplie le lecteur d'avoir pitié d'elles, si jamais la misère les réduit à réclamer son aide, à se présenter chez lui, les œuvres de leur père à la main[2]. Il aime, en général, à décrire la vie et les scènes de famille, il apprécie les bonnes ménagères, les bonnes épouses et les bons enfants[3].

Il avoue des relations intimes avec une de ses nièces, mais par surprise : sa parenté lui était alors inconnue. Confession bien inutile, car, à chaque instant, il aurait eu des surprises du même genre avec les filles naturelles dont il croyait avoir peuplé la capitale. Sa crédulité prêtait à la mystification. Veut-on savoir ce qui lui suffisait pour les reconnaître, dans ses promenades du Palais-Royal? — C'est, dit-il, *le thermomètre de son cœur*[4]!

Sa joie éclate comiquement, à chaque reconnaissance ; il déclare que ses bâtardes l'adorent et ne le rencontrent jamais sans lui sauter au cou. Si « le thermomètre du cœur » est en défaut et le laisse commettre un inceste involontaire, reconnu trop tard, ses sentiments deviennent « honnêtés, paternels et tendres ». Il procure aux retrouvées un mari ou un emploi.

L'imagination de Restif et la malice des filles ont dû faire, en grande partie, les frais de ces reconnaissances.

En 1791, il eut l'idée de convoquer toutes

1. *Mes Inscripcions*, § 471, p. 103.
2. *Les Contemporaines*, 2ᵉ édition, t. XXVII.
3. *Les Nuits de Paris*, p. 1613.
4. *Monsieur Nicolas*, t. XI, p. 182.

ces jeunes personnes et de les envoyer à Cayenne, où Mme Collart [1], une autre fille naturelle, se chargeait de les recevoir et de leur trouver des époux. Elles acceptèrent, et c'est ainsi qu'il arracha à la prostitution nombre de ces infortunées. Il le dit du moins, mais son imagination est si riche, que l'histoire de cette colonisation doit être acceptée sous toutes réserves. Il s'intéressait, d'ailleurs, par vocation, aux femmes déchues, persuadé que la plupart pouvaient être ramenées au bien, et cherchant à réparer le mal que ses passions lui avaient fait commettre malgré lui.

Cette idée de réhabilitation se retrouve dans les *Nuits de Paris* : une femme charitable, la marquise de M... (Montalembert), l'a chargé de se mettre en quête, la nuit, dans Paris, des filles dont il croit pouvoir obtenir l'amendement, et de les conduire en son hôtel. De là, elle les dirige sur un établissement créé à leur usage. On peut voir, dans cette fiction [2], une idée première de l'œuvre des *Filles repenties*.

L'aventure de madame Maillard [3] semble plus réelle, ainsi que cette assertion de *Monsieur Nicolas* : « J'ai retiré cinq filles de la prostitution, dont chacune m'a coûté huit cents livres. » Il trouvait souvent de la reconnaissance chez ses protégées : « Je ne suis pas tout

---

1. *Monsieur Nicolas*, t. XI, p. 186.
2. V. aussi dans les *Nuits de Paris*, p. 3348, l'exposé de la bienfaisance de madame Châtel, « dame généreuse qui aide les personnes malaisées pour leur faire franchir les premiers pas d'un commencement d'état toujours si difficile ».
3. V. *Mes Inscripcions*, § 287, p. 77.

PRÉFACE. xciij

à fait malheureux, puisque je connais deux obligées qui ne sont pas ingrates [1]. »

Agnès Lebègue elle-même a rendu hommage à la générosité de son mari, dans une lettre écrite après la mort de Restif [2]. Elle confirme ce qu'il dit dans *Monsieur Nicolas* [3], que, pendant quinze ans, treize pères de famille lui ont dû la subsistance. Elle ajoute que les pauvres avaient beaucoup perdu en le perdant : « Ne faut-il pas convenir, dit Grimm, en lisant ce détail dans la *Paysanne pervertie*, que c'est là, véritablement, l'existence d'un citoyen utile, estimable, honorable ? »

Tout était singulier chez cet homme : fort mal soigné de sa personne, il confesse n'avoir point acheté d'habits, de 1773 à 1796 [4]. Cubières raconte qu'il poussait la négligence jusqu'à la malpropreté; que l'ayant, un jour, rencontré avec sa barbe inculte, il lui demanda quand il comptait s'en séparer : « Elle ne tombera, répondit-il, que lorsque j'aurai achevé le roman auquel je travaille. » Ce roman était en quinze volumes, et trois seulement étaient faits. Mais Restif, dit Cubières, en composait un demi par jour. Notre volume prouvera qu'il y a, ici, exagération.

Il sortait vêtu du grand manteau à collet, coiffé du chapeau de feutre à larges bords

---

1. V. *Mes Inscripcions*, p. 79.
2. V. la préface de la notice placée en tête de l'*Histoire des compagnes de Maria*.
3. T. XI, p. 211.
4. *Monsieur Nicolas*, t. X, p. 248.

sous lequel il s'est fait représenter dans les estampes des *Nuits* où il s'intitule : *Le spectateur nocturne, historiographe des événements ténébreux des nuits de Paris.*

Il avait une manière originale d'intéresser le public à ses œuvres : « J'invite les personnes zélées pour l'honneur de la Patrie d'envoyer à l'adresse de Maradan, libraire, rue des Noyers, près Saint-Yves, les traits de vertu de leurs aimables compagnes, filles ou femmes. Je ne ferai que rédiger ; le Public sera le véritable auteur de cet important ouvrage (*L'année des Dames nationales*). » Beaucoup répondaient à l'appel, et leurs communications ne furent pas inutiles à la rédaction des six cent dix nouvelles dont l'ouvrage se compose. Restif convient, d'ailleurs, que, si différents amis ne lui eussent fourni des sujets pour ses *Contemporaines*, il ne fût point arrivé à en écrire un aussi grand nombre [1].

Elles mettaient en scène des personnages vivants, souvent même des hommes puissants, dont les noms étaient écrits en toutes lettres, ou à peine déguisés. D'où mille tracas pour leur éditeur, et la crainte perpétuelle de l'*embastillement*. Un certain Beauregard, qui se croyait historié dans le *Ménage parisien*[2], faillit l'assommer. Nous avons vu que Beaumarchais

---

1. Pidansat de Mairobert prenait pour lui des informations « sur les personnes qu'il rencontrait ou qui le frappaient ». (*Les Contemporaines*, préface.) Les femmes du peuple lui donnaient aussi des renseignements précieux pour la peinture des mœurs populaires.

2. V. *Mes Inscripcions*, § 135, p. 50, et la note de la page 290

l'aida à sortir du mauvais pas où l'avait engagé *La belle hôtesse et son pensionnaire*, dont l'héroïne demeurait près la porte Saint-Honoré. Une dame portant le même nom logeait réellement à cet endroit. Il n'y avait eu là qu'une fâcheuse coïncidence. Restif ne la connaissait pas : « J'en ai persuadé cette femme estimable chez son avocat, en présence d'un homme célèbre dans toute l'Europe, M. de Beaumarchais[1]. » Sa manière de procéder donnait quelquefois lieu à des scènes amusantes : le libraire Guillot reconnut, dans la nouvelle *La mère Gâteau*, son confrère Bastien, mis en scène sous le nom de *Nesbat*, et ne se reconnut pas lui-même sous son pseudonyme[2].

Les difficultés recommencèrent à propos d'une nouvelle publiée d'après les indications de Desmarais, de Châteauneuf, où des gens haut placés jouaient un rôle peu honorable[3]. Son indiscrétion devint particulièrement grave dans *L'année des dames nationales*, parue en pleine Révolution. Il ne fut pourtant point inquiété.

Restif est donc bien le fondateur de l'école naturaliste. Il a fait sa profession de foi dans la préface des *Contemporaines* : « J'imaginai que, si j'avais le talent d'écrire, il faudrait prendre une route nouvelle, et ne point prostituer ma plume au mensonge. » Cette déclaration de

---

1. *Contemporaines*, 2ᵉ édition, t. XXX. MM. E. Campardon et A. Longnon ont publié, dans le *Bulletin de l'Histoire de Paris*, année 1876, p. 142, des documents concernant cette affaire.
2. V. *Mes Inscripcions*, § 863.
3. V. *Mes Inscripcions*, p. 229, note 3.

principes laissait pourtant une part à l'imagination, dans la facture de ses romans. Il établissait d'abord sa *base* ou canevas. Ensuite il choisissait une *Muse*, c'est-à-dire une femme qui l'inspirât[1]. Ces conditions remplies, il se mettait au travail et *romanisait* son histoire : « Toutes les aventures que j'ai rapportées, dit-il, ont un fond vrai, mais il y fallait quelque déguisement[2]. »

Il n'applique cette méthode qu'à ses nouvelles. Les récits de sa vie « dépouillent le clinquant de la fable[3] ». Dans ce genre d'ouvrages, il ne tend qu'au rôle d'historien fidèle : « On n'a rien à demander à l'historien qu'un style simple[4]. » Tous les sacrifices, il se les impose pour rendre intéressante *l'anatomie de son cœur* : de même que le médecin doit, pour soigner efficacement les maladies, les avoir auparavant étudiées avec soin, de même, à son sens, l'écrivain doit avoir éprouvé les sentiments qu'il retrace[5]. On voit qu'il devance les théories professées aujourd'hui par l'école « psychologique ».

Pour dire la vérité dans ses écrits, rien ne lui coûte. C'est afin de connaître les filles entretenues que Restif se fait le protecteur de Virginie François et de Sara Debée. Il risquait de se faire assassiner par Augé en publiant

---

1. Il a donné une liste de ses *Muses*. V. *Monsieur Nicolas*, t. XIV, p.-147. V. aussi t. XI, pp. 52 et 151; t. VIII, pp. 44 et 48.
2. *Les Contemporaines*, préface.
3. *Monsieur Nicolas*, introduction.
4. *Les Nuits de Paris*, p. 2475.
5. V. *Mes Inscripcions*, § 96, p. 38.

Ingénue Saxancour; il confessait, dans *Monsieur Nicolas*, avoir commis « des mauvaises actions de tout genre, le meurtre excepté[1] », il se couvrait de honte dans *La femme infidèle*. — Tout cela par amour de la vérité. Il le dit, du moins.

Rien ne pouvait l'arrêter dans ses travaux : ni les souffrances les plus cruelles[2], ni les mécontents, ni les importuns. Jamais il ne perdait une minute[3]. Quiconque voulait lui faire visite dans la journée était éconduit. On lui rapporta un propos de son hôtesse à l'un de ses visiteurs : « Revenez le soir; dans le jour, Mgr le duc d'Orléans ne lui parlerait pas[4]. » Le travail était une passion pour lui; les lignes suivantes peignent bien le plaisir intellectuel et les fruits du labeur :

« Lorsque je n'ai pas rempli suffisamment ma journée, je me trouve mécontent de moi et je ne m'en console que par le redoublement de courage que j'éprouve pour le lendemain. Quand je travaille, je me regarde comme un être utile, important, une sorte d'homme public, chargé de fonctions augustes. Je sens alors que je vaux quelque chose. Tant que je n'ai pas été capable de travail, j'étais honteux, timide, sauvage. Je fuyais, je redoutais les

---

1. V. page 4103 de la 1re édition.
2. V. *Mes Inscripcions*, §§ 485, 665, 669, pp. 106, 177, 178.
3. V. le § 1099, p. 305 : il compose un chapitre de la *Physique*, pendant la correction d'une épreuve.
4. *Les Nuits de Paris*, p. 1878. V. aussi une lettre de Mallet de Genève, du 31 janvier 1786, dans la 2e édition des *Contemporaines*.

autres hommes. Il me semblait qu'ils pouvaient lire sur mon front : « Voilà un être nul », et je ne pouvais soutenir l'idée de leur mépris. Mais, depuis que je travaille, j'ai pris une honnête assurance. Je me présente sans hardiesse, sans prétention, mais avec un sentiment d'égalité qui me soutient. Je dois tout au travail : et mon sentiment de paix intérieure et la considération au dehors. Avant que de travailler, je n'existais pas. J'étais parfaitement inconnu, parfaitement nul. Combien je dois aimer le travail qui m'a tiré du néant, qui m'a donné des connaissances, des amis !...

« O mes chers concitoyens ! Si vous n'avez jamais essayé du travail, commencez. Savourez ensuite ce que vous éprouverez. Ne vous découragez pas ! Pendant longtemps j'ai travaillé avec sécheresse. Mais enfin le goût est venu. C'est lui qui nous soutient, qui nous anime. Essayez de la satisfaction inexprimable que donne, pendant quelques jours, un ouvrage fini ! Et vous sentirez alors les délices du travail ! Elles vous donneront des forces pour en recommencer un autre [1] ! »

Cette glorification du travail est un des passages les plus honorables qu'on puisse signaler dans les œuvres de Restif.

Les « *délices* de sa tâche » lui donnaient bon estomac et bonne humeur : « Personne, dit-il, ne *gaudit* comme moi, quand je me crois avec de bons enfants. » Gaieté franche, obtenue sans effort, et qui le rendait aimable en so-

---

[1]. *Nuits de Paris*, t. V.

ciété. Le vin n'y entrait pour aucune part. Il n'a bu que de l'eau, tant que sa santé, sa jeunesse ne lui ont pas rendu l'usage du vin indispensable[1]. Il n'a fait qu' « essayer philosophiquement l'ivresse ». Elle le rendait doux et bon : il en conclut qu'il possédait réellement des qualités de douceur et de bonté, s'appuyant sans doute sur l'adage : *In vino veritas*. Le mot *gris*, plusieurs fois répété dans *Mes Inscripcions*, ne saurait donc se prendre à la lettre : Restif était de ceux que la première libation étourdit. Ivrogne, d'ailleurs, il n'eût pas été le travailleur que nous connaissons.

Si l'amour de la vérité lui suggéra le désir d'être auteur, ce fut celui de la femme qui fit jaillir l'étincelle. Aussi s'écriait-il toujours, devant la maison de Rose Bourgeois, inspiratrice de *La famille vertueuse*, son premier livre : « *Salve, ô domus quæ me fecisti scriptorem!* »

Comme tous les débutants, il avait commencé par imiter. A Auxerre, il aimait à lire *La princesse de Clèves* et les romans de madame de Villedieu. Madame Riccoboni fut son premier modèle[2]. Bientôt il connut « cet état d'effervescence sans lequel il n'y a ni auteurs, ni poètes », et sentit « l'insurmontable besoin d'écrire », remplacé par « un feu divin qui le remplit tout entier ». Mais l'imagination, loin de le pousser à la création d'êtres fictifs, le dirigeait vers l'étude de l'homme, vers la peinture des caractères.

---

1. *Monsieur Nicolas*, t. X, p. 247.
2. *Ibid.*, t. XIV, p. 6.

Ce côté positif n'exclut pas, en lui, le rêveur qui mettait en vers, le matin, les songes de la nuit¹, qui parcourait les lieux où il avait aimé et s'y laissait envahir par la mélancolie, qui travestissait une femme aperçue à son balcon en marquise de M..., et la marquise en madame Parangon : « Tout à coup, une idée me vint : c'est Colette Parangon ressuscitée ! Oui, oui, c'est elle. Même beauté, même vertu sublime ! Hé ! peut-on avoir deux fois dans la vie, du pouvoir sur le cœur et sur l'esprit de deux femmes différentes² ? » C'est bien le même être sensible qui se plaisait à revoir sur les quais, à plusieurs années de distance, des inscriptions qui le ramenaient à la situation d'esprit où il se trouvait en les traçant.

De l'impressionnabilité à la timidité, il n'y a qu'un pas. Restif fut longtemps « le plus sauvage des hommes », et la raison qu'il en donne est bien de lui : « Je redoute l'éclat autre que celui de la vertu³. » Avant que ses succès d'auteur lui eussent communiqué un peu de hardiesse, il n'osait entrer dans une assemblée nombreuse; il n'eut l'audace de pénéter dans un café qu'en 1772 et se surprit, plusieurs fois, à faire demi-tour, à la porte d'une maison où il était invité. Fréquenter le monde lui paraissait si héroïque, que « l'ambition lui vint de l'entreprendre et qu'il doit à sa timidité même d'être devenu *indagateur*⁴ ». Elle

---

1. *Monsieur Nicolas*, t. IV, p. 71.
2. *Nuits de Paris*. V. aussi le § 896 à la note, p. 262.
3. *Monsieur Nicolas*, t. XI, p. 9.
4. *Nuits de Paris*, p. 1901.

persista longtemps : « J'ai bien de la peine à en venir, à cinquante ans, après mes ouvrages, à la hardiesse d'un sot qui n'a rien fait [1]. »

Loin d'en rougir, il rappelle un proverbe consolant pour les timorés :

> *Nul n'est hardi que le sot*
> *Qui ne sait ce qui lui défaut* [2].

Mais il proteste contre toute accusation de lâcheté : « Je suis très-timide, mais pas craintif, c'est-à-dire que je craindrais de passer devant une belle compagnie et que je brave volontiers une troupe de scélérats. Dans le premier cas, c'est orgueil : je crains la comparaison. Dans le second, c'est courage : je ne suis pas poltron [3]. » Le § 76 de *Mes Inscriptions* [4] donne une assez petite idée de ce courage, qu'il n'a guère déployé, d'ailleurs, pendant la Révolution.

La passion de Restif pour les chaussures mignonnes est bien connue. Il prétendait deviner le visage d'une femme à sa tournure et à son pied [5]. Fou des jolis pieds bien chaussés, il n'admettait point que ses filles n'eussent hérité cette beauté de leurs mères.

C'était un goût qui remontait à sa plus tendre enfance : il affirme sérieusement qu'à

---

1. *Memento*, folio 108, verso.
2. *Monsieur Nicolas*, t. V, p. 131.
3. *Nuits de Paris*, p. 1671.
4. Page 31 : « J'étais trop ému pour être lâche. »
5. *Nuits de Paris*, p. 1757.

quatre ans, il remarquait déjà le pied d'Agathe Tilhien, paysanne de Sacy[1]. Plus tard, la vue de la jambe de Marguerite Pâris, servante de son frère l'abbé Thomas, l'amenait à de graves excès. Il voulait qu'on mît dans son tombeau la mule de madame Parangon, essayée par Zéphyre. (Double *consécration!* la mule avait porté « deux chefs-d'œuvre! ») Le premier de ces chefs-d'œuvre l'avait fait succomber, le jour où son œil s'était fixé « sur la jambe fine de madame Parangon, sur son soulier de droguet blanc, dont le talon mince, élevé, donnait encore plus de délicatesse à son pied mignon, le mieux fait qu'il eût vu de sa vie ». Le second servait de modèle à ses graveurs. Bastienne Dumoulin, seule, avait pu mettre cette chaussure. Aussi se plaisait-il à l'en fournir.

Il prend note, dans *Mes Inscripcions*, du jour où il a essayé les souliers à « haut talon » à madame Belin[2], femme du libraire, et du soir où sa fille Marianne, chaussée de « souliers noirs à hauts talons[3] », lui a lu la *Prévention nationale*. Il avait remarqué que les jolis pieds donnaient de l'élégance aux animaux mêmes et cherchait à se rendre compte de son goût si prononcé, en se demandant s'il avait sa cause « dans le physique ou dans le moral[4] ». Il décidait la question ainsi : « La passion que j'eus, dès l'enfance, pour les chaussures

---

1. *Monsieur Nicolas*, t. XIII, p. 5.
2. V. § 566, p. 133.
3. V. § 763, p. 217.
4. *Monsieur Nicolas*, t. Ier, p. 92.

PRÉFACE. ciij

délicates, était un goût factice basé sur un goût naturel, mais celui de la petitesse du pied a seulement une cause physique. »

Il blâme irrévérencieusement, dans *Monsieur Nicolas* : « les pieds plats des républicaines, leur jambe nerveuse, leur derrière crotté [1] », s'indigne de voir le *Journal de Paris* prôner la nouvelle mode des talons plats, et répond au *Journal de Neufchâtel* qui l'avait légèrement raillé sur sa manie : « Je trouve qu'il n'y a pas de sens aux femmes d'avoir voulu se grandir par la tête, comme les grenadiers, et de se raccourcir si désavantageusement par les pieds. Ce n'est rien gagner. Pour moi, je crois que les talons hauts ont un double avantage pour les femmes ; le premier et le plus important, c'est d'éloigner la forme de leur chaussure de celle des hommes, ce qui leur donne le charme du sexe, qu'elles n'auraient pas sans cela ; le second, de rendre plus agréable le bas de la jambe et du pied ; le troisième, de donner à leur marche un air moins décidé. Je trouve que la marche d'une femme à talons bas a quelque chose de trop hardi et même d'indécent. Une femme doit avoir l'air d'une sylphide. Un soulier plat lui donne l'air matériel, au lieu qu'un talon haut l'empêche de toucher la terre, en quelque sorte, et en fait une créature céleste [2]. »

Une autre raison donnée ailleurs, c'est qu'avec un talon haut, le pied « prend peu de boue et n'en renvoie point [3] ». Rien de

---

1. T. XI, p. 51.
2. *Revue des Ouvrages*, p. CCXXVI.
3. *Nuits de Paris*, p. 2360.

laid comme une femme crottée : « J'ai vu, hier, une femme en talons larges et plats. Je l'aurais battue, si je pouvais battre une femme. Elle était crottée comme un barbet... Nos ayeules parisiennes adoptèrent, jadis, les talons élevés, par goût pour la propreté. Elles étaient plus sages que leurs petites-filles... »

Ne va-t-il pas jusqu'à souhaiter que la police s'en mêle et ordonne « que toute dame qui rapprochera son vêtir de celui des hommes soit traitée en catin par le guet et les commissaires [1] » ! Il prétend que les grisettes seules, ayant conservé l'ancienne mode, sont restées appétissantes [2].

Voici une phrase qui semble dédiée aux amis de la peinture par les mots. Nous la donnons pour la curiosité des expressions : « Si nos femmes actuelles semblent avoir pris à tâche de s'*hommifier*, nos fats, nos infâmes petits-maîtres *pointus*, pour compléter le mal, semblent avoir pris à tâche de se *femmifier*. Ils ont, autant qu'ils ont pu, rapproché leurs habits de la lévite des femmes ; et, tandis que celles-ci se chaussent à plat, en bas de couleur qui, le noir excepté, leur vont toujours si mal, se *pataudent* et s'*hommassent* d'une manière horripilante, par la suppression de ces talons délicats qui les *sylphisaient*, nos farauds, de leur côté, profanent la chaussure féminine en se faisant faire des souliers, des bottes pointues [3]... »

1. *Nuits de Paris*, p. 1837.
2. *Ibid.*, p. 248.
3. *Monsieur Nicolas*, 1re édit., p. 4774.

Une sylphide, une créature céleste, éthérée, avec une taille de guêpe et des pieds d'enfant, est son idéal de la femme physique ; telle il l'a représentée dans ses estampes ; telle était madame Parangon, et quand il dit d'une personne, « elle ressemblait à madame Parangon », c'est le plus bel éloge qu'il lui puisse décerner [1].

Grand déclamateur, Restif exagérait encore la manière de Rousseau. D'où son surnom de *Rousseau du ruisseau*, qui fait allusion à son habitude de prendre ses héros dans la classe populaire. De son temps, la déclamation était dans les mœurs. On ne voyait ni un site pittoresque, ni une femme aimée, sans adresser une invocation en règle à la Nature. Le *ô* et le *ah !* étaient prodigués, même dans les correspondances les plus bourgeoises. Cette mode de sensibilité fait sourire aujourd'hui, et l'indignation de Restif égaye, lorsqu'il s'écrie : « O vengance paternelle, quelle rosée tu es pour un cœur altéré ! » à propos de ses projets de vengeance contre le séducteur d'une de ses filles naturelles.

Ce mot *rosée* lui plaisait. On le retrouve dans ce passage du *Paysan* : « Tu as dit à ta « femme : Allez-vous-en, il y a du serein, la « rosée pourrait vous faire mal...

« La rosée, c'étaient mes larmes [2] !... »

Dans une lettre à Zoé, la *presqu'épouse* de

---

[1]. Il l'accordait à la marquise des *Nuits* et à madame de Beauharnais. (*Monsieur Nicolas*, t. XI, p. 155.)

[2]. Il était très fier de cette phrase. V. *Monsieur Nicolas*, t. XI, p. 175.

son ami Loiseau, qui vient de mourir, Restif lui fait part de ses *gémissements*, à la fatale nouvelle; mais, se reprenant : « Gémir n'était point le terme : je *mugis* de douleur¹ ! » Et, aussitôt, il entonne un hymne au Soleil.

Il salue la fontaine de la rue de Saintonge, en passant devant la maison de Victoire, et chante un air qu'il a composé sur des paroles rythmiques : « Lieux enchantés qu'elle me rendit aimables, vous me l'êtes encore, même après qu'elle ne m'aime plus². »

Après la fontaine, les fleuves : pendant vingt-sept ans, il est descendu sur les bords de la Seine, le jour de la fête de Colombe d'Auxerre, et a chanté, en buvant l'eau qui a passé devant sa porte : « O fleuve qui l'as-vue, dis-moi si, par aventure, elle est heureuse. »

On ne trouve pas mieux dans certaines légendes primitives qui nous passionnent encore.

C'est encore l'invocation qui sert à Restif, dans ses jours de faiblesse :

« O jour malheureux, je te maudis! » s'écrie-t-il après avoir failli à ses principes de *vertu*³ (ce qui lui arrivait souvent).

Ses soupirs, ses gestes désordonnés le firent arrêter, un jour, par le guet. Interrogé par le commissaire, il avoua que son agitation venait des remords causés par une partie de débauche.

Ce ton déclamatoire prête moins à rire

---

1. *Monsieur Nicolas*, t. VIII, p. 210.
2. *Monsieur Nicolas*, t. X, p. 59. — *Mes Inscripcions*, voir la phrase *chantée* du § 15, p. 13.
3. *Monsieur Nicolas*, t. VII, p. 79.

quand Restif raconte la mort de Zéphyre [1]. Il trouve alors la note juste.

N'oublions point de signaler, parmi ses bizarreries, l'invention du fameux *Calendrier* où il « commémore », chaque jour, une ou plusieurs femmes. Toutes n'ont pas été ses maîtresses. Pour y figurer, il suffit de l'avoir aimé, et « l'état le plus vil n'en exclut pas [2] ». Ce *Calendrier* sert aussi aux « exécrations ». Les femmes avec lesquelles il a dû se marier sont considérées comme épouses. Agnès Lebègue figure dans ses « Commémorations », comme mère de ses filles. Elles comprennent différents degrés de douleur : les larmes ou les sanglots, les gémissements ou les cris. Ces anniversaires, il allait les célébrer sur son île, et baiser les dates [3].

Jamais la religion du *moi* n'a été plus loin.

VI

SES IDÉES POLITIQUES, RELIGIEUSES ET SOCIALES.

Presque toutes les questions intéressantes pour l'humanité ont été abordées par Restif. Sciences naturelles et sociales, philosophie, législation, politique, religion, art, philologie, il a touché à tout ; sur tout il a formulé son opinion, proposé des réformes.

---

1. *Monsieur Nicolas*, t. VIII, pp. 52-62.
2. *Calendrier*, p. 297.
3. *Nuits de Paris*, t. XVI, p. 402

Nous allons tâcher de donner un aperçu de quelques-unes de ses idées. Renvoyons d'abord ceux qui désireraient connaître sa *physique* à M. Assézat, sans la rechercher dans le *Paysan perverti*, la *Découverte australe*, les *Nuits de Paris*, la *Philosophie de Monsieur Nicolas* ou dans les *Posthumes*. Une analyse suffisante en a été donnée par M. Assézat dans sa préface des *Contemporaines du commun*.

En parcourant les cinq volumes des *Idées singulières* (*Le pornographe*, *La mimographe*, *Les gynographes*, *L'andrographe*, *Le thesmographe*), on est surpris de voir que plusieurs de ces projets de réforme ont été adoptés de nos jours. La mystification dont Restif fut victime au sujet du *Pornographe*[1] a passé dans la pratique.

Quant au *Glossographe*, œuvre inédite dont il a seulement donné des fragments dans *Monsieur Nicolas*[2], dans *Les nuits de Paris*[3], dans la *Revue des ouvrages*, dans *Mes Inscripcions*, etc., et à laquelle il attachait une importance particulière, il contenait des observations souvent justes. Le principe d'écrire les mots masculins différemment des féminins n'a rien de déraisonnable, et celui de mettre l'orthographe d'accord avec l'étymologie n'est pas moins rationnel.

Mercier, dans son *Dictionnaire néologique*, lui a emprunté certains vocables. Le mot *mise*[4]

---

1. V. la note du § 930, p. 271.
2. T. XIV, p. 125.
3. T. V.
4. V. la note du § 854, p. 247. Voici quelques autres mots de son invention : *Honnester, inconvénienter, actricisme, sérieuser, espriter, comédisme.*

PRÉFACE.

qu'on reprochait à Restif d'employer est devenu d'un usage courant, et l'on dit parfaitement, aujourd'hui, *une laideur impressionnante*[1].

Un chapitre de *Monsieur Nicolas* est consacré aux « moyens d'activer l'exécution des lois par une organisation de la magistrature et de la police[2] ».

Nous avons trouvé, dans les *Nuits de Paris*[3], un passage relatif à une institution récemment mise en vigueur, et concernant l'agriculture : « Il y aura, pour les plus excellens cultivateurs, des distinctions dont ils porteront les marques sur leur habit de travail, et, surtout, les jours de fête ; et cette marque, en quelque endroit que se trouve le cultivateur, le fera honorer, dans les temples, par une place et le pain bénit, et dans la ville, bourg ou village, par une invitation chés un des premiers de la paroisse, de pareilles gens ne pouvant jamais être d'incommodes parasites. »

Les chevaliers du Mérite agricole qui ne se piquent point trop de libre pensée accepteront, sans protester, cet hommage anticipé d'un fils de laboureur.

Certes, dans les réformes qu'il propose, il en est d'inapplicables et d'inexplicables. De ce nombre est le conseil qu'il donne aux administrateurs publics de supprimer les hôpitaux, comme établissements *immoraux*. Il cite, à l'appui, des raisons[4] dont la valeur paraît plus

---

1. V. la *Revue des Ouvrages*.
2. *Monsieur Nicolas*, 1ʳᵉ édition, p. 4415.
3. Page 1420.
4. *Nuits de Paris*, pp. 1773 et 2328.

que discutable. Mieux fondée est la proposition d'abandonner aux chirurgiens les corps des suppliciés. Il souhaite qu'on livre aux médecins certains scélérats vivants « pour faire sur eux des expériences qui rendent leur mort doublement utile à la Nation dont ils sont le fléau[1] ». Qu'on ne lui reproche pas sa cruauté ! Il faut, dit-il, savoir être « utilement cruel », ne jamais hésiter quand l'intérêt public est en jeu. Il déclare d'ailleurs qu'il est le plus doux des hommes.

Cependant, il n'aimait pas les « sentimenteux », entre autres Rousseau; il n'admirait de lui que quatre ouvrages : le *Discours sur l'inégalité*, l'*Héloïse*, le *Contrat social*, et les *Lettres de la Montagne*[2]. Seuls, les passages relatifs à madame de Warens lui plaisaient, dans les *Confessions*[3]. D'une manière générale il lui reprochait d'avoir « trop écrit en auteur ». Ses principes n'étaient point mauvais, mais seulement « abusibles[4] ». Quelques-uns avaient fait « un mal horrible[5] », et l'*Émile* avait été funeste à la population parisienne en recommandant aux dames du grand monde de nourrir leurs enfants. Il y a du vrai dans la raison qu'il en donne :

« Qui doit nourrir ses enfans ? Dans l'état de nature, dans une République égale, toutes les mères ou très-peu d'exceptées, car parmi les femmes, comme parmi les animaux, il est

---

1. *Nuits de Paris*, p. 277.
2. *Monsieur Nicolas*, t. IV, p. 213.
3. *Ibid.*, p. 2917.
4. *Nuits de Paris*, p. 3181.
5. *Ibid.*, p. 3184.

quelques individus femelles qui ne peuvent nourrir. Dans l'état de grande civilisation, au contraire... des femmes comme nos duchesses, la plupart de nos marquises et de nos comtesses, nos présidentes et nos financières, nourriront-elles avec leur lait échauffé, leurs passions exaltées, leurs alimens âcres? avec leur genre de vie dissipé, échauffant? Hâ! qu'elles s'en gardent bien! Qu'elles confient leurs enfans à une bonne paysanne, bien fraîche, bien saine... seulement qu'on la paye bien, cette nourrice! Qu'une loi sacrée la rende à jamais vénérable pour son nourrisson[1]!... » Nous avons cité tout au long ce passage, parce qu'il prévoit des effets confirmés, depuis, par l'expérience.

Les quarante-deux volumes des *Contemporaines* sont, en grande partie, consacrés à la soutenance de sa thèse favorite sur l'insubordination des femmes : « J'y travaille plus, dit-il, au bonheur des femmes qu'à celui des hommes, en tâchant d'ouvrir les yeux des premières sur leur véritable destination[2]. » Ce bonheur n'est possible, d'après lui, que si l'épouse demeure la plus fervente admiratrice, la plus humble servante de son époux. Voilà une théorie qui, assurément, n'est point faite pour déplaire aux maris. Il s'ensuit qu'on doit éviter de donner de l'instruction aux femmes. Si l'on agit autrement, « tout est perdu, mœurs et repos, plaisirs et bonheur. Une femme ne

---

1. *Nuits de Paris*, p. 2514.
2. *Les Contemporaines*, 2ᵉ édition, préface.

doit savoir répondre qu'aux choses d'économie domestique et aux caresses de son mari, par deux raisons : 1° C'est que, dès qu'une femme a mieux raisonné que son mari, le ménage n'a plus de chef et tout doit aller sens dessus dessous. La deuxième raison, c'est qu'il faut un repos à l'espèce humaine, et c'est dans le sein de la femme qu'elle doit le trouver[1]. »

Cette théorie nous conduit naturellement à celle de l'amour : « Procréer son semblable est un devoir sacré, dont rien ne dispense. S'attacher à une femme ou la femme à l'homme est un devoir collatéral de celui-là, pour les êtres raisonnables vivant en société... L'amour physique est le plus grand des biens et la plus belle des facultés; l'amour moral, la première des vertus. C'est par l'amour, sous ces deux rapports, que l'homme ressemble à Thot producteur[2]. »

Ce système peut être regardé comme une conséquence de celui de la *Compensation des biens et des maux*, professé dès l'antiquité par les stoïciens et repris par les philosophes du dix-huitième siècle : « La somme des biens et des maux doit également abreuver la vie[3]... » Il aboutit à montrer toutes choses, jusqu'à la mort ou la vie, sous un même aspect indifférent. La gloire n'est plus enviable, « car les désagréments sont à côté[4] ». La poursuite du bonheur est vaine, car « l'heureux vit plus délicieusement, mais son uniformité le fatigue.

---

1. *Monsieur Nicolas*, 1re édition, p. 4060.
2. *Nuits de Paris*, p. 504.
3. V. *Mes Inscripcions*, § 32, p. 18.
4. *Nuits de Paris*, p. 1219.

Le malheureux souffre, mais il est agité par les craintes, les espérances, il vit davantage. La somme des biens et des maux est toujours égale, dans toutes les positions[1]. » Afin de corriger ce que la doctrine a de décourageant, il ne la donne pour exacte qu'à l'état de nature : « Dans l'état de société, la somme des biens peut augmenter pour les uns et diminuer pour les autres[2]. »

Le devoir du législateur est donc de pourvoir l'homme de la plus grande somme de bonheur possible. Pour cela, son premier soin doit être de tirer parti de la plus noble des sensations, l'amour. Il ne peut l'en priver sans se rendre coupable d'un crime de lèse-nature.

Au dix-neuvième siècle, Fourier, s'inspirant des idées de Restif, en a tiré le système des *Attractions passionnelles*.

Fourier lui a fait d'autres emprunts. Mais, auparavant, voyons quelles limites Restif trace à la passion la plus *noble :*

« Ce n'est pas être libertin, c'est être vertueux que de faire des enfants[3]. » Toutefois il faut en même temps « adorer les femmes et non pas les regarder comme un vil instrument de volupté[4] ». Le point important est de ne jamais « outrager la nature », ce qui veut dire qu'on doit s'abstenir de la débauche et des prostituées[5].

---

1. *Nuits de Paris*, t. XVI, p. 396.
2. *Ibid.*, p. 2455.
3. *Monsieur Nicolas*, t. XIII, p. 144.
4. *Ibid.*, t. XI, p. 125.
5. *Ibid.*, t. XIII, p. 77.

On voit qu'il ne fait point de l'amour une sensation matérielle ni grossière. Cependant, il peut arriver que l'homme, entraîné par ses passions, brise le frein social. Dans ce cas, mais seulement dans ce cas, il a une excuse : « Ce qui est au-dessus des forces de l'homme, ce qui lui ôte la raison, son pouvoir sur lui-même, ne peut le rendre coupable. » Restif sent que cette théorie n'est point dépourvue de dangers. C'est une sorte de grâce d'état qui ne peut exister qu'accidentellement ; l'habitude la détruirait : « Les fautes imprévues et passagères sont de la fragilité humaine, mais un état permanent est d'un malhonnête homme. » Les roués, Richelieu en tête, lui font pitié. Ses aventures ne sont qu'un tissu de fourberies, et les femmes capables d'aimer un tel fat sont à plaindre.

De son temps, malheureusement, presque tous les jeunes gens sont blasés. Cela vient de l'éducation de la jeunesse : « On voit une mère avoir la folie de mener au spectacle son fils de trois à quatre ans... Le Parisien, dès l'enfance, vit avec les femmes, sait tous les secrets de la toilette, voit tout le négligé du matin. Qu'en résulte-t-il ? Qu'il est insensible au charme du sexe et qu'il lui faut les écarts du libertinage pour lui faire éprouver des sensations[1]. »

Restif s'est beaucoup occupé des jeunes gens, qu'il connaissait bien. Il leur a souvent donné des conseils[2], et leur a montré le personnage

---

1. *Nuits de Paris*, p. 248.
2. V. *Nuits de Paris*, pp. 413 et 2342.

de Gaudet d'Arras, dans *le Paysan perverti*, comme le type des amis dont ils doivent se méfier. Quant à son opinion sur les vieillards, elle est des plus tristes. Heureusement que l'exception faite en faveur de lui-même permet d'en espérer d'autres : « Si tous les vieillards ne sont pas des scélérats, c'est moins par principes que par inertie... Qu'on juge, après cela, de tout le mal que peuvent et doivent faire un vieux roi, un vieux ministre, un vieux juge, un vieux richard, dans tous les états[1]. » S'il n'est pas, lui-même, devenu un scélérat, c'est parce que « le sacré principe de la réciprocité » l'a retenu. Ce principe de la réciprocité sert de base à sa morale : « Ne fais pas à autrui ce que tu ne veux pas qu'on te fasse. Rien de plus simple, de plus clair. Voilà ce qu'il faut inculquer de bonne heure aux enfants[1]. »

Restif était donc plus vraiment chrétien qu'il ne le paraît. D'ailleurs il ne parle qu'avec admiration de la morale de *Jesuah*, et reconnaît lui-même ses tendances chrétiennes dans le passage suivant : « Je serais meilleur chrétien que tous les hypocrites de nos jours, si, laissant là tout ce qu'on a intercalé de faux dans l'Évangile, on s'en tenait à la fraternité qu'il établit, le cagotisme écarté. Je serais, comme le disait très-bien de moi mon frère aîné, qui me devinait dès ma jeunesse, *un rude chrétien*[2]. »

Chrétien, il l'avait été avec madame Paran-

---

1. *Monsieur Nicolas*, p. 4074, 1ʳᵉ édition.
2. *Ibid.*, p. 4154.

gon : « Madame Parangon était chrétienne : pouvais-je être d'une autre religion que cette femme? Lorsqu'elle ouvrait la bouche, je croyais voir, je croyais entendre la divinité me parler[1]. »

Si ses convictions religieuses n'existaient plus qu'à l'état de souvenir, il n'était pourtant point athée, pour cela. Il a même consacré, dans *Monsieur Nicolas*[2], un chapitre à l'*Immoralité folle des athées*. Il a reconnu le créateur du monde dans un *Credo* de sa façon : « Je crois un *Être principe*, source de toute vie et de toute intelligence, rémunérateur et vengeur dès cette vie[3]... »

L'*Être principe* devint, bien entendu, sous la Révolution, « l'Ordre, la Raison éternelle, le Dieu de la République française[4] ».

Quant au culte, il ne le croit pas indispensable, bien qu'il convienne de son utilité chez les peuples superstitieux, où il fait faire « des prodiges de valeur aux troupes[5] ». Si l'on en veut un, on doit se contenter de la prière dont il donne le texte.

Nous avons dit que Fourier avait adopté certaines théories sociales de Restif. En voici qui contiennent incontestablement le germe du *Phalanstère*; Restif était persuadé que le défaut de notre organisation était de confondre l'état de nature avec celui de société :

« Personne, dans l'état de société, n'est

---

1. *Monsieur Nicolas*, p. 4147.
2. Page 4818, 1re édition.
3. *Monsieur Nicolas*, p. 4156, 1re édition.
4. *Ibid.*, t. IV, p. 214.
5. *Ibid.*, p. 4028, 1re édition.

propriétaire exclusif de son bien, de ses talens, de sa vertu, de sa beauté, de sa force, de ses lumières. Par le pacte social, il a mis tout cela en commun. Les maux, les abus, les vices ne viennent que de l'idée mal digérée qu'ont les hommes qu'ils sont propriétaires de quelque chose, dans l'état de sociabilité. »

Le nivellement des propriétés s'ensuit naturellement, et Restif commence par s'appliquer à lui-même la conséquence de ses principes : « J'avais désiré de laisser cinquante mille livres, comme mon père. Mais je considère que c'est trop, puisqu'il serait impossible que chaque citoyen en laissât autant, car il faudrait alors que la France eût un milliard quatre cents millions d'arpents de terre, vignes, prés, bois, à cent cinquante livres l'arpent, ce qui est à peu près le prix moyen... »

On trouve la même pensée dans *Mes Inscripcions* : « Les parcs immenses de nos richards anéantissent des générations[1]. » Le luxe doit, en effet, être banni de la nouvelle société rêvée par Restif : « Nul propriétaire ne pourra faire des parcs inutiles, des jardins anglais... Tout terrain sera utilement employé[2]. » Et aux partisans du luxe, à ceux qui prétendent y voir un écoulement de marchandises, un « stimulant des arts, du commerce, de toute activité, de toute industrie », il répond : « Nous sommes dix hommes réunis en société, sur un terrain maigre. Notre travail, à tous

---

1. V. § 704, p. 193.
2. *Nuits de Paris*, p. 1535. V. aussi *Monsieur Nicolas*, t. IX, p. 12.

dix, est nécessaire pour nous faire subsister. Il est clair que, si l'un de nous cesse le travail utile pour s'occuper de choses de luxe, et que nous soyons obligés de le nourrir, nous serons surchargés. »

Si Restif n'est pas l'inventeur du plan d'association exposé dans *L'Andrographe*, dans *Le Paysan perverti*, dans la nouvelle des *Contemporaines* intitulée *Les vingt épouses des vingt associés*, dans *Monsieur Nicolas*, il n'en a pas moins introduit, pour la première fois, en France, des idées que Proudhon a résumées dans le mot : « La propriété, c'est le vol », et des théories auxquelles Fourier n'a pas eu grand'chose à ajouter dans ses projets de réformes sociales[1].

Dans *L'Andrographe*, dit Restif, « je propose à tous les hommes de vivre en frères ; je leur prouve, par les détails où j'entre, et les vues réfléchies des établissemens proposés, qu'on augmenterait par là le bien-être général et qu'on doublerait le bien-être particulier, loin de le diminuer ; qu'on rappellerait, en exécutant ce plan, et l'innocence et le bonheur. Je prouve qu'il serait facile de l'opérer et qu'il n'y aurait qu'à le vouloir fortement. La base sur laquelle tout roulerait, dans cet établissement, serait les droits de l'âge et du mérite. Du reste l'égalité serait parfaite ; l'aisance de tous les individus à jamais assurée[2]. »

---

[1]. Pierre Leroux le constate dans ses *Lettres sur le fouriérisme*, *Revue sociale* de 1850. V. aussi un article d'Émile de Girardin dans la *Presse* du 28 septembre 1852.

[2]. T. XXX des *Contemporaines*, 2ᵉ édition. *Dialogue entre l'éditeur et le médecin*. — Le plan de communauté que

Il aimait les hommes et non le peuple; il n'aimait guère davantage les nobles, au sujet desquels il a paraphrasé la définition célèbre de *Figaro* : « Que je hais, dit Restif, ces nobles insolents qui se prévalent du frivole avantage d'être nés de parents jadis vertueux et puissants! » La bourgeoisie lui semblait préférable à ces deux classes : « Il n'est qu'une classe de la société vraiment estimable, celle du milieu. Mais, si j'avais à choisir entre la populace et les grands, je préférerais tomber dans les mains de ceux-ci, malgré leur puissance. Quelques-uns sont bien élevés. J'en ai connu d'excellents! »

Quant à la populace, elle lui paraît en tout temps détestable. C'est toujours elle qui amena le despotisme : « On croit communément que ce fut l'ambition des rois, des puissants. Non, ce fut l'insolence des vauriens. Je crois que tous les hommes commencèrent par être égaux. Car pourquoi ne l'auraient-ils pas été? Mais la canaille, c'est-à-dire les fainéants, les gourmands, les méchants en tout genre de l'espèce humaine, étant restée malaisée, tandis que les diligents, les soigneux, les laborieux s'étaient procuré l'aisance, la canaille malaisée s'aigrit, elle insulta, elle vola, elle tua. Alors, les *ayant quelque chose* se coalisèrent; ils se donnèrent un chef, des armes, des soldats.

Restif propose à toute l'Europe, dans *Monsieur Nicolas*, et qu'il développe dans l'*Andrographe*, est en 39 articles relatifs à l'abolition du droit de propriété, aux besoins matériels de la vie, aux devoirs des cultivateurs, des artistes, des artisans, des gens de lettres, aux punitions et aux récompenses, aux monnaies, à l'éducation publique, aux tribunaux, etc.

De là le gouvernement royal et magistral. De là le despotisme même[1]. »

Ouvrons, ici, une parenthèse, et, après avoir fait remarquer que, par *gouvernement despotique*, Restif entend, ici, le gouvernement d'un tyran, disons quelques mots de ses opinions politiques.

De l'ensemble de ses doctrines, il résulte qu'il était résolument monarchiste. Il ne faudrait point le juger en 1793, car, alors, il tremblait continuellement, redoutant une troisième arrestation, et la peur lui dictait l'éloge de Marat, « phénomène sans exemple... habile physicien, médecin intelligent, ardent patriote », éloge désavoué en 1797 dans *Monsieur Nicolas*. A cette époque, c'est un « ami timide » qui a fait faire des cartons à son insu, et c'est l'imprimeur à qui incombe la responsabilité d'avoir « tourné en louange l'article de Marat[2] ».

En réalité, il cherchait à faire montre de civisme; pendant la Terreur, il plaçait sur le titre du tome XVI des *Nuits de Paris* l'épigraphe suivante : « Je ne m'apitoie pas sur un roi. Que les rois plaignent les rois. Je n'ai rien de commun avec ces gens-là ! » Ce qui ne l'avait point empêché d'écrire, auparavant, à la nouvelle du retour de Louis XVI à Paris : « O Roi, chef de la nation, en t'honorant, c'est elle-même qu'elle honore !... Béni sois-tu, bon Louis XVI ! La postérité parlera toujours de toi, et tu es plus immortel que dix rois

1. *Les Nuits de Paris*, t. XVI, p. 492.
2. *Monsieur Nicolas*, p. 4307, 1re édition, à la note.

ensemble. » Paroles imprudentes et sur lesquelles il croyait bon de passer l'éponge.

En voici d'autres non moins dangereuses, pour le temps : elles étaient la fidèle expression de sa pensée :

« Mépriser le Roi ou la religion, c'est manquer au bon sens, le Roi fût-il méchant et la religion superstitieuse. Vous en sentez la raison : c'est que l'athéisme et l'anarchie sont les plus grands des maux. Le despotisme, sous un bon prince, est le meilleur des gouvernements. C'est celui des corps bien organisés qui n'ont qu'une tête, à laquelle tous les membres obéissent aveuglément... Je ne suis pas plus esclave qu'un autre, mes principes sont connus. J'énonce seulement une éternelle vérité... bien différente du faux adage de Voltaire :

Le premier qui fut roi fut un soldat heureux.

« Le premier roi fut un père de famille. Ce furent les rois postérieurs, les chefs usurpateurs, les conquérans et non le premier roi qui fut choisi pour sa sagesse, les services rendus ou qu'il pouvait rendre. C'est le gouvernement naturel que le monarchi-despotique. Et la preuve sans réplique, c'est que tous les gouvernemens, même le populaire, sont obligés d'y avoir recours lorsqu'ils ont besoin d'une double énergie, et pour les armées, qui eurent toujours un chef despote, même en Grèce, même à Rome[1]. »

---

1. *Les Nuits de Paris*, p. 2326. V. aussi p. 2121. On trouve dans la 1re édition de *Monsieur Nicolas*, au chapitre

Mais le bas peuple est l'ennemi-né de toute autorité : « C'est à lui, c'est à ces êtres stupides que l'agitateur s'adresse, habillé comme eux. »

Le seul remède, c'est la communauté :

« Si l'on n'en veut pas, il faut employer la coaction contre le peuple, et alors, plus d'égalité, car jamais le peuple ne comprendra que, dans le système actuel, où toutes les propriétés sont isolées, il faut des riches, qui sont des magaziniers politiques; que ce serait le plus grand des malheurs que tout le monde fût dissipateur ou sans industrie, comme les ancêtres des pauvres ou les pauvres eux-mêmes; qu'il faut, dans le système actuel, protéger les propriétés et n'empêcher les trop grandes fortunes qu'en terres, parce que ceux qui en ont trop en mettent une partie en terres de luxe, perdues pour la culture[1]. »

On dirait Restif prophète, quand il ajoute :

---

de la *Politique*, une curieuse conversation d'un prisonnier du château de Pierre-Encise avec Mirabeau. Celui-ci, après avoir avoué qu'il devait « sourdement et de concert avec les deux personnes royales, travailler au rétablissement de la royauté dans tous ses droits », fait la profession de foi suivante : « Mirabeau me disait, un jour, qu'il nous fallait un peu plus de monarchisme qu'aux Anglais et non pas un peu moins, comme le prétendent certaines gens. A qui la liberté est-elle bonne? A très-peu de monde, puisque ce n'est qu'aux sages. Or, un gouvernement doit être pour tout le monde... Il vaut mieux se soumettre à un maître despotique, avec les lois les plus dures, que d'avoir une liberté dont abuseraient les mauvaises têtes. » L'homme que Restif appelle *Pierre-Encise* ajoute qu'en ce qui regarde le régime *républico-monarchique*, « il fut imaginé par des imbéciles qui crurent pouvoir allier deux choses incompatibles : la liberté et la sujétion ».

1. *Les Nuits de Paris*, t. XVI, p. 460.

« La préoccupation constante des philosophes d'améliorer le sort des ouvriers, d'augmenter leur bien-être, leur salaire, doit fatalement amener la suppression du travail. Ils ressemblent « aux estomacs que trop de nourriture engorge et rend paresseux [1] ». Si le prix de la journée est doublé, qu'arrive-t-il ? La populace qui, « semblable aux hordes sauvages, ne voit que le présent », se dispense de l'atelier trois jours sur six, passe les trois autres à se débaucher, à faire des dettes et à prendre des habitudes de paresse. Les femmes d'ouvriers s'en aperçoivent à leurs dépens, les entrepreneurs sont ruinés par la cherté de la main-d'œuvre, et l'étranger en profite [2]. »

Sur ce dernier point, Restif avait une idée étrange ; il disait que, s'il était de l'Assemblée nationale, il ferait une motion consistant à déclarer tous les ouvriers « *propriété nationale* » et, comme tels, *obligés* à travailler pour eux-mêmes et pour leurs familles [3] : « Ce serait le vrai moyen de faire refleurir le commerce. »

On reconnaît là sa tendance à rattacher toutes les professions au pouvoir central. Les journalistes, ces « poux de la littérature », devraient, à son avis, être l'objet d'une semblable mesure : « Fonction qui devrais être un sacerdoce sacré, pourquoi donc es-tu avilie et devenue la plus basse partie de la littérature ?... Je propose de faire, du journalisme,

---

1. *Les Nuits de Paris*, p. 1488.
2. *Ibid.*, p. 1808.
3. *Monsieur Nicolas*, p. 4047.

une fonction publique à laquelle ne seraient admis que des gens éprouvés pour le patriotisme et le talent[1]. »

Ses observations sur les ouvriers ont d'autant plus d'autorité qu'elles émanent d'un enfant du peuple. C'est d'ailleurs en le fréquentant que Restif, observateur par goût et par métier, a puisé les éléments de ses prédictions du cataclysme de 1789[2].

Il écrivait, en 1780 : « Elle viendra peut-être, cette Révolution terrible où l'homme utile sentira son importance[3] ! »

Elle viendra, parce que les nobles n'ont pas compris le peuple et que, trop nombreux, ils « annoncent, comme les frelons, la destruction de la ruche ». Le moment n'est point éloigné où leur naissance ne leur tiendra plus lieu de mérite, où le sceptre changera de mains : « Voyez-vous cet esprit remuant qui se manifeste?... Savez-vous ce que cela signifie?... Que ce même peuple... secoûra, dans peu, toutes les salutaires entraves de la sociabilité.. Écoutez la voix d'un plébéien qui voit tout, qui vit avec le peuple, qui connaît ses plus secrètes pensées ! La fermentation existe; elle augmente; l'opposition entre les puissances

---

1. *Monsieur Nicolas*, 1re édition, pp. 4445-57.
2. Signalons le tome V des *Nuits de Paris*, qui contient une prédiction d'un tout autre genre : c'est un chapitre intitulé, *Paris en 1888*; et la phrase suivante de *Monsieur Nicolas* (page 4320, 1re édition), écrite en 1790 : « Il ne faut pas nous flatter. Notre révolution va nous coûter dix ans de guerre... »
3. *Les Contemporaines*, nouvelle des *Vingt épouses des vingt associés*. V. aussi, dans le même ouvrage, t. XXVII, 2e édition, *La cruelle soirée*.

gouvernantes l'encourage. Prévenez-la! Ramenez le bon ordre, la subordination! »

Ramenez-les par l'organisation du travail, par la résistance aux efforts mal entendus des philosophes, par le rétablissement de la hiérarchie sociale, par l' « utile despotisme des maîtres sur des hommes brutes, insolens », car « l'ouvrier est devenu le despote et, *par un renversement qui annonce une révolution terrible,* le pouvoir est passé entre les mains de ceux qui ont intérêt de l'anéantir[1] ».

En multipliant nos extraits, nous croyons avoir employé le meilleur moyen de faire apprécier l'œuvre étrange que nous publions.

Presque hiéroglyphique, son premier aspect est de ceux qui découragent. Mais quand on a bien connu l'auteur, ces hiéroglyphes piquent d'autant plus la curiosité. Puis, leur aspect ingrat offre le meilleur gage de cette entière sincérité que recherche avant tout, et que rencontre si peu l'observation du cœur humain.

On peut affirmer qu'un homme s'est révélé, ici, tout entier.

Paul COTTIN.

---

1. *Nuits de Paris*, p. 2327.

MES INSCRIPCIONS[1]

NOTA. — Je les ai copiées sur ce cahier, depuis qu'un infâme[2] s'est avisé de les effacer et qu'il a fait pis encore en me fesant insulter, depuis le mois de septembre 1785, au point que je ne puis faire mon tour que le soir et tard.

---

1. Nous conservons l'orthographe de Restif. On sait qu'il prétendait la simplifier, la rendre plus accessible à tous. *La famille vertueuse*, sa première œuvre, est la seule où il ait donné libre carrière à son idée. Malgré l'insuccès de cette tentative, il conserva l'habitude d'écrire certains mots à sa manière. Son projet de réforme était exposé dans le *Glossographe*, qui ne fut point imprimé, mais dont il a donné divers extraits. (Voir le § 568, page 135, et la note 1, p. 167.)

2. Son gendre Augé. (Voir le § 553, p. 128.)

CE fut en 1779, le 5 novembre, à l'époque de mon premier mal de poitrine¹, que je commençai d'écrire sur la pierre, à l'Ile-Saint-Louis : cette première inscripcion est à la dixième pierre, à gauche du Pont-rouge², en y entrant par l'Ile. Je la fis dans cette idée : verrai-je cette marque l'année prochaine? Il me semble que, si je la revoyais, j'éprouverais un sentiment de plaisir, et le plaisir est si rare, vers l'automne de la vie, qu'il est bien permis d'en rechercher les occasions; cette date ne portait que ces mots : $5^d\ 9^{bris}\ malum$.

Il faut pourtant dire que j'avais fait une inscripcion, en 1776, la nuit du 24 au 25 auguste; je venais de quitter Virginie³, et je ne

---

1. Ce mal de poitrine, qui ne l'empêcha pas de vivre jusqu'à l'âge de soixante-quinze ans, l'affaiblit, dit-il dans *Monsieur Nicolas,* plus que vingt ans de travail, et diminua de moitié sa passion pour les femmes.

2. Le *Pont-Rouge,* ou *Pont de bois,* situé à peu près à l'emplacement du pont Saint-Louis actuel, conduisait de l'Ile de la Cité à l'Ile Saint-Louis, quai d'Orléans. Il était en bois peint de couleur rouge et avait été construit en 1642. Son mauvais état le fit abattre en 1791.

3. Virginie François, dont la mère, trois ou quatre jours

pus rentrer chés moi, ayant oublié mon passe-partout. Je me promenai le reste de la nuit, et j'alai, entr'autres, à la pointe orientale de l'Ile : j'écrivis, dans la niche de l'angle, vis-à-vis de l'estacade, 25ᵈ *augusti*, dans la vue de me rappeler la situacion où j'étais, l'année suivante.

Mais cette date est isolée, elle n'eut pas de suite, au lieu que celle du 5 novembre 1779 est le commencement d'un livre, pour ainsi dire, que je vais réaliser ici, en suivant exactement toutes mes dates, en détaillant leurs motifs, et donnant, ainsi, l'histoire des affeccions de mon âme, depuis le 5 novembre jusqu'au moment où je cesserai d'écrire ces mémoires.

Je ne fis plus d'inscripcion, depuis la première, jusqu'au 1ᵉʳ janvier 1780. Ce jour-là, je me promenais autour de l'Ile, souffrant; une idée me frappe : Combien d'êtres commencent cette année et ne la finiront pas? Serai-je du nombre de ces infortunés? Plein de cette réflexcion, je prens ma clef[1], et j'écris sur la pierre, à côté du premier des deux petits jardins ouverts qu'on voit en venant du Pont-rouge par le quai d'Orléans : 1° *Anni* 1780.

La troisième inscripcion est du 28 janvier 1780. J'avais donné la *Malédiccion paternelle*

avant son mariage, s'était donnée à Restif. Virginie devint sa maîtresse; il ne découvrit son inceste qu'en 1780. Pareille aventure lui serait arrivée plus d'une fois.

1. Restif ne pouvait, avec un tel instrument, graver ses dates bien profondément dans la pierre. On a prétendu qu'il en subsistait encore des traces sur les parapets des quais de l'île Saint-Louis, ce qui paraît impossible, les pierres ayant été changées depuis sa mort.

à Mlle Constance¹, vers la fin de décembre. Choquée d'une lettre qui l'accompagnait, où je lui marquais que l'*Anglaise* n'était pas morte, et où je ne paraissais regretter que ma belle Amélie, elle ne me fit pas de réponse. Je lui écrivis à la fin de janvier, pour la prier de me marquer ce qu'elle pensait de mon ouvrage. Sa réponse fut qu'elle brûla ma lettre. C'est ce qui est exprimé, au-dessus du second jardin, sous la boîte de la lanterne, par ces mots : 28^d *jan.* 1780, *arsa epistola*.

La quatrième date est celle du 2 février, renouvelée tous les ans, depuis cette année. Elle est sur le rebord oriental du second jardin, en venant du côté du Pont-rouge, au pié de la grille de fer. J'étais vivement affecté, la première fois que je la posai en 1780; le son des cloches avait remué mes fibres, je me rappelai mes années premières, à pareil jour, surtout l'année 1748, la première que je passai à Courgis² : je ne connaissais pas encore Jeannette Rousseau³, mais j'étais dans cette ivresse qui prépare l'essor aux passions.

Je me ressouvins, ensuite, qu'à pareil jour, en 1749, j'avais admiré mon aimable Jean-

---

1. Voir *Monsieur Nicolas* : « J'ai dit que je fis ce roman pour intéresser en ma faveur la jeune Constance, compagne d'Amélie. » Ces jeunes filles étaient ouvrières chez une dame Monclar, de la rue de Grenelle-Saint-Honoré. Restif s'amusait à les intriguer en leur écrivant des billets et en chantant des couplets devant leur magasin. (V. la note 1 de la p. 234.)

2. Village de l'Yonne, voisin de Sacy, où Restif était né. Un de ses frères du premier lit en était le curé.

3. Jeune fille de Courgis, objet de son premier amour, d'ailleurs tout platonique. Restif prétend n'avoir jamais aimé qu'elle, en ses autres maîtresses. (V. l'Introduction.)

nette; qu'à pareil jour, en 1753, j'avais rappelé, à Madelon Baron[1], les précieuses faveurs dont elle m'avait comblé, le 21 janvier précédent. Je fis un retour sur moi-même, je me considéré malade, malheureux en épouse[2]... Mes larmes coulèrent...

Mais, quand je revis cette même date, l'année suivante 1781, je fus bien autrement affecté! Ma fille se mariait malgré moi[3]. J'étais alors dans les filets de Sara[4]; des sensacions vives, présentes et très-douloureuses se présentèrent en foule; je regrettai l'année précédente. Je me disais à moi-même : « Je ne pleurais que de ressouvenir, il y a un an; aujourd'hui, je pleure ce qui est actuellement. O misérable! Chaque année t'aporte un nouveau degré de malheur, et le bonheur s'enfuit pour jamais!... » Je n'ai que trop éprouvé, depuis, combien cette quérimonie était vraie!...

Tous les ans j'ai revu cette date avec intérêt, et, en 1785, je versai des larmes amères : hélas! j'étais encore plus malheureux que jamais, au moral comme au fisiq! Dévoré d'inquiétudes pour mon *Paysan* et ma *Paysane*[5], sentant

1. Maîtresse de Restif à Auxerre. Il songeait à l'épouser quand elle mourut.

2. Elle se nommait Agnès Lebègue. On verra plus loin qu'elle était en fort mauvais termes avec son mari. Leur divorce fut prononcé en 1794.

3. Agnès, sa fille aînée, épousa Augé, qu'il appelle l'*infâme* Augé, quand il ne le traite pas de monstre. Haine, d'ailleurs, très-justifiée.

4. Sara, fille de son hôtesse de la rue de Bièvre, Lambertine Debée.

5. A cause de ses démêlés avec la censure et avec la police; il se croyait toujours sur le point d'être enfermé à la Bastille.

déjà les atteintes de la maladie cruelle qui me mit, quinze ou vingt jours après, à deux doigts du tombeau, je sentis, en ce jour seul, le poids de toutes les peines de ma vie.

On me dira : « De quoi vous servent vos dates, si elles rassemblent sur vous les peines passées et présentes?... » C'est une âme insensible qui me fait cette question : ma douleur présente, ce jour-là, fut allégée par le ressouvenir des autres jours de la purificacion, dans les années précédentes, et la preuve, c'est que je m'attendris sur moi-même, je pleurai.

5. Je ne retrouve point de date existante, avant le 3 mars; les intermédiaires, sur le rebord de pierre, sont effacées; mais celle du trois mars étant sur le trumeau, au côté occidental du premier jardin, en venant du Pont-rouge, à deux pieds de l'année 1780, seconde inscripcion, elle subsiste encore : j'y rens compte de mon mal de poitrine avec ce vif sentiment d'un homme qui désire de revoir pareille époque l'année suivante.

6. Ce sentiment est plus fortement et plus clairement exprimé à une date du 3 avril suivant, gravée sur la grande pierre à balcon qui est couchée près la rue Guillaume[1]. Elle est ainsi conçue : *3 aprilis 80. Videbo 1782.* C'est que, plus j'avançais, plus je sentais que mes dates seraient, un jour, intéressantes pour moi, au point qu'elles me donneraient les jouissances les plus délicieuses. En effet, je revis cette date avec un attendrissement inex-

---

[1]. Entre le quai d'Orléans et la rue Saint-Louis. Elle s'appelle rue Budé, depuis 1867.

primable le premier janvier 1782, et j'écrivis, au-dessous : *video* 1 *januarii* 82. Mes larmes coulèrent en me rappelant tout ce qui m'était arrivé, depuis l'inscripcion première.

7. On voit quelques dates, à côté du linteau occidental du premier jardin : l'une est du 27 *maii*, sur laquelle il s'en trouve une autre bien importante, c'est celle du 27 septembre de la même année, qui indique qu'à pareil jour j'en étais à la page 201 du manuscrit de la *Paysane*, laquelle avait, en tout, 220. C'est une jouissance pour moi que de me rappeler, dans les années postérieures, que, tel jour, j'en étais à tels et tels morceaus de mes ouvrages. Cette commémoracion des pensées est encore plus douce que celle des plaisirs, ou plutôt elle est celle des plaisirs de l'esprit.

Au même endroit est une autre date, du 29 *maii*, où on lit : *boug. ingressus*[1], ce qui est relatif à une indisposicion que j'avais alors, et qui me reprend encore, pour laquelle je prens des précautions qui me furent prescrites par M. Tissot, lors de son voyage à Paris, en mars 1780 : je fus conduit, chés ce docteur, par M. Monnet[2], médecin de Mgr le comte d'Artois, pour son appanage en Poitou. Cette date me rappelle toutes ces choses.

8. Je ne trouve plus qu'une inscripcion subsistante, quoiqu'il y en ait eu d'intermé-

---

1. Allusion probable à l'usage de ces bougies, dont l'inventeur fut (c'est Restif qui a raconté l'anecdote) présenté à une grande dame comme « un homme habile à faire prendre les vessies pour des lanternes ».

2. Admirateur fanatique de Restif ; il lui écrivait, à pro-

diaires, jusqu'au 11 juillet 1780. Celle de ce jour était ainsi conçue : 11 *jul. 80, Poinot[1] major maritata.*

Il faut dire, ici, les raisons qui rendent cette date intéressante. En 1776, quelque temps avant l'inscripcion de la pointe orientale du 25 auguste, je gémissais de ma funeste passion pour Virginie : un jour, de ma fenêtre, j'aperçus une grande jeune personne qui avait une grâce infinie. Je descendis pour la voir. Je la suivis. Elle entra chés le marchand de vin du coin de la rue de Bièvre, vis-à-vis les Grands-degrés[2] ; je la crus fille de la maison, et je me dis à moi-même : « Virginie n'est pas seule grande et bien faite ; j'ai autant de plaisir à voir cette aimable personne que Virginie : c'est un pas vers la guérison ! »

Je ne me trompais pas. Depuis cet instant, je remarquai soigneusement la jolie Poinot, et, bientôt, je m'aperçus qu'elle était, non la fille du marchand de vin, mais du menuisier d'à-côté. Lorsqu'elle alait, avec ses voisines,

---

pos des *Contemporaines* : « Continuez, grand homme, d'éclairer vos compatriotes en leur faisant aimer la vertu qu'ils s'efforcent de pratiquer ! » Il joignait à cette lettre une petite boîte d'angélique de Niort.

1. Rosalie Poinot, fille d'une menuisière de la rue des Grands-Degrés, avait une sœur, Manon Sophie : « L'aînée était une belle rose, la cadette un tendre lis... » Après le mariage de l'aînée, Restif devint son amant et la rendit mère : « Nous parlons quelquefois d'elle, dit-il dans son *Calendrier*, avec sa sœur, établie du côté de la *Comédie-ariette*, et toujours des larmes arrosent son cher souvenir (1796). »

2. La rue des Grands-Degrés existe encore entre la rue Maitre-Albert et la place Maubert ; la rue de Bièvre se trouve entre le quai de la Tournelle et le boulevard Saint-Germain.

se promener sur le port aux tuiles[1], on aurait dit une rose au milieu des marguerites d'un parterre. Cette jeune fille contribua, sans le savoir, à me guérir de ma honteuse passion pour Virginie. Ce fut ce qui me la rendit chère; je m'intéressais à elle, je lui souhaitais du bien.

En 1779, elle fut recherchée par un charcuitier, qui l'épousa en 1780. Le 11 juillet, je revenais de l'imprimerie, où l'on commençait mes *Contemporaines*[2], lorsque, vis-à-vis les Grands-degrés, je vis la jolie Poinot, l'aînée, descendre d'un remise avec un gros bouquet de mariée; sa petite sœur, plus jolie qu'elle, et moins aimable, était dans la voiture : je sçus que ma voisine était au grand jour de ses noces. Je me sentis attristé, je ne sais pourquoi. Après mon dîner, je courus sur mon Ile, où j'écrivis à la hâte, sur la pierre du premier anglet, en sortant par le Pont-rouge, à droite.

Qu'on imagine avec quel intérêt je revois cette date tous les ans! Surtout depuis que j'ai appris que mon aimable voisine était mal mariée!...

Elle demeure aujourd'hui presque vis-à-vis mes fenêtres, dans la rue des Bernardins[3]; je lui ai écrit le 28 auguste : le 29 au soir, j'ai

---

1. Au quai de la Tournelle, vis-à-vis les Miramiones, dont la maison est devenue, aujourd'hui, la pharmacie centrale des hôpitaux.

2. M. Paul Lacroix se demande, dans sa *Bibliographie des ouvrages de Restif*, si les *Contemporaines* ont été véritablement imprimées à Leipsick, comme le titre l'indique. On voit qu'elles furent imprimées à Paris.

3. Comprise aujourd'hui entre le quai de la Tournelle et la rue des Écoles.

été chés elle. Je tiendrai compte, par la suite, de ce qui sera résulté de cette visite, car il n'est pas temps encore. Hier, premier septembre, j'ai rafraîchi la date de son mariage, avec l'émocion la plus vive.

9. Les deux seules dates que je trouve, entre le 11 juillet et le 8 septembre, sont du 3 et du 4 de ce dernier mois; la première est à la pointe orientale de l'Ile, en face du port Saint-Paul[1], vis-à-vis la grand'porte de l'hôtel Lambert[2], et très-peu visible. La seconde se voit sur le linteau oriental du second jardin, en face de l'abreuvoir. Elle est ainsi écrite: 4^d *septembris*, sans auqu'une note; elle sera très-intéressante dans deux ans.

10. La date du 8 7^{bris} se trouve vis-à-vis la fausse porte de l'hôtel Lambert, à la pointe orientale de l'Ile. C'est la seconde qui ait été mise de ce côté-là: elle est double pour le même jour, c'est-à-dire que je vins deux fois sur l'Ile, le matin et le soir. Cette date est une de celles qui me font la plus vive impression, mais c'est l'année suivante qui lui donne un prix.

11. Le 11 Septembre se trouve à côté de la

---

1. Ce port était situé quai Saint-Paul et quai des Célestins.
2. Hôtel Lambert-Thorigny, à l'angle du quai d'Anjou et de la rue Saint-Louis en l'Ile. Il appartient aujourd'hui au prince Czartoryski. Construit, au milieu du dix-septième siècle, par L. Levau, pour le président Lambert de Thorigny, il fut décoré par les peintres Lebrun, Eustache Lesueur, François Perrier et Romanelli; par le sculpteur Van Obtal, sous la direction de Lepautre. La plupart de ces œuvres, à l'exception de celles de Lesueur, dont une partie se trouve au musée du Louvre, subsiste encore dans l'hôtel. Elles ont été restaurées par les soins d'Eugène Delacroix.

petite date du 3 : j'en parlerai, à l'année prochaine.

12. Le 30 Septembre est encore à la pointe orientale, à deux pierres de celle du 8 septembre.

13. Vers la pointe orientale, du côté du midi et vis-à-vis le commencement du jardin de l'hôtel Bretonvilliers[1], se voit la date du 1ᵉʳ octobre, avec cette légende : $1^d\ 8^{bris}\ 80$ *hodiè finis Rusticanæ*[2]. Et, plus bas : *epistola pudoris*. C'est la lettre où Gaudet d'Arras[3] entreprend de détruire la pudeur dans Ursule. Plus bas encore, on trouve : $14\ 8^{bris}$, *mors patris R****. C'est la lettre intitulée : *La mort de douleur*. Enfin, au bout occidental de la même pierre, on lit : $30\ 8^{bris}$ *mensis est a finita Rusticana*. Au-dessous : *Tremendo hoc video* 1784. C'est dans le temps où j'avais de si vives inquiétudes pour la *Paysane* et pour les figures du *Paysan*.

14. Le 8 octobre se trouve vis-à-vis l'esca-

---

1. Hôtel Bretonvilliers, ou des Fermes, à l'extrémité orientale de l'île Saint-Louis; il servait alors aux bureaux des Aides, droits des Fermes et papiers timbrés. Il avait été construit par du Cerceau, pour Le Ragois de Bretonvilliers, intéressé dans les Fermes en 1631. Tallemant des Réaux disait qu'« après le sérail de Constantinople, c'était le bâtiment du monde le mieux situé ». On y voyait des œuvres de Vouet, Mignard et Bourdon. Le bureau général des Aides y fut installé en 1719. Les jardins étaient ouverts au public. Il a disparu en 1875, lors de la construction du pont Sully.

2. Il n'avait mis qu'un mois à composer la *Paysanne pervertie*. Voir *Monsieur Nicolas* : « Ce fut l'affaire de trente jours. Je pris la plume le 1ᵉʳ septembre et, le 1ᵉʳ octobre, j'écrivis sur la pierre, à l'île Saint Louis : $1^a\ 8^{bris}$, *heri finis Rusticanæ*. »

3. Gaudet d'Arras, personnage du *Paysan* et de la *Paysanne pervertie* et de *Monsieur Nicolas*; c'était un Cordelier

lier qui conduit aux bateaus de poisson : elle est fort apparente, et très-célèbre.

15. La date du 4 novembre est le premier anniversaire : elle commémore celle du 5 novembre de l'année précédente. Je l'écrivis avant que d'être parvenu à celle-ci, la croyant effacée ; je la trouvai ensuite et je la revis avec le doux sentiment de joie qu'éprouve un homme échappé à la mort. Mon âme s'épanouit ; je chantai : « Je suis encore ! La mort, la mort redoutable ne m'a pas moissonné ; je vois la lumière du soleil ; je vois encore, ô Seine, ton onde fugitive comme les jours qui se sont écoulés depuis que j'ai gravé sur cette pierre ; j'y veux graver encore ! » Et j'écrivis : *Bis : anniversarium mali.*

Depuis, tous les ans, j'ai rafraîchi l'écriture, en mettant *ter* à la troisième fois, *quater* à la quatrième, *quinquiès* à la cinquième et *sexiès* l'année dernière.

16. Je ne trouve plus de dates, le reste de l'année. Cependant je me rappelle qu'il y en avait une, au 30 septembris, ainsi marquée : *Abiit hodiè monstrum*[1], qui était relatif au départ d'une certaine personne, pour aler recueillir la succession de sa mère : ce voyage dura jusqu'au 21 janvier suivant. C'est durant cet intervalle, qu'il m'arriva un grand malheur : mon inclinacion pour Sara.

Elle commença vers la fin de novembre,

---

d'Auxerre, dont les idées philosophiques auraient exercé une grande influence sur celles de Restif.

1. Il applique l'épithète de *monstre* à trois personnes : sa femme, son gendre et le marquis de Sade. Il s'agit ici de sa femme.

mais cette passion n'ayant, alors, rien de sacré pour une âme qu'elle intéressait faiblement, je ne la datais qu'à la fin de décembre par ces mots $\frac{30 \times bris}{Ad.\ ad.}$, sur le même linteau du premier jardin, où sont les 1° *Anni*.

— Il faut donner la raison de la manière dont cette date est conçue : dans le courant de l'année 1780, je fis une nouvelle intitulée *La fille de mon Hôtesse*[1] : j'y avais en vue Sara Debée[2], que j'y nommais Adeline, tant pour déguiser son nom que pour profiter de la jolie chanson que je rapporte dans cette nouvelle, faite sur une actrice de ce nom (on se rappelle que le héros de la nouvelle écrivait, dans ses dates, *Ad. ad.*[3])

Lorsque je fus ou que je crus être aimé de Sara, je voulus réaliser ce que j'avais dit en romancier : j'écrivis sur la pierre, à côté du premier jardin, les mêmes mots, au même

---

1. Dans les *Contemporaines*, tome VIII, p. 432.
2. Voir *Monsieur Nicolas* : Elle avait quatorze ans quand il la connut, en 1776. Elle était au couvent et ne sortait qu'à de rares intervalles. A peine le payement du terme de janvier 1778 servit-il de prétexte à un chaste baiser. Restif devint moins scrupuleux en apprenant qu'elle avait eu un amant.
3. Voici le premier couplet de la chanson :
« Qui parle d'un souris malin,
De petits pieds, de taille fine,
D'un air doux, quoiqu'un peu mutin,
Celui-ci parle d'Adeline.
En scène, en ville, ah ! qu'elle est bien !
Il faut l'aimer ou n'aimer rien. »
Quant à l'inscription, elle est ainsi conçue dans la *Fille de mon hôtesse* : « 11 *mai. Ad. ad. h. 6. p.*, ce qui veut dire : 11 mai, Adeline adorée, à six heures du soir. » *Contemporaines*, t. VIII, p. 480.)

endroit indiqué dans ma cinquantième nouvelle : *Ad. ad.* Cette passion pour Sara va rendre mes dates bien plus intéressantes pour moi : j'écrirai les présentes avec plus d'attencion ; je reverrai les passées avec plus d'attendrissement.

C'est dans ces dispositions que je commençai l'année 1781. L'amour fait plaisir, quand il commence ; il n'est douloureux qu'après quelques trahisons de la part de l'objet aimé.

17. La date de 1º *Anni* 1781. La vue de celle de 1780 rendit celle-ci plus intéressante. En achevant le tour de l'Ile, je réfléchis sur la rapidité du temps, et surtout je repassai, dans ma mémoire, tous les événemens de l'année ; ensuite, je me repportai à l'instant de ma première date ; j'envisageais ma situacion d'alors à travers ce prisme flatteur qui embellit le moment échappé sans retour.

18. Les dates furent fréquentes, cette année : celle du 6 janvier porte encore *Ad. ad.*, et celle du lendemain rend compte de la collacion délicieuse que j'avais faite, la veille au soir, avec Sara, sa mère et l'amant de celle-ci[1]. Ce fut un temps d'ivresse, jusqu'au 7 mars suivant. Presque tous les jours, je voyais Sara, tendre, complaisante, et j'alais dater ma félicité : qu'on imagine quelle devait être sa douceur pour un homme de mon âge qui voyait se réalisé pour lui, presque mot à mot, ce qu'il avait pensé, écrit et supposé à un jeune homme aimable[2], six mois aupara-

---

1 Avocat du nom de Florimond Lucas.
2 Le héros de la *Fille de mon hôtesse*.

vant! Ce fut ce charme particulier, réuni à la beauté de Sara, à la douceur de ses caresses, ce fut ce charme qui rendit si cruelle la catastrofe du 31 mai suivant.

19. La date du dimanche 14 porte *Elis.*[1], au lieu d'*Ad.*, avec cette note : *Rediere dies beati juventutis.*

20. Celle du 21 exprime la douleur, avec ce mot funeste : *Rediit monstrum.* Ensuite ces mots se trouvent gravés sur la pierre brisée à l'angle obtus, vis-à-vis le bout occidental de la rue Saint-Louis : *Elise filia cor dedit* (Elise remplace ma fille, et m'a donné son cœur). C'est qu'alors ma fille voulait le mariage qu'elle a contracté malgré moi.

21. 28 *jan. Fere felix.* L'âme épanouie, le cœur rempli des tendres avances d'Elise, ou Sara, je me trouvais le plus heureux des hommes : elle passait, avec moi, une partie des soirées ; elle était dans mes bras, sur mes genous, et je l'avais adorée, désirée, sous le nom d'Adeline! Le prix que mon imaginacion donne aux objets double leur valeur réelle!

Le 29 porte encore la date, *Ad. ad.* Ce fut ce jour-là qu'Elise, en sortant de la maison, passa de l'autre côté de la rue, pour que je la visse plus longtemps : ce *punctum temporis*, ce rien, après des heures entières passées dans mes bras, excita un sentiment plus vif que tout ce qui l'avait précédé. Ce sentiment était exprimé sous la date : *punctum temporis e regione*

---

1. Abréviation d'Élisabeth, prénom de Sara. Celle-ci se nomme Élise dans la *Dernière aventure d'un homme de quarante-cinq ans.*

visa voluit. (Je l'ai vue un instant de plus de l'autre côté de la rue, parce qu'elle l'a voulu!)

22. Nous revoici à la date du 2 février ; je venais de revoir Sara (Elise), parce qu'elle venait chés sa mère tous les jours de fête : je sentis un besoin de revoir ma date, pour exhaler mes tendres sentiments. Après avoir revu l'ancienne sur[1]. . . . .
. . . .
Et, lorsque j'en demandai la raison à la demoiselle, sa réponse fut que M. Saugrains[2] avait été amoureus de la mère Debée, ce qui me parut plausible.

31. 18 f. *Sara consolata.* Ce fut le dimanche de la Sexagésime, 18 février, que Sara me dit, contre sa mère, les horreurs[3] que j'ai rapportées dans la *Dernière avanture d'un homme de quarante-cinq ans.* Je la consolai ; je promis de lui servir de père, et que, puisque ma véritable fille se mariait malgré moi, elle la remplacerait dans mon cœur. J'écrivis donc, sur la pierre : *Sara consolata.*

1. Un feuillet manque.
2. Voir la note suivante.
3. Voici le résumé de ces *horreurs* : Madame Debée emmenait sa fille, presque enfant, promener dans Paris, en lui disant : « Allons, Sara, viens voir si nous ne pourrons pas *faire* un homme ! » En plein été, elle l'enfermait dans un grenier avec du pain et de l'eau. Elle la prostitua à un robin qui, par pitié, voulut se l'attacher uniquement ; madame Debée lui défendit de le revoir. Leurs rendez-vous secrets ayant été surpris, Sara fut mise au couvent trois mois, puis conduite au Palais-Royal, où sa mère la livra, de force, à un autre galant. Puis, la voyant rebelle à ses intentions, elle la plaça en apprentissage chez une dame Haï (Amé) et tenta de nouveau, mais sans succès, de la livrer à M. Legrainier (Saugrain). C'est alors que Sara connut un hôte de sa mère, nommé Delarbre. (Voir le § 96.)

32. 23 f. Sara filia. Sara était ma fille; lorsqu'elle m'accordait ses faveurs, elle me disait : « Je remplis, à ton égard, les devoirs les plus sacrés d'épouse, de la piété filiale : je te donne les plaisirs de l'amour et les douceurs de la paternité... » Ce raisonnement me paraissait excellent : j'étais heureux!...

Mais la somme des biens et des maux doit également abreuver la vie; j'avais trop de bonheur alors; je consommais, dans les six premiers mois de ma passion pour Sara, celui de six autres mois où je ne devais éprouver que douleur et qu'angoisses. Qu'on imagine; d'après cela, combien les dates qui me rappellent tout cela doivent m'être intéressantes!

33. 24 f. Le bonheur épanouit l'âme : les dates sont fréquentes; la douleur la resserre et les dates seront fréquentes. Elles sont rares dans l'état d'inertie. Je trouve ici que j'ai été heureux, avec Sara, trois jours de suite, contre notre convention, qui bornait le bonheur à une fois la semaine.

34. 25 f. Felicitas : data tota. Ce fut ce dimanche 25 qu'elle m'assura qu'elle se donnait à moi toute entière : « Fais de moi ce que tu voudras, cher papa : âme, corps, pudeur, tout est à toi; parle, et je me livre, ou plutôt je suis livrée, disposée, puisque je suis toute à toi! » (*Data tota.*)

35. 26 f. Nicolet! J'avais tant de plaisir, chés Nicolet[1] avec Sara, que c'était une jouissance pour moi de l'y conduire.

---

1. Voir *Monsieur Nicolas :* « Madame Debée et Florimond accompagnaient souvent Sara au théâtre de Nicolet. Mais Sara

36. 28 *f. Heri cœnam. Hodiè felix.* Cette date exprime que, la veille, j'avais fait le mardi gras avec Elise, et que, ce jour, je venais d'être heureus.

37. 4 *mart. Felix.* Quatre Mars, heureus.

38. 12 *mart. Felix Nicolet.* Le lundi 12 mars, nous alâmes encore chez Nicolet : j'avais été heureus ; on n'a pas oublié que ces parties de Nicolet étaient délicieuses, malgré la pauvreté du spectacle ; je n'y voyais, je n'y sentais que Sara.

39. 14 *mart. Felix.* Le 14, je fus heureux.

40. *mart. Dumont deambulatio.* Ce fut le 15 mars que Dumont[1] vit Sara, de concert avec moi : cet homme est riche; il devait adopter Elise. Nous alâmes nous promener sur les nouveaux boulevards, et nous nous rafraîchîmes au café près la porte Saint-Jacques. Dumont ne connaissait pas Sara : de quoi pense-t-on qu'il l'entretint ? D'obcénité. Elle en fut révoltée, quoique je fusse au moins le sixième homme auquel elle accordait ses

---

préférait y aller seule avec son amant. Elle était alors pleine d'attentions pour lui. Elle refusa, un soir, de parler à son voisin de spectacle, parce qu'il était accompagné d'une jolie femme dont elle craignait de voir Restif s'éprendre. » — Le théâtre de Nicolet, situé boulevard du Temple, à peu près sur l'emplacement de la maison qui porte aujourd'hui le n° 54, donnait en spectacle des marionnettes, des tours de force, des pantomimes et même des comédies. Il date de 1764. En 1772, il porta le nom de *Théâtre des grands danseurs du Roy*; il devint, en 1792, le théâtre de la *Gaîté*.

1. Butel-Dumont, censeur royal, auteur d'une *Théorie du luxe* (1771) et de *Recherches sur l'administration des terres chez les Romains* (1779), recevait chez lui une société amie de Restif : Robbé, Rivarol, le docteur Guillebert de Préval, Le Pelletier de Morfontaine, Goldoni, le duc de Gesvres, etc.

faveurs, et elle m'en témoigna son indignation. Aussi, le lendemain, la date exprime-t-elle ce sentiment de Sara.

41. 16 *mart. Sara indignata.* (Sara indignée.) Et voilà ces prétendus honnêtes gens du monde! ces brutes, qui cherchent le bonheur, ou du moins l'illusion, et que la nature a privés de la capacité de faire naître cette dernière! Ce Dumont a trente mille livres de rentes, est célibataire, sans enfants, même naturels; il a les plus détestables principes sur la paternité: ce Dumont est un grand fou! En le décriant, c'est le vice que je décrie.

42. 19 *mart. Bis Elise felix.* Elise, ou Sara, en me témoignant, pendant plusieurs jours, son indignation contre le dégoûtant Dumont, excitait en moi les sentiments les plus vifs de tendresse et de reconnaissance. Je fus deux fois heureus le 19 Mars.

On demandera pourquoi, si content de ma Sara, je cherchais à la donner à un autre? Hâ, mon lecteur! Que de choses à vous répondre! C'était par délicatesse, par excès de tendresse et d'amour[1]! Je voyais Sara pauvre (et elle l'était, car le bien d'une mère comme la sienne, n'était pas son bien). Emu, touché du sort de cette jeune infortunée, qui m'avait confié plus d'une fois que sa mère avait voulu la prostituer à de Houves[2], à Saugrain, j'alai trouver Dumont, que je croyais un ami; je lui vantai

---

1. Voir *Monsieur Nicolas*: Il propose Butel-Dumont à Sara, « l'âme déchirée par le sacrifice qu'il fesait au bonheur de sa jeune amie ».

2. De Houves (de Vesgou dans *Monsieur Nicolas*), avocat, avait, *en tout bien, tout honneur,* cela va de soi, offert

le mérite de Sara, et voici comme il me répondit : « Je suis riche et le plus malheureus de tous les hommes ; mon cœur est mort. Mlle Saint-Leu[1], qui vit avec moi et tient ma maison, est une furie : je voudrais une fille jeune, sensible, tendre, infortunée, comme vous me peignez votre amie, qui ranimât ma nullité ; elle serait ma fille et mon héritière... »

Voilà ce que me dit Dumont. Et voici comme il s'exprima, en parlant à Sara elle-même : « Je veux une fille qui me donne du plaisir ; qui ne jouisse pas froidement, comme certaines femmes : ma belle, avez-vous du tempérament ? Venez m'en convaincre sur le pied de votre lit ! » Croirait-on qu'un Parisien, un ancien premier commis de M. de Silhouette[2], ait pu tenir un pareil langage à une fille qui ne l'avait point recruté au coin d'une borne ! Je fus doublement blessé, je le suis encore, et je le serai jusqu'à mon dernier soupir contre cet homme méprisable[3].

20,000 francs à madame Debée mère, pour devenir le *père* de Sara.

1. Agathe Saint-Leu (Sanloci dans *Monsieur Nicolas*), gouvernante de Butel-Dumont dont elle était la cousine. Il l'avait prise pour faire les honneurs de sa maison. Elle est l'héroïne de la seizième *Contemporaine*, *le Mariage caché*.

2. Contrôleur général des finances en 1759.

3. Voir *Monsieur Nicolas* : Quatre entrevues ont lieu. Dans la première, Butel-Dumont, présenté à Sara, la trouve charmante. Dans la seconde, sa conversation, pleine d' « images peu décentes », la révolte. Dans la troisième, il continue à chercher, par les sens, le chemin du cœur de Sara. Elle prend un air froid, rompt l'entretien, et revient auprès de sa mère. M. Nicolas la console en lui affirmant que la plupart des hommes sont comme Butel-Dumont. Dans la quatrième entrevue, celui-ci parle intérêt. Sara répond franche-

43. 25 *mart. Felix Elise* (Heureus par Elise ou Sara).

44. 26 *mart. Annonciatio. Felix Elise apud ipsam.* Le 26 Mars, Florimont s'était grisé; Mme Debée ala le coucher, et resta auprès de lui pour le garder jusqu'à ce qu'il fût endormi : nous restâmes seuls, Sara et moi, dans l'appartement de sa mère. Elle me dit les choses les plus tendres ; elle me comparait à Dumont, et en prenait occasion de me donner une préférence flateuse : « Hâ ! si j'avais ses richesses ! » m'écriai-je. Sara jeta ses bras autour de mon cou, et m'embrassa plusieurs fois, en me disant : « Que nous serions heureus ! Tu satisferais la cupidité de ma mère ! Elle me laisserait avec toi... Hâ ! je serais trop heureuse ! [1] »

45. 30 *mart. Felix Elise.* Je fus encore heureus le vendredi 30 mars.

46. 1 *ap. Felix Elise.*

47. 7 et 8 *ap. Felix Elise.*

48. 11 *ap. Felix Elise.*

49. 15 *ap. Pascha Carmis.* (Le 15 Avril, Pâques, aux Carmes.) Depuis 1776, je vais, le jour de Pâques, entendre l'*O Filii*, aux Car-

---

ment qu'elle désire voir assurer son sort et, interrogée si elle ne prendra pas de goût pour lui, déclare qu'il n'a guère employé les moyens d'éveiller l'amour.

1. Voir *Monsieur Nicolas* : « Hâ ! que n'êtes-vous l'homme que vous me proposez ! » dit Sara. Déjà, la veille, elle lui disait : « Peu d'hommes vous ressemblent... Il en est peu qui sachent faire oublier la distance des âges... etc. » — Dumont revient une dernière fois et persiste à tenir des propos inconvenants. Sara feint d'entendre *mariage*, quand il parle *faveurs*. Il s'écrie alors, comme ci-dessus : « Allons, ma « belle, sur le pied de votre lit, vérifier tous ces beaux sen- « timents-là ! » Il l'embrasse. Elle s'enfuit.

mes[1] : cela vient de l'ébranlement agréable d'organes que j'eus la première fois. Je priai la mère de Sara de me permettre d'y conduire sa fille, ce qu'elle m'accorda. Nous n'entendîmes qu'un couplet. Sara me pria de la conduire chés les demoiselles Amé[2], ses anciennes maîtresses, que je vis pour la première fois : l'aisance de Sara contrastait avec la contrainte de ces filles ; j'observais qu'elle en était traitée avec respect, ce qui augmenta mon attachement pour elle. Je supposai à ma Sara mille vertus : c'était une erreur, mais qu'elle fut douce ! En revenant, je vis un signe de coquetterie dans Sara : elle sourit à un jeune homme du voisinage et me quitta le bras en disant que cela ferait parler.

50. 18 *ap. Mercurii, felix Elise.*

51. 19 *ap. Dumont venit et malè receptus.* (Le 19 Avril, Dumont congédié.) Je n'ai jamais conçu les motifs de Sara pour congédier un homme aussi riche. J'ignore si c'était son fisiq ; cet homme mangeait beaucoup à dîner, ce qui donnait, à son gros individu, l'air crapuleus ; sa bouche avait toujours l'odeur de l'échaudoir des tripières ; sa manie de prendre du tabac

---

1. Voir les *Nuits de Paris* : « Je n'ai manqué l'*O filii* qu'en 1787. Je m'y suis encore attendri en 1788. »
2. Raccommodeuses de dentelles. — Outre ces détails, on voit, dans *Monsieur Nicolas*, la fureur de la Debée mère, après la retraite de Butel-Dumont ; elle s'efforce d'amener une rupture avec M. Nicolas. Sara redouble d'attentions, converse avec lui au moyen de coups frappés au plancher ; chante pour lui être agréable, son air favori : « O ma tendre musette... » en s'accompagnant de la harpe ou de la guitare. Cependant, elle commence à sortir avec sa mère pour « faire une connaissance ». M. Nicolas s'en aperçoit et refuse de les accompagner. Sara le lui reproche.

était repoussante, etc. Cependant, je présume que ce n'est pas tant cela qui le fit congédier, mais la vue fine de Sara, qui pénétra son caractère avare[1], et que jamais elle n'en tirerait rien. C'est un caractère également vil et triste que celui qui éloigne de nous tous les plaisirs par sa bassesse et sa folie : car un riche célibataire est une sorte de trou.

52, 53, 54, 55, 56, 57. Toutes ces dates ne sont indicacions que des faveurs de Sara. Elles sont au 22, 24, 25, 27, 29 et 30 Avril. Il faut cependant observer qu'à celle du 27, je me plains de Sara par ces mots : *ferè lupanaris modo agit.* (Elle s'est presque conduite à la manière des filles.) C'est que, dans ce temps, Sara, jusqu'alors si modeste, commence à devenir impudente : elle se permet quelques f..., quelques b..., et, une fois, elle me dit crûment un *va t. f. f*[2]... J'ai, depuis, observé que ce fut depuis qu'elle commença de voir, au café Caussin, Blanchard de la Valette[3], homme aussi vil que Dumont, mais moins riche et beaucoup plus vain.

---

1. Voir *Monsieur Nicolas* : « Sara se serait donnée, persuadée qu'un libertin ne l'est plus avec la femme qu'il possède, mais elle désespérait de l'amener à un arrangement avantageux pour elle... » M. Nicolas est très-mortifié de l'aventure et craint que Butel-Dumont n'ait cru ses propositions intéressées. — Elle le prie de ne plus lui chercher d'amants et d'écrire une lettre de congé à Dumont. — A la fin de l'incident, M. Nicolas nous apprend que Sara (il l'ignorait alors) était sa fille. (Voir la note 3 de la page 3.)

2. Le changement qui s'opère chez Sara n'est point indiqué avec cette précision dans *Monsieur Nicolas*.

3. Avocat et censeur royal, âgé de cinquante-cinq ans. Dans *Monsieur Nicolas*, il se nomme Noiraud de Lamontette. On voit que *Mes Inscripcions* donnent les noms réels des person-

58, 59, 60, 61, 62, 63, 64. Ces dates des 4 Mai, 5, 9, 12, 13, 17 et 18 n'expriment que ce qu'on sait déjà.

65. 21 *maii. Hic Lavalette.* Cette date exprime que ce fut pour la première fois que Sara me parla de son nouvel adorateur, sous le nom d'un comte italien : elle le jugeait italien à la basanité de son teint, mais il n'était que gascon. Ce fut en m'accordant ses faveurs qu'elle me fit confidence de ses nouvelles disposicions qui m'affectèrent peu en ce moment : je ne croyais pas, je ne me soupçonnais pas d'aimer Sara à la fureur.

66. 26 *maii. Postrema nox tranquilla.* (26 mai, dernière date tranquille.) Ce fut la dernière fois que je jouis des faveurs d'Elise avec sécurité : aussi, ayant écrit, le lendemain, sur la pierre, 27 *maii*, j'y ajouté, dans la suite, *biduum ante infortunium.* Cette date est à la... (sic) pierre à droite, en venant du Pont-rouge.

67. *Die martis 29. Palatium regium* (mardi 29, le Palais-royal). Le jour de cette date, je trouvai Sara et sa mère, en voiture, dans la rue de la Bûcherie. Elles me disent qu'elles alaient au Palais-Royal ; et, le soir, Sara me dit qu'elle y avait vu le prétendu comte italien.

68. Le lendemain, 30, Sara et sa mère partirent, pendant que j'étais sorti, de sorte qu'à mon retour, je ne les trouvai pas. Je me doutais si peu de la force de mon attachement,

---

nages. Ils sont plus ou moins défigurés, anagrammatisés dans les autres œuvres de Restif : ainsi Florimond s'appelle *Valfleuri* dans la *Dernière aventure* ; Delarbre, *Duchâtaignier* ; Saugrain, *Legrainier* ; les demoiselles Amé, *Haf* ; etc.

que je fus charmé d'être tranquille. Sara me troublait quelquefois. Je passai la journée aussi bien que j'en eusse passé depuis long-temps; je me proposais même de bouder Sara, quand il se fit tard, parce qu'elle n'avait pas mis un billet sous ma porte, avant que de partir, comme c'était son usage. A neuf heures, je sentis un trouble secret; à dix, je n'y pus tenir.

Je sortis pour aler sur le quai des Mira-miones[1]. Je regardais dans toutes les voitures de place : rien.

Un serrement de cœur me prend, lorsque je suis de retour à la maison, et que je n'y vois pas Sara. Il était onze heures. Je voulus manger ma crème de ris : il me fut impossible d'avaler. Je retournai sur le quai, et jusque sur l'Ile Saint-Louis; j'écrivis[2], à côté du premier jardin, *30 maii, Sara cubat foras, me non monita*. (30 mai, Sara couche dehors sans m'en avoir averti.)

Je revins à la maison : je passai une nuit cruelle, tout habillé sur mon lit. Je me rappelai ce que Sara m'avait dit tant de fois, que sa mère l'avait livrée à de Houves; qu'elle s'é-tait trouvée mal, etc. Je me la représentais, en cet instant, comme une victime innocente livrée au comte italien; je m'écrirai : « O ma fille! mon amie! Où es-tu? Ton papa, ton amant ne peut voler à ton secours, mais il

---

1. Le quai des *Miramiones*, partie du quai de la Tournelle située entre la rue de Pontoise et la rue des Grands-Degrés.
2. V. *Monsieur Nicolas :* « Je sortis pour aller faire un tour à l'île Saint Louis. J'écrivis sur la pierre mes tourments. » Inscription rapportée ici.

entend tes cris! Victime innocente, tu gémis, hélas! sans être entendue! »

69. Le 31 *maii* : *Sara Debée felicem foras.* Le lendemain, je me levai dès le matin, et j'écrivis cette date deux fois, la première sur le milieu du pont de la Tournelle, la seconde au premier angle obtus à droite, après le Pont-rouge. Cette date signifie : 31 mai, Sara Debée fait un heureus hors de chés elle.

J'avais la poitrine oppressée, je respirais à peine : je sentis toutes les fureurs de la jalousie et toutes les angoisses de l'amour. Ce jeudi 31 mai 1781 fut une terrible journée; elle m'a pour jamais dégoûté de l'amour. Je me représentais, je me disais sans cesse : « A mon âge, la perte d'un cœur possédé, n'importe à quel titre, est une perte irréparable... » J'avais raison, mais je ne possédais pas celui de Sara, je ne perdais rien, parce que je n'avais rien eu; mais je croyais perdre, en ce moment. Hélas! j'étais près à perdre une illusion chérie!... Je passai une nuit cruelle : je sentais une oppression mortelle. J'étais obligé de m'agiter le corps, pour faire circuler mon sang. Je m'écriai : « Quoi! j'aime à cet excès?... »

70. 1 *jun. Matrem redeuntem solam video sero.* (1ᵉʳ juin, j'ai vu, le soir, la mère seule de retour.) Qu'on s'imagine tout ce que je dus sentir, en voyant cette femme seule, ramenée par Lavalette, que je vis pour la première fois! Je crus Sara vendue, livrée malgré elle... Je me trompais; elle était restée volontiers; mon rival retourna... il retourna... coucher avec elle, puisqu'il faut le dire. Quelles dates

que celles-là! Et ce ne sont pas les plus cruelles : attendés, lecteurs, au 29 auguste 1784[1]!...

71. *2 jun. Redit Sara indifferens. Felix.* (2 juin, Sara de retour, indifférente.) Cette date exprime une chose qui doit m'affliger, d'autant plus que je m'y attendais le moins. La mère de Sara, que j'avais accablée de reproches sanglans[2], le vendredi soir, après le départ de Blanchard de la Valette, entr'autres de celui d'avoir vendu sa fille, l'obligea de revenir le samedi soir. Sara voulait m'écrire, mais sa mère, qui avait des craintes bien fondées[3], la força de revenir. Il était huit heures. J'étais dans ma chambre, quand la voiture arriva. Je vis Sara descendre : tout le corps me trembla. Je l'attendis, immobil sur un siège. Elle entra (je crois la voir encore) d'un air hardiment froid : « Hé bien! qu'est-ce? Me voilà! »

Ce n'était ni le ton, ni le langage de ma Sara. De ce moment, elle ne fut plus elle-même. (Il faut que les hommes comme Blanchard de la Valette soient bien corrompus

---

1. Voir, page 91, le § 404 : *29 aug. Fugere!*

2. Voir *Monsieur Nicolas* : « Après le retour de la mère, reconduite par Lamontette (ou Lavalette), Nicolas demande des explications. Madame Debée feint l'étonnement. Réflexions de l'auteur : Il était dupe de cette femme! Mais comment s'en serait-il aperçu alors, puisqu'il aimait Sara? Il alla jusqu'à proposer à Madame Debée de faire certains avantages à sa fille : « Que ne m'avez-vous dit cela? répondit-elle; je n'aurais « cherché personne! » — Suit l'*Histoire de Sara*, racontée par elle-même, d'après un manuscrit soustrait à la bibliothèque de l'infidèle.

3. Elle craignait d'être dénoncée comme vendeuse de sa fille et mise à l'hôpital.

pour changer ainsi une fille en trois jours!) Je fus interdit. Cependant, je hasardai de tendres plaintes. Hâ dieu! comme elles furent reçues!... Je n'en pouvais revenir... Cependant le charme agissait, et je fus heureus, la date le porte.

72. 3 jun. *Post prandium, deambulatio ad hortum regium.* (3 juin : je l'ai caressée ; j'ai vu mon rival; il a dîné, et nous avons ensuite été nous promener au Jardin du Roi [1].) Cette journée fut cruelle! Surtout à la promenade! Sara n'eut des yeux que pour le mulâtre Lavalette. Le cœur me saignait. La mère s'en aperçut, et cette femme intéressée voulut me ménager, en ordonnant à sa fille de quitter le bras de mon rival.

73. 3 jun. *Conduxi Saram apud Lavalette.* (J'ai accompagné Sara et sa mère chés Lavalette), c'est-à-dire à une chambre qu'il louait à la Haute-borne [2], chés un jardinier. Il est des circonstances, dans la vie, où l'on souffre le double de ce qu'on devrait souffrir, par la gaucherie des démarches. Je dînai chés Lavalette avec Sara, mais auqu'un mets n'était bon; je n'avais pas faim.

J'alai, durant le dîner, à une fenêtre de la galerie, où, me représentant la Sara, naguère mienne, qui se donnait, avec le mulâtre, des airs de nouvelle mariée, mes larmes coulèrent.

---

1 Appelé Jardin des Plantes, depuis la Révolution.

2. La Haute-Borne, promenade située à Ménilmontant, en haut de la rue de la Roulette, devenue ensuite rue de Ménilmontant, puis rue Oberkampf, à peu près à la hauteur du nº 105 actuel, à l'angle de la rue Saint-Maur. On y trouvait une guinguette assez fréquentée.

Je considérais les passans qui alaient à la *Courtille*[1], chaqu'un avec sa chaqu'une, et je me disais, le cœur serré : Ils sont deux, et moi, depuis quelques jours, me voilà seul, abandonné de toute la nature !...

Je rentrai : l'impudente Sara semblait affecter de me désespérer...

Nous alons à un autre jardin appartenant à l'hôte de Lavalette : là, Sara, en jardinière, se mit à cueillir des roses. Je ne pouvais me taire : je fis connaître la mère à Lavalette[2]...

Sara devait revenir le soir ; elle voulut rester, et sa mère y consentit. Je revins seul : ce retour solitaire fut désolant, et je passai une bien mauvaise nuit !

74. 5 jun. *Sara apud Lavalette : vidi amatum rivalem. Dolor noctè.* (Sara chés Lavalette. J'ai vu que mon rival était aimé : ma douleur est sans bornes. Je brûle de fureur pendant la nuit.) Quelle situacion, grand Dieu ! Et qui m'y réduisait ! Tout ce mois n'est qu'une suite

---

1. La Courtille, autre guinguette, plus célèbre que la Haute-Borne, dans le haut du faubourg du Temple, près de Belleville. Ces cabarets à la mode étaient beaucoup mieux achalandés au dix-huitième siècle que dans la première partie du dix-neuvième.

2. Voir *Monsieur Nicolas* : « Il lui peint la mère sous son vrai jour et fait l'éloge de la fille. Lamontette comprend qu'il a affaire à un amoureux éconduit. L'entretien dure trois heures. Au moment du départ, Lamontette oblige Sara à embrasser M. Nicolas. Égaré par la jalousie, celui-ci revient le lendemain chez son rival, que ce manége amuse. Il lui montre des lettres de Sara. Tout en parlant, il agite sa canne. Lamontette fait croire aux deux femmes qu'il a proféré des menaces contre elles. Son mensonge produisit un effet inattendu : on craignit, on respecta davantage M. Nicolas. Avant de se retirer, celui-ci propose à Sara de faire douze pas, seule avec lui, prêt à lui donner mille livres pour chacun. Elle refuse. »

de dates : je vais les copier ici ; elles pindront la situacion de mon cœur, mieus que les plus éloquens discours.

75. *6 jun. Arctum cor indignitate.* (J'ai le cœur serré en pensant à l'indignité de Sara.) J'écris les art. CXVI et CXVII de l'*Anthropografe*[1]. Hélas ! en cessant d'aimer Virginie, j'écrivis les *Gynografes*[2] !

76. *Jun. Vidi lumen Virginie.* (J'ai vu Virginie, qui a jeté un lampion devant mes pieds, pour me faire lever les ieus[3].)

8 jun. Quærela cum Lavalette. Il me chercha querelle en vrai spadassin, quoiqu'avocat : mais j'étais trop ému pour être lâche. C'était le soir même que brûla l'Opéra. Il pleuvait, et la clarté de la flâme me fesait découvrir les napes d'eau dans la rue de la Haute-Borne, derrière le café Caussin, et à plus de cinq cents pas hors des boulevards. J'avais pris pour prétexte de cette visite à Sara, chés mon rival, de porter une lettre de Florimont à sa mère, car Florimont était absent.

Lavalette, qui était jalous, tâchait de savoir à quoi s'en tenir sur le compte de Sara, qu'il aurait épousée, si je n'avais pas été jalous aussi, et si j'avais pu me conduire avec

---

1. L'*Anthropographe*, titre primitif de l'*Andrographe*. Ce volume fait partie de la série comprise sous le nom d'*Idées singulières*, et renferme un projet de communauté. Il parut en 1782.

2. Autre volume des *Idées singulières*, publié en 1777.

3. Voir *Monsieur Nicolas* : « Ce fut en 1780 que, passant par la rue de la Harpe, à deux maisons au-dessus de celle *Serpente*, je vis tomber à mes pieds une petite terrine à lampion. Je levai les yeux : c'était Virginie... Je montai chez elle. »

adresse; mais quel motif aurais-je eu de tromper cet homme, tout méprisable qu'il était[1]?

Car voici l'existence de Lavalette : il est avocat, mais il a été, dit-on, chassé du Palais. Il est censeur royal, mais il dit qu'on ne le charge que d'objets de confiance, c'est-à-dire de l'examen de livres qu'on veut supprimer, ou laisser circuler très-tacitement. Il se flatte d'avoir les espions de la police à ses ordres : il se peut qu'il en ait quelques-uns. Il fait beaucoup valoir son crédit : il a celui des censeurs, qui est d'avoir toujours raison. Du reste, c'est un homme aux expédiens, dont l'aide est un huissier nommé Sirjan (aujourd'hui procureur); ces deux hommes font ensemble des affaires ténébreuses qui rapportent, parce qu'on a, pour complice, une des parties qui veut bien être trompée, pour faire plus de mal à son adversaire.

Tel est l'homme qui me sonda fort adroitement, et avec lequel je me compromis un peu[2].

J'étais indigné contre Sara qui, depuis sa nouvelle passion pour un homme digne d'elle[3], n'avait plus pour moi les moindres égards. Je dis à mon rival qu'elle avait le cœur dur : là-dessus, mon spadassin avocat prend feu très-ridiculement, il veut que Sara ait le cœur

---

1. Sa franchise était-elle aussi désintéressée qu'il veut bien le dire? On n'informe guère un rival pour le plaisir de lui être utile.
2. Ces renseignements sur Lavalette ne se trouvent pas dans *Monsieur Nicolas*.
3. C'est-à-dire assez riche pour elle.

tendre, très-tendre même pour moi¹. Cette dispute ridicule le fit beaucoup crier, ce qui effraya des femmes que leur honnêteté ne rassurait pas. Je m'en retournai furieus.

Lavalette, remonté auprès des deux femmes, ne parla qu'à demi-mot, que par des exclamacions, des interjeccions, dont on sait que les fourbes savent si bien tirer parti : « Des hommes... des philosophes... dire du bien... dire du mal... Hâ!... Si!... Ciel! Grand dieu!... Que penser?... Fifille, ne vous troublés pas... Je vous protégerai... Je suis votre papa... »

Cette fille avait bien des pères! de Houves, Saugrain, moi, Lavalette, sans compter le naturel, et ceux qui ne me sont pas connus...

77. *9 jun. Turbo infinitus.* (Trouble incroyable.) Je vois ensuite deux mots, mais effacés, et que je ne saurais lire².

78. *10 jun. Reconciliatio : cubat mecum.* (Réconciliacion³ ; elle a partagé mon lit.) C'est ici une de ces inconséquences qu'on ne peut con-

---

1. Voir *Monsieur Nicolas* :
— Comment va le cœur? lui demande Lamontette.
— Comme il le doit, lorsqu'il s'est attaché à une fille dure.
A ce mot *dure*, Lamontette feint de se mettre en colère.

2. Voir *Monsieur Nicolas*. Ces mots étaient relatifs à une nouvelle visite chez Lavalette. Sara avait prié M. Nicolas de déclarer fausses les lettres d'amour qu'il avait montrées à son rival, d'ajouter qu'elle les avait écrites pour se former au style épistolaire. C'est ce qu'il fait. Au moment où Nicolas se retire, Sara lui dit qu'elle a joué et qu'elle n'a plus d'argent. Il la contente de son mieux.

3. Il est aussi question de la réconciliation dans *Monsieur Nicolas*, mais elle est précédée de l'explication du jeu des deux femmes, qui cherchent à brouiller M. Nicolas avec Lamontette en rapportant infidèlement au second les propos du premier.

cevoir : Sara m'avait rendu heureus, mais elle n'avait jamais partagé mon lit. Je la pressai tant, à son retour de chés Lavalette qu'elle aimoit, qu'elle m'accorda cette faveur[1]; et par quel motif? Par celui que je l'épouserais, si je devenais veuf...!

Mais je fus puni de ma démarche insensée: au milieu de la nuit, Sara, demi-éveillée, me donna un baiser plein de charmes. Elle achève de s'éveiller, et me repousse... Le baiser avait été donné à mon rival[2]..! Je sautai du lit, Sara s'habilla et descendit chés elle.

79. 11 *jun. Serica, favores.* (Le 12, je lui donne des bas de soie, et j'obtins ses faveurs.) Je n'estimais plus Sara, et je l'aimais encore! Le même soir, Lavalette vint et l'invita.

80. 13 *jun. Proficiscitur ad Lavalette.* (Elle part pour aler chés Lavalette.)

81. 14 *jun. Fête-Dieu. redit sero.* (Fête-Dieu; elle revient le soir.)

82. 15 *jun. Hic non suí compos.* (Elle ne peut se supporter ici.)

83. 16 *jun. Non profiscitur.* (Elle ne va pas chés Lavalette.)

84. Dim. 17 *jun. dedi* 12 *francs. Prandium cum Sarâ et matre.* (Je lui ai donné sa pension

---

1. Voir *Monsieur Nicolas*. L'envie le prend d'obtenir de Sara « la plus grande faveur, celle à laquelle il n'était pas encore parvenu ». Ces mots ne sont pas expliqués. Notre § 78 est plus clair.

2. Dans *Monsieur Nicolas*, la scène du § 86 (voir la note de la page 36) se place immédiatement en suite de celle du § 78. Après le baiser qui se trompe d'adresse, Nicolas jure de ne plus demander de faveurs à Sara. Elle peut aller chez Lamontette, il n'en prendra plus ombrage.

fixée à 12 francs[1] par la mère, pour avoir ma part de la persone de Sara. J'ai dîné avec la mère et la fille.) Ce jour-là, je m'attendris en dînant, et je versai des larmes qui parurent toucher la mère : mais la fille, si sensible pour moi, six mois auparavant, qui avait répandu tant de larmes dans mon sein, la fille parut insensible, ce qui lui attira un reproche de sa mère, qui lui dit à l'oreille, dans un moment où j'alais chercher une nouvelle bouteille : « J'adorerais cet homme-là ! »

Il faut dire, aussi, que Lavalette, espion, intriguant, commençait à épouvanter cette femme; elle ne le voyait plus que par crainte. Sara, au contraire, jusqu'à ce moment tourmentée par sa mère, était charmée d'avoir un homme qu'elle croyait capable de la soustraire à son autorité.

85. *18 jun. Abit rivalis, sine.* (Mon rival était venu la chercher, et s'en est alé sans elle.) La Debée mère nous jouait : elle feignait d'être pour moi, parce qu'elle voyait sa fille pour Lavalette[2].

86. *19 jun. Adest rivalis. Quærela sero.* (Mon rival y est; grande querelle le soir.) Je ne devais pas être trop à mon aise, amoureus et jalous, pendant que mon rival jouait avec

1. Détail absent dans *Monsieur Nicolas.*
2. Voir *Monsieur Nicolas* : furieuse d'être empêchée par sa mère de partir avec Lamontette, Sara demande à M. Nicolas de lui chercher du travail. Il en parle à plusieurs personnes. Le lendemain, il apprend qu'elle doit retourner chez son rival. L'indignation s'empare de lui. Il cherche à remplir son cœur de la haine de Sara, court chez les demoiselles Amei, dans l'espoir de les entendre décrier leur ancienne ouvrière ; elles font son éloge.

Sara. J'entrais, je sortais, en fermant les portes de manière à les briser. J'alai, dans l'intervalle, à l'île Saint-Louis, écrire ma date. De retour, j'entrai; je payai deux termes, c'est-à-dire jusqu'en Octobre : c'était afin de pouvoir déménager quand je voudrais. J'eus ensuite une violente querelle avec Sara, dans laquelle je m'emportai contre elle avec un accès de rage, qui ala jusqu'à lever la main sur elle[1]. Je la vis trembler; mais sa mère, comme toutes les catins, était charmée de la scène, qui lui donnait du relief. Elle fesait encore un rôle dans le monde : aussi ne me voulut-elle aucun mal de toutes les horreurs que je dis à sa fille. C'est une belle science que celle des mœurs des différents états! Qui la posséderait parfaitement se conduirait souvent avec invraisemblance, mais toujours sagement.

87. 21 *jun. Proficiscitur ad Lavalette; octave Fête-Dieu.* (Elle est partie pour aler chés Lavalette; octave Fête-Dieu.) Elle revint le même soir, avec sa mère, quoique je ne l'attendisse pas. J'interceptai une lettre du rival, que j'interprétai mal à la mère.

88. *vendr. 22 jun. Manè quærela maxima. Reconciliatio sero.* (Vendredi 22, le matin, grande querelle; le soir, réconciliacion.) Je m'emportai de la manière la plus terrible; et

---

[1]. Voir *Monsieur Nicolas* : Cette explication avec les Debée est mentionnée à une date précédente. Après la querelle, Nicolas fait à Sara des propositions qu'elle accueille. Il lui demande son amitié, à défaut d'amour : « Ma chère Sara, dis-moi, non que tu m'aimes, mais que tu m'as aimé!...

« — Je l'ai cru, répond-elle. »

c'est si bien la manière de mener ces femmes-là, que, le soir, Sara me pardonna pleinement; une note en instruit : elle est au-dessus de la date, en lettres iniciales, *p' t'** scientissimè*.

89. *23 jun. Venit sero Lavalette.* (Lavalette est venu le soir, et n'a pas obtenu qu'on alât chés lui.)

90. *24 jun. Sara benè meridie.* (J'étais assés bien avec Sara, à midi.) Elle était toujours de bonne humeur, lorsque Lavalette lui avait donné parole de venir la voir et de la mener chés le jardinier[1].

91. *25 jun. Venit sero Lavalette.* (Lavalette est venu le soir.)

92. *27 jun. Pax.* (Nous fîmes un traité de paix : Sara promit de se partager également.)

93. *28 jun. Manè inveni è cubili exeuntem Lavalette.* (Le matin, j'ai trouvé Sara; Lavalette sortait de son lit.) Je soldais alors Sara à 12 francs par semaine.

94. *29 jun. Succenset.* (Elle boude.) Elle était revenue le 28 soir.

95. *30 jun. Apud Lavalette.* (Elle est chés Lavalette.) *Dico horâ 9-10^a, quid anno sequenti? Hodie frigida ut nunquam.* (Je dis, entre neuf et dix heures du soir, seul, abandonné : « Que penserai-je, à pareil jour, dans un an? » Elle était, avant son départ, froide envers moi comme elle ne le fut jamais.)

J'ai eu, presque toute ma vie, c'est-à-dire depuis 1752, une singulière manière d'échapper à la douleur présente; la voici : comme

---

1. Le jardinier de la Haute-Borne, chez lequel Lavalette avait une chambre en location.

j'ai l'imagination très-vive, je me transportais, en esprit, hors du temps présent, et je me portais dans l'avenir. Je le voyais, je le sentais, et je vivais. Quel je serai, dans un an, à pareil jour...? Cette idée, en m'attachant fortement, me tirait hors de moi-même; je restais, quelquefois, plusieurs minutes, persuadé que j'étais à un an de là, et ma peine en devenait moindre.

96. 1 *jul. Scribo Delarbre.* (J'ai écrit à Delarbre.) Je cherchais tous les moyens de me guérir de ma funeste passion (non que je sois, aujourd'hui, fâché de l'avoir éprouvée, loin de là! L'auteur doit avoir éprouvé toutes les passions, comme le médecin doit avoir essayé ses remèdes); mais je souffrais, et l'on n'aime pas à souffrir. Mon but était d'avoir les lettres que Sara devait avoir écrit à Delarbre[1], qu'elle m'avait sacrifié, comme elle me sacrifiait à Lavalette : j'espérais que l'indignacion me guérirait; mais ce n'est pas cela qui guérit, c'est le temps.

97. 2 *jul. Quærela ingens.* (Grande querelle[2]!)

98. 3 *jul. Reconciliacio.* (Réconciliacion), c'est-à-dire tromperie de la part de Sara, qui

---

1. Voir *Monsieur Nicolas*. Il écrit à Duchâtaignier (Delarbre), dont il a déjà été question. C'était un amoureux de Sara pour le bon motif. Nicolas lui demande communication de sa correspondance, espérant y trouver un soulagement. La réponse de Duchâtaignier tombe entre les mains de Sara Debée, qui reconnaît l'écriture et veut lire. Nicolas lui montre les quatre dernières lignes et parvient à dissimuler trois lettres incluses. Ces lettres sont reproduites dans *Monsieur Nicolas*.

2. Au sujet des lettres dans lesquelles Nicolas a vu que ce jeune Duchâtaignier, réellement aimé d'abord par Sara, avait

MES INSCRIPCIONS.

feignait de m'accorder le pardon que je demandais. Plus de faveurs, cependant; j'y avais renoncé, depuis que je soupçonnais le mulâtre Lavalette d'être favorisé.

98. (sic.) 4, 5, 6 jul. *Benè*. (Nous fûmes bien ensemble, ces quatre jours.)

99. 7 jul. *Samedi, malè sumus*. (Nous sommes mal, le samedi), parce que la mère avait refusé d'aler chés Lavalette.

100. 8 jul. *Dedi* 12 (Il y a ensuite trois mots qui ne peuvent se lire; mais le dernier exprime des faveurs. Je donnais régulièrement 12 francs à Sara par semaines, pour ses menus plaisirs.)

101. 11 jul. Anniversaire *Poinot maritatæ, apud Lavalette*. (Anniversaire de Poinot mariée, Sara est chés Lavalette.) Cette jolie Poinot s'était mariée le 11 juillet 1780. Sara fut, ce jour-là, chés Lavalette qui était venu la chercher, la veille. Je pris, ce même jour, le dessein de déménager[1]. Elle n'en revint que le samedi suivant 14.

102. 12. *Elocatio* (déménagement). 13, *elocatio*. 14, *non cubo. Post cœnam abii. Finis elocationis*. (Je n'ai pas couché; après le souper je me suis évadé sans bruit. Fin de mon déménagement[2].)

103. 15 jul. *Dedi* 12. *Lavalette venu*. (Le dimanche, j'ai remis les clés à Sara, avec 12 *l*. et je l'ai quittée pour ne plus la revoir); 1ᵈ Li-

été oublié en quinze jours. Conséquence de la querelle : une épître modérée de la jeune fille, et, conséquence de l'épître, une visite de Nicolas, qui, après de nouveaux reproches, offre la réconciliation.

1. Ces faits sont rapportés dans *Monsieur Nicolas*, mais à d'autres dates.
2. Il alla demeurer rue des Bernardins.

bertatis. Cœno solus[1]. (1 de ma liberté : je soupe seul.) Mot déchirant pour un homme qui soupait avec une fille qu'il aimait : souper tête-à-tête avec ce qu'on aime !

104. 18 *jul. Mercurii die vidi mundam et exeuntem.* (Je l'ai vu sortant en voiture et prenant le chemin de la chambre de Lavalette.) Je fus, les trois jours suivans, sans la voir.

105. 22 *venit.* (Elle est revenue.) Ce retour est une histoire, mais je l'ignorais alors : Sara s'était fâchée avec Lavalette, qui avait prié sa mère de la renmener. Il faut savoir qu'après avoir quitté ma chambre chés la Debée, celle-ci prit la résolucion de livrer sa fille entièrement à Lavalette, pour qu'il en prît soin. Mais ce n'était pas le but du gascon : il voulait bien avoir une maîtresse d'ostentacion, mais non une charge. Il taquina Sara, qui le bouda. Il lui dit qu'il alait écrire à sa mère, pour la venir reprendre[2]. Il y avait pour une demi-heure de chemin ; il aurait eu plutôt fait de la ramener que d'écrire. Mais ce Lavalette était à la campagne ; il ne voulait paraître en ville que le moins possible. Il y venait quelquefois, néanmoins, mais le soir, et par le noble motif de me contrarier ; ces libertins blasés n'ont que des ragoûts bizarres : une possession unie et tendre est sans charmes pour eux.

106. Les six jours suivans, 23-28, ont la

---

1. « Ce fut ainsi que je la quittai, dit M. Nicolas. J'allai aussitôt me promener sur l'île Saint Louis, pour y respirer la liberté. J'en éprouvai le sentiment et j'écrivis sur la pierre : 1ª *libertatis,* 15 *jul.* » Liberté de courte durée, comme on va voir.

2. Selon *Monsieur Nicolas,* le motif de leur brouille était

marque C, qui signifie que je soupai avec Sara.

107. 29 *jul. Horâ 3ᵃ vidi, non cœnavi.* (Je l'ai vue à trois heures. Je n'ai pas soupé avec elle.)

108. 30, 31 *jul. Non.* (Ni le 30, ni le 31 juillet, je ne vis pas Sara.)

109. 1 *Aug. Venit domi.* (Elle est venue à ma nouvelle demeure.) Cette démarche de Sara était un effet de la querelle qu'elle avait eue avec Lavalette. Elle vint s'informer si j'étais malade, ou si ses deux amans la quittaient à la fois.

110. 8 *aug. Ruptura* (rupture) : mais tant qu'on n'est pas güéri, les ruptures se raccomodent.

111. 12 *aug. Turbo ingens.* (Trouble inexprimable.)

112. 13 *aug. Crudelis visio! Loquitur ad clericum Simonoti*[1]. (Lundi, 13, cruelle vision : elle parlait, de la fenêtre, au clerc de Simonot.) Je sentis, cependant, un mouvement de joie, de ce qu'elle était infidelle à Lavalette[2].

113. 14 *aug. Conventio locataria.* (Convention avec la mère, pour payer le loyer de l'appartement de la fille, outre mes 12 francs par semaine.)

« ineffable » ou plutôt « inracontable ». Nous voyons ici que ce motif n'avait rien de particulièrement scandaleux.

1. Mᵉ Simonnot, procureur, avait épousé une jeune fille d'Auxerre.

2. Les détails des §§ 106 à 116 se retrouvent dans *Monsieur Nicolas*. Sara le supplie de demander à sa mère de la laisser entrer dans un couvent. Le lendemain, elle apprend à Nicolas, les larmes aux yeux, que madame Debée a congédié Lamontette. Il s'explique alors ses velléités de retraite ; quoique très-peiné, il continue à la voir.

114. 15 *aug. Vidi serò Lavalette exeuntem.* (J'ai vu, le soir, sortir Lavalette de chez elle), ce qui était contre mes conventions avec la mère. O Dieu! quelles pauvretés!

115. 16 *aug. Reconciliacio.* C'est toujours ce qui arrive, quand on aime encore.

116. 17 *aug.* 46 *l. pro ligariis argenteis magnis.* (46 francs pour des grandes boucles d'argent à la mode), 30 *l. pro crurialibus* (pour des bas).

117. 20 *aug. Patronus cum illâ patronâ,* 24 *l.* (Je suis parain avec elle, 24 l.) C'était de l'enfant naturel d'une blanchisseuse : Sara me pria elle-même de la manière la plus agréable[1]. Je fus dans la sécurité à son égard, quand elle fut ma commère, jusqu'au 2 8bre. Il y eut des querelles, des brouilles, des réconciliacions, aux jours suivans.

118. 23 *aug. Amat aurigam*[2]. (Elle s'est éprise pour le cocher dont nous avons tenu l'enfant naturel.)

---

1. Voir *Monsieur Nicolas*. Les entrevues avec Lamontette continuent, bien que madame Debée affirme à Nicolas que la rupture a été définitive. Toutefois, on sauve les apparences en fixant les rendez-vous chez une blanchisseuse du quartier, où Sara ne passera qu'une partie des nuits. Cette blanchisseuse étant accouchée, Sara veut être la marraine de l'enfant et demande à Lamontette de lui servir de compère. Il refuse. Elle s'adresse alors à Nicolas, qui surmonte ses convictions antichrétiennes et accepte, dans l'espoir de cimenter, par là, sa réconciliation avec sa maîtresse. L'amabilité de Sara n'était donc rien moins que désintéressée.

2. D'après *Monsieur Nicolas*, Sara ne se serait point éprise du cocher. On voit madame Debée défendre à sa fille de rester chez l'accouchée quand le cocher s'y trouvera. Ces mots furent évidemment écrits sous l'influence de cette défense qui avait pour but de ramener la confiance chez M. Nicolas.

MES INSCRIPCIONS. 43

119. *Deambulatio ad...*[1] (sic). Promenade aux Tuileries, où Sara me fit sentir la différence des temps! Autrefois, les promenades étaient délicieuses!

120. 31 *aug. Merenda ad Rapœam.* (Goûter du poisson frit à la Rapée.) Sara fut d'abord d'une maussaderie insupportable. C'est qu'elle ne voyait plus Lavalette, depuis le 15 Auguste.

121. 2 7^{bris} *apud Lavalette.* (On la conduisit chés Lavalette le 2 septembre, mais je n'en eus que des soupçons. J'y alai (*fui usque domum Lavalette; circumivi et non vidi Saram. Inscripsi domum Tulout et tapissier viâ Michel le Comte*). Je fis le tour de la maison de mon rival, et je ne vis pas Sara, qui était dans un des deux autres jardins. Je fis mes inscripcions à l'angle de la demeure de Mlle Tulout[2], et à la maison du tapissier de la rue Michel-le-Comte[3].

122. 4 7^{bris}. *Reconciliacio.* (Réconciliation, le 4 septembre.) Elle me persuada qu'on n'avait pas été chés Lavalette. Le reste du mois fut *secure*, je n'eus pas le moindre doute, je soupais tous les jours avec elle.

123. 2 8^{bris}. *Apud Lavalette,* 2 *octobre.* Étant alé, par soupçon, aux environs de la maison de Lavalette, je l'en vis sortir avec sa mère et

---

1. Malgré sa grande facilité pour le latin, Restif est resté court devant le mot *Tuileries.*

2. « Élise Tulout, d'Auxerre, jolie personne de la rue du Cimetière Saint-Nicolas des Champs, fille d'un employé, pleine de mérite, d'esprit et de talents..... Élise m'a rendu heureux; moi, je l'ai rendue mère : nous sommes quittes. » (*Calendrier.*) Voir ses lettres dans la *Malédiction paternelle.*

3. Située, aujourd'hui, entre la rue du Temple et la rue Beaubourg.

Florimont, sur les 9 h. du soir. Je me jetai dans un potager, je les laissai passer, et je les suivis. J'étais furieux : il y avait des instants où j'étais tenté d'aller ôter, à Lavalette, le bras de Sara, en lui disant : « Je paie cette fille, elle est à moi... » Je ne sais ce qui m'empêcha de le faire[1]. O passions! comme vous égarez l'homme! Un peu moins de raison, ou plus de hardiesse, je fesais un éclat qui pouvait perdre trois personnes...! En revenant, j'écrivis mes dates de la rue Saintonge au Marais, dates célèbres, et dont je n'ai pas encore parlé. Il faut que j'en donne ici l'histoire.

124. 14 7^{bris} 1769. (14 septembre 1769.) Telle est la première date, au mur du jardin qui fait angle avec les deux rues Saintonge et de Normandie. Cette date est celle du jour où je possédai Victoire[2], fille fugitive d'un procureur, qui m'a rendu chère à jamais la rue Saintonge. C'est elle qui me fit dire longtemps,

---

1. Ce qui l'en empêcha, selon *Monsieur Nicolas*, c'est la réflexion qu'il valait mieux dissimuler, ne point faire d'éclat, réclamer les bijoux donnés à Sara et dont Lamontette se faisait honneur : mauvaises raisons pour différer la rupture!

2. Victoire Dorneval, fille d'un procureur, maîtresse qui succéda à Élise Tulout. Elle avait été contrainte, par sa belle-mère, de quitter, à l'âge de onze ans, la maison paternelle, et d'habiter rue Saintonge, au Marais, une maison mal famée, où Restif la connut. Voir les *Nuits de Paris* : « Jamais je ne manque de la visiter, à certaines époques, depuis longtemps! Le 14 septembre, le 2 octobre et le 9, le 1er janvier, le 25 mars, le 9 mai, le 2 juillet, et, lorsque je suis parvenu au coin de la rue de Normandie, au pied de la terrasse d'un petit jardin, je regarde une croisée en face et mes yeux se remplissent de larmes; une douleur vive, quelquefois délicieuse, abreuve mon âme et je m'écrie, ou je chante :

« C'est là qu'était Victoire,
« Objet plein de douceur, etc. »

en passant par cette rue : « Lieux enchantés qu'elle me rendit aimables, vous me l'êtes encore après que je ne l'aime plus...¹ ! » C'est que cette jouissance fut délicieuse, et que le plaisir, non la personne, me rend cette rue si agréable, que je me détourne toujours, lorsque je suis dans ces quartiers, pour y passer, et voir mes dates.

125. 1770. Cette seconde date est du 14 septembre de l'année suivante : j'avais alors les restes de ma fatale maladie du mois d'Avril : j'écrivis cette date en pleurant, le jour même que je venais de revoir Victoire, brillante, au boulevard.

126. 2 *octobris*, *Sara infidelis apud Lavalette.* (Sara infidelle, chés Lavalette.) Mon tourmant et mon indignacion étaient d'autant plus grands, que la mère et la fille avaient feint d'être brouillées avec Lavalette. Aussi ce fut comme un coup de foudre pour moi ; il me semblait que c'était la première infidélité de Sara.

127. 9 8^{bris} *Sara impudens*. (Sara impudente.) Cette date est après la rue. Ce que je fis au boulevard, le 9 octobre, dans le café Caussin, est absolument hors de mon caractère. J'avais été, le dimanche 7, les attendre à la bivoie qui conduisait chés mon rival. J'ignorais que le

---

1. Voir *Monsieur Nicolas* : « Quelque temps après, passant par la rue Saintonge, je vis écrit : 14 7^{bris}, *felicitatem Victoire ineffabilem*. Je m'écriai : « Lieux enchantés qu'elle me rendit aimables, etc. » Restif affectionnait cette phrase ; il avait coutume de la chanter : « Je l'avais mise en musique et je la chantais en répandant des larmes. Pour le couplet qu'on a vu (celui de la note précédente), je le chantais en m'éloignant... » (*Nuits de Paris*.)

rendévous était au café. Ainsi, tandis que je guettais, assis sur une pierre, on se parlait tout à l'aise. Mais, le mardi 9, je les suivis, je les vis entrer, et j'entrai un instant après.

Je les saluai, et je m'assis : Lavalette ne me dit rien ; je ne lui parlai pas. Il s'en ala : j'affectai de la morgue. Il quitta la place, et moi, je grondai Sara, mais à demi-voix. Elle était furieuse [1], je l'étais également. Florimont était avec elles. Il faut que la date de l'arrivée de ce Florimont soit effacée, car je ne la retrouve pas : ce fut aux environs de la mi-Juillet.

Nous allâmes à Saint-Denis, le lendemain de son arrivée. Sara fut assés aimable, excepté au retour : elle brûlait d'arriver, parce que Lavalette devait venir le soir [2]. Je lui donnai, en partant, la chaîne à brillant de la montre achetée pour Virginie ; mais cette montre ne fut donnée ni à l'une ni à l'autre de ces deux filles ; elle est, maintenant, à Mariane, cadette de ma fille Agnès.

---

1. Dans *Monsieur Nicolas*, la querelle du café est suivie d'une visite à Lamontette. Nicolas voulait se décharger de certains propos que madame Debée lui avait attribués. Il y a aussi une autre scène, non rapportée ici, où il reproche à Sara de se laisser solder par lui, tout en favorisant Lamontette.

2. Voir *Monsieur Nicolas* : Florimond, revenant de voyage, laisse ses malles à Saint-Denis. On fait la partie de les aller chercher. Sara est triste ; elle craint de manquer, le soir, son rendez-vous avec Lamontette. La mère engage Nicolas à empêcher leur rencontre en prolongeant la promenade. Il s'y refuse. Le surlendemain, Sara va chez Lamontette, qui lui rend sa visite deux jours après. Ici se place, dans *Monsieur Nicolas*, la scène de notre § 86 et la résolution de déménager du § 101, résolution affermie bientôt par la fausse nouvelle que Lamontette a promis le mariage.

128. J'ai dit un mot des dates de l'ancienne demeure de Mlle Tulout, et de celles de la maison du tapissier de la rue Michel-le-Comte : ces dernières sont de 1776, pendant la persécucion que j'essuyai de la part de Demarolles [1]; ensuite, pendant ma folle passion pour Virginie. La première est du 25 mars; les autres, du mois de Juillet et d'Octobre. Celles de la demeure de Mlle Tulout, rue du Cimetière Saint-Nicolas [2], la première des deux alées à-côté l'une de l'autre, environ au milieu de la rue, sont de 1781, du 25 Mars, 25 Décembre, etc. Elles ont été renouvelées, chaque année, tant les unes que les autres.

129. 13 8^{bris} *Apud Lavalette.* (Le 13, Sara fut encore chés Lavalette : on voulait engajer cet homme à procurer un espion de police à Florimont.)

130. 20 8^{bris} *Icteria.* (Jaunisse.) Cette maladie prolongea mon esclavage : une femme qu'on a aimée est bien plus intéressante, étant malade.

131. 1 9^{bris} *Apud Lavalette.* (Chés Lavalette.) Ce fut de mon consentement qu'elle y ala, et j'y consentis parce que je présumai que l'air ferait du bien à sa santé dérangée.

132. 11 9^{bris} *Lacrimæ heri, hodie apud de Pré-*

---

1. Premier commis du bureau de la librairie. Ses persécutions sont racontées dans *Monsieur Nicolas,* tome X, p. 136, à propos de l'*École des Pères,* publiée sous le nom de *Logerot.* Desmarolles refusa l'ouvrage parce qu'il le croyait de Diderot.

2. Entre les rues Saint-Martin et Transnonain. Elle a été absorbée, de nos jours, par la rue Chapon, dans la partie comprise entre la rue Beaubourg et le faubourg Saint-Martin.

val¹. La maladie augmentant², elle devenait dangereuse : la mère m'en avertit. Je sentis un mouvement de tendresse inexprimable pour l'infidelle; il me sembla que, si elle mourait, l'univers ne serait plus qu'une solitude pour moi. Je l'aimais encore; il falait de grands coups pour me détacher. Je pleurai, en alant chés le docteur, mais je rapportai de bonnes nouvelles : Sara en fut si contente, qu'en souppant avec elle, son ancienne confiance reparut avec tous ses charmes. Mais cela ne dura qu'un jour. Je la menai, le lendemain, chés le docteur, qui lui confirma ce qu'il m'avait dit, et prescrivit les remèdes. Sara ne craignit plus la mort, et reprit sa froideur. On observera que je ne lui demandais plus ses faveurs : je la payais, cependant, et... mais on va voir sa conduite.

133. 26 9^{bris}. *Lavalette ad portam.* (Lavalette à la porte.) Ceci n'est pas clair, et ne présente pas un sens clair : le lundi 26 novembre, je soupais avec Sara, à laquelle j'avais apporté sa médecine, quand on frappa; elle me dit de ne pas répondre. Nous continuâmes à souper. On frappa de nouveau. Je me levai et j'alais

---

1. Guillebert de Préval, docteur régent de la Faculté de médecine de Paris, ami intime de Restif. Il recevait chez lui des littérateurs et des artistes. Restif s'était lié avec lui à propos d'un article de son roman le *Ménage parisien*. Il y attaquait l' « Académie des sots » (la Faculté de médecine). Il a composé son épitaphe dans les *Nuits de Paris* : « Ci-gît le docteur Guillebert de Préval, qui a guéri soixante mille personnes, de 1772 à 1788. Né en 1716, il cessa de vivre le 1er octobre 1788. »

2. D'après *Monsieur Nicolas*, la jaunisse de Sara fut causée par sa fureur concentrée, au café Caussin.

ouvrir. Sara me retint encore. Enfin, ayant soupé, je sortis : en ouvrant la porte, je vis, devant moi, Lavalette, courbé pour écouter. Il baissa la tête, et se mit à fuir. Je demandai de la lumière à Sara qui m'en apporta lentement. Je poursuivis mon rival, et je revins, au bout d'un moment, dire à Sara que c'était Lavalette. Elle feignit de n'en rien croire. C'était lui, cependant. Tandis que je prodiguais à Sara les soins les plus tendres, la perfide recevait, chaque soir après mon départ, le fier Lavalette, qui fesait le rôle de Greluchon[1], puisque je payais. Et ce Lavalette, avocat, censeur royal, avait alors cinquante-cinq ans !

134. 29 9bre *Ira furibunda.* (Colère furieuse.) En voici le sujet : le jeudi qui suivit ma découverte de la venue clandestine de Lavalette, cet homme vint jouer, le soir, au domino, avec Sara. J'apportais notre souper : sachant que Lavalette était là, je fis dire à Sara, par Florimont, que sa médecine l'attendait. Elle ne vint cependant pas. Je m'enflâmai. Je pestais, et je renvoyai Florimont avertir Sara, qui vint enfin ; je n'avais pas de courage contre elle : mais, après le souper, j'entrai chés sa mère, à laquelle je dis, avec humeur, la vision du lundi précédent. Nous

---

1. Voir *Monsieur Nicolas*. Par suite d'une convention secrète avec Sara, Lamontette venait, le soir, de neuf à dix heures, après le souper. Ce lundi-là, le repas s'était prolongé plus tard que de coutume. On frappe. Nicolas ouvre et reconnaît Lamontette, qui s'enfuit. Un instant après, on frappe de nouveau. Sara éteint les lumières et se met à la croisée : « Peut-être est-ce Delarbre », dit-elle hypocritement. Elle voulait faire signe à Lamontette de s'éloigner.

nous fâchâmes; je m'emportai. La Debée fila doux, dès que je fis le méchant. Elle ala même jusqu'à me remercier de l'avis sur sa fille.

Il se trouvait, alors, une chose nouvelle que j'ignorais; c'est que Sara fesait un troisième amant, un veuf, nommé Las, commis aux fermes, qui devait l'épouser; c'était un petit bancal tout drôle. La mère coucha dans la première chambre de sa fille. Elle soupçonnait Las autant que Lavalette. Cette nouvelle position va durer quinze jours.

135. 1 X^{bris} *Beauregard*. Il faut rendre compte, à-propos de cette date, d'une puérilité qui fit un peu diversion aux chagrins que me donnait Sara. Un certain Beauregard, ami de Bultel-Dumont dont j'ai parlé, se trouva historié dans ma centième nouvelle, intitulée *Le Ménage Parisien*[1] : Dumont, très-petit, très-bourgeois, se trouva compromis, et m'écrivit à ce sujet : j'alai recevoir la mercuriale le 3 X^{bre}. La vérité est que ce Beauregard m'était bien apparu, en composant la nouvelle; mais ce n'était pas son histoire, que j'ignorais absolument, et que j'ignore de même aujourd'hui. Il est sage aux auteurs de s'éloigner de ces maisons trigaudes, où ils ne peuvent recevoir que des désagrémens[2].

136. *Epistola de Larbre*. Ce fut le 6 X^{bre} que

---

[1]. *Le Ménage parisien, ou la Conspiration dévoilée*, dans les *Contemporaines*, tomes XV et XVI, p. 508. (V. la note de la p. 290.)

[2]. Les détails des §§ 134 et 135 sont absents dans *Monsieur Nicolas*. Par contre, on y voit l'origine des relations de madame Debée avec Las. Ce fut un soir que Florimond s'était grisé et avait fermé la porte de sa chambre. Elle ac-

je reçus la lettre de Delarbre, qui termine *La Dernière avanture*¹.

137. 13 X^bris *Finis cœnarum.* (Fin des soupers.) Le jeudi 13 X^bre, finirent mes soupers avec Sara : sa mère, qui voulait alors la marier à Las, la remit chés les demoiselles Amé, pour nous la soustraire, à Lavalette et à moi. Las écrivit, à Lavalette, une lettre de congé, dictée par Sara elle-même. La réponse de l'avocat gascon-censeur-espion fut foudroyante. C'est ici une des époques intéressantes de ma vie, et ce qui contribua le plus à ma guérison. De ce moment, je cessai de souper avec Sara, et de la solder².

138. 16 X^bris *Sex menses cum Sara boni, et sex mali.* (Six mois heureus avec Sara, et six malheureus.) Telle est la date qu'on voit sur le quai d'Anjou, vis-à-vis la quatrième porte cochère. Elle se retrouve aussi, du côté du Pont-rouge, ainsi conçue : 14 X^b *Sara absens.* (Sara absente.) J'ignorai d'abord où elle était, et tout le tripot, mais je serai bientôt instruit.

---

cepta l'hospitalité de Las et, dans sa reconnaissance, lui offrit sa fille en mariage. Mais, ensuite, elle changea d'idée. Son plan fut de congédier Lamontette et de reprendre Nicolas, tout en conservant Las.

1. *La Dernière Aventure d'un homme de quarante-cinq ans* reproduit, *in fine*, une lettre de Delarbre à d'Aigremont (Nicolas ou Restif), lettre qui montre à Sara combien elle eût été plus heureuse si elle fût demeurée plus constante, car Delarbre l'aimait sincèrement et l'aurait épousée.

2. Voir *Monsieur Nicolas*. Sara lui demande cent louis. Il refuse. Le soir, elle fait l'insolente. Le lendemain, elle disparaît. Sa mère la dit chez une ouvrière en dentelles. Outré du sans gêne, Nicolas ne donne plus signe de vie jusqu'à la fin du mois. Ainsi, le plan de madame Debée a échoué. Elle s'en tiendra donc à Las et tâchera de lui faire épouser Sara.

139. 23 X*b*. *Saram ingratam indignatus linquo; annus est cùm tenera!* (Je quitte indigné Sara l'ingrate : il y a un an qu'elle étoit tendre!)

140. 25. *Indignor*. 26, *indignor*. (Le 25, je suis indigné. Le 26, indigné.)

141. 30 X*b*. *Ivit cum Las ad comediam.* (Elle a été, avec Las, sa mère et Florimont, à une comédie bourgeoise[1].) J'étais, par hasard, sur le pont de la Tournelle, et je les vis passer en voiture.

C'est ainsi que je surchargeai les parapets de mes dates, en 1781. Voyons celles de l'année suivante. Il est à observer que je n'ai rien dit, ici, du renouvellement des anciennes, qui eut lieu selon qu'elles tombèrent; j'en parlerai une seule fois, dans l'année suivante. Mais ce que je dirai doit s'entendre de toutes les années.

142. 1 jan. *Fugio; mitto Goulard me morbosum dicturum.* (1*er* janvier, je la fuis : j'envoie Goulard, mon compositeur, faire mes complimens sous prétexte que j'étais malade.) Cette date est vis-à-vis le jardin de l'hôtel Lambert. Au jardin, il y a simplement : 1° *Anni* 2, après la première date.

Je commence, de ce même jour, les dates

---

1. Littré définit la *comédie bourgeoise* « une représentation donnée par des personnes qui ne jouent la comédie que pour leur amusement »; mais Restif semble désigner par ces mots un genre de comédie spécial. Il la déclare : « la plus utile de toutes, qui peint les actions communes, les vertus, le vices plus près de nous et qui nous attendrit. On compte, dit-il, trois genres de comédie dans le théâtre français : la comédie romanesque, la comédie farce et la comédie bourgeoise. » Il parle ensuite du *drame*, ou *tragédie bourgeoise*. (*Nuits de Paris*, p. 3267.)

qui sont après le premier escalier sur le quai d'Anjou, à la pierre qui suit celle où est la 138ᵉ inscription.

143. *2 jan. Florimont.* (Florimont me rencontra le 2 janvier.) Voici un nouvel ordre de choses : Sara va éprouver tous les tourmens qu'elle m'a causés.

144. *9 jan. Vidi hodie Saram.* (J'ai vu Sara.) Ce fut chés sa mère, et à peine quelques instants : je fus mal reçu.

145. *22 jan. Sara apud locum tenentem civilem cum Las.* (Sara chés le lieutenant-civil, avec Las.) Je les suivis, monté derrière la voiture, depuis leur maison, jusqu'à l'hôtel du juge.

146. *24 jan. Loquitur affectuosa.* (Entretien affectueus : « Vous êtes ce que j'ai de plus cher. ») J'alai voir Sara, et je fus d'une grande gaîté, en lui laissant voir que j'étais instruit de son mariage.

147. *jan. Porta clausa.* (La porte me fut fermée le 25, ma gaîté n'avait pas pris.)

148. *25 jan. Florimont me male tractat.* (Florimont me traite mal.) Il était peut-être gris, suivant son usage.

149. *27 jan. Dedi bolos Preval.* (Je donne à Sara des boles de Préval.) Ceci aurait pu passer pour un cruel présage, mais je n'avais pas cette intencion.

150. *3 f. Hodiè prima pagina Rusticanæ.* (Aujourd'hui dimanche sexagésime, 3 février, la première page de la *Paysane* est composée à l'imprimerie.)

151. *4 f. Anniversaire Pleni favoris Saræ, verè me amavit.* (Anniversaire de l'entière et parfaite

puissance de Sara. Elle m'a véritablement aimé.) Je n'en crois plus rien [1].

152. 9 f. *Sara divulgata.* (Sara divulguée.) Ce fut le jeudi gras au soir (7 Février) qu'ayant vu sortir Sara, sa mère et Florimont, sans Las, alors futur épous, que je me hasardai d'aler voir ce dernier, que je trouvai au lit : « Vous êtes malade? — Há! — Qu'avez-vous? — Monsieur... je n'ai rien. — Sara causerait-elle la douleur où je vous vois? — Sara!... Non. — C'est donc sa mère? Je n'ai jamais pu croire qu'elle accomplît le mariage de sa fille. — Vous la connaissez bien! » Alors le malheureus s'expliqua : il m'apprit qu'il s'était empoisonné, huit jours auparavant; que la mère rompait le mariage; qu'elle allait au bal avec des perruquiers, tandis qu'il était mourant.

Je le plaignis, je m'ouvris à lui; je lui indiquai Lavalette. Il m'apprit que c'était l'homme auquel il avait écrit la lettre de congé. J'opérai une cure à la Mesmer : je guéris Las, en lui fesant mépriser Sara. Il soupa le soir même, et, le lendemain, il ala chés Lavalette, qui jeta feu et flâme contre *fifille*, tout *pépé*[2] qu'il était : il la traita de gueuse; avoua qu'il couchait avec elle, dans la chambre que je payais, tandis que je mangeais mon pain à la fumée, etc.

Il ala jusqu'à demander à me parler. Je l'avouerai, j'eus la faiblesse d'y aler le 9 Fé-

---

1. Point de trace, dans *Monsieur Nicolas*, des §§ 138 à 151.
2. Noms familiers que se donnaient Lavalette et Sara.

vrier matin : ce fut alors que ce malhonnête homme me raconta, dans les termes les plus grossiers, tout ce qui s'était passé entre lui et Sara ; comme il en avait joui dès les premiers jours de leur connaissance ; comme sa mère la lui avait livrée ; comme Sara lui avait, ensuite, donné rendévous dans la chambre que je payais, après que la mère, qui ne voyait rien à tirer d'un aigre-fin, l'eut engagé à discontinuer ses visites. Il me montra ses lettres et voulut me les lire, ce que je refusai. Je quittai ce misérable avec indignacion.

Mais, ce qui montre combien Sara et sa mère étaient coupables, c'est que, leur ayant dit, à mon retour, une partie de ce que Lavalette avait conté contre elles, je les entendis, avec surprise, jeter les hauts cris, se désespérer, s'accuser réciproquement. Elles craignaient, il faut le dire, elles craignaient l'Hôpital, dont la mère Debée avait été menacée plus d'une fois, et comme femme du monde, et comme prêteuse sur gage, et comme maquerelle de ses filles, car elle en avait eu deux.

J'avais commencé la *Dernière avanture* au 22 janvier ; je la repris alors, résolu de terminer cet ouvrage, et de l'imprimer le plutôt possible, pour être util à mes semblables [1].

153. 10 *f. Video Sara desperatam.* (Sara désespérée.) 11 *feb. Video sero.* (Je la vois le soir.)

154. 12 *f. Journal Nanci.* C'est l'infâme extrait du vil Therrin dont il est ici question ; voyez-le à la fin du XVIII° volume des *Contemporaines* [2].

---

1. Elle parut en 1783, chez le libraire Regnault.
2. L'article dont il est question ici avait été publié par

155. 13 *f. Video Sara et consolor.* (Je vois Sara et je la console.) Elle était réellement effrayée des menaces de Lavalette.

156. 14 *f. Consolor Sara, Dumont.* (Je console Sara, et j'engage Dumont à la rassurer.)

157. 15 *f. Consolor. Gelidat horridè.* (Je la console; il gèle horriblement.) J'étais redevenu l'ami, le confident uniq[1] de Sara.

158. 16 *f. Amicus ego Saræ.* (Je suis ami de Sara.) Voilà la faiblesse du cœur humain! J'ai l'âme sensible, attachante, et je brise difficilement mes liens. Il est vrai que la jalousie les avait resserrés; mais ce moyen, en les resserrant, affaiblit bientôt leur énergie. Une preuve que je n'étais pas ému comme autrefois, c'est qu'il n'y a pas de date, depuis cet instant, jusqu'au 11 mars.

159. 11 *mart. Quærela ob dicta Amé.* (Querelle à cause des discours des demoiselles Amé.) Réconcilié avec Sara, il semble que je devais être mieux que jamais avec cette fille; mais il y a cette différence, entre les honnêtes femmes et les Sara, que ces dernières ont l'âme aussi vile, méchante, vindicative, que les premières l'ont bonne, douce, compatissante. Sara savait qu'en plus d'une occasion, je m'étais un peu émancipé sur son compte, en parlant à Lavalette, ou à Las, et elle aurait été au comble de ses vœux si elle avait su en tirer parti pour

---

Therrin dans le *Journal de Nancy*. Restif y répond avec sang-froid : « Je déclare que le critique, quel qu'il soit, n'a pas relevé la moitié de mes fautes, quoiqu'il m'en prête beaucoup que je n'ai pas faites..... » (V. le § 252.)

1. Un des principes de Restif, en matière d'orthographe, était d'écrire les masculins différemment des féminins.

me faire un procès criminel. Sa mère consulta même là-dessus un avocat appelé Demeri ; mais cet homme, l'entreteneur de la demoiselle Deville[1], qui me connaissait et qui détestait la Debée, ne lui conseilla pas cette démarche. Ce fut après que la Debée fut convaincue qu'elle ne pouvait rien par la voie de la justice, qu'elle me répéta les discours que je pouvais avoir tenus, et que j'avais confié aux sœurs Amé, dans un temps où elles m'avaient elles-mêmes parlé de cette femme, ainsi que de sa fille, dans des termes peu mesurés. Je repoussais leurs discours en les découvrant elles-mêmes, et ce fut ainsi que se termina la querelle.

160. 12 *mart. Turbo : Debée absens.* (Trouble : la Debée est absente.) Je la crus occupée à chercher à me faire du mal, par le moyen de de Houves ou de Saugrain, les deux premiers acheteurs de sa fille.

161. 16 *mart. Absens Sara.* (Sara absente.) Je ne sais à quelle occasion il plut à Sara de se cacher de moi le samedi, mais cela me donna une grande inquiétude : mon imaginacion est terrible quand elle veut me tourmenter.

162. 17 *mart. Quærela Florimont.* (Querelle avec Florimont.) Ce drôle-là voulait m'empê-

---

1. Voir la *Correspondance* de Métra. La demoiselle Deville, danseuse de l'Opéra, était entretenue, en 1780, par un jeune magistrat qui, l'ayant rencontrée au bras d'un danseur, au bois de Boulogne, la querella et la battit. L'affaire fit du scandale ; le magistrat fut obligé de vendre sa charge et de s'exiler.

C'est probablement de cette femme qu'il est question ici.

cher de demander à Sara ce que signifiait son absence de la veille : je le traitai comme méritait de l'être un plat personage de son espèce.

163. 18 *mart. Sara me fallit.* (Sara me trompe.) Je me trompai moi-même; Sara n'était que sotte dans sa conduite.

164. *Cœnam cum illis.* (Je soupe avec eux) : c'est-à-dire avec la mère, arrivée de la veille au soir.

165. 20 *mart. Lumina mihi.* (Lumières) : Je découvris tout ce qui s'était fait; la mère avait été à Anvers[1], se faire autoriser par son mari pour marier sa fille quand elle voudrait.

166. *Dicteria Deville.* (Discours de la Deville.) Elle accusait Sara d'avoir eu la sifillis.

167. 25 *maii. Porta recusata.* (La porte refusée.) Ce long intervalle sans date marque peu d'émocion de ma part. On me refusa la porte le 25 mai : Sara fesait une nouvelle connaissance, et elle ne voulait pas que je visse ce nouveau personage.

168. 31 *maii. Sero ivi cum Sara et matre atque Florimont ad belvederem*[2]. *Solvi orgeat et glaces.* (Le soir, j'ai été avec Sara, sa mère et Florimont au boulevard; j'ai payé l'orgeat et les glaces.) Ce fut ce jour-là que je revis ma célèbre date du 31 mai de l'année précédente[3]. Je ne répé-

---

1. Madame Debée était d'Anvers.
2. Ce mot prouve que Restif faisait dériver *boulevard* de *belle vue*. Les philologues modernes n'admettent point cette étymologie. Ils la tirent de *bollwerk*, mot allemand qui signifie rempart. Les boulevards furent établis sur l'emplacement des anciennes fortifications.
3. (Voir, ci-dessus, le § 69.) *Sara Debée, felicem foras.* Sara Debée fait un heureux hors de chez elle.
Selon *Monsieur Nicolas*, l'inscription portait : « Onze heures

terai pas ce que j'ai dit, à cette occasion, dans le... (sic) volume de cet ouvrage, p... (sic).

169. *6 jun. Octave Fête-dieu prandium.* (Je dînai avec Sara le jour de la petite Fête-Dieu.)

170. *9 jun. Prandium.* (Le dimanche suivant, dîner avec Sara.)

171. *13 jun. Merenda ad belvederem monsieur Heumi.* (Goûter charmant aux nouveaux boulevards, chés monsieur Heumi.)

172. *16 jun. Cœna ad belvederem, deambulatio deliciosa.* (Le dimanche suivant, souper aux nouveaux boulevards, et promenade délicieuse sur les colines.)

173. *18 jun. Tarta ad spinacias.* (Tarte aux épinards, avec Sara.)

174. *20 jun. Cœna ad belvederem.* Souper aux nouveaux boulevards, suivi de la délicieuse promenade sur les colines, où j'avais le bras de Sara, et où nous respirions le parfum des fleurettes, que nous apportaient les Zéfirs[1].

du soir. Sara non revenue! Ma Sara perdue! Et moi au désespoir! » Il retrace les sentiments qui l'agitèrent en la revoyant. Pendant sa rêverie, madame Debée, Sara, Florimond viennent à passer. Il les accompagne aux boulevards. Sara se montre aimable. Il va écrire cette heureuse date sur son île, à côté de l'autre. Mais, tout à coup, il se rappelle un avertissement qu'on lui a donné : Sara veut l'amadouer pour obtenir de lui l'exécution d'anciennes promesses.

Ici se place le scabreux épisode des jeunes gens que Nicolas dérange dans leurs ébats amoureux, épisode destiné à la gravure, avec l'explication suivante : « *Mes Inscripcions.* M. Nicolas, sur l'île Saint-Louis, venant d'écrire : 31 maij. Deux êtres, une jeune fille et un jeune procureur se livrant à l'amour. La première dit : « C'est le griffon de l'île, sauvons-nous! »

On sait que Restif a donné la description de toutes les estampes de *Monsieur Nicolas*, mais qu'aucune n'a été publiée.

1. *Monsieur Nicolas* donne quelques détails sur ces prome-

175. 22 *jun. Cœna ad Clostrum paganum.* (Souper au Clos-payen¹.) C'est toujours le même endroit, un des plus agréables aux environs de Paris.

175. (*Sic*) 23 *jun. Sara apud Saint-Aubin.* (Sara chés Saint-Aubin, rue du Temple.) Ce Saint-Aubin était un espèce d'exempt ou d'ancien bas-officier².

176. 24 *jun. Exivit sola manè.* Elle est sortie seule, le matin, pour aler chés ce Saint-Aubin, espèce de souteneur, que la mère, en véritable vivandière, croyait un appui pour elle et pour sa fille.

177. 26 *jun. Frigida recusat orgeat.* (Elle a fait la fière et la froide, et a refusé de l'orgeat.)

178. 30 *jun. Deambulatio cum puellâ Levé, relictâ Debée.* (Promenade avec la petite Levé, graveuse, en laissant la Debée.) Je fis cette partie avec cette jeune fille, que je regardais

nades. Elles se renouvellent jusqu'au jour de la découverte d'un nouvel amant.

1. Lieu-dit situé rue de la Barrière, ou Payen, faubourg Saint-Marcel, entre la rue de la Barrière (aujourd'hui rue du Champ de l'Alouette), la rue du Champ de l'Alouette (aujourd'hui rue Corvisart) et le Nouveau Boulevard (aujourd'hui boulevard d'Italie). On y trouvait une guinguette établie sur les bords pittoresques de la Bièvre. Les anciens auteurs s'accordent à dire que ce côté de la petite banlieue de Paris était charmant.

2. Dans *Monsieur Nicolas*, ce nouvel amant de Sara est un abbé. Elle passe dans la rue, à son bras, avec une femme âgée. Lamontette apprend à Nicolas que la femme est la mère de l'abbé, qu'elle a marié son fils avec Sara *devant Dieu*, en attendant qu'il soit ordonné prêtre. De ce jour, il n'a plus parlé à mademoiselle Debée.

Il dit (tome XI, p. 223) que l'abbé a, depuis, « épousé la Révolution. »

alors comme un moyen de me guérir de ma folle passion. Ce n'est pas que j'en fusse fâché. On sait que j'avais pour but principal d'expérimenter sur moi-même ce que c'était d'entretenir une fille. Cette Levé avait des richesses dans la figure, comme disait une certaine appareilleuze, nommée la Rochelle, chés laquelle la jeune Levé demeurait; mais cette intrigue n'eut pas de suite. Je quittai cette fille, pour ne pas avoir le désagrément de lui faire gâter des figures de mes *Contemporaines*, dont elle a gravé quatre des plus mauvaises.

179. *3 jul. Dedi serin.* (Je lui ai donné un serin.) J'avais été cinq jours sans voir Sara, lorsque je lui portai une serine, que Granger fils[1] m'avait donnée.

180. *8 jul. Finis Contemporanearum commun.* (Fin des *Contemporaines du commun*) : c'est-à-dire pour la composicion, et non pour l'impression.

181. *19 jul. Postrema merenda ad Claustrum paganum.* (Dernier goûter au Clos-payen.) Ce goûter fut délicieus : en montant sur les colines, Sara, qui avait une pointe de vin, s'appuyait mollement sur mon bras et me disait des choses fort agréables, tendres même, cependant je m'en défiais : l'illusion était dissipée. C'est une grande leçon pour les femmes qui laissent échaper l'occasion de subjuguer un homme ; une grande leçon pour les hommes qui se laissent trop maîtriser : qu'ils attendent, et l'illusion se dissipera.

1. Fils de l'imprimeur.

182. 20 *jul. Hortos Delile.* (J'ai donné à Sara les *Jardins* de Delile.) Ils fesaient alors beaucoup de sensacion.

183. *Die martis* 22ᵈ *jul. Aditus postremus.* (Dernière visite.) En entrant chés Sara, au premier sur le derrière, je fus arrêté par Florimont, que je brusquai un peu. J'entrevis Saint-Aubin dans la seconde pièce, et je sortis, pour ne revenir jamais. Je n'ai point parlé à Sara depuis cet instant, mais je l'ai quelquefois entrevue. Ce fut ainsi que finit cette passion, la mieus fondée, je puis le dire, qu'auqu'un homme ait jamais éprouvée, si Sara eût été ce qu'elle m'avait paru à la fin de 1780 et au commencement de 1781[1].

184. 29. *Aug. redit mater sola.* (La mère revenait seule de chés Saint-Aubin.)

185. 24 7ᵇʳⁱˢ *Video, non loquor.* (J'ai vu Sara sans lui parler.)

186. 6 Xᵇ *Epistola ad Saint-Léger.* (6 décembre, lettre à Mˡˡᵉ Saint-Léger[2].) Depuis que

---

1. Détails absents dans *Monsieur Nicolas*, dont la fin est assez écourtée. Celle de la *Dernière Aventure* est plus développée. D'Aigremont ne revoit Sara qu'une fois, en lui faisant ses adieux et lui annonçant son départ pour la Bretagne. Elle répond qu'accoutumée à son absence, elle ne peut que lui souhaiter de l'agrément en sa province. Il riposte en promettant de ne jamais oublier la leçon dont il lui est redevable.
Cette fin est accompagnée de l'énonciation de sept vérités qui peuvent se résumer ainsi : à quarante-cinq ans, le meilleur est de se passer de femmes. Si le tempérament s'y oppose, il faut, du moins, renoncer à l'espoir d'être aimé.

2. Mademoiselle Anne-Hyacinthe Geille de Saint-Léger (1761-1824), qu'il appelle souvent Minette ou Felisette : « *Autrice* de différents ouvrages. On sait, dit-il dans le *Calendrier*, que je la recherchai pour me dépiquer de Sara..... »

j'avais perdu Sara de vue, j'avais une grande envie de connaître une fille auteur, qu'on disait jeune et jolie. Je m'adressai chés l'imprimeur de Lormel, pour avoir son adresse. Je lui écrivis, et je portai moi-même ma lettre, que je remis à une petite Noiron, sœur de la muse.

187. 8 X^{bris} *Responsum Saint-Léger.* (Réponse de la Saint-Léger.) Ce fut ainsi que je me liai avec cette fille : on peut voir sa lettre, et toutes celles qu'elle m'a écrites, à la fin de la *Prévencion nationale.*

188. 10 X^b *Noctè vomo sanguinem.* (Je vomis du sang la nuit.) *Vidi Saint-Léger quæ me deosculata.* (Je vois la Saint-Léger qui m'embrasse), elle me dit les choses les plus flateuses, et elle ne les pensait guère, comme on le verra dans la suite.

189. 14 X^b *Hodie vidi Sara : sanatus.* (J'ai vu Sara; je suis absolument guéri.)

190. 16 X^b *Hodie Saint-Léger.* (Aujourd'hui la Saint-Léger.)

191. 21 X^b *Commemoracio ad Claustrum paganum* (Commémoracion au Clos-payen.) J'y alais, pour me rappeler les goûters que j'avais faits.

192. 23 X^b. *23 jul. linqui Saram; 23 X^b scribo.* (Le 23 juillet, j'ai quitté Sara; écrit le 23 X^b suivant.) Cette date, vis-à-vis le bout occidental de la rue Saint-Louis.

193. 25 X^b *Pes Poinot minoris.* (Le joli pied

Elle épousa M. de Colleville. Elle avait publié, à vingt ans, un roman intitulé : *Lettres du chevalier de Saint-Alme et de mademoiselle de Melcourt;* on lui doit aussi : *Alexandrine, ou L'amour est une vertu,* etc.

de Poinot cadette.) Elle alait à vêpres, à Saint-Nicolas-du-Chardonnet. C'est une de mes héroïnes des *Contemporaines*.

C'est ainsi que finit l'année 1782.

J'ai oublié de marquer que, le 29 Auguste, j'avais commencé à dater mes *Contemporaines du commun* sur la pierre vis-à-vis l'hôtel Lambert et que toutes ces dates subsistaient encore en 1783; mais elles sont effacées aujourd'hui.

Je commence une nouvelle année, et je suis moi-même un homme nouveau : d'autres soins que ceux d'un ridicul amour vont m'occuper, et mes dates s'en ressentiront. Ce n'est pas que je méprise l'amour : ce serait un blasfème! La première loi, c'est notre propre conservacion, la seconde, notre propagacion : sous ce point de vue, l'amour est l'affaire la plus importante de l'homme, après le travail, qui lui procure la subsistance. Mais, par là même, il est un âge où l'amour est un ridicule, et souvent un vice; c'est à mon âge, avec mes infirmités, et dans ma situacion actuelle : aussi ne verra-t-on désormais que quelques étincelles de cette passion; ce seront plutôt des réminiscences que des accès.

194. 1° *anni* 1783. (Premier de l'an). Cette date n'est désignée, au linteau du jardin, que par un 3, mais elle est tout au long, au bout du Pont-rouge, à quatre pierres plus haut que le premier angle où on la voit encore, et sur le quai d'Anjou, un peu au-dessous de la rue Poultier[1]. Elle est encore à la sixième pierre

---

1. Cette rue, qui existe encore, se trouve entre le quai de

après le premier angle, du côté du Pont-rouge, quai de Bourbon. Chaque jour est daté par la nouvelle composée ce jour-là. Je lis sur la pierre, vis-à-vis l'hôtel Lambert, à la suite des *Contemporaines du commun*, oblitérées par le temps : *Procureuse*. C'est la 226me *Contemporaine*.

195. 2 jan. *Les Avocates*, 225me *Contemporaine*.

196. 3 jan. *Vigneronne*, la 194me *Contemporaine*.

197. 4 jan., *la même*.

198. 5 jan. *La Notaire*, 224.

199. 6 jan., *épreuves*.

200. 7 jan. *La Commissaire*, 223.

201. 8 jan., *la même nouvelle*.

202. 9 jan., *épreuves*.

203. 10 jan. *La Greffière*, 222.

203. (sic) 11 jan., *la même*.

204. 12 jan. *La Financière*.

205. 13 jan., *la même*.

206. 14 jan. *La Banquière. Vidi Saram.* (J'ai vu Sara.) *Lego Rusticanam.* (Je lis ma *Paysane*.)

207. 15 jan. *eamden* (la même nouvelle), et les 16, 17, 18.

208. 19 jan. *Femmes-lettres* : Cette date est en sortant du Pont-rouge, à droite, à la 3me pierre après le premier angle.

209. 20 jan. *Corrigo marchionem de T**** (Je corrige le marquis de T***) : c'est-à-dire, j'adapte des historiettes de cet ouvrage[1], pour en faire des *Contemporaines*.

Béthune et le quai d'Anjou. L'inscription de Restif devait se trouver devant l'une des maisons qui portent les n°s 20, 22 ou 24, quai d'Anjou.

1. *Le marquis de T**** (Tavan), *ou l'École de la jeunesse* : « L'épître dédicatoire à la jeunesse est un petit chef-d'œuvre

210. 21 jan. *Epistola Saint-Léger.* (Lettre de la Saint-Léger.)

211. 22 jan. *Visitatio Saint-Léger* (Visite à la Saint-Léger) : elle me fait mille amitiés. J'ai mal à la tête.

212. 25 jan. *Je vais aux Variétés.*

213. 26 jan. *Epistola a Saint-Léger.* (Lettre de la Saint-Léger.) Pour la voir le lendemain lundi : toutes ces lettres sont à la fin de la *Prévencion nacionale*.

214. 27 jan. *Postrema Adventura venundatur.* (La *Dernière Avanture* mise en vente.) C'est mon avanture avec Sara Debée, elle fait partie de ces *Mémoires*.

215. 28 jan. *Dedi Postremam Adventuram Saint Léger ad Francos.* (J'ai donné la *Dernière Avanture* à la Saint Léger, le soir, aux *Français.*)

216. 29 jan. *Ad Italos.* (Aux Italiens.) *Nil ago; argentum quæro.*

216. (sic) 3 f. *Epistola a Saint-Léger de Postremâ Adventurâ.* (Lettre de la Saint-Léger : elle y parle de la *Dernière Avanture*[1].)

217. 2 f. *Invitatus a Léger.*

218. 4 f. *Invitatus non eo.* (Invité par la Saint-Léger, je n'y vais pas.)

219. 5 f. *Nicolet, anniversarium dissimile* (Chés Nicolet; cet anniversaire est bien différent!)

---

d'élégance et de raisonnement», dit modestement Restif dans *Monsieur Nicolas*.

1. Quinze lettres de mademoiselle de Saint-Léger sont imprimées à la fin de la *Prévention nationale*. Dans l'une d'elles, la *Dernière Aventure* est sévèrement jugée : « Je crois, en vérité, que vous ignorez tout ce que vous valez, tout ce que vous êtes. Un regard plus complaisant sur vous-même vous en rendrait plus digne..... Une femme payée est-elle de mon sexe, pour vous?... etc. » Cette lettre amena la brouille.

Je veux dire, de la partie du même spectacle faite avec Sara.

220. 6 *f. Saint-Léger scribo.* (J'écris à la Saint-Léger.)

221. *Regi Lear : tre stolidi.* (Je vais au *Roi Lear* : les trois sots.) J'ai rapporté ce trait à la fin du xxx° volume des *Contemporaines*, dans ma lettre à M. de la Reynière fils[1].

222. 10 *f. Regi Lear bis : a Saint-Léger invitatus non eo.* (Je revois le *Roi Lear* une seconde fois : invité par la Saint-Léger, je n'y vais pas.)

223. 11 *f. Comœdia.* (Je commence ma comédie : *La Prévencion nacionale.*)

224. 14 *f. Epistola a Saint-Léger.* (Lettre de la Saint-Léger[2].)

225. *Veneris,* 21 *f. Prandium apud de la Reynière.* (Vendredi, dîner chés M. de la Reynière.) *Vidi suum amicum.* (Il m'a montré son ami[3].)

226. 23 *Epistola latina. scribo ad. d. p. Lup.*

---

1. Lettre qui contient un dialogue supposé entre un médecin et l'éditeur des *Contemporaines*. Celui-ci raconte le fait suivant : il se trouvait, le samedi 8 février, à la Comédie-Française où l'on représentait le *Roi Lear,* près de trois individus qui, au lieu d'écouter la pièce, s'amusaient à la parodier ; il chercha à leur imposer silence, mais vainement, et se prit à maudire le parterre assis, bien qu'il eût écrit autrefois contre le parterre debout. (Voir la note 1 de la p. 170.)

2. Elle y parle encore de la *Dernière Aventure* et prie Restif de lui prouver, en la venant voir, qu'il lui pardonne sa franchise.
Elle aimait en lui l'écrivain, mais repoussait l'amant, ce qui, sans doute, ne fut pas une des moindres causes de l'irritation de notre auteur.

3. Probablement M. Aze; voir sur ce personnage la note 3 de la page 196. — Alexandre-Balthazar-Laurent Grimod de la Reynière (1758-1838), littérateur et célèbre gastronome, fut longtemps ami de Restif. Son ouvrage le plus connu est l'*Almanach des gourmands* ou *Calendrier nutritif, servant de*

68 MES INSCRIPCIONS.

declar. (Lettre latine. J'écris à la de Nosoi.) Cette lettre latine est de Dumont, contre la Saint-Léger, dont il m'y dévoile les noirceurs[1] : elle est à la fin de la *Prévencion nacionale* (la Saint-Léger démasquée).

227. 25 *f. Epistola a Saint Léger, responsum durum.*(Lettre de la Saint-Léger. Réponse dure.)

228. 26 *f. Nives* (neige).

229. 28 *f. Fin* v° *Acte. Non ivi, invitatus epistola Saint-Léger.* (Fin du 5° acte de ma *Prévencion.* Invité par une lettre, je n'ai pas été chés la Saint-Léger.)

230. 1 *mart. Manè relego drama.* (Je relis mon drame dès le matin.)

231. 3 *mart. Ad comœdiam burg. de Nosoi. Scripsi. Corrigo* 4me *acte* (J'ai été à la comédie-bourgeoise de Mme de Nosoi[2]; je lui ai écrit sur son jeu; corrigé mon 4me acte de la *Prévencion.*)

232. 10 *mart. Dîner chés M. de la Reynière.*

guide dans les moyens de faire excellente chère, par un vieil amateur (Paris, 1803-1812, huit vol. in-18). Sur ses célèbres soupers, voir l'introduction et le § 669, page 177.

1. Mademoiselle de Saint-Léger n'est point nommée dans cette lettre latine, mais c'est d'elle qu'il est question. Elle est qualifiée : « *mulier artificiosa et astuta, quæ desideria et dolores illi viro necessario affert quem ad se ludibrii et utilitatis causâ allexit* ». Restif accuse l'astronome de Lalande, ami de cette demoiselle, d'avoir cherché à le faire poursuivre pour la publication de la lettre. Le savant, n'étant point arrivé à ses fins, demanda un carton. Restif promit, mais se garda bien de rien faire et se contenta d'une lettre d'excuse, imprimée à la fin du tome XIX de la deuxième édition des *Contemporaines.* Mademoiselle de Saint-Léger et lui ne se réconcilièrent que dix ans après, chez mademoiselle Saint-Leu, gouvernante de Bultel-Dumont.

2. Voir sur cette dame de Noisoyl, qui était la maîtresse de la Reynière, la note 2 de la page 189.

Mes Inscripcions.

233. *Mardi 19 mart. Dîner chés M. de Préval. 30 annorum a morte Baroniæ.* (Il y a aujourd'hui 30 ans que Mlle Baron mourut[1].)

234. *14 mart. Apud dominum de la Reynière; vidi matrem.* (Chés M. de la Reynière, j'ai vu Mme sa mère.)

235. *dim. 16 mart. Hodiè finis xxx° voluminis Contemporeanarum.* (Fin du xxx° volume des *Contemporaines*.)

236. *19 mart. Finis comœdiæ manè.* (Fin de mon drame, le matin.)

237. *26 mart. Prandium apud Saint-Mars, ubi dominam de Bellegarde.* (Dîner chés le chevalier de Saint-Mars[2], où était Mme de Bellegarde.) C'est la même qui se jeta aux genous de la Reine, pour obtenir la liberté de son mari : on a fait de ce trait intéressant une très-belle estampe[3].

238. *30 mart. Semper comœdia.* (Je travaille toujours à mon drame de la *Prévencion*.)

---

1. Madelon Baron. (Voir la note 1 de la page 6.)
2. Maréchal de camp, inspecteur de l'artillerie.
3. M. de Bellegarde, colonel et inspecteur de l'artillerie sous le ministère du duc d'Aiguillon, avait réformé, par ordre du duc de Choiseul, un grand nombre de fusils qui furent livrés, pour la valeur du fer, à son beau-frère, M. de Moutiers, propriétaire de forges à Saint-Étienne. Ces fusils ayant été, aussitôt vendus, embarqués pour l'Amérique, M. de Bellegarde fut accusé de malversation et M. de Moutiers de complicité. Ils furent arrêtés et condamnés à vingt et un jours de prison. Mais Choiseul expliqua à la Reine que l'envoi de ces armes en Amérique avait un but politique. Elle parla au Roi et obtint la liberté des prisonniers. Madame de Bellegarde vint remercier Marie-Antoinette, et s'évanouit à ses genoux. La gravure qui représente la scène est curieuse parce qu'elle reproduit les portraits fort ressemblants du comte et de la comtesse de Provence, du comte et de la comtesse d'Artois et de l'empereur Joseph II. (*Mémoires de madame Campan.*)

239. 31 *mart. Incepi Rusticanum-Rusticanam.* (Commencement de l'impression du *Paysan* et de la *Paysane* réunis.)

240. 3 *ap. Rusticanum-Rusticanam.* (Je travaille moi-même[1] à la première feuille du *Paysan* et de la *Paysane*.)

241. 5 *ap. Finis comœdiæ heri* 10^d. (Fin de mon drame, à dix heures; on sait que je l'ai refait trois fois. C'est ici la fin de la pièce imprimée, qui est la troisième faite. Ce 5 *Ap.* est au-dessus de la date du 20 *Ap. cum. Sarâ in hac Insulâ.*)

242. 13 *ap. Incipium impressæ comœdiæ.* (Commencement de l'impression de mon drame.)

243. 16 *Ap. Finis* 1 *folii Rusticani-Rusticanæ.* (Fin de la première feuille du *Paysan-Paysane*.)

244. 21 *ap.* 2 *acte.* (Épreuve du 11^d Acte.)

244. (*Sic*) 8 *maii. Nox crudelis ob Regnault.* (Nuit cruelle causée par Regnault.) Il s'agissait de la Regnault, aujourd'hui la femme du papetier Prud'homme, qu'on prétendait historiée dans la *Contemporaine* intitulée la *Fille de boutique*. La vérité est que j'avais cette fille en vue, comme une autre fille de boutique d'un mercier de la pointe Saint-Eustache, nommée Fournier, à laquelle est arrivée l'histoire des enfans. Mais le trait du Palais-Royal, etc., appartient à la cousine du libraire Regnault[2], lequel me fit passer une cruelle nuit.

245. Je dirai, à cette occasion, que j'ai découvert, à la pointe de l'Ile, du côté de

---

1. On sait que Restif, ancien ouvrier imprimeur, travailla souvent lui-même *à la casse* pour l'impression de ses ouvrages.

2. Éditeur de la *Prévention nationale*.

l'estacade et près de la machine filtrante, une date du 14 jul. 1780, *inquietus a Laugé* : cette date oblitérée a reparu après une pluie qui lava la pierre. Il s'agit de ma *Contemporaine* intitulée : *La Belle Hôtesse et son Pensionnaire.* Une dame Laugé[1], chapelière, demeurant à côté du portail Saint-Honoré, ressemblait beaucoup à Virginie ; mais elle avait dans la figure quelque chose de plus fin et de plus spirituel. Je m'amusai, un jour, à chanter à demi-voix sur la porte de son alée. La douceur de ma voix la frappa ; elle me donna une attencion flatteuse : depuis ce moment, je l'examinai en passant. Elle fut réellement l'héroïne de ma nouvelle : mais j'ignorais que sa sœur lui ressemblât, et j'alliai encore ici deux histoires. Une partie convenait à Mme Laugé, l'autre à une dame Lallemand[2], mon ancienne hôtesse, en arrivant à Paris pour la première fois, en 1755.

246. 10 *maii. Vidi Sara viâ Jacob.* (J'ai vu Sara rue Saint-Jacques.)

247. 15 *maii. Cartones Rusticanæ.* (Cartons[3] de la *Paysane.*)

---

[1]. Marie-Rosalie Merlin, femme Laugé, appelée *Nilrem*, dame *Egual*, dans le *Calendrier*, héroïne de la XVIIIe *Contemporaine*. Il y eut, à propos de cette nouvelle, un commencement de procès dont elle se désista, après une visite de Restif auquel Beaumarchais était venu en aide. (V. l'Introduction.)

[2]. Maîtresse de Restif en 1756. Voir le *Calendrier* : « J'avais un rendez-vous avec Madame Lallemant ; je devançai l'heure et je trouvai ma belle lesbisant avec la limonadière (Madame Beugnet, femme d'un graveur sur bois). Que faire à vingt-un ans, brûlé par la vue et par tous les autres sens ? Paphiser ces deux lesbiennes. Ce fut ce que je fis. »

[3]. Restif donne lui-même une idée de la conscience qu'il

248. *Dim. 18 maii. Corrigo épreuve 4 folii.* (J'ai corrigé la 4ᵉ feuille de mon drame.)

249. *25 maii. Cartones porto Rusticanæ.* (Je porte au censeur les cartons de la *Paysane*.) Cette date est à la pointe orientale et à l'occidentale.

250. *Die martis jun. Rusticana recusata.* (La *Paysane* est rayée par le garde-des-sceaux, ou plutôt par M. de Neville[1].) C'est depuis ce moment, jusqu'au moment où j'écris, que ma vie a été empoisonnée, ayant mis tout mon avoir dans le *Paysan* et la *Paysane*. Je m'éveillais souvent au milieu de la nuit, plein de frayeur, et je m'écriais : « Hâ! ma vie est empoisonnée![2] »

251. *8 jun. Pentecoste finis comœdiæ.* (Le jour de la Pentecôte, fin de l'impression de mon drame[3].)

252. *9 jun. Nanci.* Ceci veut dire que, le lundi de la Pentecôte, je reçus, tout corrigé

apportait à ses cartons : « Si les censeurs me changeaient, j'avais la patience de tirer cinquante à soixante exemplaires d'après leur attentat adultérin; je rétablissais ensuite ma pensée, soit pendant le dîner des pressiers, soit à la nuit. »

1. Le Camus de Neville, directeur de la librairie.
2. Voir *Monsieur Nicolas* : « Ce fut en 82 que j'imprimai la *Paysanne pervertie*, immédiatement après avoir fini la quatrième édition du *Paysan*. J'eus pour censeur l'abbé Terrasson, instituteur du marquis de Louvois. C'est un homme timide. Cependant, il a paraphé tous mes ouvrages postérieurs à la *Malédiction paternelle*... Il demanda peu de cartons pour la *Paysanne*, mais il fit bien pis! Il rendit, de cet ouvrage imprimé, un compte tel, que le directeur Neville le fit rayer de la feuille des permissions; et c'est depuis ce moment que, toutes les nuits, en m'éveillant, je m'écriais : Ha! ma vie est empoisonnée!... » Il ne devait obtenir la levée de l'interdit que deux ans plus tard, après mille difficultés.
3. La *Prévention nationale*.

de la main de l'auteur, le journal de Nanci, dans lequel ce vil auteur répliquait par de nouvelles calomnies à la réponse vigoureuse que j'avais insérée à la fin de mon XXIV° volume des *Contemporaines*[1]. C'est ainsi que j'avais douleurs sur douleurs.

253. *14 jun. Finis impressæ comœdiæ.* (Fin de l'impression de mon drame), apparemment à la presse.

254. *16 jun. Hæmorrhoides degradiuntur in matellam*[2].

255. *28 jun. Reviso notas epistolas.* (Je revois à la hâte les lettres qu'on m'a écrites.) Je les imprime aujourd'hui à la fin des *Contemporaines communes*.

256. *Hodie 29 jun. Sara ad belvederem.* (J'ai vu aujourd'hui Sara au boulevard.)

257. *Hodie 30. Pariter manè.* (Je l'ai vue pareillement ce matin.)

258. *7 jul. Femme par procureur* (nouvelle).

259. *10 jul. Meridie malum ad oculos.* (A midi, mal aux ieus.)

260. *11 jul. Anniversarium matrimonii Poinot : dedi comœdiam ad Desessarts.* (Anniversaire du mariage de Poinot l'aînée : j'ai donné mon drame au comédien Desessarts[3].) *La Sorcière.* (J'ai fait la nouvelle intitulée *La Sorcière de qualité*.)

---

1. Y voir, la *Réponse générale aux malhonnêtes gens qui calomnient les ouvrages de M. N. E. Restif de la Bretonne.*
2. Matelas dégradé par mes hémorrhoïdes.
3. Acteur de la Comédie française. Il s'était lié avec Restif lors des difficultés de la publication de la *Paysanne pervertie*, à laquelle il s'intéressait : « Cet artiste a un talent plus universel que Lathorillière, et tout, jusqu'à son physique, con-

261. 14 *jul. Sorores amicæ.* (Les *Sœurs-maîtresses.*)

262. 18 *jul. Visa hodiè Sara. Anniversarium postremæ merendæ ad novos belvederes.* (J'ai vu aujourd'hui Sara : anniversaire du dernier goûter aux nouveaux boulevards.)

263. 23 *jul. Linqui Saram anno supremo.* (L'an passé, à pareil jour, j'ai quitté Sara.) Le *Deccoc.,* nouvelle[1].

264. 25 *jul. Scio hodie Rusticanam recusatam.* (Je sais, d'aujourd'hui, que la *Paysane* est rayée.) J'envoyai Regnault, le libraire, à la Chambre, et il m'apporta la fatale nouvelle, qui m'a causé deux ans et demi de transes cruelles, qui sont à peine finies, aujourd'hui 19 octobre 1785[2].

265. 27 *jul. A dente, ab oculis.* (J'ai mal aux dents, et aux ieus.)

266. 29 *jul.* Je remanie mon drame, pour raccourcir les couplets trop longs.

267. 1 *Aug. Finis Intendante, Négresse.* Fin de l'*Intendante* (nouvelle), je fais l'épisode la Négresse (dans la *Négociante*).

---

vient dans les *financiers*. M. Desessarts est, d'ailleurs, un homme instruit et un homme aimable. On ne lui a jamais donné un rôle supportable qu'il ne l'ait fait applaudir. » (*Nuits de Paris,* p. 3284.)

1. *L'Huissière ou le Décocu et l'excocu,* dans le t. XXXVI des *Contemporaines* : « Voilà de singuliers titres pour de singulières histoires! » dit lui-même Restif dans les *Nuits de Paris.*

2. On verra au § 535 la date du jour où Restif commença le relevé *en bloc* de ses Inscriptions. Le 19 octobre 1785, il en était au présent § 264. Le 31 octobre marque la fin du relevé (voir le § 549). On en conclura que le véritable journal, c'est-à-dire l'inscription simultanée au quai et sur le papier, commence le 1er novembre 1785.

MES INSCRIPCIONS.

268. 2 *aug. Fæminarum litterariarum.* (Je reprens la nouvelle des *Femmes-de-lettres.*)

269. 3 *aug.* Dîner chés Dumont.

270. 4 *Clio,* 5. *Erato,* 6. *Euterpe,* 7. *Melpomène,* 10. *Polhimnie,* 11. *Thalie,* 16. *Terpsicore,* 19. *Uranie,* 22. *Grâces*[1]. *Epistola* Milran[2].

271. 23 *aug. Finis fæminarum litterariarum.* (Fin des *Femmes de lettres.*)

272. 28 *aug. Responsum Milrano; finis impressæ comœdiæ castratæ.* (Réponse à Milran : fin de l'impression de mon drame retranché.)

273. 14 7^{bris} *Prandium apud La Maillardière.* (Je dîne avec M. de Toustain[3], chés le vicomte de la Maillardière[4].) Il ne faut pas oublier que le 8 septembre est une date ancienne, tou-

---

1. Ces noms mythologiques servent de titres à des histoires faisant partie de la nouvelle *les Femmes auteurs,* dans le t. XXXIX des *Contemporaines.*

2. Milran, pseudonyme de F. Marlin, de Dijon, que Restif appelle ailleurs Milpourmil et dont il a publié des lettres dans la *Prévention nationale,* dans les *Contemporaines,* etc. Il est l'auteur d'une *Petite Histoire de France* (Paris, Garnery, an II), et de *Jeanne Royez, ou la Bonne Mère à la nature, pendant que les hommes n'eurent pas d'autre guide* (Paris, Le Normant, 1814), etc. Il se brouilla, puis se réconcilia avec Restif, à la mémoire duquel il dédia ce dernier ouvrage, huit ans après sa mort.

3. Charles-Gaspard, vicomte de Toustain-Richebourg, auteur d'un *Essai sur l'histoire de Normandie,* de différents morceaux de poésie, de littérature et d'histoire, suppléait, comme censeur, l'abbé Terrasson (voir la note du § 298). Il approuva la *Paysanne* que ce dernier n'avait point osé parafer. Voir ses lettres à Restif, dans les *Contemporaines.* L'une d'elles, publiée à la fin du tome XXXI de la seconde édition de cet ouvrage, fait le plus grand éloge des *Idées singulières,* et surtout de *L'Andrographe.*

4. Lieutenant du Roi en Picardie, auteur d'une *Histoire politique de l'Allemagne et des pays circonvoisins,* Paris, 1777, in-12.

jours renouvelée; elle est vis-à-vis l'hôtel Lambert.

274. 18 7^{bris} *Epistola Milran.* (Lettre de M. Milran.)

275. 19 7^{bris} *Venenum.* (C'est une terrible date! Je fus très-incommodé par de mauvais ris, et je me crus empoisonné.)

276. 30 7^{bris}. Très-ancienne date vis-à-vis l'hôtel Lambert, et toujours renouvelée: *apud Desessarts.* (J'allais voir Desessarts, pour savoir ce qu'il pense de mon drame.) Son sentiment fut tel que je l'ai rapporté, dans la *Prévencion nationale*.

277. 4 8^{bris}. *Lego Prisonier guerre.* (Je lis le *Prisonier de guerre.*) 5. Je le finis. 6. Je commence la *Prévencion particulière*.

278. 9 8^{bris} *2 anniversarium quærelæ ad belvederem. Mors Mariæ Rosaliæ Merlin, uxoris Laugé.* (Second anniversaire de ma querelle au boulevard avec Lavalette, ainsi que de Sara; mort de Mme Laugé, qui se nommait Marie-Rosalie Merlin.)

279. 14 8^{bris} *Inquietudo a Laugé.* (Inquiétude au sujet de Laugé.) Il me vint en idée que, sa famme étant morte, il voudrait peut-être reprendre le procès de 1780 [1].

280. 15 8^{bris} *A*[2], xxxve volume. (Le 8 octobre, vis-à-vis les degrés de la Poissonnerie[3], est une date très-ancienne toujours renouvelée.)

1. Voir la note 1 de la page 71.
2. On trouvera fréquemment, dans notre texte, des lettres majuscules suivies de chiffres romains; elles représentent la *signature* des feuilles imprimées.
3. En face du port Saint-Paul, où se trouvait le dépôt du poisson d'eau douce. Les *regratières* venaient le chercher là pour le revendre en détail.

MES INSCRIPCIONS.

281. 16 8ᵇ. *Fammes-maîtres-des-requêtes.*
282. 17 8ᵇ *M. IIi partie Prévencion nacionale.*
283. 18 8ᵇ. *Jarretiéristes*, xxxvᵉ volume.
284. 19 8ᵇ. *Lieutenante générale.*
285. 21 8ᵇ. *Fin Présidente.*
286. 22 8ᵇ. *Famme-mise-à-la-raison.*
287. 23 8ᵇ. *Grêlée inveni similem Londotinæ.*
(Je rencontre cette grêlée, qui ressemble à Mᴵᴵᵉ Londo¹....) C'est presque une avanture que cette rencontre : depuis longtemps, je remarquais une grêlée fort aimable, qui avait un bel œil, et un sourcil plus bel encore.

Le soir de ce jour-ci, rue de la Harpe, je la vis avec surprise parler aux filles publiques. Elle était en joli casaquin de soie, à bouffettes : elle était charmante. Je fus curieus de savoir pourquoi elle parlait aux filles publiques. Je la suivis et la joignis à sa porte. Je la saluai. Elle me répondit en riant, et je montai avec elle. Parvenue dans sa chambre, elle me dit : « Quelle opinion alez-vous avoir de moi, de vous laisser monter avec moi? — Je crois, lui répondis-je, que vous avez eu des malheurs et que vous n'êtes plus dans la posicion où je vous ai connue, dans la rue Galande², chés le pâtissier, au second. »

A ces mots, Mᵐᵉ Maillard (c'est son nom),

---

1. Victoire Londo (Odnol, dans le *Calendrier*), jolie charcutière de la rue Saint-Victor, *muse* qui inspira Restif dans son *Nouvel Abeilard*. Il nourrissait pour elle une vive passion. La grêlée qui lui ressemblait avait reçu le surnom de *fausse Londo*. (V. la note 2 de la page 193.)

2. Entre la place Maubert et la rue Saint-Jacques. Ouverte, en 1202, sur le clos Mauvoisin, qui faisait partie de la seigneurie de Garlande, son nom n'est qu'une corrupcion de celui-ci.

se mit à verser des larmes. — « Hélas! vous l'avez dit, que ma position est bien changée!... J'avais ma mère... et je l'ai perdue!... Elle avait du viager; nous vivions à notre aise : M. Maillard maître-d'hôtel du marquis de*** me crut fortunée. Je lui plus, par ce tour aisé qu'on me trouve et que vous avez loué en montant : il m'épousa. Tant que ma mère a vécu, il m'a bien traitée, mais, dès qu'elle a été morte, furieus de voir que tout le revenu mourait avec elle, il m'a signifié que j'eusse à me mettre femme de chambre. Je sais très-bien coifer, je trouvai facilement une maison ; mon mari en agissait encore assés bien avec moi. Mais le malheur voulut que le comte, mari de ma maîtresse, devint amoureus de moi. Je le rebutai : il me fit des menaces et des promesses. Les premières me déterminèrent seules. Ma maîtresse se douta de quelque chose; elle me renvoya : mon mari jeta les hauts cris et voulut me faire renfermer. Je me vis obligée de me cacher, parce qu'il était appuyé du crédit de la comtesse. Je manquai du nécessaire, et... je me vis réduite... à écouter... quelques connaissances. Voilà toute mon histoire, sans auqu'un déguisement. »

« Vous n'êtes pas faite pour un état aussi vil, lui répondis-je; ainsi je vous promets de m'intéresser pour vous : mais il faut être sage! Je crains bien que votre posicion n'ait déjà corrompu votre cœur : parlez-moi sincèrement? »

La Maillard demeura interdite : je vis que le mensonge ne lui était pas encore familier, j'eus le courage de croire à la possibilité de la ramener à la décence. J'écrivis, le lendemain, à un homme riche, garson, qui avait besoin d'une gouvernante. Je vins lire ma lettre à Sofie Maillard, pour qu'elle se conduisît d'après ce que je disais. Elle fut charmée de mon projet. La lettre fut envoyée, et, le lendemain, j'eus réponse et rendévous. Je conduisis la Maillard chés l'homme : il fut frappé de la beauté de ses ieus, et il la prit en affeccion. Elle entra chés lui le lendemain. Je la guidai par mes conseils, tant qu'elle me parut en avoir besoin. Enfin, je cessai de la voir.

Cette famme est aujourd'hui dans une posicion avantageuse, que lui a procuré le protecteur que je lui ai donné. Si, par hasard, elle me rencontre, comme il arriva le 25 octobre de l'année suivante 1784, elle laisse paraître toute sa joie et toute sa reconnaissance : elle se mettrait dans le feu pour moi. Virginie en agit de même. Je ne suis pas tout à fait malheureus, puisque je connais deux obligées qui ne sont pas ingrates [1].

288. 24 8^b. *Finis Lieutenante générale.* (Fin de la nouvelle *Lieutenante générale*.)

289. 26 8^b. *La Sub-déléguée.*

290. 27 8^b. *La Directrice des aides.* 28 8^b. *id.*

291. 29 8^b. *La Présidente à l'élection.*

292. 30 8^b. *La Boiteuse.*

293. 31. 8^b. *Pelart.* Ce Pelart est un chanoine d'Aucerre, que j'y ai vu dans ma jeu-

---

[1]. Ce récit ne paraît pas d'accord avec le *Calendrier*. Madame Maillard serait devenue enceinte de ses œuvres. La voyant sur le point d'accoucher, il l'aurait fait épouser à un ouvrier imprimeur. Toute cette histoire se trouve, avec un certain luxe de détails, dans *Monsieur Nicolas*.

nesse; je le revoyais souvent autour de l'île, et toujours sa vue me causait une sensacion agréable, en me rappelant les années de ma jeunesse : j'en fis une date par cette raison.

294. 1 *Nov. La Procureuse du Roi.*

295. 2 9^b. *La Présidente au grenier à sel.*

296. 3 9^b. *Les Assesseuses*; 4 9^b. *idem.*

297. 5 9^b. J'ai été inutilement chés l'abbé Terrasson : j'ai écrit.

298. 6 9^b. J'ai envoyé à Gournai[1].

299. Je fais du feu.

300. 8 9^b. Vomissement.

301. 9 9^b. *La Baillive.*

302. 10 9^b. *La Procureuse fiscale.*

303. 11 et 12. *Fin de la Baillive*[2].

304. 13 9^b. *Sous-fermière : hodie somnium Londotinæ majoris.* (Songe de Mlle Londo l'aînée.)

305. 14 9^t. *Compère Nicolas* (Je commence le *Compère Nicolas*). C'est ici une époque précieuse : c'est le jour où j'écrivis les sept premières pages du plus important de mes ouvrages, du plus intéressant, de la produccion la plus vaste, quoique beaucoup moins volumineuse que les *Contemporaines;* mais celui-ci est un seul corps, un vaste *ensemble* : au lieu que les *Contemporaines* ne sont que la réunion d'une multitude de petits ouvrages.

306. 19 9^b. *Dôlor major a tergo.* (Grande douleur entre les deux épaules.)

---

1. V. la note 2 de la page 72. L'abbé Terrasson était malade à Gournay. On a vu (note 3, p. 75) que M. de Toustain le suppléait dans ses fonctions.

2. Toutes ces nouvelles font partie des *Contemporaines graduées.*

307. 21 9ᵇ. Anniversaire de la fin de l'impression de la *Dernière-Avanture*.

308. 22 9ᵇ. *Somnium Londo majoris et Poinot majoris*. (Rêve de Mˡˡᵉ Londo l'aînée et de Poinot l'aînée.)

308. (sic) 25 9ᵇ. *Pax. Agnetem*. (Publication de la paix[1]; je vais voir Agnès.)

309. 26 9ᵇ. Chés Dumont.

310. 27 9ᵇ. Chés Desessarts.

311. 28 9ᵇ. J'écris à Terrasson.

Pendant le reste de ce mois, je travaillai presque tous les jours au *Compère Nicolas*, dans la progression suivante : 16 9ᵇ, 14 pages; 17, 21; 18, 27; 20, 42; 24, 56; 25, 65; 26, 71; 29, 77; 30, 92 pages. On voit, par-là, le nombre de pages que je fesais par jour, puisqu'en seize jours je me trouvais à la 92ᵐᵉ.

312. 1 Xᵇ. *Globe*.

313. En Décembre, depuis le 1 jusqu'au 13, j'ai conduit le manuscrit de *Monsieur Nicolas* depuis 93, jusqu'à 170. Je l'interrompis alors pour m'occuper des *Contemporaines*.

4 Xᵇʳᵉ *A censore; venundor*. (Je reçois mes 31 à 34 *Contemporaines* du censeur, et je mets en vente.)

314. 7 Xᵇ. Maréchal[2] dîné chés nous.

315. 9 Xᵇ. *Vomitus*.

316. 11 Xᵇ. Je vois M. de la Reynière.

---

1. Une ordonnance du Roi, en date du 3 novembre, avait décidé que la publication du traité de paix définitif signé le même jour à Versailles, entre la France, l'Angleterre et l'Espagne, serait lue et affichée le 20, et suivie des actions de grâces et réjouissances ordinaires, qui eurent lieu le 25.

2. Pierre Sylvain Maréchal (1750-1803), auteur de l'*Almanach des honnêtes gens*, du *Dictionnaire des athées*, etc.

318. (sic) 17 X^b. Lettre de M. de la Reynière.
319. 20 X^b. Épreuves, et *Sous-Fermière*.
320. 21 X^b. Chés M. de la Reynière : fin de la *Sous-Fermière*.
321. 22 X^b. *Receveuse des tailles*.
322. 23 X^b. *Mairesse, Echevines*.
322. (sic) 24 X^b. Fin de la précédente.
323. 25 Noël. *Architecture, peinture, gravure, sculpture*.
324. 26 X^b. *Jolie famme en faillite*.
325. 28 X^b. Dernière épreuve de mon drame.
326. 29 X^b. *Fille de l'Homme à projets*. 30 X^b. id.
327. 31 X^b. *Entremetteuze*.

Me voilà donc à la fin de l'année 1783! Celle où j'ai achevé l'impression de la *Paysane*; où j'ai su que cet ouvrage important était rayé; où j'ai mené la vie la plus dure pour continuer l'impression et les gravures des *Contemporaines*! Je vais entrer dans l'année 1784, la cinquantième de ma vie, que je pourrais nommer la plus malheureuse, si 1785, que je suis prêt à finir, ne l'avait été davantage encore.

328. 1 jan. 1784. *Solliciteuze* (nouvelle).
329. 2 jan. *Gouvernante de célibataire*.
330. 3 jan. *Famme de médecin*.
331. 4 jan. *Chirurgienne*.
332. 5 jan. *Oculiste et Dentiste*.
333. 6 jan. *Apotiquaire*.
334. 7 jan. *Herboriste*.
335. 8 jan. *Garde-malade* ; rue de Fontanes[1].

---

1. Nous suivons l'orthographe du manuscrit ; s'il ne

336. 9 jan. *Sage-famme.*
337. 10 jan. *Eamdem :* dîner chés M. de la Reynière.
338. 11 jan. *Eamdem.*
339. 12 jan. *Imprimeuzes*; à *Macbeth.*
340. 13.14. *Eamdem*; compte avec Mme Duchêne : 4418 l. me sont dus.
341. 15 jan. Dîner chés M. de la Reynière (sa maîtresse) avec M. Palissot[1].
342. 16 jan. *Manè nihil*; *sero, réponse à Nanci*; 17, *réponse à Nanci*
343. 18 jan. *Imprimeuzes*, 10, 11, 12.
344. 19 jan. *Nourrice.*
345. 20 jan. *Imprimeuzes*, 13-21.
346. 21 jan. Epreuve de la dernière feuille de la *Prévencion nacionale*. (C'est dans cette feuille, imprimée de deux manières, que se trouvent les lettres de la Saint-Léger.)
347. 22 jan. Corrigé la *Soufermière.*
348. 23 jan. Fin des *Imprimeuzes.*
349. 24 jan. La *Libraire* et la *Papetière.*
350. 25 jan. Compte de mes affaires.
351. 26 jan. Fin de la *Libraire et Papetière.*
352. 27 jan. La *Relieuze* et la *Parcheminière.*
353. 28 jan. Fin des mêmes.
354. 29 jan. La *Tondeuze* et la *Plombière.*
355. 30 jan. et 31. Mal aux dents : *eamdem.*
356. 1 février. Fin de la *Tondeuze*, etc.

s'agit pas de la rue habitée par Fontanes, c'est la rue de la Fontaine, allant de la rue d'Orléans à la rue du Puits-l'Hermite (quartier de la place Maubert). Cette rue s'appelle aujourd'hui rue de la Pitié.

1. Palissot de Montenoi (1730-1814), auteur de la *Dunciade* et des *Mémoires sur la littérature*, où il représente Restif comme un écrivain de mauvais goût. Il parle dans les mêmes termes de Sébastien Mercier.

357. 2, 3, 4 *février*. Fin de la *Famme d'auteur*.
358. 5 *fév*. *Fille de l'homme-à-projets*.
359. 6 *fév*. *Eamdem*.
360. 7 *fév*. *Eugenia*.
361. 8 *fév*. Fin de la *Fille de l'homme-à-projets*.
362. 9 *fév*. *Actrice bourgeoise*.
363. 10 *fév*. Addicion au second acte de la *Fille de l'homme-à-projets*.
364. 11 *fév*. Je reprens le *Monsieur Nicolas*, de 181 à 193; 12, 205; 13, 215; 14, 223. (J'ai écrit à l'Abbé Terrasson au sujet de la *Prévencion nacionale*) : 15, 231; 16, 241; 17, 251; 18, 261; 19, 271; 20, 281; 21, 291.
Terrasson! Terrasson! (J'étais inquiet de ne pas recevoir le parafé de la *Prévencion nacionale*.) 22, 304; 23, 314; 24, 321; 25, 341; 26, 354; 27, 370; 28, 382; 29, 401.
365. 1 *mars*, 415; 2, 425; 3, 428.
Ici, j'interrompis le *Monsieur Nicolas*, pour prendre l'*Oribeau*[1], que le libraire a, mal-à-propos, intitulé : Les *Veillées du Marais*. J'en étais resté, en 1777, à la page 9 du manuscrit.
366. 4 *mars*, 70; 5, 72; 7, 74; 8, corrigé les premiers chapitres; 9, chapitre *Procureurs*; 10, revision des lettres du *Paysan*; 11, revision des figures; 12, *eamdem*; approbation de l'abbé Terrasson, pour la *Prévencion*; 13, compte de l'ouvrage d'*Oribeau*; 14, correccions d'*Oribeau*;

---

1. *Les Veillées du Marais* ou *Histoire du grand prince Oribeau*, est un ouvrage plein d'allusions à la famille royale; aussi la censure et la police cherchèrent-elles à en entraver la publication. Restif prétendait le faire servir à l'éducation du fils de Louis XVI.

MES INSCRIPCIONS. 85

15, la *Prévencion* mise en vente; 16, dîner chés Dumont, avec Mlle Saint-Léger,(pour la dernière fois); 17, 1re épreuve d'*Oribeau*; 18, je vois Bralle[1] le matin; 19, 20, 21, 22 : 91 d'*Oribeau*; je vois en songe Mlle Londo, l'aînée; 23, 93 d'*Oribeau*, préface; la P. de chés les Decour, bonnetières[2]; B. xxxviie volume; 24, 94 d'*Oribeau*; 25, 95; 26, 96; 27, 98; 28, épreuves, affaires; 29, 99; 30 et 31, épreuves.

367. 1 *avril*, 101; 2, 103; 3, 104; 4, 1, 11 volumes; 5, 2; 6, 3-4; 7, 5; 8, 6; 9, 8; 10, épreuves; 11, second canevas de la *Famme de médecin*; 12, le conte de *Sireneh*; 13, 3 et 4 *Sireneh*.

368. 14 *ap. Non vadit Prévencion* (La Prévencion nacionale ne va pas). 5, 6, 7 *Sireneh* : acheté *Mélusine*.

369. 15 *ap*. Diverses épreuves; 16, épreuves, 8 *Sireneh*.

370. 17 *ap*. Fini avec Mérigot[3].

371. 18 *ap*. 9, *Sireneh*; 19, 10 *Sireneh*, chapitre *Luxe* 1, 2; 20, épreuves 3, 4 *Luxe*.

372. 21 *ap*. 5 *Luxe*; dîner chés Desessarts avec M. de Montlinot[4].

373. 22 *ap*. 6 *Luxe*, 11, 12 *Sireneh* (*Anniversarium infelicis matrimonii*. 25 *anni*.)

374. 23 *ap*. 7 *Luxe*.

1. Ingénieur hydraulique de la ville, censeur royal.
2. Elles étaient quatre et avaient, toutes, été les maîtresses de Restif.
3. Libraire du quai des Augustins.
4. Charles-Antoine Leclerc de Montlinot (1732-1801), un des auteurs de la *Clef du cabinet des souverains* et de plusieurs ouvrages historiques, bibliographiques et économiques. Il était docteur en médecine et en théologie, et exerça quelque temps à Paris la profession de libraire.

375. 24 *ap.* Chés M. le Pelletier de Morfontaine¹; aux Français, le *Jalous*².

376. 25 *ap.* Feuille 11, xxxvii° volume. Aux Français, *Coriolan*³.

377. 26 *ap. Luxe,* épreuves.

378. 27 *ap.* Épreuves.

379. 28 *ap.* Chés M. de la Reynière; le soir, Mme Guichard⁴.

380. 29 *ap.* Je suis invité; épreuves.

381. 30 *ap.* Je soupe chés M. le Pelletier, avec trois dames, dont était la belle marquise de Montalembert⁵. J'ai lu des lettres de la *Paysane,* entr'autres la convalescence d'Edmond : j'ai reçu mille marques flateuses d'attencion, de la part de la marquise. Je suis rentré à deux heures du matin. M. de Villeneuve⁶ était de la partie.

382. 1 *maii.* Dîner chés le fameus libraire

1. Prévôt des marchands de Paris.
2. Comédie en cinq actes en vers libres, par Rochon de Chabannes, représentée pour la première fois le 2 mars 1784.
3. Tragédie de la Harpe, représentée pour la première fois le 11 mars 1784.
4. Madame Guichard, ancienne maîtresse de Restif. Il l'avait eue en se substituant à un garçon libraire, son amant. De cette *familiarité* (pour nous servir d'un mot de Restif) était née une fille, Éléonore Guichard. (V. le *Kalendrier.*)
5 Marie de Comarieu, femme de Marc-René, marquis de Montalembert (1714-1800), lieutenant général. Elle a écrit le roman d'*Élise Dumesnil* (Londres, 1798). Restif ne la vit jamais que ce jour-là, 30 avril, et s'en crut éperdument amoureux. Voir *Monsieur Nicolas,* où il parle de ce souper : « J'écrivis sur l'île Saint-Louis, au côté méridional de la pompe : *XXX Aprilis, formosam marchissam Mntlmbrt miratus sum. Videbo quid evenerit anno sequenti.* Cette femme charmante m'occupait sans cesse, mais comme les chimères qu'elle me suggérait et les châteaux en Espagne que je bâtissais à son sujet ont été réalisés dans les *Nuits de Paris,* j'y renvoie. »
6. Nommé Du Hameauneuf dans les *Nuits de Paris:*

Pankoucke avec M. de Montlinot. Le soir, nous avons été à l'Hôpital général y voir une fille que l'abbé veut avoir : vu la sœur Victoire, supérieure.

383. 2 *maii. Inscribo hæc omnia ter.* (J'écris toutes ces choses sur la pierre en trois endroits.) *Mélusine*, 8, 9; 3, 10; 4, épreuves; 5, 11.

384. 6 *maii.* Je ne suis pas entré à *Figaro* (ayant un billet). J'ai été voir la *Caravane*[1]. Lup. paru rue Montorgueil.

385. 7 *maii.* Vendu l'*Oribeau* à la dame veuve Duchêne[2].

386. 8 *maii*, épreuves. Inégalité; *V*. Tom II. *Epistola a Milran*, qui est renvoyé de chés M. de la Reynière.

387. 9 *maii.* Je reprens le *Monsieur Nicolas*; généalogie[3], 1 à 9; 10, 9 à 14; 11, 15 à 19; 12, 20; 13, 24; 14, 26; 15, 27, et 14 *Mélusine*; 16, 28 à 38; 17, 39 à 50; 18, 59; 19, 68; 20, 79.

388. 21, 92; je vois Delalande[4], à cause de la Saint-Léger, dont j'avais imprimé les lettres; nous nous embrassons; mais cet homme est un perfide.

389. 22 *maii*, 101; chés M. le Pelletier : je lis le commencement de *Monsieur Nicolas*.

« C'était une espèce de fou agréable, généreux, qui aimait à se laisser gouverner par les femmes. »

1. Opéra en trois actes de Grétry. C'était la vingt-cinquième représentation.

2. Libraire de la rue Saint-Jacques.

3. C'est la fameuse généalogie placée en tête de *Monsieur Nicolas*, où il prétend descendre de l'empereur Pertinax.

4. De Lalande, l'astronome, était un ami de mademoiselle de Saint-Léger. Voir la note 1 de la page 68.

390. 23 *maii*, 101; chés M. Le Pelletier; inquiétudes au sujet de Saint-Léger.

391. 24 *maii*, 120; épreuves.

392. 25 *maii*, 130; à *Figaro*.

393. 26 *maii*, 135; M. Le Pelletier : 27, 145; 28, 154; 29, 163; 30, 173; 31, 186.

394. 1 *jun.* 200; 2, 213; 3, 217; 4, 225; hémorrhoïdes. 5, 237; 6, 251; 7, 265; M. de la Reynière est venu.

395. 8 *jun.* 275; je dîne avec le comte de Clermont-Tonnerre[1]; j'ai donné à ce seigneur la *Vie de mon Père*, et les III et IV volumes des *Idées singulières*.

396. 9 *jun. Monsieur Nicolas,* 276 à 285; 10, 301; 11, 310 : 12, 312 pages (lettre de M. de la Reynière); 13, 319 à 329; (déjeuner de chés M. de la Reynière); souliers blancs[2], rue Montorgueil. 14, 340; 15, 351.

397. 16 *jun*, 355; *j'ai vu Desessarts, Rutteau d'Auxerre*[3]; 17, 361, épreuves; 18, 365.

398. 19 *jun.* 371; Augé ose vouloir me parler chés M. de la Reynière.

---

1. Stanislas, comte de Clermont-Tonnerre, devint président de l'Assemblée nationale le 17 août 1789 et fut réélu le 14 septembre. A cette époque, Restif lui écrivit, dans le *Thesmographe* : « Monsieur, lorsque vous me fîtes dîner avec vous, il y a quatre ans, je m'aperçus bien que j'étais avec un homme d'esprit, un épous sublime, un seigneur exemplaire, un bon citoyen, un cœur excellent. Je sais, aujourd'hui, avec toute la France, avec toute l'Europe, que j'ai dîné avec le héros de l'humanité. »

2. On sait que Restif avait la passion des jolis pieds et des petits souliers, surtout lorsqu'ils reposaient sur de hauts talons.

3. Rutteau d'Auxerre, ancien camarade de Restif à l'imprimerie Parangon. Il avait aidé à son mariage avec Agnès Lebègue.

399. 20 jun. 384; I *Oribeau* A. T. III *Paysan-Paysane*; xxxxviii *Contemporaines*. J'ai rêvé la Bastille; inquiétude au sujet de la Saint-Léger[1]; 21, 390; Saint-Mars, dîner; 22, 400; ici I *Oribeau* 23, 410; 24, 421; 25, 435; 26, 442; 27, 457; 28, 471; 29, 485; 30, 491.

400. 1 jul. *Monsieur Nicolas*, 492 à 495.

401. 2 jul. *Paysane* renvoyée chez la dame veuve Duchêne; épreuves.

402. 3 jul. Épreuves; 3, épreuves; 4, 505 : 5, 509; 6, 516; 7, 530; 8, 534; 9, 545; 10, 546; 11, 550; 12, 561; 13, 582; 15, 585; épreuves; 16, épreuves d'*Oribeau*; 17, *Contemporaines* P.

403. 18 jul. 586; corrigé mon *Paysan-Paysane*, 49me feuille; 19 jul. 590; 20, 601.

404. 21, 605; chés M. de la Reynière, lu de la *Paysane*.

405. 22 jul. 616. *Timeo carcerem*: je crains.... (sic). 23 jui. 618. La Petit a parlé à Mlle Londo. 24, elle n'a pas eu bonne réponse.

406. 21 jul. Chés M. de la Reynière, lu la *Garde-malade* et la *Jolie-Nourrice*.

407. 29 jul. Dîner chés l'abbé Roi[2].

408. 30 jul. *Monsieur Nicolas*, 654 à 657; épreuves; 31, 661, épreuves; je vais chés M. de la Reynière avec Milran.

409. 1 *Augusti*, 662 à 667; dîner chés M. l'abbé Roi, qui me veut emprunter;

---

1. Elle était l'amie du garde des sceaux Miromesnil. Restif attribue à son influence les difficultés qu'il eut avec la censure à propos de la *Paysanne*.

2. L'abbé Roi, censeur royal, auteur de pièces fugitives en vers et en prose, d'un *Essai de philosophie morale*, du *Mentor universel*, ouvrage d'éducation, etc.

Monsieur Nicolas, 677 ; 3, 680 ; dîner chés M. de Saint-Mars.

410. 4 *Aug.* 685 ; dîner chés Bastien[1] avec des dames ; *venit* Roi.

411. 5 *Aug.* 691 ; 1ᵉʳ de *Paysan-Paysane*.

412. 6 *Aug.* 696 ; 7, 701 ; 8, 716.

413. 9. 721 ; dîner aujourd'hui au jardin, avec Milran, Fontanes[2], Joubert[3].

414. 10, 726 ; 11, 730 ; 12, 735 ; 13, 736 ; 14, 740.

415. 15 *Aug.* 744 ; dîner chés Belin[4] avec la blonde de la rue Bourg-l'Abbé[5], Mˡˡᵉ Durand[6], etc. Promenade au Luxembourg.

416. 16, 753 ; fin de l'ancien manuscrit.

417. 17, 754 ; 18, 758 ; 19, 766 ; 20, 771 ; 21, 773.

F. III, IV du *Paysan-Paysane*, P × L *Contemporaines* ; II *Oribeau* ; *Monsieur Nicolas*, second renvoi de 763.

418. 22 aug. 783 ; *pluit horridè, die totâ*.

419. 23 aug. 793 ; *pluit*.

420. 24 aug. 797 ; *eram Curgiaci*[7].

---

1. Libraire à Paris, éditeur de la *Maison rustique*, en 3 vol.
2. Louis de Fontanes, le futur grand maître de l'Université (*Scaturin* de la *Femme infidèle*) ; ami de Restif, puis amant de sa femme Agnès Lebègue.
3. Joseph Joubert, le célèbre moraliste (*Naireson* de la *Femme infidèle*), joua auprès d'Agnès et de son mari les mêmes rôles que Fontanes.
4. Libraire de la rue Saint-Jacques.
5. Comprise, aujourd'hui, entre la rue Saint-Martin et le boulevard de Sébastopol, mais elle n'occupe cet emplacement que depuis 1881. Elle allait, autrefois, de la rue Greneta à la rue aux Ours.
6. Fille ou sœur d'un libraire de la rue Galande.
7. *Curgiacum*, Courgis, village voisin de Sacy ; un frère de Restif en était le curé.

401. (sic.) 25 aug. 803; le lieutenant de police a mal parlé de moi. (Ce fut la malice de ma femme[1], qui lui fit répéter ce propos de Fontanes; elle avait alors un jardin; elle se croyait dame, et me voulait éloigner, pour être libre : ce propos ne fit pourtant sur moi qu'une légère impression, le 25.)

402. 26 aug. 806; 27, épreuves, l'*Oribeau* et *Paysan-Paysane*.

403. 28 aug. *Turbo! abeo! periculum!* La plus cruelle de mes journées. (A dîner, ma femme recommença de m'effrayer, et réussit : je crois que Fontanes tenait tout cela de La Harpe, qui me hait, et auquel son imaginacion, si pauvre d'ailleurs, fournissait des chimères, qu'il aurait voulu réaliser. De la Lande, l'astronome, avait aussi parlé contre moi, à cause de la Saint-Léger.)

404. 29 aug. Fin du 1ᵉʳ vol. d'*Oribeau*. Date triste sur la pierre : 29 *aug. fugere*[2]!

405. 30 aug. Les *Musiciennes*. (Nouvelle.)

406. 31 aug. Mes patentes de la société patriotique Bretonne.

407. 1 septembre, 2ᵈᵉ d'*Oribeau; Musiciennes*.

408. 2 7ᵇʳᵉ Épreuves; *Musiciennes*.

409. 3 7ᵇ. Fin des *Musiciennes; Operadiennes*.

410. 4 7ᵇ. *Operadiennes*; 5, fin *Operadiennes*;

---

1. Agnès Lebègue ne manquait pas d'esprit. Plusieurs de ses pièces en prose et en vers sont rapportées dans la *Femme infidèle*. (V. ci-dessous, page 294, note 1.) Mais elle manquait de décence; elle quittait ou reprenait son mari, selon les circonstances. Ses lettres, reproduites dans la *Femme infidèle*, la peignent sous un jour des plus fâcheux. Celles de Restif, au contraire, le représentent comme un petit saint. Il se vante.

2. Il craignait d'être enfermé à la Bastille pour sa *Paysanne pervertie*.

Chanteuzes-des-chœurs; 6, 3 et 4 *Chœurs;* 7 1re *Danseuzes*[1].

411. 8 7^b. (Ancienne date, toujours renouvelée, vis-à-vis l'hôtel Lambert) : 2 et 3 *Danseuzes;* 9, 4 *Danseuzes.*

412. 10 7^b. *Figurantes; Oribeau;* 11, épreuves, *Oribeau.*

413. 12, *Oribeau,* Beaudeau[2], dîner chés M. de Toustain. Vu Virginie; *Lap. vid. q. v. hab.* J'ai dit : « Les beaus ieus! » à Mlle Parizot[3].

414. 13 7^b. 17° page de la 11de partie d'*Oribeau;* découragement. (Mon état, depuis le 29 Auguste, était une anxiété douloureuze et terrible.)

415. 14 7^b 18 et 19 *Oribeau.* Terrasson écrit qu'il ne pourra parafer *Oribeau.* (On voit que tout m'accablait à la fois!)

416. 157^b. 20me page d'*Oribeau;* épreuves, affaires. C'est-à-dire mon arrangement avec la veuve Duchêne, pour le *Paysan,* la *Paysane,* le *Paysan-Paysane* et *Oribeau;* car, bien que je fusse dans l'incertitude, pour tous ces ouvrages dans lesquels j'avais placé tout mon avoir, j'ai pour maxime d'aler toujours, lorsque j'ai

---

1. Titres des *Contemporaines graduées.*
2. L'abbé Nicolas Baudeau (1730-1792), philosophe, auteur des *Éphémérides du citoyen ou Chronique de l'esprit national,* écrit en collaboration avec le marquis de Mirabeau, et d'un grand nombre d'ouvrages d'économie politique.
3. Aurore-Marie Parizot, fourreuse, rue de la Comédie-Française. Voir le *Calendrier* : « Elle avait le sourire le plus séduisant qui ait jamais embelli jolie femme. Un dimanche, elle traversait la *Cour du Commerce,* avec un enfant. Je ne lui avais pas encore parlé; je lui dis : « Les beaux yeux! Ils valent le sourire. »

commencé, comme si tout était certain, laissant quelque chose à ce que les dévots nomment la Providence, mais je tâchais de la diriger, cette Providence, par la sagesse de mes combinaisons, comme on doit le voir, aux dates suivantes.

Rochelle. Ce seul mot ne dirait rien; en voici l'explication : ma femme avait résolu de me faire quitter Paris, croyant mes affaires finies, ou prêtes à l'être, et s'imaginant que je fuirais, et que je lui laisserais la direction de tout. Elle avait pris ses arrangemens avec Fontanes et Joubert, ses deux confidens, qui dès lors me trahissaient, et me prêtaient des confidences que je ne leur avais pas faites, le 10 Auguste, lendemain du dîner avec Milran. En conséquence, elle me dit, à dîner, qu'une nommée Rochelle[1], femme entretenue, amie de la petite Levé, graveuze, et la méchante femme de la nouvelle intitulée, *La Fille instrument de vengeance,* était venue pour lui chanter pouille, comme m'ayant donné le sujet de cette nouvelle. Elle ajouta que cette femme alait se plaindre à M. le Garde-des-Sceaux : comme la Rochelle est réellement coupable, je m'en inquiétai peu; j'avais bien d'autres craintes! Ma *Paysane* rayée! Ces discours de M. Lenoir[2], que je ne concevais pas, n'en étant point connu; mes figures du

---

1. Agnès Lebègue avait présenté à son mari madame Rochelle, femme laide, mais spirituelle, pour lui faire oublier Sara et le préserver de mademoiselle de Saint-Léger; quand il en fut las, elle chercha à lui procurer une « idiote charmante », la petite Levé (*Monsieur Nicolas*).

2. Lieutenant de police.

Paysan, une santé faible, voilà ce qui m'inquiétait cruellement !

417. 16 7ᵇ 21 *Oribeau*; envoi de ces XXXV à XXXVIII parafés; sont à la douane à cause des livres de l'abbé Raynal[1] châtrés et parafés.

418. 17 7ᵇ 22, 23 *Oribeau*. Je vais prendre mes parafés. Fournier, le fripon, m'insulte. D'Hemeri[2], l'exempt, lui dit : « Rendez promptement à ce bon citoyen... » Le fripon de Fournier[3], ce voleur insigne, dans l'affaire d'Edme Rapenot[4] et dans celle de Costard[5], s'approche de son oreille et lui dit : « Il l'est donc devenu ? » Je fus tenté de lui appliquer ma canne sur les épaules, et de souffleter sa face de crocodile, mais ma faiblesse m'en empêcha, étant alors très-souffrant.

419. 18 7ᵇ, 24, 25, 27, *Oribeau*; j'écris à Terrasson. Je travaille au marché avec la dame veuve Duchêne.

420. 19 7ᵇ, 27 à 32 ; rattrappé *Sireneh*, 53 pages ; 20, 54.

421. 21 7ᵇ, 55. Marché arrêté. Les craintes où j'étais me firent accepter des conditions

---

1. L'abbé Raynal avait été contraint de s'exiler en 1781, après la seconde édition de son *Histoire philosophique*. Il ne revint en France qu'en 1787.
2. Inspecteur de la librairie.
3. Adjoint à l'exempt d'Hémery.
4. Ancien ouvrier de M. Parangon, à Auxerre, devenu libraire à Paris. Éditeur des *Lettres d'une fille à son père* (1772), ouvrage de Restif, avec lequel il eut des difficultés d'argent et auquel il devait, à sa mort, 1,800 livres.
5. Libraire qui avait dû publier *l'École des pères* sous le titre du *Nouvel Émile*, mais qui rétrocéda l'ouvrage imprimé à Restif, à cause des cartons exigés par la censure.

qui ont été réalisées depuis, ayant donné ma parole. Le marché a été fait au prix de fabrique : j'en parlerai au 21 septembre de l'année suivante[1].

422. 22 7^b, 56, 57 ; 23, épreuves, marché avec la dame veuve Duchêne, écrit.

423. 24 7^b, 58, 59 ; 25, 60, 61 ; 26, 62-64 ; 27, 65-66 : 28, *timor et tremor*, 67-69 ; 29, 70 ; épreuves ; 30, 71-73.

424. 1 *octobre*, 74-76 Oribeau ; 2, 79 ; 3, 87 ; 4. 95 ; 5, 97, épreuves.

425. 7 8^b. Épreuves, 98 ; *inquietudo a figuris* (inquiétude pour les figures du Paysan), nuit cruelle ! Ce fut ici un redoublement d'inquiétudes ! J'en avais déjà de déchirantes, comme on l'a vu ; celles-ci furent à peine supportables.

426. 8 8^b. Matinée cruelle ! Épreuves ; 9, 99-100 ; je me promène ; 10, 101, 102, Lup. ; 11, épreuves ; 12, *formosam flavam apud Leblanc*.

427. 13 8^b, *Litteras colligo*. (J'arrange mes lettres, pour les imprimer à la fin du XIXe des *Contemporaines*.)

428. 14 8^b. Épreuves ; *anniversarium inquietudinis a Lauger*.

429. 3 8^b Épreuves ; 16 *formosam flavam* 2^a ; 103-106 Oribeau 4 p. carton cap., Z 1 carton.

430. 18 8^b 107-109 ; 19, couru pour mes planches du *Paysan* et des *Contemporaines*.

431. 20 8^b. Arrangé les exemplaires à relier pour M. de Villedeuil[2], M. le garde-des-sceaux et M. Lenoir.

---

1. Voir le § 541.
2. Laurent de Villedeuil, maître des requêtes, directeur

432. 21 8ᵇ. Épreuves, impression des figures; 22, épreuves; 23, épreuves; 24, épreuves, affaires, figures; 25, *nihil*, abatu; 26, épreuves, *timeo malum!*

433. 27 8ᵇ. 4 premières *Figurantes; doleo ob lutum : nox crudelissima* (nouvelle inquiétude ajoutée à toutes les autres, pour une bêtise d'enfant¹.)

434. 28 8ᵇ. 5 à 8 *Figurantes; dolor ingens*.

435. 29. Épreuves, *d.* IV. *Paysan Paysane d.* XL *Contemporaines*. 3 *Tragédiennes; dolor.*

436. 30 8ᵇ. *Tragédiennes*, épreuves; *dolor.*

437. 31 8ᵇ. Fin *Tragédiennes, Comédiennes : O dii boni, servate in annum!*

438. 1 9ᵇʳⁱˢ *Lugens amare!* Fin *Comédiennes. Formosa Bouchère (carnifex).*

439. 2 9ᵇ. *Arietteuses; ivi ad typographiam regiam ad audiendum aliquid de luto ; duos opifices secutus, qui me signaverunt.*

440. 3 9ᵇ. *Actrices-italiennes;* fin du XLI volume.

441. 4 9ᵇ. *Actrices des Variétés;* 1 *Efebique*².

442. 5 9ᵇ. 2 *Efebique; E. Paysan-Paysane;* lettre de M. Le Pelletier.

443. 6 9ᵇ. 1ʳᵉ *Nicolet;* dîner chez M. le

---

du bureau de la librairie, devint ministre en 1787. Il autorisa la *Paysanne pervertie*, parafée par M. de Toustain.

1. La *formosa flava* des §§ 426 et 429 n'y était sans doute pas étrangère.

2. Les *Actrices éphébiques*. Dans la *Mimographe*, Restif proposait déjà la création d'un théâtre pour former les jeunes acteurs (éphèbes). Audinot, directeur de l'Ambigu-Comique, mit cette idée à exécution et créa un *théâtre éphébique*.

Tous ces titres relatifs aux femmes de théâtre sont autant de titres des *Contemporaines graduées*.

prévôt des marchands. Il me présente à la présidente de Nicolaï [1].

444. 7 9ᵇ. *Actrices des funambules*, 2 et 3; épreuves.

445. 8 9ᵇ. *Danseuze de corde*. On commence à imprimer la préface d'*Oribeau*. La blonde de chés la Leblanc [2]; mon inquiétude est toujours très-vive : puissé-je voir le 6 décembre!

446. 9ᵇʳᵉ. J'envoie chés la dame veuve Duchêne les paquets du *Paysan-Paysane*; épreuves.

447. 10 9ᵇ. Fin de la *Danseuze de corde*; déjeûner chés M. de la Reynière. Une page de la *Paradeuze*.

448. 11 9ᵇ. *Paradeuze*; 12, *Charlatane*; 13, *eamdem*; 14, fin de la *Charlatane*.

449. 15 9ᵇ. *Heri finis Contemporanearum*; dédicace d'*Oribeau*, 2ᵈᵉ f. *Paysan-Paysane*; 16, renvoi de 107 d'*Oribeau*; épreuve d'*Oribeau*; 17, épreuve d'*Oribeau*; arrangé le chapitre etc. *Wewewew* [3]; 17 lu, le matin, les *Anecdotes du théâtre*; 19, analise des *Contemporaines* [4]; 20, épreuves A XLI 2ᵈᵉ de *Paysan-Paysane*.

---

1. Femme d'Aimar-Charles-Marie de Nicolaï, premier président à la Chambre des comptes, membre de l'Académie française en 1787, mort sur l'échafaud révolutionnaire.

2. « J'avais, en outre, la connaissance des sœurs Leblanc : ces deux filles n'étaient plus de la première jeunesse, mais, outre qu'elles avaient des égards, qu'elles montraient une complaisance à toute épreuve (espèce de créatures qui achèvent d'énerver les demi-vieillards), elles accueillaient chez elles toutes les femmes mariées qui voulaient bien secrètement tirer parti de leurs attraits. Elles y admettaient également des jeunes filles de tous les états... » (*Monsieur Nicolas*, t. XI, p. 82.)

3. Personnage d'*Oribeau*.

4. L'analyse des *Contemporaines* se trouve à la fin de certains volumes de cet ouvrage.

450. 21. *Analise; habeo* 50 *annos* [1] (écrit quatre fois, au sud, à l'orient, au nord, à l'ouest de l'île).

451. 22 9ᵇ. Charmant dîner chés M. de la Reynière, avec mesdames Mitouart[2] et... (sic)... (toutes mes peines suspendues); 23, épreuves; mal aux dents; 24, épreuves. *Somnium Parisotinæ*. (Il était alors question de marier la jolie Parisot.)

452. 25 9ᵇ. *Anniversarium pacis*[3]; épreuves de H *Paysan-Paysane*; canevas[4].

453. 26 9ᵇ. Épreuves; 27, analises; je porte les figures du *Paysan* à Bralle; j'envoie les *Contemporaines* à Martin, secrétaire de la police.

454. 28 9ᵇ., Petit, marchand de laines; fin de *Wewewew*; 29, épreuves; 30 *Warrant*[5].

455. 1 Xᵇʳⁱˢ *Warrant*, chés M. de la Reynière. 2, épreuves C et D *Contemporaines* XLI; 3, épreuves; 4, f. IV *Paysan-Paysane*; W *Oribeau*; 4, *Warrant*, E XLI volume; 5, fin *Warrant* M. IV volume *Paysan-Paysane*.

456. 6 Xᵇ. *Nicolai*; Y et Z *Oribeau*; 7, épreu-

---

1. V. la note 2 de la page 137.
2. Cette dame, dont le nom s'écrit Mitoire, était cousine de la Reynière. Restif conserva le meilleur souvenir de ce dîner. Il en parle dans le *Drame de la vie*, où se trouve un dialogue entre lui et Mᵐᵉ Mitoire, au sujet de la Reynière. Celui-ci, mis en scène dans le premier *Exemple des Françaises*, s'en plaint à l'auteur, dans une lettre insérée dans le *Drame de la Vie* : « Je me suis reconnu sous le nom de Reinette, et j'y ai vu mon histoire, ou peu s'en faut, avec Mᵐᵉ Mitoire. » (Voir l'introduction.)
3. V. la note 1 de la page 81.
4. A la fin des *Contemporaines* se trouvent des *canevas* de nouvelles non introduites dans ce recueil.
5. Personnage d'*Oribeau*.

ves; voulu travailler sur U *Oribeau*; 8, épreuves, déjeûner,[1] chés M. de la Reynière; scène de Sofie, ajoutée à la *Fille d'homme à sistème*; 10, épreuves; *timor magnus sero*.

457. 11 X^b. Canevas, *Inclinacion de 19 ans* (à la fin des *Contemporaines*). *Compère Nicolas* repris; 10, *Monsieur Nicolas* 806-816; 13, 824; 14, 830; 15, 833; 16, 835... (*sic*)... 17, 839; 18, 842; 19, 849; 20, 851; 21, 18me canevas; 22, fin du 18me canevas; 22, épreuve P. *Paysan-Paysane*; 23, fin d'U d'*Oribeau*.

458. 24 X^b. *Vogues*[2].

459. 25, *Monsieur Nicolas*, 855; 26, 857; 27, 860; 28, 865; 29, 869 : chés M. de la Reynière..... (*sic*)... 30, 871; 31, 872; 2e P. *Paysan-Paysane* f. IV.

Voilà donc enfin la cruelle année 1784

---

1. « Un amusement que je me reprocherais d'oublier de décrire, parce qu'il fut délicieux, est celui des déjeuners du jeune La Reynière. Ces déjeuners avaient pour but la réunion de tout ce qui avait quelque mérite, soit à la capitale ou dans les provinces. Ils consistaient en café au lait, en thé, en tartines de beurre, avec des anchois. Ils commençaient à onze heures et finissaient à quatre par un aloyau ou un gigot de quinze à dix-huit livres. On ne buvait que du cidre avec la viande. On était libre avec décence. On pouvait amener qui l'on voulait, deux, trois, quatre personnes. Le café était faible, et l'on ne risquait rien d'en prendre tant qu'on pouvait. La dose était de vingt-deux tasses. Deux Marsyas, dont les bouches à robinet donnaient dans la salle, versaient l'une le café, l'autre le lait, de sorte que chacun se dosait comme il l'entendait... La conversation commençait. Elle roulait sur toutes sortes de matières. Ensuite on faisait des lectures de manuscrits... » (*Monsieur Nicolas*, t. XI, p. 168.)

2. *Vogues contemporaines*, article inséré page 526 du 42e volume des *Contemporaines*. Il y est parlé d'inventions et de découvertes nouvelles, comme les *Sourciers* (chercheurs de sources), l'*Airostacion* (ballons), le *Mesmérisme*, etc.

achevée. Je croyais, en la commençant, qu'elle serait la plus malheureuse de ma vie ; mais je me trompais : 1785, qui va commencer, me réservait des maux plus vifs encore. Ils feront frémir les âmes sensibles!... Car, désormais, je ne ferai mon histoire que par le journal de ma vie, écrit en abrégé sur la pierre de l'Ile Saint-Louis.

Nota. On a, sans doute, été surpris de voir de longues files de dates sous le même numéro. C'est qu'elles sont ainsi à l'Ile, sur le parapet, sans répétition du nom du mois : toutes les fois qu'elles sont un peu éloignées, et que, par conséquent, le nom du mois est répété : c'est un autre numéro. J'ai cru devoir cette petite explication, malgré la petite importance dont elle est pour vous, mon cher lecteur.

Entrons, à présent, ensemble, dans l'année 1785 (c'est le 31 octobre que j'écris ceci).

460. 1 jan. 1785 : cette date est à la suite du 1° *Anni* 1780, à côté du jardin le plus occidental ; elle est ensuite répétée cinq à six fois autour de l'Ile, avec ce mot : *Agnetem*, ce qui signifie que j'ai vu ma fille mariée à l'infâme Augé[1]. Fin du manuscrit d'*Oribeau*; on imprime la feuille 22 ; 874 à 877, de *Monsieur Nicolas*.

462 (*sic*). 2 jan., 879 ; Marianne[2] vit et demeure à la maison.

---

1. Le mariage avait été célébré, malgré l'opposition de Restif, à la suite des intrigues d'Augé (voir la note de la page 147).

2. Seconde fille de Restif. Elle avait été élevée par sa grand'mère, puis par sa mère, enfin par deux vieilles demoiselles chez lesquelles elle s'était réfugiée après une répri-

463. 3 *jan.* 6 et six *Vogues*; 882, *Monsieur Nicolas.*

464. 4 *jan. Fréron,* parodie : Les *Fréronistes,* en rendant compte de la *Prévencion nacionale,* m'accusaient d'avoir dit qu'on lirait, sur la scène, les histoires qui servent de base, et ils plaisantaient, là-dessus, aussi platement que le peuvent des pédans de collége [1] : ils m'accusaient ensuite de n'avoir pas motivé le changement du père Dulis qui abjure la *Prévencion nacionale.*

La vérité est : 1, que je ne propose de lire sur la scène que deux lettres très-abrégées dans le drame; 2, que le changement du père Dulis est suffisamment motivé, puisqu'il apprend que les mêmes Anglais, qu'il suppose avoir massacré son fils Charles, le lui ont conservé par les soins les plus tendres, et que

---

mande pour une faute légère. Elle revint chez Restif et prit constamment son parti contre sa mère, dès qu'elle fut en âge de juger où était le bon droit (*La Femme infidèle*).

1. Voir l'article de l'*Année littéraire* (1784, t. IV) sur la *Prévention nationale :* « Quant à la durée de cette pièce, je ne sais si un jour suffirait pour la jouer, puisque l'auteur propose sérieusement d'y faire lire ou réciter, par un acteur, quelques-unes de ces longues histoires qu'il a cousues à la suite..... » Dans la partie de *Monsieur Nicolas* intitulée *Mes ouvrages,* Restif dit, à l'article sur la *Prévention nationale :* « Indigné de voir ces malhonnêtes gens me calomnier en me prêtant ce que je n'avais pas dit (qu'il fallait lire, sur le théâtre, les histoires qui servent de base) et m'accuser d'avoir omis ce que j'ai dit (la conservation de Charles Dulis par les Anglais, qui opère le changement du père Dulis, et le guérit de sa prévention nationale), j'ai pris le parti de faire l'extrait comme ils auraient dû le faire. En même temps, je leur mets en main les verges, pour se fouetter eux-mêmes. » (Voir aussi, à la fin du 41e volume des *Contemporaines,* une réponse aux Fréronistes.)

l'anglaise Henriette, qu'il avait cru libertine, est au contraire la plus vertueuse des femmes. En conséquence de ces deux faussetés commises par un certain abbé Geoffroi[1], appareilleur de l'*Année littéraire*, j'ai pris le parti de rapporter leur extrait comme ils auraient dû le faire : je leur donne à eux-mêmes des verges, et ils se fouettent comme des calomniateurs devraient l'être par le bourreau.

465. 5 jan. 19ᵉ canevas; *Monsieur Nicolas* 884; 6, 888.

466. 7 jan. 892; *dolor maximus ob...* (sic)...

467. 8 jan. 895; 9, 897; 10, 901.

468. 11 jan. 902; réponse au *Journal de Paris* sur le mot *mise*[2].

469. 12 jan. *Quærela cum Augé* : il entra, comme j'étais chés lui, pour lire à ma fille la lettre de l'abbé de Montlinot à M. le Pelletier, pour placer le vil Augé[3]. Il me dit :

---

1. Julien-Louis Geoffroy, le célèbre critique (1743-1814).

2. Voir le *Journal de Paris*, numéro du 10 janvier. L'auteur de l'article passe en revue certaines expressions qu'il déclare peu françaises, entre autres : « ...l'expression favorite d'un auteur de romans très-nombreux (Restif) qui, pour dire qu'une femme est élégamment vêtue, dit qu'elle a une *mise* fort agréable ». La réponse au *Journal de Paris* se trouve dans le t. XLI des *Contemporaines* : « *Mise* ne signifie pas élégance, il signifie manière d'arranger ses habits, sa parure... Le mot est doux et siérait dans la bouche des femmes de la Cour. Il est français, il est précis, mais il a un défaut, c'est d'avoir été introduit par un auteur sans prôneurs... » Ce mot, qui était alors un néologisme, est, depuis, passé dans notre langue. Voir le § 854, page 248, note 2.

3. En voici une autre de Legrand, secrétaire de M. Lepelletier. Elle est datée de la veille, et adressée à Restif, 11 janvier 1785 : « Vous savez le désir que j'ai de faire quelque chose qui vous soit agréable; vous êtes bien sûr de tout mon empressement à mettre sous les yeux de M. Lepeletier la

« Que je ne vous chasse pas! — Pardonnez, vous me chassez. » Il était gris; il courut après moi : je le traitai de monstre. Il leva la canne sur moi en me traitant de gredin; le guet à cheval nous sépara.

470. 13 *jan.* Épreuves J XLI *Contemporaines* et T *Paysan-Paysane*; 14, rien le matin; je vais chés Mérigot (pour mes affaires); hier j'ai reçu des nouvelles de Terrasson.

471. 15 *jan.* Rien; je sors, et je vais chés le prévôt des Marchands (Le Pelletier), pour ma fille Agnès. Il me prit en particulier, et me dit : « Serais-je assés heureus pour vous être bon à quelque chose? » Je lui parlai d'Augé, comme d'un mauvais sujet qui fesait le malheur de ma fille, et qu'il falait contenir en l'obligeant. M. Le Pelletier me le promit. (On verra par la suite les beaux effets de cette promesse!) Augé fut installé, quinze jours après, chés M. Legrand, premier secrétaire.

472. 16 *jan.* 966, *Monsieur Nicolas.* 17, *legi Boulangère* (*Contemporaine* à réimprimer); 18, 908; 19, 909.

473. 20 *jan.* Épreuves; S IV. *Paysan-Paysane;* dîner chés nous avec la dinde aux truffes de Joubert. M. de la Reynière en est.

474. 21 *jan. Journalistes* (mot sur les... (*sic*), à la fin des *Contemporaines*) [1].

---

demande de M. votre gendre : je serais ravi qu'il se présentât quelqu'occasion de lui être utile. J'en ai parlé ce matin à M. Lepelletier, qui désire fort vous obliger. Il m'a chargé de vous mander qu'il vous recevrait avec plaisir, samedi matin, entre onze heures et midi... » (*Contemporaines*, t. XIX, 2ᵉ éd.)

1. Voir, à la fin du 41ᵉ volume des *Contemporaines*, des

475. 22 jan. Épreuves; je dîne chés le prévôt des Marchands, il me donne un billet pour aler à la répéticion de l'opéra de *Panurge*[1]; j'y vais avec M. Ameilhon[2], de l'Académie des sciences.

476. 23 jan. Épreuves T. *Paysan-Paysane*; 24, fin. *Oribeau* fol. V. *Agneti man. in t.*

477. 25 jan. 910 *Monsieur Nicolas*. 26, K XLI; déjeûner chés M. de la Reynière; vu Charmos[3]; inquiétude à cause d'une figure du *Paysan*; 27, V *Paysan-Paysane*; le soir, *A. pat.*; 28, XLI volume; *sero Agnetis d. S^{dia}*; 29 *Analises* XLI volume.

478. 30. Lettre du docteur Préval, qui m'invite à souper avec le duc de Gesvres[4]; je dîne

---

Réflexions sur ce qu'on appelle les journalistes ou critiqs de profession.

1. *Panurge dans l'isle des lanternes*, comédie-opéra en trois actes, de Grétry. La première représentation eut lieu le 25.

2. Hubert-Pascal Ameilhon (1730-1811), conservateur de la bibliothèque de l'Arsenal, auteur de l'*Histoire du commerce et de la navigation des Égyptiens sous les Ptolémées*, membre de l'Académie des inscriptions et belles-lettres depuis 1766.

3. Son nom est, ailleurs, écrit *Charmot*; dans la *Femme infidèle*, il est surnommé *Bonentout*. Une dame Charmot était la tante de Milran, d'après une lettre de celui-ci insérée dans les *Contemporaines*, t. XIX de la 2ᵉ édition; il raconte à Restif qu'il avait failli épouser sa cousine, Manette Charmot, l'aînée : « Les dispenses étaient obtenues, on allait les fulminer; il ne restait qu'une formalité à remplir, l'aveu d'une faute que nous n'avions pas commise, et ma cousine s'en effraya au moment de terminer. Tout fut rompu : nous nous aimions, cependant. » Milran dînait avec Restif dans la famille Charmot, quand il venait à Paris de Cherbourg, où il était directeur des vivres de la marine.

4. Fils du duc de Tresmes et gouverneur général de l'Ile de France, reçu au Parlement duc et pair en 1775. C'est lui

chés Desessarts[1]; je soupe, le soir, avec le duc, et deux belles dames; M. Robé[2] récite des vers; je touche le pied de Mlle... (sic) nièce de Préville[3]; je loue la douceur de la voix de la baronne; la nuit, à deux heures, je passe devant la demeure de ma fille, et j'y vois de la lumière, ce qui me donne à penser.

479. 31 *jan. U Paysan-Paysane. Calda urinatio apparet*. Agnès a fui, elle est chés Blérie[4], d'où je la tire le même soir.

480. 1 *februarii*. Je dîne chés Mme de la Reynière; fin de la composicion tipografike

qui, en 1787, eut le courage de porter au Roi des représentations sur l'emprunt et sur l'exil du duc d'Orléans. Sa conduite lui valut une lettre de cachet qui fut annulée grâce à l'intervention de Madame Adélaïde.

1. Restif dînait souvent avec Desessarts (v. les §§ 372, 524, etc.), qui paraît avoir été un gai compagnon; voici une lettre que cet acteur lui écrivait le 20 avril 1784 : « Monsieur, M. Montlinot m'a témoigné l'envie la plus vive de faire connaissance avec vous... Je présume, quoiqu'il ne s'en soit pas autrement ouvert à moi, qu'il a à vous parler de la part de M. l'Intendant de Soissons. Or, il vous croyait défunt. Je l'ai bien assuré du contraire, et pour preuve, je lui ai promis que demain mercredi, à deux heures après-midi, chez moi, vous feriés, à dîner, acte d'existence. Nous ne serons que nous. Vous sentés combien votre réputation d'homme vivant serait compromise, si vous n'acceptiés pas le rendez-vous. » (*Contemporaines*, t. XIX, 2e éd.)

2. Robbé de Beauveset (1714-1794), auteur de poésies érotiques, de *Mon odyssée, ou Journal de mon retour en Saintonge*, d'épîtres, odes, satires, etc. Le duc de Penthièvre lui racheta une partie de ses ouvrages (v. *Monsieur Nicolas*, t. XI, p. 83), et le prince de Conti lui donna 20,000 livres pour ne pas imprimer son *Origénisme*.

3. Pierre-Louis Dubus, dit Préville, célèbre comédien du Théâtre-Français (1721-1799). Une nièce de Préville épousa François de Neufchâteau.

4. Blérie de Sérivillé, ami d'Augé (Rizblé, dans la *Femme infidèle*; Fromentel, dans *Ingénue Saxancour ou la Femme*

du *Paysan-Paysane*; je rends Agnès à l'infâme Augé.

481. 2 *feb*. Épreuves; une date, ce 4°, revue douloureusement! *Ma gonnorrhée confirmée*; 3 *f*. inflammation. 9° et 20° canevas; 4, fin du 20° canevas; 5, *A* XLII *volume*. Lecture 2de U *Paysan-Paysane*; malade; 6, X *Paysan-Paysane*, Z *Oribeau*; *pruritus*; je ne suis sorti qu'à huit heures du soir.

482. 7 *f*. J'ai relu les *Charcuitières* et les *Rôtisseuses*; le soir, querelle violente avec le petit Duchesne; ischurie.

483. 8 *f*. Terrasson refuse *Oribeau*; *Rôtisseuses*. Je dîne chés Bralle où je me trouve mal; donné la *Paysane*.

484. 9 *f*. Ischurie; je lis les *Rôtisseuses*; 10, la *Restauratrice*; 11, j'achève de relire le XX° volume.

485. 12. *f*. Je relis, chés le prévôt des Marchands, la lettre de la *Paysane* de la *Récepcion d'Edmond*; 13 *f*. 2de X *Paysan-Paysane*; 2de Z *Oribeau*; M XLI; 14, rien, lavemens, difficulté d'uriner; 15, ischurie; strangurie horrible[1]; *Oribeau* parafé par M. de Toustain; 17, je lis les *Filles-de-modes*; strangurie insuportable; 18, mal aux reins; mandat pour la

---

séparée), commis des poudres et salpêtres de France, à l'Arsenal. V. les notes 1 et 2 de la p. 134 et la note 1 de la p. 156.

1. V. la *Femme infidèle* (p. 517) : « J'éprouve les suites cruelles de la trahison de 1770, d'une manière d'autant plus inquiétante qu'elle ne diminue en rien les forces du corps et la vigueur de la santé. Les médecins nomment cette maladie d'un nom grec que voici et que je ne vous traduirai pas : Στραγγύρια, ἰσχυρία. Hier, j'ai pensé en mourir. Tout était arrêté. Quel état! Et que je dois abhorrer celle qui m'y réduit! (Agnès Lebègue.) » V. la note 4 de la page 174.

Paysane à M. de Toustain; 19, fin du *Paysan-Paysane*; malade, froid, mal aux reins et à la vessie.

486. 20 *f.* Je m'alite; les reins, pis; 21, au lit : les reins, pis; 22, au lit, les reins, délire, bruit de Joubert et la Reynière[1]; 23, *periculum.* J'ai manqué de mourir; 24, *annihilatus sum*; une excellente sueur; 25, un peu mieus; 26, un peu mieus[2]; 27, lettre à M. de Toustain sur la *Paysane*; 28, réponse de M. de Toustain (toujours au lit).

487. 1 *martis.* Froid violent; Belin me vient voir; cartons d'*Oribeau* corrigés.

488. 2 *mart.* Froid; fin des cartons; faiblesse.

489. 3 *mart.* Je relis l'*Epicière* et la *Limonadière*; 4, *Laitière, Crémière*; 5, *Confiseuse, Perruquière : feuille* R XLII; 6, fin de la *Perruquière, Boursière*; je suis purgé.

490. 7 *mart. Onze marchandes*; ma première

---

1. On a vu (p. 90, notes 2 et 3) les rôles que Restif accuse Joubert et Fontanes d'avoir tenus auprès de M⁽ᵐᵉ⁾ Restif. Un passage de *Monsieur Nicolas* complétera le tableau : « Ces deux hommes me croyaient riches; ils trouvèrent dans Agnès L... (Lebègue) une créature facile; ils eurent la pensée de s'établir chez elle et de vivre à discrétion. Ils avaient trouvé leur femme, mais ils n'avaient pas trouvé leur homme; quoique bonasse, je suis inabordable pour les frelons... Scaturin ne venait pas, Naireson passait avec elle toutes les après dinées... Il se tint un conseil contre moi, le 22 février (1785) au soir; on en mit le jeune La Reynière, qui prit ma défense. Il ne s'agissait de rien moins, de la part d'Agnès L..., que de demander pension et séparation. Mes bons amis Scaturin et Naireson (Fontanes et Joubert), qui m'avaient tant recherché, par admiration de mon talent, disaient-ils, la poussaient à cette démarche. »

2. Dans *Ingénue Saxancour* (t. III, p. 243), Restif définit son état : « Suppression de transpiration qui le mit à deux

sortie. (Cette date est écrite trois fois sur l'Ile, 7 mart. primâ viâ.)

491. 8 mart. *Fille-tapissière*; 9, *Lunetière*; été jusqu'à la Rapée; 10, *Orfèvre, Polisseuse*; Agnès quitte son mari[1]; je la remercie. J'écris à M. Desessarts.

492. 11, *Tonnelière, Menuisière*; j'apprends que M. de Beaumarchais est à Saint-Lazare[2].

493. 14 mart. *Analises*; *Marchande de musique*.

494. 14 mart. *Ab uxore trador.* (Ma famme écrit contre moi à Milran); *Fille-de-bains. Regratière.* Voyez les lettres dans la IVme partie de la *Femme infidelle*.

495. 15 mart. *Petite Ouvrière*; trois prises d'eau de Préval[3]. Envoi de *Paysan-Paysane* à Bordeaux.

---

doigts du tombeau », et dit que sa fille Marion lui prodigua, en cette circonstance, les soins les plus dévoués.

1. Ses griefs sont exposés tout au long dans la *Femme infidèle* et dans *Ingénue Saxancour* : ce dernier ouvrage est sa biographie. Voir aussi notre § 586, ci-dessous.

2. Il y avait été enfermé par ordre de Louis XVI, à la suite des polémiques qui suivirent la représentation du *Mariage de Figaro*.

3. Restif ne manque jamais une occasion de faire de la réclame à l'eau de son ami, le docteur Guillebert de Préval. Il lui attribue la guérison des coliques auxquelles il était sujet (*Monsieur Nicolas*, t. XI, p. 200), et dit, en parlant de la Faculté de médecine : « Dans tous les temps, ses membres reçus s'opposèrent aux plus salutaires découvertes : il y a cent ans, à l'émétique; de nos jours, à l'inoculation; plus récemment encore, à l'*eau préservatrice* d'un homme qui mérite toute notre reconnaissance et qui doit compter sur les hommages de la postérité. » Voir, à la fin des *Nuits de Paris*, une annonce concernant cette eau; dans les *Nouveaux Mémoires d'un homme de qualité*, une pièce intitulée *Thèse de médecine soutenue en enfer*, et une *Lettre d'un mort à son médecin* « relative à l'affaire odieuse que la Faculté de médecine a suscitée à M. de Préval, un de ses membres les plus

496. 6 *mart. Blanchisseuse*; 17, *Cordonnière, Fourbisseuse*. 18, cartons d'*Oribeau*; 4 feuilles; 19, cartons d'*Oribeau*; 20, xx° canevas; de Préval, de la Reynière me visitent. 21, *Femmes qui trompent*; 22, cartons d'*Oribeau*; 22, dernières pages; 23, *Femmes heureuses*; lettre de M. de Montlinot.

497. 24 *mart. Femmes qui haïssent et Femmes glorieuses*; lettre de Ch-os (sic), V xLII *volume*.

498. 25 *mart*. Je réplique à Montlinot, 26. U xLII.

499. 27 *mart*. Je reprens la *Femme infidelle*[1] (commencée il y a longtemps!).

500. 28 *mart*. Je fais usage de la *Lettre de Theano*[2]. 9 pages de la *Femme infidelle*; dîner avec Agnès.

501. 29 *mart*. 16 *Infidelle. Fammes-haïes*.

502. 30 *mart*. Vu M. Toustain, contre le *monstre*.

503. 31 *mart*. 6 et 7 *Lettres infidelle*[3].

504. 1 *ap*. Préface de la *Famme infidelle*, pages 8 et 9. 1 lettre ajoutée.

505. 2 *apr*. Lettres à Ugnebet[4] et Dési-

---

respectables. Cet illustre médecin y est vengé avec les armes de la raison et le sel du ridicule. » (*Revue des ouvrages*.)

1. La *Femme infidèle* fut publiée à Paris chez Maradan en 1788. 4 vol. in-12. Cet ouvrage est un des plus rares de ceux de Restif.

2. *Lettre de Theano à Nicostrate*, dans le second volume des *Françaises*, page 170. V. aussi une *Lettre de Theano à Eubule*, dans les *Françaises*, t. IV, p. 54. Enfin, il y a une *Lettre de Theano, femme de Pythagore, à Nicostrate*, « sur le point le plus délicat du mariage », à la fin du 42° volume des *Contemporaines*.

3. La *Femme infidèle* contient surtout des lettres écrites à Agnès Lebègue ou par elle; à Restif ou par lui.

4. Anagramme de Beugnet, dans la *Femme infidèle*. Ancien

rée[1]. Je retiens la lettre à Joubert et Lamarque[2]; 3, 33-35 *Infidelle*; 4, lu *Figaro*; 11 et 12, *Infidelle*; 5, 13-15 *Infidelle*; 6, 16-19; *Idées singulières données à Desgardes*[3]; vu d'Hemeri là; j'ai été en vain chés M. de la Reynière; 7, 23 *Infidelle*. M. de Toustain nommé pour la *Paysanne*, M. Blin de Saintmore[4] pour l'*Infidelle*; 8, 28 *Infidelle*; 9, 36 *Infidelle*; remis à M. de Toustain le *Compère Nicolas*; 10, 39 *Infidelle*; 11, 44 *Infidelle*; 12, 49 *Infidelle*; chés M. de Toustain; 13, 51 *Infidelle*; 14, 52 *Infidelle*; 8, du chagrin; 15, *épreuves*; *Analise* au prévôt des Marchands pour le docteur de Préval; 16, 56 *Infidelle* chés le prévôt des Marchands pour docteur Préval; 17, 59 *Infidelle*, dernière feuille des *Contemporaines*; 18,

prote de Quillau, puis graveur sur bois, amant d'Agnès Lebègue.

1. Élisabeth-Désirée Didier, « jolie femme, ma commère, que j'honore pour elle-même » (*Calendrier*). Voir les lettres que lui adressa Restif, dans la *Femme infidèle*.

2. Appelé *Stigmatin*, dans la *Femme infidèle*, où l'on voit, t. II, p. 695, une lettre que lui adresse Agnès Lebègue, au sujet de ses différends avec son mari. François Lamarque, reçu avocat au Parlement de Paris, cette même année 1785, fut envoyé par le département de la Dordogne à l'Assemblée législative en 1791, devint membre de la Convention nationale, puis du conseil des Cinq-Cents, dont il fut élu président en 1797. Il exerça, dans la suite, les fonctions de préfet du Tarn et de substitut à la Cour de cassation. L'*Intermédiaire des chercheurs et des curieux* (1888) a publié une lettre d'Agnès Lebègue à Pétion, où cette dame se recommande de Lamarque pour obtenir un emploi : « Je suis particulièrement connue de M. Lamarque, député, et autres personnes notables qui m'ont donné des certificats de vie et de mœurs... » (30 sept. 1792.)

3. Censeur royal.

4. Censeur qui parafa la *Femme infidèle*, mais à condition que l'auteur y introduirait des *cartons*. Restif n'en fit rien, selon son habitude.

62 *Infidelle*; 19, 63 *Infidelle*; renvoi au *Compère Nicolas* (qui n'a pas eu lieu); 20, 63 *Infidelle* rue Ovide¹ 92 *bis*; idée des *Contemporaines choisies* (aujourd'hui les *Françaises*, divisées par *Exemples*, au lieu de *Nouvelles*); 21, 64 *Infidelle*.

22, 66 *Infidelle*. Angelot s'en va; (cet Angelot était mon compositeur des *Contemporaines*; il a fait une feuille de la *Famme infidelle*, et s'en ala parce que je lui avais reproché son ivrognerie : c'était un bancal, bossu, très-mauvais sujet, qui s'est plu, depuis, à me faire insulter sur l'Ile Saint-Louis par les enfans et les porteurs d'eau. Il sortait de chés l'imprimeur Chardon, sans billet, et en violant toutes les lois de l'Imprimerie, qui ne permettent pas à un ouvrier de quitter un ouvrage commencé, dont on lui donne le prix qu'il demande); 23, 70 *Infidelle*. Épreuve A de la même; 24, 74 *Infidelle*. Plan de la *Fille naturelle*²; 25, 76 *Infidelle*. Commencement du *Drame*; 26, *nihil*; envoi du *Paysan-Paysane* chés la dame veuve Duchêne; 27, 77 *Infidelle* et 77ᵇⁱˢ du *Drame*; avis pour les *Contemporaines choisies*; 28, 79-80 *Infidelle*, 78, *Drame*; 29, 81 *Infidelle*, 79, *Drame*; 30, 82-84 *Infidelle*, 79, *Drame*.

503. 1 maii, 86 *Infidelle*, vu *Fanfan et Colas*³; 79-82 *Drame*. 2, 90 *Infidelle*, 84, *Drame*. Aux

---

1. La rue Saint-Ovide occupait l'emplacement de la rue des Capucines actuelle. La foire Saint-Ovide, très populaire, se tint sur la place Vendôme pendant tout le dix-huitième siècle, jusqu'en 1771.

2. *La fille naturelle ou la mère impérieuse*, drame en cinq actes (dans le tome I du *Théâtre* de Restif).

3. *Fanfan et Colas ou les frères de lait*, comédie en un acte, prose, par madame Beaunoir.

Français[1], la *Coquette corrigée*[2] (de la Noue) ; 92 *Infidelle*, 84, *Drame*. Aux Italiens[3], *Famme jalouse*[4], 4, 93 *Infidelle*. Vu le chevalier de *Saint-Mars*. 5, 107 *Infidelle*. 86 *Drame*. Aux Italiens, *Aucassin*[5].

506. 6 *maii*. *Heri eundo ad Italos, vidi Poinot minorem ; nupta Carnavallo, manet viâ*. 112, *Infidelle*. Aux Français, *Comtesse de Chazelle*[6] tombée. 7, 115 *Infidelle*.

507. 8 *maii*. Cette date est sous *au 8 mai*

---

1. La Comédie française fut ouverte, en 1782, dans la salle qui fut spécialement construite par les architectes Peyre l'aîné et de Wailly, sur l'emplacement de l'hôtel de Condé (emplacement actuel de l'Odéon). On trouve une vue du monument dans le *Guide* de Thiéry (1787), t. II, p. 388. Sous la Révolution, elle devint *Théâtre de la Nation*. En 1799, un incendie dévora ce théâtre. Les comédiens français s'installèrent au Palais-Royal, où ils sont encore.

Reconstruit en 1807, l'*Odéon* fut de nouveau incendié en 1818, et immédiatement restauré.

Le monument actuel est à peu près semblable à celui de 1782.

2. Jouée pour la première fois le 23 février 1756.

3. Le Théâtre italien fut construit, de 1780 à 1783, sur l'emplacement de l'Opéra-Comique incendié le 25 mai 1887.

La Comédie italienne y joua jusqu'en 1797, époque à laquelle elle s'installa dans la salle Feydeau (près de l'emplacement qui fut plus tard la place de la Bourse).

L'ancienne salle de la Comédie italienne fut incendiée en 1838. Aussitôt reconstruite dans le même style que l'ancienne salle (voir une vue du monument dans le *Guide* de Thiéry, t. I, p. 182), elle fut incendiée de nouveau en 1887.

4. Comédie en cinq actes, de Desforges, jouée pour la première fois le 15 février 1785. D'après le chevalier de Cubières-Palmézeaux, cette pièce aurait été, en partie, inspirée à Desforges par la *Fille naturelle* de Restif.

5. *Aucassin et Nicolette ou les mœurs du bon vieux temps*, comédie en quatre actes par Sedaine, musique de Grétry, jouée pour la première fois le 30 décembre 1779.

6. Comédie en cinq actes, en vers, par Charlotte-Jeanne de Montesson.

MES INSCRIPCIONS. 113

1784, *(Epistola à Milran) post multos dolores video.* (Tous les 8 des mois suivants sont sous celui-ci, ainsi qu'à côté du premier escalier méridional, en sortant du *Pont-rouge.*) 87 *Drame, Infidelle,* renvoi de la *Dernière avanture;* 9, 119 *Infidelle,* 88 *Drame;* 10, 122 *Infidelle;* 11, 125 *Infidelle,* 89 *Drame.*

508. 12 *maii.* 126, 90 *Drame. Bonus Terrasso.* (Il venait de me renvoyer gratis les quatre derniers volumes des *Contemporaines*); 13, 128 *Infidelle,* 92 *Drame;* 14, 129 *Infidelle,* 93 *Drame;* 15, 131 *Infidelle,* 95 *Drame;* 16, 134 *Infidelle,* 96 *Drame;* 17, 136 *Infidelle,* 102 *Drame,* fin. 18, 130 *Infidelle. Drama reviso.*

509. 19 *maii. Infidelle* 14-29. *Drama reviso; fin de l'impression du* XLII *volume;* 20, 143 *Infidelle. Drama reviso; inserui in Infidâ epistolam Milrani, monstri et Marcputto;* 21, 145 *Infidelle;* 22, 148 *Infidelle. Drama reviso; inquietus à luto 26 octobres.* (Ceci veut dire que le même coquin, qui m'avait donné tant d'inquiétude, le 26 8bre, pour un enfantillage, la renouvela ce même jour, en parlant au nommé Dubosc, valet de Mme veuve Duchêne, aujourd'hui libraire.)

510. 23 *maii. Finis Infidæ,* 152.

511. 24 *maii.* J'ai lu et fait le plan de mes quatre volumes de *Françaises.*

512. 25 *maii.* Commencé le 1er *Exemple*[1] et fait deux sujets d'estampe; 26, *Éducation d'Angélique;* 27, fin *Bonne fille;* 3 pages sur la *Bonne fille* et la *Mauvaise mère;* 28, fin *Bonne fille mau-*

---

1. Les chapitres des *Françaises* sont autant d'*Exemples* pour servir à la moralisation des hommes. Les titres qui suivent dans notre texte sont ceux des nouvelles contenues dans cet ouvrage.

vaise Mère; 29, Fille-naïve; 30, Fille d'esprit; 31, 3 pages sur la Fille aimée par un fat.

513. 1 junii. Fin de la Fille aimée par un fat, et commencement de la Fille à l'amant honnête; 2, Fille à l'amant honnête, fin; Fille sans amant; 3, Fille courue; fin du 1er volume.

514. 4 jun. Famme aimant un autre que son mari; 5 Famme insensible; 6, Famme dévote; 7, Famme esprit-fort; 8, Famme d'ivrogne.

515. 9 jun. Famme de joueur (scio permitti Rusticanam, recusata 4 jun. 83); 10, Famme de débauché; 11, Famme d'incapable; 12, Famme d'homme d'esprit.

516. 13 jun. Famme paresseuse. Romans[1]; 14, Famme impérieuse, Romans; 15. Famme entendue. Romans; 16, Famme dépensière, Famme parfaite; 17, Famme d'homme veuf; 18, Famme veuve.

517. 19 jun. Mère d'une famille nombreuse. Fin Mère sévère à moitié; 20 Mère sévère, Mère gâteau; 21, Mère aux méchans enfans; 22, Mère aux bons enfants; 23, La belle-mère, 2; 24, La Grand'-mère. Fin des Françaises, commencées le 24 mai[2].

---

1. Les *Romans* font partie des *Juvénales* que Restif annonçait en 1787, à la fin du *Paysan-Paysanne pervertis*, comme devant prendre place dans différents ouvrages. On trouve ces *Romans* dans le tome III des *Françaises*, page 241. Les *Françaises* contiennent, sous le nom de *lectures*, vingt et un morceaux dont plusieurs sont les juvénales annoncées. Voici quelques-uns de leurs titres; il en sera question dans le journal de Restif : *Éducation de notre fille Angélique; La fille de Saxe; Les auteurs; La langue française; La superstition; Sans dot, la dot; Le luxe et la pauvreté; La domesticité*, etc.

2. On voit que vingt-six jours lui suffirent à écrire les quatre volumes des *Françaises*, et que cet ouvrage est bien de Restif seul, contrairement à la supposition de M. Paul Lacroix, page 244 de sa *Bibliographie*.

§18. 23 *jun*. *Auteurs à demi*; 26, fin *Auteurs* et de la *Supersticion*; 27, je lis la *Pauvreté*; 28, fin *Pauvreté. Domesticité*[1]; 29, je lis la *Filosofie des épous.*

§19. 29bis *jun*. Je suis alité à cause de mon (sic) hernie; 30, je lis les 2 premières nouvelles du XXVIIe volume des *Contemporaines*.

§20. 1 *Julii*. Alité; je fais les 2-9 *Veuves* ajoutées; 2. 10-11-12-13-14 *Veuves* (alité); 3, fin des *Veuves*, je commence la *Graveuze* (je sors et vais sur mon Ile).

§21. 4 *Jul*. Fin de la *Graveuze*; je lis la *Fille de Porteur d'eau*; je sors, je vois Chardon, Courtois[2]; fin des figures de la *Paysane* et des *Contemporaines*; 5, *Epouse d'infirme*; renvoi de l'*Ivrogne*; *Fille de porteur d'eau*; 6, je lis l'*Oublieuse* et la *Famme de chambre* (les figures de la *Paysane* à l'imprimeur); 7, *Poissarde, Guinguettière*, etc. Je donne à M. de Toustain *Paysan-Paysane* réunis et les *Contemporaines*. 8, 1 *Jolies-crieuses* et 11 à moitié; 9, 11 *Jolies-crieuses*; affaires, pour avoir de mes figures; 10, *Saladière* et les chansons ajoutées; 11, presque rien; colère chez la Quicemette. Chose étonnante : j'ai rêvé que j'aimais, jeune encore, ma chère maîtresse d'apprentissage, Collette Parangon[3]! 12, Lu Milran, critique de l'*Al-*

---

1. V. la note 1 de la page 114.
2. V. la note 1 de la page 117.
3. Femme de l'imprimeur d'Auxerre chez lequel Restif était entré comme apprenti, en quittant son frère, l'abbé Thomas. Il lui avait donné le nom d'un caractère d'imprimerie, le *Parangon*. Son vrai nom était, paraît-il, madame Fournier. V. un passage analogue dans les *Nuits de Paris*, p. 1683 : « On trouve écrit dans mes Dates, ces mots : 18 8^b 1773. *Somnium quo vidi carissimam heram Colettam,*

manach-des-muses; 11, *Jolies crieuses, Fromagère. Enlumineuses*; 13, *Chansons des Jolies-crieuses*; vu M. le Prévôt des marchands et porté les figures du *Paysan-Paysane*; Legrand, Agnès par de Villedeuil prêt à quitter; les *Contemporaines* à la dame Valade[1]; 14, *Loueuse de chaises*; chés M. de Villedeuil; donné les *Contemporaines* à Mercier[2]; dîner chés Desessarts; le soir, été chés Mme Guichard; 15, les *Journalières*, fin du XXIXe volume. 16, *Vertu dans le vice*; les *Bâtardes*; dîner chés M. Bralle; on broche la *Paysane*; 17, *Julie, Paysane à Paris*; souper chés M. de Toustain; 18, affaires, *Laboureuze*; on vend les *Contemporaines*; 19, affaires, *Vignerone*; 20, affaires; la lettre à M. de la Reynière; fin du XXXe volume.

§21. 21 jul. Je commence à lire la *Vie de mon Père* pour la réimpression; 22, la 28e page de la *Vie de mon Père*; fuite d'Agnès, le soir à 8 heures; chés Berthet[3].

§22. 23, 24, 25 jul. Affaires; *Vie de mon Père*, fin du 1er livre; conclusion avec M. Belin (pour mes 12 volumes du *Commun*, dont je rachète les cuivres mille écus); dîner chés l'abbé Roi avec M. de Sauvigné[4]; 26, porté

---

amatus amatâ, felix felici. Mihi dixit : diù separati, carissime, tandem adjungimur! O crudele somnium, quod me examinem tibi mentitum est! Error erat; fallebaris! Aspicis vivam! Sororis fidem accipies, nam ego nupta sum... Je m'éveillai dans un charme inexprimable... »

1. Femme d'un libraire de la rue Saint-Jacques.
2. Sébastien Mercier, auteur du *Tableau de Paris*, ami et admirateur de Restif. Ils s'étaient liés en 1782, à l'occasion d'un article élogieux sur le *Paysan perverti*, dans le *Tableau de Paris*.
3. Graveur de la plupart des figures des *Contemporaines*.
4. Edme-Louis Billardon de Sauvigny (1730-1812), né

feuille A, le soir, chez M. de Toustain; 27, 28, je fais brocher; je cours pour faire avancer l'impression des figures *Paysane* et *Contemporaines*; 29, de même; *Vie de mon Père*; 30, fin de la lecture de la *Vie de mon Père*; 31, dîner chés M. de Toustain, dont on imprime la *Morale des Rois*[1]; on broche mes 15 *Paysans* beau papier; on relie, etc°.

§22. 1 *Augusti*. Je retouche à la *Vie de mon Père*; 2, je m'occupe d'affaires; 3, je porte la *Paysane* reliée à M. de Villedeuil; j'en suis bien reçu; il me dit que je suis vrai dans mes discours comme dans mes ouvrages.

§23. 4 *Aug. Rusticana venundabitur* 8. (Cette date est deux fois, au nord et au midi de l'Ile); affaires, trouble.

§24. 5 *aug.* Chés M. de Beaumarchais; rendévous au 7; dîner chez Desessarts.

§25. 6 *aug.* 8 *venundabitur Rusticana. Timor et tremor, ab epistolâ ad Librarios ad calcem Rusticani.* Compté avec Petit[2] qui m'a nié ma grande *École des Pères*, et d'autres articles : j'ai passé là-dessus; reste dû 205 livres.

§26. 7 *aug. Cras venundabitur Rusticana* : Je

près d'Auxerre, auteur de la *Mort de Socrate*, fut exilé pour avoir approuvé, comme censeur, l'*Almanach des honnêtes gens*, par Sylvain Maréchal.

1. La *Morale des Rois, puisée dans l'éloge ou l'exemple du Père du peuple* (1785), par le vicomte Gaspard de Toustain-Richebourg. Un volume in-8°. Voici un extrait du billet d'invitation de M. de Toustain, tiré de la 2ᵉ édition des *Contemporaines* : « Samedi 30 juillet 1785. — M. le marquis de Senone, Monsieur, sera charmé de vous posséder demain, sur les deux heures et demie, à dîner. Nous causerons du débit de notre *Morale*, dont M. Courtois m'a envoyé, hier au soir, les dernières bonnes feuilles... »

2. Libraire-éditeur.

déjeûne avec M. de Beaumarchais, qui me confie le secret de sa conduite; il appelle Mme de Villers¹, et la charmante Eugénie, sa fille, dont il me raconte les accidens, consignés sur une médaille, etc°. Le soir, je rencontre, sur le quai Pelletier², Mme Delacroix³ (*Delixe*); je l'aborde après la rue Saint-Jean, et je l'accompagne jusqu'à la troisième porte cochère du quai Bourbon, sa demeure. J'écris cette date vis-à-vis sa porte.

527. *8 aug. Magna dies!* J'écris le matin, en me levant, à ma fenêtre, *hodie 8 aug. timor et tremor*, et sur le quai : *8 aug. venundatur Rusticana*. Le soir, je trouvai le marquis de Senonnes⁴ sur l'Ile; je l'écrivis en ces termes,

---

1. Maîtresse de Beaumarchais.
2. Entre le pont Notre-Dame et la place de Grève. C'est, aujourd'hui, la partie du quai de Gesvres comprise entre la rue Saint-Martin et la place de l'Hôtel de ville. Il devait son nom à Claude Le Pelletier, prévôt des marchands de 1668 à 1674, ensuite ministre d'État et contrôleur général des finances.
3. V. *Monsieur Nicolas* : « J'ai parlé pour la dernière fois à Mme Delixe, encore belle, le 7 auguste 1785, la veille de la mise en vente de *la Paysanne pervertie*. » V. aussi le t. X, p. 235, où il est question d'un « Delacroix-Hydrophore » qui paraît avoir été libraire, et la 171° nouvelle des *Contemporaines* intitulée : *La Fille de porteur d'eau*. C'est du même Delacroix que Restif parle dans le tome XVI, in fine, des *Contemporaines*, 2° édition : « ...M. Delixe est peu connu, mais c'est tant mieux pour lui. L'obscurité le couvre d'un voile qui lui est salutaire : mauvais mari, cet homme a réduit sa femme à se prostituer; mauvais père, il a mis son fils, déjà grand, à la Pitié; il n'a gardé que sa fille, qui, promettant d'être jolie, lui fait envisager des ressources. »
4. François Pierre de la Motte, marquis de Senonnes, fut exécuté le 18 germinal an II, comme convaincu d'émigration. On sait qu'un vicomte de Senonnes, né en 1781, fut membre

le lendemain : 9 *aug. heri, hic marchi de Senones*;
mémoire d'Agnès contre Augé; l'abbé Roi
arrête la *Morale des Rois* de M. de Toustain,
dont il est censeur. J'y vais avec Chardon, et
j'y dîne.

528. 10 *aug.* Mémoire Agnès; le soir,
reproches au scélérat d'Augé en présence de
M. Legrand, chés M. le prévôt des marchands;
11. Lettre contre Augé à M. Legrand, affaires;
dîner chés Desessarts, auquel je donne *Paysan-Paysane* réunis; 12 H *Infidelle*; *timeo postremam cameram*.

529. 13 *aug.* Repris *Monsieur Nicolas*, hier,
912; *hodiè*, 913. *Sero finitum* : terminé avec Belin
(je l'ai soldé en livres).

530. 914-915. *Monsieur Nicolas*; dîner avec
Mme de Villers, à laquelle j'avais porté, le 7 et
8, les *Contemporaines* et le *Paysan-Paysane*.

531. 15 *aug.* 916-917 *Nicolas* : dîné chés
M. le marquis de Senones; 16 *aug.* 917-918,
pat Mn^d. 17, *fin Infidelle*. Mémoire contre Augé;
crainte pour ce qu'a dit Mercier. 919.

532. 18 *aug. Coule, fleuve du temps!* (note
mise plusieurs fois, le 9 aug., le 18, le 8 8bre,
le 14 et le 31.) 921, *Monsieur Nicolas. Puella quærens.* (Une jeune personne, assés jolie, fit
le demi-tour de l'Ile avec moi, en cherchant
l'endroit où elle avait un rendévous.) *Tremendo*.

533. 19 *aug.* 922, *Monsieur Nicolas*. Dîner
chés M. Bralle et souper, (auquel je n'ai pu manger : Mme Marchand[1] et les deux sœurs.)

---

de l'Institut et intendant de la maison du Roi sous la Restauration. V. la note 1 de la p. 117 et 1 de la p. 139.

1. Femme de Jean-Henri Marchand, censeur qui approuva le *Pornographe* et collabora aux *Nouveaux Mémoires d'un*

534. *20 aug. 923-925 Monsieur Nicolas n. f. A. rebellis;* 21, ce que fait Montlinot; 22, je lui donne un *Nouvel-Abeillard :* il promet de placer Agnès[1]; 23, je commence l'analise du *Paysan-Paysane;* 24, Analise de la *Découverte australe,* je vais au *Jalous-sans-amour;* 25, Analise de la *Dernière Avanture,* V de la *Prévencion nacionale,* d'*Oribeau;* vu Desessarts; 26, Analises *Contemporaines, Hibou, Métamorfoses, Glossografe, Tesmografe :* été avec Agnès chés Montlinot absent; écrit à Poinot l'aînée, dans ma rue; 27, 28, mémoire contre Augé; 29, 30, 31, mémoire; été le soir chés la Poinot, qui n'a pas ouvert : « Ma foi non ! Je suis couchée[2]. »

535. 1 *Septembre.* Je commence à écrire ces *Inscripcions*[3]; mémoire; donné à Mercier 5 à 8 *Graduées;* Nanci arrête ma *Paysane,* mais il est réprimé; 2, frais de mes ouvrages; lettre de... (sic) Mme Pat. et la Damourette[4].

homme de qualité dont le titre primitif était la *Requête du curé de Fontenoy.* (V. *Monsieur Nicolas,* t. X, p. 117.)

1. Agnès Augé, fille ainée de Restif, s'était enfuie de chez son mari pour éviter ses mauvais traitements.

2. Elle avait été mariée à un nommé Maillot avec lequel elle ne faisait pas bon ménage. Un soir que Restif s'était introduit près d'elle, Maillot vint heurter à la porte : « -- Qui est-ce ? dit timidement Rosalie. -- Tolliam (Maillot), répondit-on. -- Je suis couchée; je ne reconnais pas cette voix-là. -- Ouvrez toujours. -- Ma foi, non. » L'on resta plus d'un quart d'heure à la porte, ce qui m'obligea à me cacher. Enfin, on quitta la porte. Rosalie regarda par la fenêtre. C'était son mari. Elle le rappela et me fit monter au grenier. » (Voir *Monsieur Nicolas,* t. XI, p. 133.)

3. C'est le présent ouvrage.

4. Rosalie Damourette, « petite marchande de tableaux, d'estampes, de miniatures... Elle allait à la découverte et me fournissait des sujets de *Contemporaines,* ou pour les *Nuits de Paris.* » (*Calendrier.*)

536. Pernicieuse date. *Inscripcions*; donné la *Paysane* à Charnois¹; 4, je dîne chés la veuve Esprit², et j'empêche son fils de se brûler la tête d'un coup de pistolet. Cette vieille folle se croit encore aimable; elle danse après avoir pléuré, etc.; 4, *Inscripcions, Analises*; vu Montlinot; le vil Augé parlé à la servante Victoire; 6, *Inscripcions, Analises*, Montlinot; 7, *Idem*.

537. 8 7bre (Anniversaire, date toujours renouvelée); *Inscripcions, Analises*. Joué aux cartes chés Berthe³; 9, Montlinot dîne chés Agnès; 10, départ de Montlinot, qui m'avait promis de s'intéresser pour Agnès, à qui j'ai fait présent de plusieurs livres, et qui ne m'a pas encore écrit depuis son retour à Soissons, aujourd'hui 4 9bre. M. *Infidelle*.

538. 11 7bre (Ancienne date). *Inscripcions*. Je vais au boulevard et à la rue Saintonge; 12, *Inscripcions*; 13, *Inscripcions*. Lu *Tom Jones*; 14, *Inscripcions, Analises*; 15, colère contre Augé chés M. le prévôt des Marchands.

539. 16 7bre (Date renouvelée). Je parle au prévôt des Marchands, qui me reçoit mal. *Ira Augœi*; C et D du xixe volume des réimpressions⁴; 17, *Ira Augœi*; père Augé, que je vois, après lui avoir envoyé ma fille; il pense, comme moi,

---

1. Jean-Charles Le Vacher de Charnois, gendre du comédien Préville et rédacteur du *Journal des théâtres*, auteur de *Recherches sur les costumes et sur les théâtres de toutes les nations*, etc. V. la note 3 de la page 219.

2. Imprimeur-éditeur de plusieurs ouvrages de Restif, notamment du *Paysan perverti*; tenait boutique au Palais-Royal. La veuve Esprit et son fils le consultaient souvent pour les affaires de leur imprimerie.

3. Nom familier que Restif donne à Berthet, le graveur.

4. Réimpressions des *Contemporaines*.

qu'il faut la fixer. Je parle du *monstre* son fils;
18, Augé enfin revient me faire des excuses;
épreuves.

540. 19 7*bris*. Épreuves; convention, chés le
prévôt des Marchands, entre le père Augé,
moi et le *monstre* : ce dernier promet un écrit
de consentement à la liberté de ma fille; 20,
Inscripcions et réimpression.

541. 21 7*bris*. Conclusion de mon mauvais
marché avec la dame veuve Duchêne[1], un an
après l'avoir arrêté. Je reçois un bon de 35
à 36 mille livres; ce ne sont que mes frais;
encore y a-t-il pour 20 mille livres de billets
qui courent six ans et demi. Je n'en puis faire
usage pour payer mes dettes, et je suis forcé
de vendre le manuscrit des *Françaises* 3734 livres, pour payer Chardon; et j'éprouve encore
mille désagrémens de la part de Maisonneuve[2],
son homme d'affaires, tant pour quelques
exemplaires que je m'étais réservés de la *Paysane*, que pour la vente des *Contemporaines!* Il
cherche à faire tomber mes XXIV derniers volumes! L'ingratitude la plus noire doit-elle
donc être le caractère de certaines gens!

Lettre d'Augé; 22, presque rien; 23, épreuves. Nougaret[3], *Inscripcions, Analises*; 24, affai-

---

1. Pour la réimpression des *Contemporaines*.
2. Defer-Maisonneuve, libraire-éditeur : « Les libraires
me soufflent les éditions (du *Paysan-Paysanne*), comme
l'infâme Defer, dit Maisonneuve, m'a soufflé la quatrième
édition des premiers volumes des *Contemporaines*. » (*Monsieur Nicolas*.)
3. Pierre-Jean-Baptiste Nougaret (1742-1823), auteur
d'*Anecdotes*, d'une *Histoire des prisons de Paris et des dépar-
tements* et de compilations diverses; avait collaboré à la *Mimographe* et publié une *Paysanne pervertie*, avant celle de

res, *Inscripcions, Analises*; 25, *Idem*; je fais mes comptes; il ne me reste que 28 mille livres, et j'en ai avancé 34! — 26, affaires; j'arrange les *Lettres à l'auteur sur ses ouvrages*[1], pour mettre à la fin de mon XIXe volume; 27, *Idem, P Infidelle*. Inquiétude de la part d...., (*sic*) et de Nougaret; 28, suivi Nougaret le matin; 29, presque rien fait.

§42. 30 7^{bris} (Date désirée écrite sur le pont de la Tournelle, et par dessus 19 *maii*), affaires; j'achète, de Belin, 25 exemplaires des 19 à 30.

§43. 1 8^{bris} Épreuves Q-R XXe volume; 2, dîner chés M. Maréchal; 3, je fais ma lettre à M. de Toustain, pour être nommé censeur; elle est datée du 18; je porte ma lettre. Je vois Buisson, libraire, au sujet des *Françaises* : 5, affaires, *Inscripcions, Analises*.

§44. 6 8^{bris}. C'est, ici, une date célèbre à

Restif. Les deux écrivains ne tardèrent pas à se brouiller, bien que Nougaret fût le premier à qui Restif eût demandé des conseils en débutant dans la carrière littéraire : « Gronavet (Nougaret) avait pris de la jalousie contre moi, même avant la publication du *Paysan*, et il me déchirait partout où il pouvait pénétrer. Lorsque je fis mes *Réflexions sur l'Ambigu-comique* et mes deux petites pièces pour ce théâtre, *La Cigale et la Fourmi* et *Le jugement de Pâris*, il cabala contre moi, il ameuta tous ses *coboulevaristes* contre moi. Je ne recueillis, de mon travail, que la haine de quatre auteurs. Je me vengeai de Gronavet d'une manière qui ne lui portait aucun préjudice : je le critiquai dans la *Femme-trois-états*; j'en fis le *Négret* du *Paysan perverti*, et je l'ai placé dans les *Contemporaines* sous le nom de *Regret*. C'est une petitesse de ma part, qui me déshonorerait bien plus que lui, s'il avait été connu et reconnu... » Ajoutons que lorsque M. de Villedeuil autorisa la *Paysanne* de Restif, ce fut à condition d'y joindre le sous-titre *ou les dangers de la ville*, afin de donner satisfaction à Nougaret.

1. Insérées dans la 2e édition des *Contemporaines*.

plusieurs égards; la première est dans mes cahiers d'apprentissage[1], ainsi conçue : 6 8bris 1752, manè horrendo h^d 6^d dico : quid anno sequenti pari die et horâ? Ensuite, en 1783, le 6 8bre, me promenant sur l'Ile, il me vint dans l'idée d'écrire sur la pierre : 1785; je mis dessous, 6 8bris 3, scribo : « Verrai-je cette date en 1785? » Telle fut ma pensée. Au 1ᵉʳ janvier 1784, j'alai écrire la date; au 6 octobre suivant, de même; au 1ᵉʳ janvier 1785, je me dis : « Voilà l'année! » et j'écrivis; enfin, au présent 6 octobre, la date a été pleine, et j'ai mis : *video tandem!* Ces jouissances puériles sont aussi délicieuzes, et inconcevables pour les âmes insensibles. Le matin, avis pour les *Françaises*. Fâché avec Agnès.

545. 7 8ᵇ. Querelle des estampes[2] chés les Duchêne, proposition des *Françaises* au libraire Guillot[3].

546. 8 8ᵇ. (Ancienne date vis-à-vis la poissonnerie). Le *Journal-de-Paris* annonce bien la *Paysane*; Fontenai[4] moins bien, et en cagot

---

1. C'est-à-dire dans les cahiers où il écrivait ses impressions, quand il était apprenti imprimeur, à Auxerre.
2. Restif avait la manie de faire donner des tailles de guêpe et des pieds imperceptibles aux femmes représentées dans ses gravures. Cette bizarrerie s'accentue, plus que jamais, dans les estampes des *Françaises*.
3. Qui en devint définitivement l'éditeur.
4. L'abbé de Fontenay, rédacteur du *Journal général de la France*, des *Affiches de province*, etc. Voici un extrait de l'article des *Affiches* sur la *Paysanne* : « ...En critiquant cet ouvrage, nous craindrions de ne pas rendre assez de justice à l'auteur... En le louant autant qu'il convient, nous craindrions de déplaire aux personnes austères qui n'aiment pas des peintures trop animées du vice. On doit, cependant, avouer qu'il se trouve ici des leçons de vertu sublimes, etc. »

(voyez les deux extraits plus haut, *page* ooo (*sic*)¹. Je crains!

§47. 9 8ᵇ· (Précieuse date, à compter du 9 octobre 1781, et d'après le trouble où j'étais, à pareil jour, en 1784). Réconcilié avec Agnès; je revois mes dates du 9 octobre.

§48. 10 8ᵇ· *La mère qui nourrit*, 1ᵉʳ exemple du ivᵉ volume des *Françaises*; 11. *La Femme jalouse*, la... (*sic*)... du 11ᵉ volume; 12. *L'Épouse de jalous*, la... (*sic*)... du 111ᵉ volume; 13, *Grand état de mes affaires*, (tel qu'il est imprimé ci-après)²; j'achète l'Εἰχοχλητες³ de Milton; 14, *Inscripcions*, fin de l'analise du *Paysan-Paysane*⁴. 1ʳᵉ épreuve des *Françaises*; 15, corrigé 2ᵈᵉ A des *Françaises*; 16, trouvé le... des *Françaises*; 18, *Furor Augæi* (ce

---

Voici maintenant un extrait du *Journal de Paris*, 8 octobre 1785 : « ...Si cet ouvrage est lu par les gens aisés des campagnes, il leur ôtera, vraisemblablement, l'envie d'envoyer leurs enfans à la ville, car aucun livre n'en peint mieux les dangers. On y voit le tableau des mœurs intactes, de la vraie probité, de la vie patriarcale de tous les parents d'Ursule restés au village. La religion, la tendresse paternelle, maternelle, filiale, fraternelle, brillent dans ces lettres d'un éclat pur et sans nuages, etc. »

1. Ce sont les extraits dont nous venons de citer quelques lignes ci-dessus. Le renvoi s'applique évidemment à *Monsieur Nicolas* où ces extraits sont rapportés (tome XIV, p. 103 de la réimpression). On sait que Restif, au lieu de commencer une pagination nouvelle à chaque volume, faisait suivre les numéros des pages, d'un volume à l'autre. Les mots « plus haut » indiquent bien que *Mes Inscripcions* font suite à *Monsieur Nicolas*.

2. Voir la note 5 de la page 316.

3. Le véritable titre de l'ouvrage de Milton est Εἰχονοχλάστης, *ou réponse au livre* Εἰχων βασιλιχή, *ou portrait de Charles 1ᵉʳ dans sa solitude et ses souffrances, par le sieur Jean Milton*, traduit en français en 1652.

4. On peut la voir dans le tome XIV de *Monsieur Nicolas*, p. 32.

monstre découvrit ma fille, qui regardait la procession des captifs[1], le second jour.) 19. *Mémoire*[2], 2do *Infidelle*; 20, *Mémoire*; déménagement d'Agnès; 21, vendu 1 *Paysane* complette; 23, conclusion avec le libraire Guillot pour les *Françaises*, à 3734 livres, mais non signée; 23, presque rien; à cinq heures, au bout du Pont-rouge, *expectando*, fait trois fois le tour de l'Ile avec de la Reynière et l'auteur d'*Anaximandre*[3]; *furor Augœi*; 24, lettre contre Augé (non envoyée), beau soleil; du bois; ramonage; 25 R, *Infidelle*. A 11 volume *Françaises*; 26, presque rien fait; anniversaire de la boue jetée sur la robe blanche; 27, 2de R *Infidelle*. *Nomen meum inscripserunt hydrofori*[4]; 28, ces *Inscripcions*; 29, j'avance ces *Inscripcions*; 30, ces *Inscripcions*; je surprens les lettres de Blairie à Agnès[5], mais je ne lui en parle pas. Il faut être tolérant, pour les fautes involontaires; la cruelle passion de l'amour doit trouver les pères indulgens, surtout quand on tient d'eux pour la sensibilité[6].

1. Trois cent treize captifs français rachetés, dans le royaume d'Alger, par les Mathurins et les religieux de la Mercy. La procession dura trois jours. Elle se rendait, ce jour-là, à Notre-Dame de la Mercy.

2. Contre Augé.

3. *Anaximandre ou le sacrifice aux Grâces*, comédie en un acte, en vers, par F. G. J. S. Andrieux, représentée pour la première fois sur le Théâtre italien, le 20 décembre 1782.

4. Les porteurs d'eau de l'île Saint-Louis s'étaient amusés à écrire son nom sur le quai. V. le § 553.

5. V. la note 1 de la page 134.

6. Restif tranche ici une question qui, si l'on s'en rapporte à ses écrits mêmes, et surtout à la *Femme infidèle*, paraît assez douteuse : sa femme avait, avant son mariage, des amants auxquels elle promettait des *compensations*, après. De plus, Agnès Lebègue, dont la conduite était fort légère, ne se gênait point pour déclarer que ses filles n'avaient,

549. 31 8ᵇ· (Date célèbre, gravée ainsi : *O Dii boni! salvate in annum!* 31 8ᵇ·-4). Je finis l'année 1784, par le relevé de ces *Inscripcions*. Les Duchêne ont refusé à un particulier de mes *Contemporaines*.

550. 1ᵉʳ 9ᵇʳᵉ· (Date ainsi inscrite : 1 9ᵇ. *lugens amarè*-4.) Hier, M. de Toustain a reçu une lettre de Milran. Il y a toute apparence qu'une famme, qui a vu deux feuilles de l'*Infidelle*, par la faute de mon brocheteur, lui a écrit que j'imprimais contr'elle et ses adhérens, car il prétend que je fais une satire contre lui; 2, je refuse de dîner, pour ne pas me trouver avec un inconnu que ma famme accueille; elle a été, hier, chés M. de Toustain, et moi, aujourd'hui. Le soir, je touche les souliers de la Compoin¹, et lui fais des complimens; 3, hier, je travaille à relever ces *Inscripcions*; je consens avec peine qu'Agnès aille à Gentilli; le soir, l'amie de la Leblanc aux jolis souliers; offert à Guillot d'avancer pour les figures des *Françaises*; 2ᵈᵉ S *Infidelle*.

551. 4 9ᵇ· (Aujourd'hui), j'en suis parvenu ici, ce matin, pour le relevé de mes *Inscripcions* : j'ai pensé, cette nuit, à mettre, à la suite de cet ouvrage, un détail de mes infirmités². Je

---

de Restif, que le nom (voir *Monsieur Nicolas*, t. XI, p. 25).

1. Rosalie Compoin : « Avant de la connaître, je la mis dans les *Contemporaines*, sous le nom de la *Jolie mercière*. Elle en pleura! Mais elle ne m'en voulut pas. Ce fut le 7 septembre 1784 que je parlai à Madame Nicopom (Compoin) pour la première fois, et ce fut le 3 septembre 1786 que, m'ayant appelé par la fenêtre, rue des Nonnains d'Hyères, elle me donna cette précieuse marque d'amitié qui doit toujours pénétrer un homme de reconnaissance... »

2. V. la note 1 de la page 131.

continuerai, désormais, à écrire, jour par jour, tout ce qui m'arrivera, jusqu'à la fin de ma vie. J'emporte, aujourd'hui, ce papier dans ma chambre de la rue Saint-Jacques, afin qu'il ne soit pas vu...

§ 552. § 9ᵇ. Hier soir, chés M. de Toustain, où j'ai su que ma famme était de concert avec le vil Augé ; elle a lu par admiration la lettre de ce monstre à sa famme. Je n'ai rien écrit le matin ; je me suis levé pour aler à l'imprimerie, faire ôter le nom de Guillot du frontispice du II volume des *Françaises*, pour le montrer à Maisonneuve, qui n'a pas voulu imprimer cet ouvrage : j'ai ensuite vu Guillot, et j'ai donné ordre à l'imprimeur de se faire donner les 3734 livres en billets, par ce libraire : feuille B 11ᵈ volume, le soir.

§ 553. Lu, ce matin, la feuille B. 11ᵈ volume, *Scro, horâ 5ᵈ injuriam a pueris insulæ istius.* Qui croirait que, dans une ville telle que Paris, la police soit si mauvaise, qu'un honnête citoyen y est insulté par les enfans ! C'est pourtant ce qui m'est déjà plusieurs fois arrivé : le 22 8ᵇʳᵉ, je fus insulté par un homme, à l'angle du quai Bourbon et du Port-Marie[1] ; plusieurs autres fois, les enfans m'ont insulté en m'appelant *Griffon* et en effaçant mes dates ; le 26 8ᵇʳᵉ, les porteurs d'eau m'examinèrent et me firent examiner, vis-à-vis la rue de la Famme-sans-tête[2] ; et, le lendemain, ils inscrivirent mon nom au même endroit, gravé pro-

---

1. C'est l'angle actuellement formé par le quai Bourbon et la rue des Deux-Ponts.
2. C'est la partie de la rue Le Regrattier comprise entre le quai Bourbon et la rue Saint-Louis.

fondément dans la pierre, RECTIF[1] DE LA BRETONE. J'écrivis dessous, le lendemain, ce qu'on a vu plus haut, au 27 8bre : *Hic nomen meum inscripserunt hydrofori.* Une autre fois, le 24 auguste, des cuisinières me remarquèrent, quoique je n'écrivisse pas, et dirent entre elles : « Le voilà qui va écrire! etc. » Mais je ne fus jamais attaqué comme hier 6 9bre ! Ce matin, j'ai été sur l'Ile, et j'y ai écrit.

§ 54. 7 9^b. *Heri horâ 5^d injuriam a pueris insulæ istius.* Je passais donc, vers les quatre heures, lorsque les enfants, qui sortaient en grand nombre du Salut, et débouchaient par la rue Poulletier, se mirent à courir après moi, en criant. Il y avait, surtout, un grand poliçon de plus de cinq pieds deux pouces, en saro de laine, qui avait l'air d'un mendiant, qui vint me regarder sous le nez. Je continuai ma promenade, sans paraître faire attention à cette canaille (car ce nom aussi avilissant qu'expressif est celui qui convient parfaitement à des poliçons qui insultent en criant). Ils me poursuivirent jusqu'à la pointe de l'Ile, sans que je sourcillasse : j'avais de cruels mouvements! Dans ces occasions, la nature, qui souffre, nous porte violemment à user de notre force, pour repousser l'injure. Mais je me contraignis. Je présume qu'un poliçon de compagnon-imprimeur, qui a travaillé pour moi, nommé Angelot, et qui demeure dans l'Ile saint-Louis, est l'auteur de ces attroupemens : c'est un

---

1. Il écrivait son nom *Restif*, *Rétif* ou *Rectif*.

petit bossu bancal très-méchant, très-noir [1].

Ainsi, voilà le plaisir que je trouvais à me promener sur l'Ile et à y faire mes dates absolument. empoisonné. Ce matin, à neuf heures, j'ai été faire le tour de l'Ile, et j'y ai inscrit ce qu'on a lu. J'ai résolu de ne pas céder, mais de continuer à me promener tranquillement. Je verrai ce que cela deviendra.

Il faut avouer qu'en tout pays, ce qu'on nomme le *peuple* est un animal bien féroce! Je suis paysan, on connaît ma façon de penser sur le peuple et sur les grands; mais s'il faut dire ici, et sans humeur, ce que je pense, c'est que tous nos humanistes pourraient bien ne savoir ce qu'ils disent. Depuis quelque temps, les ouvriers de la capitale sont devenus intraitables, parce qu'ils ont lu, dans nos livres, une vérité trop forte pour eux : que l'ouvrier est un homme précieus. Depuis qu'ils l'ont lue, cette vérité, ils paraissent prendre à tâche de la rendre un mensonge, en négligeant leur travail, et en diminuant de valeur au moins de la moitié. C'est ce qu'on entend dire aux maîtres de toutes les professions : « Nous ne fesons pas autant d'ouvrage, cette année, avec le double de bras, qu'il y a deux ans. » On verra, dans la suite de ces notes, ce qui doit résulter de tout ceci.

§§§. 8 9ᵉ. *Corrigo folio B, II*ᵈ *volume des Françaises, ad typographiam.* (Je travaille à l'imprimerie sur la 1ʳᵉ feuille du IIIᵐᵉ volume des

---

[1]. Non, c'était Augé (*Note du manuscrit*).

Françaises, tandis qu'on corrige B du second volume.) J'ai noté le 8 9bre, aux deux endroits, vis-à-vis la rue de la Famme-sans-tête, et auprès du premier escalier méridionale, en sortant du Pont-rouge. Agnès est absente depuis jeudi 3. Donné, hier, les fammes des *Françaises* au dessinateur.

556. 9 9ᵇ. *Inscripsi horâ 7ᵈ serotinâ, lunâ novâ lucente.* Je compose à l'imprimerie, sur la première feuille du III volume des *Françaises* : lu, le soir, la feuille S, XX volume des *Contemporaines*.

557. 10 9ᵇ. Le matin, la feuille T du XX volume ; dans la journée, composé sur la feuille A, III volume des *Françaises*; le soir, à sept heures, sur mon Ile.

558. 11 9ᵇ. Composé sur la feuille A des *Epouses*. Lettre de Bralle pour dîner ; je n'ai pas pu. A deux heures, sur mon Ile. Composé une page de mes *Maladies*[1]. Agnès m'a écrit : elle restera encore huit jours où elle est, à la campagne. J'ai fait le demi-tour occidental de l'île, après dîner.

559. 12 9ᵇ. J'ai composé, ce matin, à l'imprimerie. Écrit ma seconde page des *Maladies*; le soir, vu la Lambert[2]. Payé des copies de chapelle[3] pour 49 livres.

---

1. Restif a intercalé une partie de cet article dans *Monsieur Nicolas*, t. XI, p. 193 à 206.

2. « Joséphine Dupont-Lambert, blanchisseuse de fin, était elle-même d'une éblouissante blancheur ; elle chaussait les souliers vert-rose de madame Parangon, elle voulait bien servir, à mon dessinateur, de modèle pour une belle gorge et lui donner de la verve. » Il y avait aussi un imprimeur du nom de Lambert, rue de la Harpe.

3. Les *Copies de chapelle*, exemplaires que les compositeurs prélevaient après l'impression d'un ouvrage.

560. Dimanche 13 9ᵇʳᵉ, fait deux pages, le matin, des *Maladies*; les 12 pages de la feuille F, xiv volume. J'ai ramassé un des poliçons de l'Ile, qui m'a encore insulté. Le soir, comme je suivais une jolie personne en blanc, qui tenait une servante sous le bras, une vieille, avec une jolie fille, s'est retournée, et m'a, je crois, apostrofé. J'en ai été surpris; je ne songeais pas à elle. *Emᵒ*. *Mᵐᵒ sero post* 49 H.

561. 14 9ᵇ· Le matin, à l'imprimerie : composé le sujet de la figure du xviii *Exemple*, et sur le xixᵐᵉ. Le soir, vu joué aux échecs; la nuit *emᵒ. ad. int. Aᵘᵉ* ¹.

562. 15 9ᵇ· Le matin, la 2ᵈᵉ B ii volume *Françaises*; seconde V *Infidelle*. Lu l'analise de Fréron, injuste contre la *Paysane*²; vu l'article contre moi, rayé à Nougaret, dans son *Almanach forain*.³. Le soir, causé avec Mᵐᵉ Belin, de la Quillau⁴, et à Nougaret. Commencé la première feuille du iv volume *Françaises*.

563. 16 9ᵇ· Composé, le matin, sur le iv volume des *Françaises*; corrigé, chés Granger⁵, R du xx volume. Le soir, porté à M. Toustain, censeur, la feuille B ii volume *Françaises*;

---

1. *Emissio ad intuitum Agnetis.*

2. V. l'*Année littéraire*, 1785, t. VII, p. 217. L'analyse est suivie de réflexions peu flatteuses pour la *Paysanne pervertie*.

3. *Almanach forain, ou les différents spectacles des boulevards et des foires de Paris*, commencé en 1773 par Arnoud, continué en 1774 par Nougaret. Cet ouvrage est devenu fort rare.

4. Femme de l'éditeur qui chercha à empêcher la publication du *Pornographe*.

5. Ce nom s'écrit *Grangé*; imprimeur-éditeur, rue de la Parcheminerie; c'est chez lui que parurent, en 1786, les *Lettres à Émilie* de Demoustier.

trouvé la comtesse de Rivarol[1] qui pestait contre les *Gens-de-lettres*. Venu le comte de Ragues, gouverneur de Bellile, qui nous a lu les *Amours du Serpent*, et parlé de la coquinerie de Lettré, de Rouen, au sujet du Journal de Kirn[2]. Reconduit, à minuit, la comtesse de Rivarol, et rentré chés moi à 1 heure. *Lup. magn*[3]. rue de la Parcheminerie; *non ad insulam*.

564. 17 9ᵇ· A l'imprimerie, composé sur la feuille A ɪᴠ volume. Corrigé, chés Grangé, sur S, xx volume *Contemporaines*. Le soir, chés M. de Toustain, parafé B, 11ᵈ des *Françaises*.

565. 18 9ᵇ· A l'imprimerie de Chardon, sur A ɪᴠ volume; corrigé T *Contemporaines* chés Grangé; *Agnès redita sero pat. et ferè potᵗᵉ. Deinde colica ventosa mihi*.

566. 19 9ᵇ· *Manè portavi* xx-xxɪᴠ à la jeune Rose Lesclapart[4]. 36 livres *Agneti*. Fait une page à l'imprimerie, où m'a vu Richer[5]. Le soir, essayé les souliers à haut talon à Mᵐᵉ Belin;

---

1. Femme du célèbre et spirituel auteur du *Petit Almanach de nos grands hommes*, admiratrice de Restif. Elle lui écrivit une lettre où elle traite la *Paysanne pervertie* d' « admirable ouvrage qui l'a fait revenir de sa prévention contre les hommes, puisque c'est un homme qui l'a fait ».

2. Le *Journal de Kirn*, ou mélanges allemands, françois et italiens, dédié à S. A. S. Mgr le prince régnant de Salm-Kirbourg-Kirn, 1785. In-8°. Ce journal contient des articles élogieux sur la *Morale des Rois* de M. de Toustain et sur les œuvres de l'abbé Roi.

3. *Lupanar magnum*. Le premier de ces mots est toujours écrit en abrégé, dans le manuscrit.

4. Problablement la fille du libraire de la rue du Roule.

5. Adrien Richer (1720-1798), auteur des *Vies des hommes illustres*, d'un *Essai sur les grands événements par les petites causes*, etc. Restif l'appelle *Criher* dans *Ingénue Saxancour* et le traite d' « Ivrogne crapuleux, mais qui avait quelque talent ». (T. II, p. 150.)

pris six épreuves, A III volume *Françaises*; S, I, secondes XX volume *Contemporaines*, et V, U, X I^{res}.

567. 20 9^b. Lu, le matin, A *Françaises*, et S XX volume. Vu Agnès et em°. Causé des lettres de Bléri, que voici :... (ici les six lettres cotées 18-23)[1]. J'ai dit à ma fille que j'étais indigné de la dernière de ces lettres, qui marquait une âme basse, telle que l'ont tous les commis[2]. Qu'une famme, dont le cœur s'est laissé prendre par ces viles automates, doit être malheureuse! Le soir, j'ai écrit cinq lettres, à Montlinot, à Grisel[3], à Marandon[4],

1. Trois de ces lettres se sont trouvées jointes à notre manuscrit. Elles sont cotées 18, 19, 20, de la main de Restif; la première est aussi datée, de sa main, 20 novembre 1785. Elles sont adressées à madame Dulis chez M. Berthet graveur, rue Saint-Jacques. Restif avait, en effet, confié sa fille à Mme Berthet. Il prenait quelquefois lui-même le nom de *Dulis*, qui était celui d'une de ses aïeules maternelles (V. la *Semaine nocturne*, p. 224). Il l'a donné à un personnage de la *Prévention nationale*. Leur signataire est Blérie de Sériville. Elles parlent surtout d'une visite d'Augé à Blérie et de ses calomnies : « Il (Augé) dit, entre autre chose, que c'est moi qui vous ai conseillé de le quitter; que vous m'avés donné plusieurs de ses effets, que j'ai eu la bassesse de les recevoir, etc., etc... Je suis au désespoir de passer par la langue de ce maudit homme-là... » Elles ne laissent aucun doute sur le sentiment tendre qu'Agnès et Blérie éprouvaient l'un pour l'autre.

2. Restif (probablement à cause d'Augé) détestait les commis. Il dit, en parlant de ce même Blérie, dans *Ingénue Saxancour* : « Je pris confiance dans ce jeune homme, dont l'air me parut honnête. J'ignorais que toute cette clique de commis ne renferme pas un honnête homme. »

3. Griset ou Grisel. C'était un Rouennais, fanatique de Restif. Griset lui avait écrit, après avoir lu le *Paysan-Paysanne pervertis*, pour lui demander son portrait. Il lui exprime, dans une lettre du t. XXI des *Contemporaines*, 2e édition, sa « plus profonde vénéracion pour le vrai filosofe de l'humanité ».

4. Avocat de Bordeaux, auteur du quatrain placé sous le

à Bralle, et à Sergent[1]. J'ai conduit Agnès chés sa tante : à quatre heures, j'étais sur mon Ile.

568. 21 9ᵇ· *Habeo 51 annos*. Le matin, 2ᵈ T *Contemporaines*. Dans la nuit, j'ai songé à mon *Glossografe*[2]; il faut, dans mon diccionaire, écrire les mots de trois fasons : ordinaire, moyenne, et à réforme entière; exemple, le mot *intention* : écrire *intention, intansion, ĩtãsiõ*, avec les titres abbréviatifs pour les voyelles nasalles; mettre, ensuite, le mot étimologétiq latin et greq, quand le mot ne serait pas directement tiré du greq, parce que toute la langue latine vient du greq, comme tout le

---

portrait de Restif, dessiné par Binet et gravé par Berthet, dans le *Drame de la vie*. La réduction de ce portrait se trouve en tête de l'édition de *Monsieur Nicolas*, publiée par Isidore Liseux, et de la bibliographie de Restif, par Paul Lacroix.

1. Graveur-dessinateur. Voir, dans le t. XX des *Contemporaines*, 2ᵉ édition, une lettre, datée de Chartres, 19 septembre 1785, où il raconte sa propre histoire, qui n'a rien de scandaleux : on peut rectifier sur ce point ce qu'en dit M. Paul Lacroix, p. 59 de sa *Bibliographie*. Il y a deux autres lettres de Sergent dans les *Contemporaines*; l'une d'elles critique les gravures et fait des offres de service à Restif pour la seconde édition de cet ouvrage; l'autre renouvelle ses propositions et annonce qu'il va se fixer à Paris.

2. Ouvrage qui devait former le sixième et dernier volume des *Idées singulières*. Restif se proposait d'y intercaler une étude sur les patois de France et sur la langue chinoise. Il devait y réformer, non seulement notre orthographe, mais la langue française entière, passer en revue toutes les autres langues, donner leur histoire et inventer une sorte d'écriture universelle, que chaque nation eût pu lire. Voir, outre les fragments ci-dessous, des extraits de cette œuvre inédite dans *Monsieur Nicolas* (Revue des ouvrages), la *Femme infidèle* et les *Nuits de Paris*, t. V. La *Famille vertueuse* et le *Ménage parisien* sont composés d'après cette méthode. Sébastien Mercier s'est inspiré du projet de Restif, dans sa *Néologie*. (Paris, 1801.)

français vient du latin[1], à l'excepsion de quelques mots étrusqs, pour le latin, et de quelques mots tudesqs, ou arabes, pour le français; inventer une manière générale d'écrire les mots principaux, en supprimant les *je*, les *tu*, les *vous*, les *ils*, de sorte qu'un Français, un Italien, un Espagnol, un Anglais, un Allemand et un Hollandais lisent, chaqu'un dans leur langue, le discours imprimé. Il faudrait mettre, à la fin du *Glossografe*, un catalogue entier de ces signés, par l'ordre alfabetiq du français. A l'aide d'un diccionnaire italien, ou anglais, etc., chaque peuple en trouverait également l'explicacion. Voilà mes idées de ce matin.

Lu l'orthografe du chevalier de Sausseuil[2] au café; vu Agnès. Vais à l'imprimerie composer sur A IV volume *Françaises*. Vu Cailleau[3],

---

1. Dans le *Glossographe*, Restif se proposait de prouver que le français n'est qu'un dialecte du latin : « Je suis glorieux des mots dont j'enrichis le français, parce qu'ils sont bons. Je n'ai cependant pas encore introduit celui de *forabilité*, comme m'en accuse le *Mercure* du 6 octobre 1787, et, à cette occasion, je prie messieurs les rédacteurs des journaux de lire l'épreuve, lorsqu'ils critiquent, et de ne pas s'en rapporter à la méchanceté des sous-feuillistes obscurs, ou à la malicieuse stupidité des correcteurs ordinaires. J'ai dit la *favorabilité du local*; et j'ai l'honneur d'avertir mes concitoyens, en général, que la langue française, étant un dialecte du latin, on peut y puiser tous les mots ; que tous ceux qu'on y prend, soit directement, soit par analogie, sont clairs, et surtout français. » (*Nuits de Paris*, p. 1705.)

2. Jean-Nicolas Jouin, chevalier de Sausseuil, auteur de l'ouvrage : *An analysis of the french orthography* (Londres, 1722), traduit sous le titre d'*Anatomie de la langue française* (Paris, 1783).

3. André-Charles Cailleau (1731-1798), libraire de la rue Galande, auteur d'almanachs, de comédies, etc.

MES INSCRIPCIONS. 137

le soir, chés Rose Lesclapart ; a gagné, pour l'*Almanac des Grâces*, contre Cholet[1], auteur des *Étrennes liriques*. Le soir, lu 1re M partie *Infidelle*. Je n'ai pas été à l'Ile.

569. 22 9^{b.} *Natalis dies*[2] : J'ai 51 ans. *Anniversarium prandii apud La Reynière, avec Mme Mitoire, Mme* ...(sic).., (journée délicieuse!).. Ce matin, lu V xx volume, travaillé sur la 21, 22, *Françaises*, A iv volume. Vu Agnès ; a demandé du bois. A dîner, le *monstre*, ma femme, m'a dit qu'Augé n'avait plus son emploi chés M. le Pelletier, pour avoir demandé un bon pour une place à la capitation[3]. Le bon a été : « Bon pour perdre celle qu'il a. » Ce misérable (dit-elle), menace de me faire mander par Henri[4] et par son procureur. Je me suis mis en colère contre cette indigne famme[5], et j'ai crié que : « Je n'étais environné que de gueux et de monstres!... » Quelle différence, de ce dîner, à celui de l'an passé, à pareil jour, chés M. de la Reynière, avec Mme Mitoire, etc.

570. 23 9^{b.} Ce matin, sur mon Ile, à huit heures ; j'ai écrit, sous la date du 21 9^{b.}-4 : *habeo 51 annos*. Travaillé, ensuite, à l'imprime-

---

1. Cholet de Jetphort, auteur des *Étrennes lyriques et anacréontiques* (1781), en 12 volumes.
2. Restif s'est trompé sur la date de sa naissance et paraît l'avoir confondue avec celle de son frère Thomas, qui est né le 22 novembre 1728. Son acte de baptême, publié dans le *Bulletin du bouquiniste* (année 1864, p. 492), porte la date du 23 octobre 1734. Il était né le même jour.
3. Où M. Augé père avait été employé. (V. *Monsieur Nicolas*, t. XI, p. 22.)
4. Employé de M. Lenoir, lieutenant de police.
5. Mme Restif était, en effet, du parti d'Augé. (V. § 578.)

rie : fini A IV volume et commencé B I volume *Françaises*. Le soir, Sergent m'a demandé chés Belin, et lu le *Fabliau de Paris* et U xx volume. Le poliçon d'Augé a dit faussement qu'il avait parlé à ma fille aux Tuileries, avec la Berthe[1].

570. 24 9^b· Le matin, à l'Ile; travaillé sur B I volume *Françaises* : lu la feuille Y *Infidelle*. Le soir, p. A., vu Nougaret chés Mme Duchêne; disputé : en sortant, il m'a remercié d'avoir fait prendre son ouvrage au libraire. Mal à l'anus.

577. (sic) 25 9^b· Le matin, corrigé sur Y *Infidelle*. Mis en page l'*Éducation d'Angélique*. Je vais dîner chés M. Bralle. J'y ai beaucoup de plaisir; mes peines ont été suspendues. J'ai vu l'alée Tulout et celle du tapissier, où sont les dates de mes anciennes peines, lors de la suspension de mon *Paysan* et de mon *École des Pères*, en 1776; de ma passion pour Virginie, pour Sara, et de mes craintes dernières. J'ai eu l'idée d'un diccionnaire de la langue française par racines, dans lequel je donnerais une famille complette à tous les mots, en mettant, dans le français, le nom, le premier verbe, le verbal, le second verbe, l'adverbe et l'adjectif. Exemple : *Urbane* (ville); *Urber* (bâtir une ville); *Urbanité* (mœurs de la ville); *Urbaniser* (faire aquérir l'urbanité); *Urbainement* (avec urbanité); *Urbain, urbaine* (qui a les mœurs de la ville, ou de l'urbanité). Je composerai un discours entier, d'après ce diccionnaire, et dans les règles de notre sintaxe.

578. 26 9^b· Matin, reproches à ma femme

---

1. V. la note 3 de la page 121.

de ses intrigues et de sa liaison avec Augé, suite de mon inquiétude en me levant..... Elle a été si effrayée de mes reproches, qu'à mon retour à la maison, vers les trois heures, j'ai appris de ma fille cadette qu'elle avait quitté la maison, emportant ses paquets et jusqu'aux matelas de son lit. Voilà donc cette vieille folle qui, se sentant coupable, fuit, et donne, à son âge, le spectacle scandaleus d'une séparacion. Le soir, j'ai été chercher ma fille aînée, pour la mettre avec la cadette. J'ai été, le soir, chés M. de Toustain, pour l'instruire de cette escapade, et il m'a lu la lettre que M. Milran de Cherbourg lui avait écrite, à l'instigacion de ma femme, qui lui a écrit que je faisais une satire contre elle et contre lui. Voilà un terrible événement inscrit sur la pierre : 26 9^b, *Fuga Monstri*. Je devais dîner chés le marquis de Malherbes[1] ; j'ai prié M. de Toustain de faire mes excuses.

579. 27 9^b· *Anniversarium missionis Martino*[2]. Le matin, V xx volume *Contemporaines* et G xix volume. Le monstre absent. Le soir, chés

---

[1]. Un M. de Malherbe était avocat général, maître des requêtes du conseil de la maison de la Reine, un autre lieutenant particulier des eaux et forêts de France. D'autres appartenaient à l'armée : il y avait un ordonnateur surnuméraire de ce nom à Paris et deux lieutenants des maréchaux de France en Normandie. La lettre d'invitation avait été envoyée par M. de Toustain ; on la trouve dans la 2e édition des *Contemporaines* : « M. le marquis de Malherbe et M. le marquis de Senones me chargent, monsieur, de vous prier et de leur faire le plaisir de dîner chez eux, dimanche prochain 27. — 23 novembre 1785. »

[2]. Anniversaire du jour où il avait envoyé les *Contemporaines* au secrétaire de la police Martin. (V. § 453.)

M. de Toustain, où j'ai lu la première lettre de l'indigne Augé.

580. 28 9ᵇ. Je querelle l'hôte Noirette qui, par stupidité, rend compte à Augé de mes affaires et de la locacion de la chambre où j'écris ceci, rue Saint-Jaques, à la Vieille poste¹. J'ai lu au café, dans le *Censeur universel* nº 21, l'histoire du *Phalusofoi*, ou *Mangeurs-de-crapauds*. Aujourd'hui, d'Hémeri a acheté *le Paysan et la Paysane ! Scrvate me, Dii boni !*

581. 29 9ᵇ. *Monstrum absens.* Je fais réfleccion que la cause de l'absence de ma famme est le désordre de ses affaires. Elle n'a pas payé le boucher ni la boulangère, quoique j'aie soldé ma dépense toutes les semaines ; et cela, parce qu'elle a payé le jardin loué en 1784 et le loyer du petit troisième dans notre maison, pour Fontanes²! Cette créature, à cinquante ans, être encore aussi folle que, lors qu'à vingt-quatre, elle nous épuisait pour Johnson³!...

J'ai reçu, hier soir, une lettre de l'abbé de Montlinot, et je me propose d'aler voir M. Le-

---

1. Chambre qu'il avait louée secrètement. A la page 202 de la *Semaine nocturne*, il est dit qu'il a eu «un pied à terre ou magazin rue Saint-Jacques, en face celle du Plâtre, maison dite de la Vieille poste. M. Fournier, marchand épicier, en tient la boutique de M. Noizette, propriétaire, et M. Berthet, son graveur, demeure au troisième. » Il y avait transporté le manuscrit de *Mes Inscripcions* (v. le § 551).

2. V. page 90, note 2, et 91, note 1.

3. Premier amant d'Agnès Lebègue à Paris. Fils de réfugié, nouveau converti se disant Anglais. Il s'appelait Cahuac, de son vrai nom. (*Monsieur Nicolas*, t. IX, p. 135.)

Restif venait alors de faire banqueroute. Sa femme accepta l'offre d'élever des enfants à la campagne. Aussitôt après son départ, il s'aperçut qu'elle devait de tous côtés, jusqu'à la boulangère (voir la *Femme infidèle*).

grand, à ce sujet... Je ne fais rien, tant je suis troublé!... Je vois bien des choses que je n'avais pas même entrevues! Que les mauvais sujets sont communs!... Je suis pénétré de la plus vive douleur! Je vais confier mes peines à M. et Mme de Toustain; je leur confie que ma vieille folle a fui, et ces amis bonaces reçoivent Augé hier matin! Ils l'écoutent! Ils louent ses disposicions! Ils lui apprennent que ma famme a fui, et voici la lettre que cet infâme ose m'écrire! (Ici la lettre de la note H 21)[1]. Je suis désolé! J'ai été me plaindre; je n'ai trouvé que Mme de Toustain. J'ai exhalé ma douleur... O Dieu! les amis même nous nuisent, par un zèle mal entendu : « Il a d'excellentes disposicions! » disait cette dame. Et ils ont loué les disposicions de ce malheureus, de cet abominable qui les trompait! Et j'ai appris que M. de la Reynière avait reçu ce gueux d'Augé cinq à six fois!

Je veux devenir misantrope! Je veux fuir tous les hommes, puisque tous sont également nuisibles, amis ou ennemis! Le grand mal, c'est que, ma famme cachant sa fuite, elle n'aurait pas été sue, et que le misérable Augé va la divulguer, surtout chés M. le prévôt des Marchands.

582. 30 9^b. L'année actuelle est encore plus malheureuse que la précédente! Si toutes les années empirent, que deviendrai-je?... Ce matin, querelle violente chés la brocheuse, pour les cartons non mis! De là, passant par

---

[1]. Cette lettre n'a pas été conservée, mais on peut voir ci-dessous, page 145 (à la note), un spécimen du style d'Augé.

la rue des Noyers, j'ai vu la Dumoulin[1], à laquelle j'ai parlé. Comme elle revenait ensuite, je me suis arrêté vis-à-vis la rue du Foin[2], et je lui ai dit encore un mot. Un homme en habit marron m'observait, et s'est alongé en me voyant entrer chés Belin. Je crois qu'il a couru ensuite après la famme. De quoi cet homme s'occupe-t-il? Et que lui font mes accions? J'ai été jusqu'à la rue des Nonaindières, pour voir M. de Toustain. Ensuite, je suis revenu sur mes pas, troublé. Je suis plus tranquile, en ce moment.

583. 1 X^{bris}. Hier soir, j'ai été chés M. de Toustain, lui tout expliquer. Je ne vois pas que j'en aie été bien entendu. Ce matin, j'ai été chés M. le prévôt des Marchands. J'ai vu M. Legrand et je lui ai parlé de M. de Montlinot, ensuite d'Augé, dont j'ai dit qu'il me calomniait outrageusement; qu'il ne pouvait nourrir sa famme, etc. J'ai dit au *monstre*, en sortant, qu'il fît sommacion judiciaire. Je suis revenu chés M. de Toustain, où était ma fille aînée, et je lui ai fait exprimer ses griefs contre son mari. On l'a écoutée en partie. J'ai ensuite été voir Desessarts, puis M*me* Duchêne : Maisonneuve a donné, hier, le *Paysan* à M. Dumirail, secrétaire de M. Videau de la Tour[3].

1. Bastienne Dumoulin, Liégeoise, ouvrière en modes dont Restif avait fait la connaissance au théâtre : « Elle avait le pied le plus petit possible », demeurait rue Mazarine et paraît avoir eu des mœurs légères. Restif lui faisait souvent visite.

2. Entre la rue Saint-Jacques (vis-à-vis la rue des Noyers) et la rue de la Harpe. Elle a été absorbée par le boulevard Saint-Germain.

3. Maître des requêtes, directeur du bureau de la librairie.

J'apprens que ma famme est partie, hier mercredi, pour Joigni.

584. 2 X^b. Le matin, 1re A du iv volume *Françaises*. Chés Belin, où parlé au père Salle et à Mme Belin. Le père Salle instruit contre Augé par Anselme[1] qui a raconté comment le *monstre* avait été chassé du café des Brosses. Travaillé sur la 58, 1 volume. On corrige *Z Infidelle*. J'apprens qu'Augé a dit que je lui avais fait perdre tous ses emplois. Quel misérable! J'ai été sur mon Ile où j'ai versé des larmes, en datant le 2 X^b, avec ces notes : *Timor! Tremens! Agitatus!*

585. 3 X^b. Hier, en rentrant, j'ai trouvé une lettre d'Henri, l'exempt de la librairie, qui me donne rendévous à 9 heures, ce matin, pour un mémoire contre moi, que lui a renvoyé M. le lieutenant de police. J'ai passé la nuit, avec ma fille, qui m'a servi de secrétaire, à préparer mes réponses. Le matin, j'ai eu deux lettres du vil Augé : une par laquelle il me prie de parler pour lui faire avoir un emploi. (Le misérable m'en a ôté le pouvoir, ainsi que la volonté!); l'autre adressée à ma Marianne.

Il faut savoir qu'aussitôt que j'eus reçu, hier soir à dix heures, la lettre d'Henri, je sortis avec Marianne, pour qu'elle traitât Augé comme il le méritait! Elle ne le trouva pas, mais elle parla si vivement à la gouvernante, qu'elle l'épouvanta. C'est la réponse à cette visite qu'Augé a envoyée; voici les deux

---

[1]. « Épicier préposé à la location des logements de la Nouvelle Halle. » (*Nuits de Paris*, p. 1438.)

lettres, au séparé[1]. Mes deux filles vont, au lieu de moi, chés l'exempt, pour lui montrer ces lettres, et lui persuader que je n'ai pas vu son billet : ce mensonge est si utile que je l'excuse. Je ne veux pas être connu d'Henri et je ne veux pas le mettre contre moi : l'agneau craint les loups...

586. 4 X^b. Hier, à dix heures, mes deux filles sont revenues de chés l'inspecteur, qui leur a parlé avec politesse et qui leur a lu tant le mémoire d'Augé, que les lettres de ce misérable. Ma fille aînée lui a montré la première lettre de ce monstre (celle du 23 juillet), et elle a articulé une partie des mauvais traitemens qu'elle a essuyé. Sur les une heure, j'ai été chés M. le prévôt des Marchands : M. Legrand[2] n'étant pas chés lui, je me suis trouvé seul avec Augé, à qui j'ai fait les reproches qu'il méritait, mais avec modéracion. Cet infâme m'en aurait imposé à moi-même, si je ne l'avais pas connu parfaitement. Il ne se doute pas que je sois instruit du mémoire à M. le lieutenant de police! Et il osait me regarder avec assurance, l'infâme!...

Ainsi donc, un homme qui s'est fait quelque réputacion se voit cité devant le magistrat des mœurs, accusé de retenir sa fille mariée dans une chambre secrète de la rue Saint-Jacques; de refuser de la rendre à son mari! Conduite certainement répréhensible! Tandis que cette infortunée s'est elle-même dérobée aux coups; qu'elle est venue, éplorée, marquée, deman-

[1]. Elles n'ont pas été conservées.
[2]. Avocat au Parlement, troisième secrétaire du prévôt des marchands.

der un asile à l'auteur de ses jours. Un homme comme moi se voit, à 51 ans, assimilé à ces hommes viles, sans éducacion, sans mœurs, qu'il faut contenir par la crainte d'un magistrat puissant! Et par qui? Par un misérable qui a trompé, pour épouser Agnès Restif, une tante dévote et bornée, laquelle a fait passer la séduccion à sa nièce! Il a perdu (sic) la tante et la nièce qu'il était riche : toutes deux ont cru faire un mariage de raison (car Agnès Restif ne s'est pas mariée par amourette), et, au bout de trois jours, la jeune personne se voit trompée[1]! Elle n'a pas le nécessaire! Aujourd'hui, tout est au Mont-de-piété, à l'excepcion de quelques gros meubles absolument nécessaires, ou sans prix!

Six semaines après, elle est frappée! Au bout de cinq mois, enceinte du monstre, elle reçoit des coups de pied dans le ventre. Plus tard, ayant une fluxion, un violent coup de poing change cette fluxion en abcès! On la fait deux fois coucher dehors, sur l'escalier...

---

1. Voici un billet inédit d'Augé à Agnès Restif, avant leur mariage ; nous l'avons retrouvé parmi les feuillets de notre manuscrit. Il est adressé à « mademoiselle Rétif *de Montroyal*, à Paris » ; notre auteur prétend, en effet, dans la *Vie de mon père*, descendre du Templier Jean de Montroyal : « Milles assurances de mon proffond respect et de ma sincère amitié à Mademoiselle Rétif, à qui je souhaite le bonsoir et que j'embrasse avec la plus grande pureté d'intention, mais de tout mon cœur, et de la prévenir que, sans être malade, je garde aujourd'huy la maison à m'occuper à écrire pour fait de nos intérêts, un jour à venir, s'il plaît à Dieu, qui seront communs. Amen. Augé. Ce 11 *janvier* 1781. » On peut voir, dans la *Femme infidèle* et dans *Ingénue Saxancour*, d'autres lettres d'Augé où l'orthographe est encore moins respectée que dans celle-ci. V. la note de la page 147.

Enfin, un dernier coup de poing dans la figure l'a fait fuir pour la sixième fois; et le scélérat fait un mémoire mensonger, qu'il présente ou fait présenter au Magistrat, père des opprimés, préservateur des honnêtes citoyens, pour accuser l'épouse dégradée, avilie journellement par les noms affreus de *poison, vermine, putain*, que cet infâme lui prodigue, même devant le monde! Qui m'aidera donc à venger mon sang? Qui soutiendra les droits et la tendresse paternelle? Personne. Les Toustain, dans qui j'avais confiance, parlent de conciliation, comme s'il s'agissait de concilier ce qui est inconciliable! Comme s'il était bien de remettre... que dis-je? de prostituer la vertu au vice!... O que les hommes sont ou fous, ou bornés, ou indifférens au bien!...

J'aurai recours au Magistrat chargé, par le *Père de la Patrie*, de protéger ses sujets sourdement opprimés; je lui dirai : « O vous sans cesse affligé par le récit des fautes, des crimes, des forfaits, vous alez frémir! Un monstre de laideur, âgé de 36 ans, sans fortune, sans vertu, se présente à une sœur vieille, dévote et bornée, pour obtenir la main d'une fille de 18 ans, modeste, vertueuse, jolie, l'objet chéri de la tendresse d'un père malheureus! Il se fait passer pour fortuné, il affiche la dévocion, il persuade, il capte la tante et la nièce, il se fait admettre dans un bureau, sans appointemens, pour qu'on le croye occupé. Ses mensonges ne sont pas découverts; mais le père, plus clairvoyant, entrevoit le démérite de ce personnage. Il s'oppose. Hélas, en vain! Sa fille lui résiste! Sa femme le trahit. On lui fait entendre qu'Agnès a cessé d'être sage! Il est indigné : il signe le contrat, malgré lui[1]. Il donne sa malédiccion pour dot, il ne paraît pas au mariage!...

Sa fille vit avec l'infâme Augé... Bientôt, elle sent les effets de sa scélératesse : pain jeté au visage, coups de pieds dans le ventre, enceinte de six mois; soufflet à poing fermé sur une joue en fluxion, menaces d'épée nue, au bout de quatorze jours d'accouchement, qui l'obligent à fuir, nue, chés sa coupable tante; coups de tenaille sur les mains et sur les bras, soufflets; coups de pouce dans l'es-

---

[1]. Agnès, fille aînée de Restif, demeurait alors chez madame Bizet, sœur de Restif, bijoutière, quai de Gesvres. Elle fut plusieurs fois recherchée en mariage, notamment par Augé « veuf, laid, mais fils unique d'un père honnête ». La tante vit, dans cette dernière circonstance, des avantages pour sa nièce, et lui persuada de l'accepter pour mari. Elle donna un dîner où elle invita le prétendant, que Restif trouva sot. Augé lui écrivit une lettre dont voici un extrait : « Monsieur, madame Bizet, à qui j'ai eu l'honneur de faire part de l'intencion où j'étais de parvenir à lui appartenir en la personne de mademoiselle votre fille, sa nièce, m'a paru porté de la meilleur bonne volonté à me présenter à vous, monsieur, à l'effet de requérir votre suffrage... Je me flatte, monsieur, que, par la sincérité et l'honnêteté que j'apporterai dans mes déclarations, vous serez à portée de juger de quelle reputacion je jouit tant dans la bonne société que parmi ceux qui tiennent les premières places dans le gouvernement auquel je suis attaché de père en fils... etc. » Restif y a joint une note : « Cette lettre folle, bavarde, anfigourique, fut le premier motif qui me fit m'opposer au malheureux mariage de ma fille aînée. » (*Contemporaines*, t. XIX, 2ᵉ éd.) Il le connut alors tout à fait, vit en lui « un sot pommé » et refusa son consentement. Agnès Lebègue le favorisait en secret, l'assurait qu'il arriverait à ses fins à force d'importuner son mari. Elle l'engagea même à *se vanter...* (sic), et le mariage se fit. (Voir *La Femme infidèle* et *Ingénue Saxancour*.)

tomac à la faire trouver mal; pinçures cruelles au bras, pour la faire trémousser dans le devoir, ou plutôt la débauche conjugale; discours infâmes tenus d'elle et sur elle, à ses amis, devant elle; détails obscènes de ses parties les plus secrètes; peinture grossière des ébats du monstre s'assouvissant et cherchant des rafinements de volupté de la manière la plus brutale, la plus contraire à la nature; désespoir de l'infortunée qui veut se jeter à l'eau, et qui est retenue par Blairie, ami du monstre; jalousie atroce de celui-ci qui, au retour d'un voyage à Melun, s'étant assouvi, et ayant ensuite gourmé sa victime qui lui reproche qu'il fait suivre les coups à ses plaisirs, lui répond : « Tu es charmée que... pour cacher que Blairie t'a...! » Pot de chambre cassé sur les jambes, quelques jours après, parce que l'infortunée fuyait ses brutales caresses, le matin, en disant : « Jamais, jamais! Vous ne direz plus que je couvre une faute!... » L'infortunée, toute en sang, se trouve mal, tombe, et est violée outrageusement en cet état!

Voilà, respectable magistrat, quel a été le sort de ma fille Agnès, depuis le mois d'avril 1780, jusqu'au 10 juillet 1785, qu'après avoir été menacée longtemps, si elle ne trouvait pas d'argent au monstre, elle reçut, dans le milieu du visage, un violent coup de poing, dont elle a porté les marques noires et bleues pendant deux mois[1]!

---

[1]. Tous les détails ci-dessus se retrouvent dans la *Femme infidèle* et dans *Ingénue Saxancour*. Agnès n'avait quitté définitivement son mari qu'après ce coup de poing. Elle resta

Vengez-moi! Vengez la nature outragée! Les droits sacrés du mariage sont convertis en débauche, en infamies dignes des Caracalla, des Néron, des Commode, des Héliogabale! Et c'est le monstre qui a commis ces atrocités, qui me dénonce! C'est ce monstre qui attire, au père de l'offensée, le mandat infamant d'un inspecteur de police qui lui commande de passer chés lui!...

Je n'y ai pas été, Monsieur! Non, je n'y ai pas été! Tout magistrat que vous êtes, vous n'avez pas le droit de me faire venir chés un inspecteur de police, au désir d'un gendre. C'est blesser le droit naturel; c'est attenter à la majesté paternelle! Jamais je ne céderai à de pareils ordres! Punissez donc le monstre qui vous a fait commettre une faute aussi

cachée dans une maison qu'Augé finit par découvrir. Restif le chassa. Le *monstre* présenta alors un mémoire au magistrat des mœurs. Les mobiles de sa conduite étaient : 1° de déshonorer son beau-père; 2° d'en obtenir de l'argent; 3° de reprendre sa femme afin de la rouer de coups après l'avoir contagiée ou fait contagier (sic). Augé ne devait pas être un scélérat ordinaire, surtout si l'on s'en rapporte à ce que Restif dit de lui dans la *Femme infidèle* et dans *Ingénue Saxancour*. Ce dernier ouvrage contient les détails les plus cyniques sur ses relations avec sa femme; toutefois, il ne faudrait pas les prendre trop à la lettre, car, de l'aveu même de Restif, l'histoire d'Agnès aurait été amalgamée avec celle d'une dame Laruelle (v. la note 5 de la p. 207). Nous croyons cependant que la peinture de ses passions sadiques n'est point exagérée : « Il n'a aucun plaisir, lorsqu'il ne voit pas gémir une victime de sa barbarie. Il violait ses épouses ou ses maîtresses et il ne goûtait sa détestable volupté qu'autant que sa victime était dans les angoisses et versait des larmes. » (V. *Ingénue Saxancour*, t. III, p. 30 et 35.) Cette triste histoire a été rédigée par Restif et non par sa fille Agnès, comme le donne à supposer M. Paul Lacroix. La comparaison avec notre texte ne laisse aucun doute à cet égard.

grande; qui a mis, sur votre vie et sur la mienne, une tache aussi grande! Sur vous, en vous fesant donner une ordre injuste, attentatoire! Sur moi, en me notant à la police. Moi noté! Noté sur le mémoire d'un malheureus si effrayé de son crime qu'il a fait écrire le mémoire de la main d'un vagabond, son ami, qui l'a même signé du nom infâme d'Augé... O magistrat respectable! Ce sont vos commis, et non vous, qui avez commis ce crime! Vengez votre honneur et le mien[1]! »

587. ⸲ X^b. Hier soir p. d'A. D^{ts}. b^{sd}. ⸲ *noctè m.* Ce matin, mémoire contre Augé, en réponse. Mécontent d'Agnès : elle a envoyé le chat noir de sa voisine à Blairie, qui l'a refusé. J'ai intimidé le commissionnaire, qui doit me remettre les lettres qu'elle écrira : Berthet a fait un billet pour redemander à Blairie les livres qu'il a eus d'Agnès. Elle a apporté chés nous le chat de sa voisine. Ce caractère m'épouvante. (*Heri pulcher pes parvæ Maris*)[2]. Vu le *Journal de Paris* qui me pille

---

1. Ce discours ne manque point d'éloquence. Complétons les détails qu'il donne sur Augé par le précis de ses forfaits, d'après la *Femme infidèle* : Il vola dès son enfance; tua son maitre à danser; fut envoyé aux Iles, d'où il déserta; tua un homme venu chez lui demander des renseignements; puis le prétendant d'une jeune fille qu'il faisait semblant de rechercher en mariage (il était alors en province, commis aux Aides); assomma la mère d'une jeune fille qu'il avait voulu déshonorer et fracassa la tête de cette dernière (il fut mis en prison pour ce fait); tua un prêtre d'un coup de poing; fit mourir de chagrin sa première femme. C'est avec ce beau passé qu'il épousa mademoiselle Restif. Augé fut, parait-il, guillotiné, pendant la Révolution, comme assassin.

2. Une parente, peut-être la mère de cette jeune Mâris,

mon *Monsieur Nicolas*[1]. Le soir, j'ai rédigé le mémoire contre **Augé**. Lu celui de la dame Lamote-Valois[2]. Lettre d'Augé à son fils et un bouquet.

588. 6 X*ᵇ*. Ce matin, à l'Ile, vu mes dates du 6. Envoyé Marianne chés Augé pour lui faire écrire et signer un écrit satisfactoire. Il a dit, à la dame Normand, que j'avais vendu ma fille à un seigneur, qui devait l'emmener et l'entretenir. Marianne est revenue sans la signature[3]; le *monstre* doit montrer l'écrit à M. Legrand. Lettre d'Augé. (2 au séparé.) J'ai écrit à l'inspecteur Henri, et ma fille cadette a porté ce soir la lettre, le mémoire pour M. le lieutenant de police, et un petit mémoire qu'elle a fait elle-même. La feuille B 1 volume des *Françaises*. Je vas, ce soir, chés M. de Toustain. Ma femme a écrit, elle est à Joigni.

589. 7 X*ᵇ*. Le matin, chés Mérigot, pour

---

dont il vante la jambe dans *Monsieur Nicolas*, tenait, à Auxerre, un bal public où Restif allait souvent danser, quand il était ouvrier imprimeur.

1. S'il le pillait, c'était par anticipation, car *Monsieur Nicolas* ne fut publié qu'en 1794. Le *Journal de Paris* donnait en Variété, ce jour-là, un article signé *Philaléthès* : l'auteur annonçait l'intention de développer des théories métaphysiques qui pouvaient avoir quelque rapport, au point de vue de l'observation, avec le *Cœur humain dévoilé*.

2. Jeanne de Luz, de Saint-Remy, de Valois, comtesse de La Motte, impliquée dans le procès du collier, qui s'instruisait à cette époque.

3. L'écrit est reproduit dans la *Femme infidèle*. Il contient l'aveu des torts d'Augé, qui finit évidemment par le signer, car il est intitulé : *Acte satisfactoire qui avait été convenu entre moi et l'Échiné au mois de décembre dernier* (*L'Échiné* est le nom donné à Augé dans la *Femme infidèle*; il s'appelle *Moresquin* dans *Ingénue Saxancour*).

mes billets; ensuite à l'imprimerie; conféré Z *Infidelle*. Commencé, hier soir, le trois ajoutés aux *Françaises*; *Fille-peureuse*. Je dîne aujourd'hui avec M. le prévôt des Marchands.

590. 8 X^{bre}. Hier, dîné comme dit est. Grande colère avant, pour le sujet qu'on a vu, p. 000 (*sic*). Compliment, en dînant, à la belle Mme Godot[1]. Le soir, radouci avec mes filles. Ce matin, commencé *La Dot*, et *Sans-dot*. Hier, fini la *Fille peureuse*. Cette nuit, songé à ma *Fisique*[2], à lire chés M. le prévôt des Marchands. Été sur mon Ile, ce matin, beau soleil; marqué mes deux 8, près la bande de l'escalier, et à l'*Épître à Milran*. Je vais dîner avec mes deux filles chés M. le chevalier de Saint-Mars, inspecteur d'artillerie, digne et brave officier.

591. 9 X^b. Le matin, *Dot* et *Sans dot*, pour les *Françaises* : mes filles ont été chés l'inspecteur Henri, lui raconter ce qui est arrivé à ma cadette de la part du *Monstre*[3]. Le dîner d'hier s'est bien passé, mais je n'ai pas une aussi haute opinion de la belle hôtesse, qui est un peu âcre et a peu d'esprit. Ce matin, estampe de la *Fille recherchée par un fat*, et de la *Fille d'esprit*. Le (*sic*) la 2de d'A. IV volume *Françaises*.

592. 10 X^{bre}. Hier soir, refait le fol. 7 de la *Femme entendue*, perdu par Lenoir; ma fille

---

1. Jolie femme que Restif rencontrait souvent chez le prévôt des marchands.

2. Les théories de Restif sur la *Physique* sont développées dans les *Nuits de Paris* et dans la *Philosophie de Monsieur Nicolas*.

3. Il l'avait traitée de gueuse, renversée et foulée aux pieds, quand elle était allée le voir.

aînée a été chés sa tante Beaucousin, à laquelle le vil **Augé** a dit des horreurs contre moi. Je vais, ce matin, chés Mérigot, pour 728 livres de billets. Je n'ai pas terminé. Sur mon Ile; 25, 39 à 42 aux Duchênes : m'en doivent 50, et viendront.

593. 11 X^{bre}. Sorti ce matin, pour porter l'épreuve A IV volume *Françaises* parafée hier par Toustain et parler à Guillot pour l'arangement d'Haze[1]. Je corrige la tierce du dit A IV volume. Le *Monstre* absent, point de nouvelles de sa part. Été sur l'Ile occidentale; le soir, vu Toustain chés nous; écrit dix pages de ma *Fisique*.

594. 12 X^b. Matin, 5 pages de ma *Fisique*; à l'imprimerie sur... (sic)... des *Contemporaines*. Je vois qu'Agnès m'a pris mes *Nouveaux mémoires*[2], pour Blairit. Bondieu ! — Sur mon Ile entière.

595. 13 X^b. Hier soir, inquiétude cruelle, occasionnée par un M. Gay, envoyé par un M. D'Orville, procureur du Roi à Fontainebleau; Petit m'a tranquilisé. Écrit de ma

---

[1] Dans le *Drame de la vie* se trouve une lettre où la Reynière reproche à Restif ne ne pas avoir fait figurer M. Aze dans la gravure des *Nuits de Paris* représentant le souper du 9 mars 1786. Il était graveur; ce passage permet de croire qu'il collabora aux estampes des *Françaises*; deux seulement sont signées, Binet pour les dessins et Giraud pour les gravures. Notre manuscrit complète, à cet égard, la *Bibliographie* de Restif, par M. Paul Lacroix. On verra, § 711, que ce M. Aze collabora aussi aux estampes des *Parisiennes*.

2. Les *Nouveaux Mémoires d'un Homme de qualité* n'avaient été tirés qu'à 750 exemplaires, et Restif n'en possédait qu'un (voir le § 596), ce qui, joint à l'ennui de voir Agnès aussi aimable pour un ami de son mari, explique le mécontentement de Restif.

Fisique, jusqu'à la 22ᵉ page. Ce matin, jusqu'à la 27ᵉ. Lettre du prévôt des Marchands qui me désinvite pour demain mercredi. Je dîne chés Guillot avec Bastien.

596. 14 X^b· Le dîner a été gai et copieus, ce qui n'est pas le mieus. J'ai vu, ensuite, le chevalier de Sausseuil, et l'abbé Geoffroi, qui sont venus à la maison. J'ai causé avec tous deux, surtout avec le dernier. Nogaret[1] est venu, et *dominatus est*. Le soir, contes chés Mérigot, le demi-volume etc. P^e feuille G du XIXme etc. Le matin, 5 pages de ma *Fisique*; ensuite à l'imprimerie sur C 11^d volume *Françaises*; demi-tour de l'Ile; reproches à Agnès sur son bavardage et sur mon unique exemplaire des *Nouveaux mémoires*, qu'elle m'a pris.

597. 15 X^b· Le matin, 3 pages de ma *Fisique* : ensuite à l'imprimerie C 11 volume *Françaises*, etc. J'ai écrit, hier, à Bralle, pour lui lire ma *Fisique*, à dîner. Je suis triste. J'ai pleuré, hier, sur mon Ile, en voyant le 14 X^b· 1781[2].

598. 16 X^{bre}· Hier, le tour entier de mon Ile. Ce soir, 4 pages de ma *Fisique*; ce matin, 5 pages à la suite. A l'Imprimerie, où la 6e sur C 11^d volume *Françaises*. Je vais, tous les jours au café vis-à-vis la rue des Cordeliers[3].

---

1. Il y a bien *Nogaret* dans le texte; François-Félix Nogaret (1740-1831) a publié un grand nombre d'ouvrages en prose et en vers dont la plupart appartiennent à la littérature légère. Mais peut-être Restif a-t-il voulu écrire *Nougaret*.
2. L'inscription portait : 14 X^{bre}, *Sara absens*.
3. Elle était située entre la rue de la Harpe et le carrefour de la rue des Fossés-Saint-Germain des Prés. Ce café se trouvait probablement rue de la Harpe, dans la partie qui a dis-

MES INSCRIPCIONS.

J'y prens une tasse et lis les papiers publiqs. Hier, la Reine aux *Français; Eugénie*[1], par la jeune Vanhove[2]; je n'ai pu entrer. Aujourd'hui..... le *Commis aux Aides*.

599. Hier soir, Bralle m'avait écrit; retiré sa lettre chés Petit : épreuve H XIX volume. Ce matin, corrigé sur B 1 volume. Hier, du 15 au 16, rêvé de Courgis : le curé vieillard alant à l'église; de jeunes demoiselles chés lui; l'abbé Tomas[3] me fesait mépriser, etc. Hier, vu à sa fenêtre Poinot *major* et fait le tour de l'Ile entier.

600. 18 X^{bre}. Jour infortuné! Le matin, 7 pages de ma *Fisique*; travaillé à l'imprimerie, fini C 11 volume, et 73 *Supersticion*. Après dîner, appris *epistolam Agnetem scripsisse Blérie et habere hanc Augœum! Dii boni! servate me!*

601. Hier, 19X^{bre}. Je ne suis pas entré dans ma chambre. Querelle violente, le matin, au sujet de la fatale lettre, dîner chés Bralle, où lu ma *Fisique* avec fruit. Le matin, lettre de l'Augé.

20 X^{bre}. Ce matin, Augé est entré chés moi, et m'a montré la copie de la lettre, sans vouloir m'en confier l'original. Je me suis mis en fureur : levé, j'ai couru chés M. Legrand, j'ai vu l'original, et... contre toute raison, il m'a été refusé. J'ai fulminé, j'ai fait renvoyer

---

paru lors du percement du boulevard Saint-Michel, en 1855. Il s'appelait le café *Erville* (v. le § 677).

1. *Eugénie*, drame en cinq actes, en prose, de Beaumarchais, joué *par ordre*, ce jour-là, 16 décembre.
2. Fille de l'acteur Vanhove; elle débutait ce soir-là. Voir la note 1 de la page 200.
3. L'abbé Thomas et le curé de Courgis étaient ses frères du premier lit. Le dernier était son parrain.

un prêtre, parent de l'infâme Augé, qui a dit que je commettais une voie de fait en voulant retenir la lettre de ma fille. J'étais indigné : ma fille est arrivée, elle a parlé avec la plus grande force. Augé a plié devant elle. Je me suis mis en fureur. Nous sommes sortis avec M. Legrand. Je suis ensuite revenu, et la fausse lettre, invencion abominable d'Augé pour m'empêcher de poursuivre son infâme action d'avoir battu Marianne, a été brûlée avec le ruban[1]. Je suis revenu. J'ai parlé à la Bizet. Je l'ai dissuadée de la lettre. Elle a parlé d'Augé comme il le méritait. Je la ferai aler chés M. Legrand. De retour chés moi, je me suis attendri. J'ai versé des larmes dans les bras de mes deux filles, et nous nous sommes tous un peu consolés mutuellement. Elles font, ce soir, une lettre modelée sur la fausse, pour en faire l'usage qui conviendra. Je n'ai rien fait, ces deux jours-ci.

602. 21 Xbre. Ce matin, relu les lettres de ma femme à mes ennemis, pour l'*Infidelle*. Le petit Augé[2] est venu. Je vais dîner chés le prévôt des Marchands. Lu l'épreuve C. c. *Infidelle*. M. Le Grand m'a révélé un abus de con-

---

1. Augé accusait sa femme d'avoir envoyé à Blérie un ruban de serre-tête avec une lettre trouvée, disait-il, dans la rue, par un de ses amis. Il avait écrit à Agnès pour l'engager à réintégrer le domicile conjugal et à lui pardonner ses torts, en lui promettant la réciproque. Quant au ruban, il se proposait « d'en faire sa plus belle parure de nuit ». Elle lui répondit qu'à la cohabitation elle préférait la mort. (*La femme infidèle.*) La lettre d'Agnès à Blérie était une invention machiavélique d'Augé, qui jouait la jalousie.

2. Le fils d'Augé et d'Agnès Restif. Il avait quatre ans. Depuis qu'Augé connaissait le surnom que lui avait donné son beau-père, il n'appelait plus son fils que *le petit l'Échiné*.

fiance d'Augé, que nous avons vivement réprimandé. Je n'ai rien lu.

603. 22 X$^{bre.}$ Le matin, relu les lettres de l'*Infidelle*, travaillé sur D 11^d volume *Françaises*. Le soir, vu Guillot piqué.

604. 23 X^b. Non venu dans ma chambre ; le matin, relu les dernières lettres *Infidelle* ; lu C I volume *Françaises*, non trouvé M. Le Grand. Sur l'Île, vu la date 23-1782, *linqui Saram* ; le soir, retouché aux dernières lettres *Infidelle*.

24 X^b. Le matin, 11de H XIX volume. Lettre pour M. Berger[1], qui demande mes ouvrages. J'écris à Montlinot et Saint-Mars. Fait le tour orientale de l'Ile : vu la Bizet, et Petit, qui 30 livres.

605. 25 X^{bre} Le matin et l'après-midi : 1re anecdote des *Parisiennes*, *La Mélancolique*. Fait le tour de l'Ile entier.

26 X^b. Matin 11de anecdote, *La Gaie, la Rieuse* ; 3 pages de ma *Fisique*, les *Sens* : le soir, vu Mme Colombier[2].

27 X$^{bre.}$ Le matin, une page de la *Fille colère* ; à l'imprimerie sur les lettres du XIX volume 40. Le soir, vu la jeune Dassez ; non à mon Ile ; lu la seconde de C I volume *Françaises*, et D. d. *Infidelle*.

606. 28 X^b. Matin, fin *Fille colère*, com-

---

1. Le correspondant littéraire de Voltaire (?).
2. Il est question d'un Colombier, parfumeur, au § 730, et d'une dame Petit-Colombier au § 745. Celle-ci devait être la femme du libraire Petit. Observons toutefois que Restif a connu le docteur-régent de la Faculté de médecine Colombier, qui était censeur royal ; on trouve son nom dans une des lettres publiées dans le tome XIX des *Contemporaines*, 2e édition.

mencé la *Sournoise*, et les *Statuts du musée des mœurs*[1]. —

A l'imprimerie, sur ma 43ᵉ lettre, xixᵉ volume. Le soir, à la censure, C. I *Françaises*. Fait le quart du tour occidental, méridional de l'Ile.

607. 29 X^b. Matin, fin des *Statuts du musée des mœurs*; à l'Imprimerie, lettre Saint-Leu[2] 45; le soir, 2ᵈᵉ *S. Contemporaines* xxᵉ volume. Grangé. Lettres de Mˡˡᵉ Legrand[3] à Saint-Charles[4], contre le *Monstre*. La Julien[5] est venue à dîner. Mˡˡᵉ Londo s'est informée de ma santé. Quart de tour de l'Ile, comme hier.

608. 30 X^b. Le matin, une page de ma *Fisique* (59); à l'Imprimerie, porté *Femme-entendue*, et *Fille naïve*, fait le quart de tour. *Timeo*. Corrigé, chés Grangé, 2ᵈᵉ S xx. Marianne chés M. de Toustain. Lettres portées à sa mère et à sa tante de Courgis. Hier soir, la Reynière; rien dit de ses torts, ni d'Augé.

609. 31 X^b. Le dernier d'une cruelle année! Le matin, lu D 1 volume *Françaises*; froid rigoureus et sec. Le soir, aux *Français*,

---

1. Les *Parisiennes* sont divisées en *séances*. La première est consacrée à la rédaction des *Statuts du Lycée des mœurs*. Les dames qui composent ce lycée s'engagent à raconter, chaque mois, deux histoires ayant trait à des caractères de femmes.

2. Mademoiselle Saint-Leu. Voir la note 1 de la page 21.

3. Mademoiselle Legrand était sans doute la fille de l'avocat au Parlement, secrétaire du prévôt des marchands.

4. Saint-Charles est appelé de Selharnisat dans la *Femme infidèle*. (V. 4ᵉ partie, p. 767.) Il était avocat.

5. Restif parle d'une « estimable actrice » de ce nom dans les *Nuits de Paris*, page 3295. Elle faisait partie de la troupe du Théâtre-Italien.

MES INSCRIPCIONS.

les *Méprises*[1] de Palissot et l'*Ecole des maris*. Mis à l'imprimerie le trait de la 24ᵐᵉ semaine du *Censeur universel*[2].

610. 1° Anni 1 *janv*. 1786. Le matin, 8 pages des *Caractères généraux des Filles*; fait le tour entier de l'Ile, insulté par le grand poliçon. Le soir, quatre pages des *Caractères généraux*.

611. 2 *jan*. Le matin, fin des *Caractères généraux*. Repris la *Sournoise*; Agnès et Marianne dînent en ville; demi-tour de l'Ile; corrigé sur D 1 volume *Françaises*; tumulte des crocheteurs; vu Mᵐᵉ Deschamps[3], Belin, Petit, Colomb, Regnaud, etc.

612. 3 *jan*. Le matin, fin de la *Sournoise*; arangé l'ouvrage; décidé de mettre la *Femme sauvage* au second volume des *Parisiennes*. A quatre heures, j'ai été insulté sur l'Ile par Lambin, fils du maître de pension, rue Saint-Antoine, au coin de la rue de Joui[4]. Je lui ai fait donner son nom au corps de garde du pont de la Tournelle. *Sero lup*. Pierre Sarasin.

613. 4 *jan*. Matin, lettre à M. Le Grand : « Monsieur, j'espérais avoir, aujourd'hui, l'honneur de présenter mes respects à M. Le Pelletier et de vous assurer de mon inaltéra-

---

1. Comédie en cinq actes, en vers.
2. *Le censeur universel anglais*, par une société de gens de lettres (Jouin de Sausseuil, Griffet de la Baume, etc.). Paris, chez Guillot, 1785-86.
3. Madame Deschamps, actrice de la comédie italienne, sous le nom de Bérard. Elle était cousine de Rose Lambelin, ancienne maîtresse de Restif à Auxerre. Elle est l'héroïne de l'avant-dernière nouvelle du 22° volume des *Contemporaines*.
4. Entre la rue Saint-Antoine et le coin des rues de Fourcy et des Nonnains-d'Hyères.

ble attachement, mais un accident, arrivé hier, m'en empêche. Je vais, depuis dix ans, faire une promenade sur l'Ile Saint-Louis, après dîner : mais, depuis le 22 septembre de cette année, j'y suis insulté par des poliçons. Je ne puis attribuer cette conduite qu'à quelqu'ennemi secret : hier, un jeune homme de vingt ans, que j'ai fait conduire au corps-de-garde du bout du pont de la Tournelle, m'avait insulté par deux fois. Il a dit son nom : c'est Lambin, fils du maître de pension du coin des rues Saint-Antoine et de Joui. L'émotion que cela m'a causé me fait garder le lit ce matin, en attendant mon bandage. Il faut que je renonce au seul plaisir qui me restait, de faire le tour de l'Ile, et d'y voir des dates qui expriment ordinairement la situacion de mon âme. Je suis, etc. »

Achevé de remanier, à l'imprimerie, les lettres du XIX⁰ volume. Le soir, composé les deux lettres de chanson, ensuite chés Mme Duchesne, puis à l'Ile, le demi-tour, à 8 heures et demie. 30 livres Binet.

614. 5 *jan.* Le matin, fin de la *Propreté*, etc. et de la Ire séance des *Parisiennes* : à l'imprimerie, remanié feuille D. 1 volume *Françaises*; le soir, à minuit, achevé de lire la seconde. Non sur mon Ile.

615. 6 *jan.* Le matin, commencé la *Fille portée au mariage*. A l'imprimerie, 51 lettre : commencé le IIIe *Exemple*, et le passage de Plaute au XIIIe. Lu E e *Infidelle*.

616. 7 *jan.* Le matin, fin de la *Portée pour le mariage* ; à l'imprimerie, épreuve C II^d volume *Françaises*.

MES INSCRIPCIONS.

617. 8 *jan.* Le matin, fin de la *Fille craignant le mariage*; 2de épreuve E e *Infidelle*. 1re l XIX *Contemporaines*, 1re D. II volume *Françaises*. Le soir, à 10 heures, demi-tour de mon Ile pour mettre les 8 aux deux endroits.

9 *jan.* Matin, *incipium Fille timide*; à l'imprimerie, petit ajouté sur la 51 lettre. Le soir, trachés M. de Toustain; *Operati* 1 volume. Traversé l'Ile et écrit, au-dessous du tourniquet, 9 *jan.*

618. 10 *jan.* Le matin, C II volume *Françaises*; fini la 51 lettre de Monet[1]; fait épreuve de D II volume. Le soir, à mon Ile, le demi-tour orientale; une sentinelle à la niche, vis-à-vis l'estacade[2].

619. 11 *jan.* Fini, le matin, la *Fille-timide*; à l'imprimerie 52 lettre et *incipium* 53; 2de V XX volume. Le soir, tour occidental de l'Ile. Lup.

620. 12 *jan.* Matin, D II volume *Françaises* à-demi : à l'imprimerie, liaison de la 11 lettre; 53 lettres. Commencé le programme des quatre gravures de l'*Infidelle*[3]. Le soir, le tour entier de mon Ile. Lettre de l'*Ingratte*.

621. 13 *jan.* Matin, commencement de la *Hardie-l'Effrontée*[4]; à l'imprimerie, 53 lettre (composée). Le soir, mis en page V XX volume.

---

1. Médecin du comte d'Artois, dont il a déjà été question au § 7. Admirateur passionné de Restif, il le traite de « grand homme » dans une lettre reproduite à la fin du tome XIX des *Contemporaines*, deuxième édition.
2. La lettre du 4 janvier à M. Le Grand avait produit son effet.
3. Ces gravures ne furent point publiées.
4. *La fille hardie (l'effrontée)*, chapitre du tome Ier des *Parisiennes*.

Le tour entier, tronqué, de mon Ile, à cause d'un chien[1].

622. 14 *jan*. Matin, fin de la *Hardie*; commencé la *Hautaine*; à l'imprimerie, 54 lettre; *inquietus ob Infidelle*, folio E e; fini V en page; Lettre de Genève, Mallet[2]; non à mon île; querelle d'Aladame avec Demé. Le soir, achevé D, 11 volume.

623. Le matin, fini *Fille hautaine*; commencé *Fille modeste*. Lettre de Montlinot pour une servante-maîtresse[3]; réponse à la lettre de

---

1. Restif nous apprend dans les *Nuits de Paris* qu'il avait instinctivement horreur des chiens : « Je n'aime pas les chiens. Peut-on faire son ami d'un être vivant qui peut devenir enragé, mordre et communiquer cette cruelle maladie ! Si j'en étais le maître, il n'y en aurait pas un seul, à Paris, où ils consomment la subsistance de vingt mille personnes. » Il dit, dans un autre passage : « Si j'étais le maître, il n'y aurait point de chiens dans les villes. Quoi ! on se fait un amusement, un plaisir d'élever, de coucher chés soi un animal qui peut devenir plus venimeux que le plus dangereux des serpens ! C'est une des folies de l'espèce humaine. Je hais les chiens et j'aime les hommes. » (*Nuits de Paris*, p. 1509.) Toutefois, il convient de leur utilité dans certains cas, au point de vue de la garde des maisons, par exemple (p. 3154).

2. Paul-Henri Mallet, avocat et historien genevois. Dans cette lettre, il comparait Restif à Rousseau et lui adressait les plus grands éloges.

3. Dans le tome XIX des *Contemporaines* se trouve une lettre datée du 23 janvier 1785, dont le signataire anonyme demande à Restif de lui chercher une servante-maîtresse. En voici un extrait : « J'avais une ancienne gouvernante qui vient de se marier... Je désire trouver quelqu'un ; voici les condicions : une femme âgée au moins de 24 ans, mais pas au-dessus de trente. Je veus qu'elle n'ait ni enfans, ni mari. C'est une domestique renforcée, qui ne puisse avoir ni la mise d'une servante, ni celle d'une feseuse de modes. Je veux l'élever jusqu'à moi et qu'elle m'en sache gré. Elle mangera avec moi, elle aura une seconde fille entièrement à ses ordres.

MES INSCRIPCIONS.   163

Bralle, que je porte: le soir, tour entier de mon Ile, ensuite chés Chardon. J'ai trouvé, au retour de l'Ile, cette petite de la rue des Deux-ponts[1].

624. 16 *jan.* Levé de bonne heure, à cause de Demé : réconciliacion de cet enfant avec Aladame. J'ai travaillé sur la lettre descriptive de Dumont[2]. Hier, querelle du chat[3], chés moi; chés la Quicemette; je porte les livres à la Vieillot[4] : 10 livres. Lup. *sero.*

625. 17 *jan.* Matin, *Capone*; 2do D II volume, 54 et 55 lettre. Lu G g *Infidelle*; conféré 3° C II volume, porté le soir à M. de Toustain; revenu à 11 heures et demie.

626. 18 *jan.* Matin, 1 page *Modeste,* une

Je ne veux qu'une figure décente... une bouche saine... Le service de cette femme consistera à faire ma maison, qui est toujours fort simple. Je voudrais cependant qu'elle sût au moins faire un ragoût. Ses occupacions seront de surveiller les distribucions de viande à la cuisine pour le commun, de faire servir les enfants. Elle aura sous ses ordres, pour ce service, des femmes; recevoir le fil et généralement tous les ouvrages de femme ; elle a du monde également pour ce service. Enfin, son travail est de surveillance. Elle a beaucoup à ordonner et des grâces à faire, ce qui est agréable aux femmes. Il faut que cette domestique se fasse respecter, qu'on l'appelle mademoiselle et qu'on ne sache pas qui elle est. Le vêtement doit être celui d'une femme de maison propre, décente, un simple ruban sur la tête. Enfin, mon ami, il me faut une femme avec laquelle je puisse souper et causer le soir... »

1. Cette rue existe encore dans toute sa longueur.
2. Butel-Dumont. Il collabora, sous le voile de l'anonyme, à plusieurs ouvrages de Restif. Quelques lettres de lui sont reproduites à la fin du tome XIX des *Contemporaines,* 2° édition.
3. Voir le § 587.
4. Vieillot, libraire-colporteur des Tuileries, « le plus vil des hommes ».

page *Fisique;* imposé une feuille lettres xix volume. Lu 2de U xx ; mis en page sur Z *ejusdem.* Le soir, chés M. de Toustain, F 1 volume *Françaises.* Trois quarts de tour de mon Ile à 11 heures et demie. Vu le songe du 18 janvier 1785, à l'estacade.

627. 19 *jan.* Matin, sur la *Modeste,* 3 pages, 1 page sur la *Fisique : Génération de Dieu;* à l'imprimerie 56 lettres, 57 *incipium* en page sur Z ; 2de U xx volume, 2de G g *Infidelle.* Demi-tour occidental à 11 heures.

628. 20 *jan.* Matin, fin *Hardie-Effrontée, Hautaine, Modeste* : mis en page Z entière; 57 lettre; fini de mettre en page le xx volume.

629. 21 *jan.* Matin, 11, point des *Parisiennes* commencé; à l'imprimerie 58 lettre. Commencé, chés Grangé, le xxi volume *Contemporaines.* Dispute avec Cordier[1] sur ma morale. Dernier jour du carcan des deux crocheteurs révoltés. Le soir, *incipium* 59 lettre.

630. 22 *jan.* Le matin, *La décence en fesant l'amour*[2], 4 pages. Le soir, feuille J des lettres, petit romain. Tour entier de l'Ile à 9 heures.

631. 23 *jan.* Matin, fin du 1 volume des *Parisiennes;* à l'imprimerie, 59 lettre; Grangé, commencé le mettre en page du xxi volume. Estampe composée. Le soir, lu la feuille F 1 volume, corrigé sur H h *Infidelle.* Composé les notes ajoutées.

632. 24 *jan.* Matin, 2 pages sur *Les mariées*

---

1. Edmond Cordier de Saint-Firmin (1730-1816), auteur de l'*Éloge de Louis XII*, de l'*Éloge de Fénelon*, des *Pensées sur Dieu, sur l'immortalité de l'âme et sur la religion*, etc.(?)

2. Titre d'un des chapitres des *Parisiennes :* elles enseignent aux femmes les moyens de se faire aimer de leurs maris, à

de Paris; commencement du 11^d volume des *Parisiennes* : 3 pages en page chés Grangé; après dîner, la 2de D II volume et 2de H h *Infidelle*. Fait le demi-tour occidental de mon Ile à 5 heures. 1er *Paysan-Paysane* vendu 25 livres.

633. *25 jan.* Matin, 4 pages de la *Complaisante*; à l'imprimerie, quelques lignes de la 59 lettre; mis quelques pages en page A XXI volume (9 à 13), conféré les 24mes D II volume -*Françaises* et H h *Infidelle*. Le soir, tour de l'Ile à faire, et Toustain (*non inveni*) à porter D II volume. Demi-tour occidental.

634. *jan.* Matin, 3 pages et demie de la *Complaisante*; 3 pages de la... (*sic*) lettre *Infidelle*; après midi, 3 autres, dont 2 après dîné, que je donne ce soir au compositeur; mais cela doit aler après l'histoire du mariage de ma fille aînée. Le soir, M. de Toustain, où M. Jacob[1]; carrosses du Roi; dimanche, dîner chés M. de Senones.

635. *27 jan.* Matin, 10 à 15, II volume *Parisiennes*; à l'imprimerie, I i *Infidelle*; 19 à 21 XXI volume. Porté, hier et aujourd'hui, des livres à la Vieillot. Tour de l'Ile tronqué par la rue de l'hôtel Bretonvilliers.

636. *28 jan.* Matin, de 15 à 19 *Parisiennes* II volume (*Complaisante*); corrigé, à l'imprimerie, *Françaises* I volume; pris le 2^d exemplaire de la *Paysane* pour la Vieillot; donné à relier 3 exemplaires *Paysan-Paysane* sans figures; reçu 24 livres de la Vieillot.

l'exemple des *Initiations* des Anciens, dont Restif souhaitait le rétablissement. (V. *Monsieur Nicolas*, t. X, p. 161.)

1. Un M. Jacob, de l'Académie royale de musique, était l'auteur d'une *Méthode de musique sur un nouveau plan*.

637. *29 jan.* Matin, 4 pages 19 à 24 du
II^d volume *Parisiennes;* 2 pages du renvoi de
l'Infidelle; dîner chés M. de Senones et Malherbe; le soir, achevé de lire E II volume
Françaises; 3 pages ajoutées. Vu, le soir, madame Guichard. Demi-tour oriental de l'Ile.

30 jan. Matin, 2 pages II^d volume *Parisiennes.*
Corrigé F II^de I volume. Composé *Langue française*[1]. Demi-tour occidental de l'Ile, jusqu'à la
rue Poultier.

638. *31 jan.* La nuit, inquiétude pour la
Sauterelle, Sautereau[2]. Le matin, 3 pages fin de
la *Contrariante* et d'*Iphigénie :* renvoi du commencer de la *séance.* Commission, le matin, à
Mlle Londo, par Marianne, pour savoir des
nouvelles de la Petit. Le soir, tour tronqué de
mon Ile par la rue de l'Hôtel. Z z *Infidelle.* La
Damourette rue G. d. l.[3].

639. *I février.* Matin, 1 page du *Discours sur*

---

1. La *Langue française,* juvénale qui devait prendre place
dans le *Glossographe* (V. le *Paysan et la Paysanne,* t. IV,
p. 528, éd. de 1784), se trouve dans les *Françaises,* t. I,
p. 181.)

2. Voir dans le *Paysan-Paysanne* la juvénale intitulée *La
Sauterelle,* où il est fait allusion à Sautereau de Marsy (1740-1815), fondateur de l'*Almanach des Muses,* ami de Fréron
et un des collaborateurs de l'*Année littéraire.* Il avait mal
parlé de la *Paysanne* dans le compte rendu de l'*Almanach.*
La phrase suivante, des *Nuits de Paris,* explique pourquoi
Restif le compare à la sauterelle : « Il est, dans la littérature, de méprisables insectes, semblables à la sauterelle. Ils
se traînent sur les poétises des hommes-auteurs et les
donnent au public, incapables qu'ils sont de rien produire
d'eux-mêmes... » Et, dans *Monsieur Nicolas* (t. X, p. 235),
il le met au nombre des auteurs, « bassement soudoyés par
ses confrères ou par des libraires, pour extraire les pensées
des autres ».

3. La rue habitée par *Grimod de la Reynière* (?)

les *Nouvelles mariées*; à l'imprimerie, 59 lettres; donné chés Grangé à la 120. Le soir, 2do E II volume. Tour tronqué de l'Ile par la rue de l'Hôtel.

640. 2 *f*. Matin, 2 pages des *Mistères de la Bonne Déesse*, II volume *Parisiennes*; à l'imprimerie composé l'*Ortografe*. Le soir, demi-tour tronqué en alant chés Toustain; demi-tour occidental en renvenant de porter la feuille E II volume.

641. 3 *f*. Matin, 1 page *Solide*; à l'imprimerie, fin de l'*Ortografe come on parle*[1]; colère à cause de l'allemand; lu G 1 volume et commencé de lire H. Le soir, demi-tour occidental.

642. 4 *f*. Matin, 5 pages de la *Solide*; à l'imprimerie, achevé de lire H et Z xx volume *Contemporaines*. Le soir un petit à la B. l'aut. des pièces du C¹. Demi-tour occidental, à compter de la rue Poultier, à cause du fameux 4 *feb*. F^e *Ad pleni cun°*[2].

643. 5 *f*. Le matin, 2 pages *Dissipée*: à l'imprimerie, Granger mis en page depuis 40 jusque 56; le soir, achevé de lire V xx vo-

---

1. Chapitre du *Glossographe*. Dans les *Nuits de Paris* (p. 3009), Restif donne un modèle de chacune des orthographes qu'il a employées dans ses différents ouvrages : l'orthographe ordinaire des imprimeries; celle de Dorat, adoptée par Didot; celle des *Nuits de Paris*; celle des *Contemporaines*; l'orthographe typographique avec tous ses accents : « On sent, dit-il, que, dans l'impression, les lettres accentuées ne coûtent pas plus à mettre que les autres; au lieu que, dans l'écriture, tout ce qui retarde la course rapide est très-gênant... » Il propose donc une orthographe cursive pour l'écriture seulement, puis une orthographe mitigée pour l'impression.

2. Voir l'inscription du 4 février 1782 : *Anniversarium pleni favoris Saræ, verè me amavit* (§ 151).

lume; après souper, demi-tour occidental; en revenant, j'aperçois Poinot *major*; je la suis et vois sa demeure à l'entrée de la rue occidentale Saint-Louis; je veux la revoir, après avoir écrit cela, et j'ai le bonheur de rencontrer cette fille bien faite, voisine de Dussieux[1], à laquelle je parle, pour l'envoyer à Montlinot auquel je venais d'écrire le soir, ainsi qu'à Mallet de Genève.

644. 6 *f*. Le matin, levé sans écrire, envoyé la lettre à Montlinot, où je lui annonce la gouvernante, que j'irai voir ce soir : elle se nomme Mélanie, et demeure rue du Baq, chés le coutelier, à côté du chapelier. Mis en page, chés Grangé; corrigé avec Eydt. Le soir, à six heures, j'ai été chés Mélanie, qui est arrivée comme je la demandais. Je lui ai lu les lettres de Montlinot; elle est très-contente. Il paraît que cette jeune fille alait se perdre par la misère : elle était prête à se livrer au désespoir. Je l'ai rassurée, consolée; je lui ai dit que la lettre d'avis pour elle était partie du matin. Elle assure qu'elle a son pucelage, mais j'ai des raisons pour n'en rien croire. Quelle différance de ce jour à son pareil l'an passé! Le soir, écrit une demi-page de la *Dissipée*, dont je changerai le titre en la *Jouisseuse* (mot nouveau).

645. 7 *f*. *Anniversarium quærelæ cum parvo Duchesne*. Le matin, écrit seulement deux pages du renvoi de l'*Infidelle* derrière la lettre à Terrasson. Je vais porter, malgré la pluie, les

---

1. Louis d'Ussieux (1744-1805), un des fondateurs du *Journal de Paris*, auteur de l'*Histoire abrégée de la découverte et de la conquête des Indes par les Portugais*, etc.

XIX à XXII, à MM. du Mirail[1] et Mercier. Le soir, tour entier de l'Ile.

646. 8 *f.* Matin, 3 pages de ma *Fisique*. Imaginé le *Contradicteur*, journal; lu M. m *Infidelle* Z seconde xx volume. Le soir, porté mon prospectus, fait à 9 heures, du *Contradicteur*[2], à M. de Toustain, avec G 1 volume *Françaises*. Il l'a goûté. Demi-tour occidental de l'Ile.

9 *f.* Matin, 2 pages de ma *Fisique*. Lavement. Je vais faire, à l'imprimerie, le commencement du *Contradicteur*. Je n'ai pas été, hier, voir Mélanie.

Je viens de faire l'exorde du *Contradicteur*. Reçu la réponse de Montlinot, mal répondante à ce que j'attendais. J'ai été chés Mélanie, que je n'ai pas trouvée. Elle était sortie avec une femme. J'ai parlé à la voisine, qui ne me paraît pas trop persuadée de sa sagesse.

A 9 heures, à l'imprimerie, j'ai achevé l'exorde du *Contradicteur*, que j'ai corrigé après souper, en y mettant l'épigrafe.

647. 10 *f.* Vendredi matin, 2 pages de ma *Fisique*, 672-674. Ensuite, l'arrangement particulier du journal. A l'imprimerie, deux pages de l'*Infidelle* pour finir l'article de ma fille, et amener celui des lettres Granger; 2 ou 3 pages des *Filles de mode* en page. Le soir, vu Mélanie,

---

1. Secrétaire du bureau de la librairie.
2. Voir dans les *Françaises*, t. III, pages 267-283, le *Projet d'un journal contradicteur* : « destiné à relever les bévues de tous les autres et à venger les gens de lettres de leurs injustices ». Ce journal, qui ne parut jamais, devait servir à répondre au *Mercure*, à l'*Année littéraire*, etc. L'abbé Roi se faisait fort d'obtenir le privilège à condition d'avoir la moitié de l'intérêt. (V. *Monsieur Nicolas*, t. XI, p. 115.)

donné six francs; la porte restée ouverte; je n'ai pu lui parler en liberté. Vu ensuite ma *grosse rouge* de la rue Mazarine. A 9 heures un quart, chés M. de Toustain pour notre *Contradicteur*.

648. 11 *f*. Matin, 2 pages de ma *Fisique*; écrit à Montlinot, au sujet de Mélanie. Ensuite à l'imprimerie où fait quelques lignes de l'endroit de la figure de la *Dépensière*. Lu, après dîner, N n *Infidelle*. Demi-tour de l'Ile, vu 1 *f. anni supremi*.

649. 12 *f*. Matin, 4 pages et demie de ma *Fisique*; conçu l'idée, au café, de répondre à tout ce qui me déplaîra, *Mercure* etc^a à l'occasion de *Parterre assis*[1]. Remanié, chés Chardon, feuille H; vu le joli talon d'une pucelle, alentour Saint-Séverin; sorti deux fois pour la seconde. Le soir, demi-tour oriental, en alant; demi-tour occidental, en revenant de aler voir Catiche[2], rue Mazarine : trouvée à

---

1. Voir l'opinion de Restif sur le parterre assis, dans les *Nuits de Paris*, p. 3201 : à propos du bruit fait à la Comédie italienne, à la première représentation du *Prisonnier anglais*, le 26 décembre 1787, le *Mercure de France* disait qu'on devrait faire asseoir le parterre, afin que la cabale ne pût se cacher facilement. Mais Restif, tout en blâmant les « poliçons » qui avaient fait du bruit, déplore qu'on ait « ôté au républicanisme théâtral son dernier asile, en faisant asseoir le parterre italien, contre le vœu de tous les gens sensés ». Il ajoute : « Le dernier parterre à vingt-quatre sous a cessé. Les plaisirs de l'homme honnête et pauvre ont doublé de prix parce qu'une jeunesse indisciplinée a poliçonné au théâtre. » V. ci-dessus, p. 67, note 1.

2. Voir *Le Pornographe*, au sujet de cette Catiche : « *Maman* assez obscure... La Catiche surveille ses filles le soir, lorsqu'elles sont à la chasse, de peur qu'elles ne s'amusent avec les greluchons et les gueux. »

MES INSCRIPCIONS. 171

chés M. de Toustain, autrement de Stable[1].

650. 13 *f.* Matin, lettre du *Monstre*, qui renouvelle une prétendue dette de Milon d'Aucerre; rien fait; à l'imprimerie, achevé de remanier H. Le soir, 2de H; plénitude[2], la nuit.

651. 14 *f.* Matin, cinq pages de ma *Fisique*; à l'imprimerie Chardon, fait corriger de H; Granger, la 11 *Fille mode* commencée. Lettre de Montlinot, pour moi et pour Mélanie et Plassant[3]. Je vas, ce soir, d'après une lettre d'hier, chés Toustain. Reçu une lettre de Montlinot, dans laquelle ordre d'un louis pour Plassant, et une lettre à Mélanie. Je n'ai pu y aler, à cause de mon rendévous chés M. de Toustain, avec le comte de Béhague[4]. Nous nous sommes vus pour le *Contradicteur*, et je m'aperçois que le comte voudrait avoir, seul, la moitié de l'intérêt. Je songe à Bralle.

652. 15 *f.* Matin, une page de ma *Fisique*; vu Belin, pour *Infidelle* 200; je verrai d'autres, pour un nombre, dans la journée, payable en ordre de papier.

653. 16 *f.* Matin, 5 pages de ma *Fisique*. A

---

1. Nom de M. de Toustain dans la *Femme infidèle*.
2. Restif emploie ce mot dans le sens de *bonheur*. V. le *Calendrier*, p. 51.
3. Nous ne trouvons, sur ce Plassant, qu'un passage peu explicite d'une lettre anonyme de la 2ᵉ édition des *Contemporaines* : « J'aurais fort désiré que vous eussiez fait recevoir mon petit billet chés M. Plassant; tout cela pouvait se faire par un commissionnaire. »
4. Jean-Pierre-Antoine de Béhague, né en 1727, commandant général de la Guyane en 1763, brigadier en 1768, maréchal de camp et commandant de la citadelle de Belle-Isle en 1787.

l'imprimerie, 6o lettre. Epreuve de F. 11 volume *Françaises*. Trois quarts de tour de l'Ile au soleil brillant. Vu le 16 *f*. antique dans la rue Poultier. Le soir, retourné à mon Ile; tour entier; non été voir Mélanie.

654. 17 *f*. Matin, 4 pages de ma *Fisique* (les végétaus); à l'imprimerie O o *Infidelle* et fin d'I 1 volume *Françaises* : demi-tour occidental au soleil; le soir, le même.

655. 18 *f*. Matin, annoncée la mort de l'abbé Thomas par ma nièce Beaucousin, qui m'a remis la lettre suivante du curé de Courgis... (*sic*); 3 pages de ma *Fisique*. A l'imprimerie 2de O o; *Françaises* G 11 volume. Non été chés Mélanie. Le soir, tour occidental.

656. 19 *f*. Matin, trois pages de ma *Fisique*; dîné chés Marie Rétif, veuve Beaucousin; passé ensuite procurasion chés le notaire Degeux, pour la succession de Thomas Rétif[1], mort le 12 février. Ecrit au curé de Courgis,

---

1. Succession assez mince : « Il vous est échu, lui écrivait le curé de Courgis, comme aux autres cohéritiers, un paquet d'habits et de linges, qui a été vendu 12 francs, plus une somme de 12 livres et quelques sols; plus une somme de 48 livres et près de 10 sols, et des fonds tant en rentes que terres et prés, pour 211 livres. Il reste encore à partager, lorsqu'on les aura reçus, les revenus de quelques baux et de quelques rentes, avec un certain nombre de livres et une obligation de 27 livres 18 sols sur un particulier de Saint-Cyr... » (Lettre 166. Tome XXII des *Contemporaines*, 2e éd.) Voici ce que Restif avait eu de la succession de son père : « Jusqu'en 1790... je m'étais suffi à moi-même à l'aide de mille écus de rente, en parcimonie, que m'a laissés mon père... avec environ 6,000 livres de biens-fonds, dont je n'ai pas touché 1,000 écus, ayant vendu à mon feu frère le paysan, qui ne m'a payé qu'à demi, ce que je ne dis point pour reproche; j'ai perdu volontiers avec mon frère, et, si je n'avais pas eu d'enfants, je lui aurais fait présent de tout

avant le dîner. Venu au café, où j'ai lu les papiers.

20 *f*. Anniversaire de mon alitement; matin, 3 pages de ma *Fisique*; à l'imprimerie corrigé sur F. II volume. Composé la fin de la *Fille par un amant honnête*; demi-tour occidental.

657. 21 *f*. Jour terrible! Le matin, 4 pages de ma *Fisique*; à l'imprimerie, 60 lettre; à dîner, Agnès prise par son *Monstre* d'Augé[1]; elle est chés le commissaire de l'Ile.

J'en viens[2]; nous alons en référer devant M. le lieutenant-civil[3] : je viens chercher la lettre du 23 juillet du *Monstre*.

J'ai été chés le commissaire et le lieutenant-civil, où j'ai vu l'insolent marquis d'Apchon[4], qui, au lieu de me répondre, s'est éloigné d'un ton de mépris, comme s'il avait craint de se profaner : un pareil noble est un peu plus vil qu'Augé. J'ai plaidé devant le magistrat, et ma fille renvoyée chés moi : c'est samedi que la cause sera décidée. Je l'ai ramenée.

658. 22 *f*. Matin, 3 pages et demi, fin de ma *Fisique*. A l'imprimerie, remanié 1 volume *Françaises*; lu D IV et XXI volume *Contemporaines*; 2ᵈᵉ feuille *Françaises* II volume. Agnès a été faire une addition à sa plainte. Elle a été

---

mon petit patrimoine, afin de ne pas morceler le domaine de Labretone. » (*Monsieur Nicolas*, t. X, p. 2981.)

1. Ce jour-là même, Augé venait d'écrire une lettre « doucereuse » à sa femme, ce qui ne l'empêcha point de la faire arrêter par la garde. (*La femme infidèle*.)
2. On voit que Restif prenait ses notes heure par heure.
3. Denis-François Angran d'Alleray.
4. Lieutenant général du Mâconnais.

rencontrée, rue de la Mortellerie[1], par l'infâme Augé, qui l'a traînée chés le commissaire Fibert; mais je ne l'y ai pas trouvée, et le commissaire a honteuzement éconduit cet indigne. J'ai vu le clerc du commissaire de Larri[2], Ile Saint-Louis, et je l'ai instruit : ma fille y avait été. Le soir, mémoire concis pour le procureur.

659. 23 *fév*. Matin, lu P p. *Infidelle* et achevé 2de feuille II volume. Envoyé Agnès avec sa tante chés M. Le Grand, à l'hôtel du prévôt des Marchands. A l'imprimerie, remaniment d'1 volume *Françaises*. Lu, cette nuit, *Mémoire Cagliostro*[3]. Le soir, La Reynière, auquel j'ai enfin dit l'infamie de ma femme en 1770[4].

660. 24 *f*. Le matin, travaillé pour Agnès; sorti, après qu'elle a été chés le procureur et le notaire. A l'imprimerie, fini le remaniment d'1. Agnès est alée chés le notaire, pour lever son contrat. Nous avons été, le soir, chés M. le lieutenant-civil; Augé et tout le monde y était avant moi. Il s'est jeté aux genous du lieutenant-civil, en lui disant que j'étais un auteur sans mœurs, un coquin, un gredin, un homme sans aveu : je suis entré dans ce moment. Ma fille s'est écriée : « Mon papa! mon papa! Il dit que vous êtes un coquin! »

---

1. Aujourd'hui rue de l'Hôtel de ville.
2. Baudet du Larry, commissaire au Châtelet, rue Saint-Louis.
3. Procès du *Collier*.
4. Elle aurait communiqué une maladie honteuse à son mari (voir *La femme infidèle*).

Le magistrat, étonné de cette hardiesse et des cris de ma fille, a témoigné qu'on le fatiguait. Il a, néanmoins, prononcé son ordonnance, que ma fille resterait chés moi, jusqu'à mardi, 7 mars. Après notre sortie, l'abominable Augé a montré sa brutalité sur le perron. Il m'a dit des injures. Il a indigné mon procureur, maître Cavagnac[1]. M. de Toustain, le soir; K *Françaises*.

661. *26 F.* Rien, le matin. J'ai lu la 2de des feuilles du XIX volume et commencé la 2de cas. Chés Bralle, absent; chés Dumont, où j'ai dîné. M. Legrand occupé chés M. Lepelletier : écrit, le soir.

27 F. Non envoyé ma lettre; été chés M. Le Grand, expliqué mes griefs contre Augé, qu'on a renvoyé, pendant ce temps. J'ai raconté ce que dessus. J'y vais retourner, pour citer ce qu'il a dit contre M. le Pelletier. Je suis bien troublé! Je ne vois pas qu'aucun ami se prête à me servir. Vu M. de Toustain, en revenant, et je ne lui ai parlé que de notre journal, dont il doit s'entretenir avec M. Dumont. Eté une seconde fois chés M. Le Grand, auquel j'ai révélé qu'Augé m'avait parlé de sa maîtresse et des dettes de M. Le Pelletier, que ce dernier ne payait pas. Le soir, *res mira!* soupé chés M. le curé de Saint-Nicolas-du-Chardonnet!

662. *28 F.* Matin, Q. q. *Infidelle.* Eté chés Anselme; à l'Arsenal, non trouvé Bléri. Dîné

---

1. Ce procureur dit à Augé : « Vous vous démasquez, enfin, et vous prouvez combien votre femme a raison de vouloir quitter un aussi méchant homme! » (*La femme infidèle.*)

chés la Veuve Bizet, avec la Tillien[1]. L. r. Mazarine. *Heri*, rue Poupée[2]. La femme d'Anselme m'a enfermé chés elle! Sorti de là, le soir, rue Mazarine. Le soir, Toustain, *Françaises* II volume.

663. 1 *mart*. Matin, Dumont m'a invité; Carmontel[3] parlera au Lieutenant-civil. Rien fait. Je suis dans un trouble qui m'interdit tout travail de tête. Remis, ce matin, à Belin, une lettre de Toustain pour la Reynière.

664. 2 *mart*. Matin, incommodé; inquiet de ma descente; rien fait. Le soir, troisième feuille II volume *Françaises*. Eté chez Calvi; ne fais rien.

3 *mart*. Matin, lavemens; étouffemens la nuit. Je vais chés du Mont, dîner.

J'y ai dîné; j'ai causé jusqu'au soir. J'ai vu la femme du menuisier Canaguier, en alant, au sujet d'Augé. En revenant, je suis entré chés Bralle, que j'ai trouvé. Hémorrhoïdes.

665. 4 *mart*. Matin, et après dîner, mon prospectus du *Contradicteur* refondu. A l'imprimerie, R. r. *Infidelle* et K lettres XIX volume. Hémorrhoïdes cruelles; le soir, la Reynière, invitation jeudi avec MM. Trudaine[4].

---

1. Sœur de Restif; un Tillien habitait encore, vers le milieu de notre siècle, la métairie de Labretonne, où Restif est né. (Lettre de M. Sylvain Puychevrier dans le *Bulletin du bouquiniste*, premier semestre, p. 491.)
2. Entre la rue de la Harpe et la rue Hautefeuille. Elle a disparu lors du percement du boulevard Saint-Michel. Son ancien tracé couperait ce boulevard entre les numéros 7 et 10.
3. Peintre et littérateur de talent (1717-1806), auteur de *Proverbes* en 8 volumes, d'un *Théâtre de campagne* en 4 volumes; lecteur du duc d'Orléans.
4. Les frères Trudaine, exécutés ensemble le 8 thermidor.

5 *mart.* Matin, lu mes deux épreuves d'hier; hémorrhoïdes. Vu M. de Carmontelle et M. de Marigni[1]. Lu K xix.

666. 6 *mart.* Matin, achevé K xix; sorti à 10 heures; rien fait, sinon remanié un peu E xxi volume chés Grangé; vu le procureur Cavagnac à 4 heures, pour Agnès; couché à 5 heures et demie, à cause de mes hémorrhoïdes.

667. 7 *mart. Anniversarium primæ vicis.* Matin, une page de la *Frivole, Parisiennes.* Procureur d'Augé envoyé chercher pour accomodement. Lu E. xxi volume. Tour entier de l'Ile pour l'anniversaire de ma première sortie. Ce soir, nous aurons la décision de l'affaire d'Agnès. J'ai été chés le Lieutenant-civil, où je n'ai vu personne, mais on a décidé que, si l'infâme laissait ma fille chés moi, il ne paierait aucune pension. Agnès a signé cette convention.

668. 8 *mart.* Page des *Parisiennes*; composé un peu à l'imprimerie sur le 8 *Exemple* et sur le xv; 2ᵈᵉ G, 2 volume *Françaises*; revu E xxi volume.

669. 9 *mars.* Matin, écrit à Saint-Mars. Été à 3 heures chés la Reynière; déjeûné; dîné à

Le second, Trudaine de la Sablière, fut conseiller au Parlement de Paris.

1. Le frère de Mᵐᵉ de Pompadour, qui porta le titre de marquis de Marigny, puis celui de Ménars après la mort de sa sœur, était mort en 1781. Mais il existait d'autres familles de Marigny originaires de Normandie et de Châtillon-sur-Seine. Un M. Mallevaud de Marigny était ordonnateur principal des armées à Tours. Le vicomte Bernard de Marigny, chef de division des armées navales, mourut vice-amiral en 1816. Un autre Bernard de Marigny était brigadier de dragons en 1787. Enfin, un M. de Marigny était président au Parlement de Paris

9 heures du soir; folies ou singularités; étaient MM. de Trudaine frères, et M. Pelletier des Forts[1], ainsi, que M. Mercier et M. Pons de Verdun[2], etc. etc. Souffrais beaucoup des hémorrhoïdes; ai causé à souper, avec M. de Trudaine, le conseiller; m'en suis revenu à minuit, en m'échappant[3].

10 *mars*. Matin, Q q, R r. *Infidelle* en 2de; commencé à composer le drame *Fille naturelle* à l'imprimerie. Le soir, couché à 7 heures à cause de mes hémorrhoïdes; un quart de tour de l'Ile occidental.

670. 11 *mart*. Levé à midi; rien fait; malade. Eté chés Toustain, prospectus, et *Françaises* II volume; lu *Françaises*, XXI volume *Contemporaines*. Demi-tour occidental.

671. 12 *mart*. Matin, rien; dîné chés M. de Toustain, pour lire mon prospectus du *Contradicteur*, refait. Parafé G II volume *Françaises*.

13 *mart*. Matin. rien; à l'imprimerie épreuves H II volume *Françaises*. Demi-tour occidental; reçu de Petit, 70 livres. Le soir, lu la moitié de H II volume.

672. 14 *mart*. Anniversaire *Trador ab uxore*. Le matin, rien; au café, lu dans le *Censeur*, sur le Gallois[4]. Vu, au quai de Gèvres, le *Monstre*

---

1. Procureur du Roi au Châtelet.
2. Robert Pons de Verdun (1749-1844), auteur de poésies légères insérées dans l'*Almanach des Muses*. Devint membre de la Convention et vota la mort du Roi.
3. C'est le second souper de La Reynière. (V. sur La Reynière p. 67, note 3, et l'introduction.) Il est décrit dans *Monsieur Nicolas*, t. XI, p. 68, et dans les *Nuits de Paris*, t. XIII, p. 2939.
4. J. A. Gauvain Gallois est l'auteur d'une traduction de *La science de la législation, par Filangieri* (1786), etc.

Augé passer; fait un petit ajouté pour la conclusion de l'*Infidelle*; fini l'épreuve H.

673. 15 *mart.* Matin, rien; à l'imprimerie, 2de *Françaises* XXI volume. Je vais au déjeûner La Reynière. J'y ai lu les *Françaises*. Le soir, épreuve G XIX volume.

674. 16 *mart.* Matin, sureau[1]; vu Desessarts; les épreuves G XXI volume, 11de K 1 volume *Françaises*. Tour entier de l'Ile; pluie douce; arrêté vis-à-vis ma demeure de la rue de Bièvre. Le soir, chés Préval, pour de l'eau. Vu la Nougaret[2].

675. 17 *mart.* Matin, achevé 1re G XXI, et S s *Infidelle*. *Edisco Grangæum esse ad Castellum heri 16, horâ octavâ matutinâ.* Je fais l'épreuve T t. *Infidelle*, sans imposer. On commence les *Parisiennes*. Lu l'épreuve de T t. Tour entier de l'Ile à 5 heures. Eté chés M. de Toustain, pour la feuille K 1 volume.

676. 18 *mart.* Matin, 2 pages *Femme séparée*[3]; à l'imprimerie, en page les premières pages des *Françaises*; je vais chés la Reynière.

J'en arrive; j'ai beaucoup songé à Renaud[4],

---

1. C'est-à-dire : j'ai pris de l'eau de sureau.
2. Madame Nougaret, née Angélique Tomin (ou Nimot).
3. *Ingénue Saxancour ou la Femme séparée, histoire propre à démontrer combien il est dangereux de se marier par entêtement et avec précipitation, malgré leurs parens,* écrite par elle-même. Publié à Paris chez Maradan, en 1789. 3 vol. in-12, cet ouvrage est au moins aussi rare que la *Femme infidèle*. La bibliothèque de l'Arsenal en possède un exemplaire. Alexandre Dumas père s'est inspiré de ce livre dans son roman *Ingénue*, où figurent Restif, sa fille Agnès et Augé.
4. Ouvrier de l'imprimerie du Louvre, où Restif avait travaillé en arrivant à Paris

dans les Tuileries, et remarqué l'arbre creux[1]. Tierce de K 1 volume. Le soir, lu le mémoire des trois rompus[2], et demi-tour de l'Ile; marqué le 18.

677. 19 *mart.* Matin, lu tierce de K 2 volume *Françaises*. Malade la nuit, inquiet d'un vent au côté; promené après le café, que je prens tous les jours, excepté ceux de La Reynière, au café Erville, en face de la rue des Cordeliers, pour y lire les papiers publiqs. Beaucoup promené jusqu'à huit heures. Ecrit sur la porte cochère, à côté de Mairobert[3] : *Sept ans que Mairobert est mort.* Les gens m'ont regardé : j'y retournerai le 29[4].

1. C'était un marronnier de la grande allée. Un passage des *Nuits de Paris* (page 2737) nous apprend qu'une personne entière pouvait s'y tenir cachée.
2. C'est-à-dire des trois roués. Trois des accusés du procès du *Collier* avaient été condamnés aux galères perpétuelles par sentence du bailliage de Chaumont du 30 août 1785. Mais cette sentence fut infirmée, et un arrêt du Parlement les condamna à la roue.
3. Pidansat de Mairobert, censeur royal, secrétaire des commandements du duc de Chartres, auteur des quatre premiers volumes de l'*Espion anglais*. Il s'était lié avec Restif lors de la publication de la troisième édition du *Pied de Fanchette*, parafait tous ses ouvrages sans difficulté et lui rendait des services de toutes sortes. Restif raconte, dans *Monsieur Nicolas*, t. X, p. 240, la dernière visite qu'il lui fit en 1779 : « J'allai voir Mairobert le même jour : j'étais malade et malheureux; je lui contai mes peines. Il versa des larmes, m'offrit sa bourse, son crédit, et ajouta : « Que de gens l'on croit heureux et qui sont au désespoir! » Ce furent les dernières paroles qu'il m'ait dites. Je le quittai consolé. Le surlendemain, il se coupa es veines aux bains de Poitevin, et se tira un coup de pistoet dans la bouche. Je ne pardonnerai jamais au lâche You infortuné) Linguet de l'avoir calomnié après sa mort, dont je célèbre annuellement l'anniversaire par mes larmes. »
4. Ce passage confirme la date de la mort de Pidansat de

678. 20 *mart.* Matin, 1 page *Séparée* : tour entier de l'Ile; vu mon 20 *mart.* sur la grosse pierre.

21 *mart.* Matin, 1 page *Séparée;* eau de sureau depuis quatre jours; après le café, la 2de Z 1 volume et 2 de 55 *Infidelle*. Chés Granger, remanié la page des *Demis-libraires,* dans les *Filles de mode.* Augé a menacé, hier, de battre ma fille à outrance. Le soir, lu *Année littéraire,* l'article de du Coudrai[1].

679. 22 *mart.* Matin, lu la Bible : hier, douleur de ma hernie; fait une page de la *Femme séparée;* corrigé 1 page de la 3e K à l'imprimerie. Déjeûner à 3 heures chés La Reynière; conféré S s *Infidelle.* Ce soir, irai chés Toustain, pour L.

Demi-tour oriental, en alant chés M. de Toustain.

680. 23 *mart.* Matin, levé sans rien faire; 2 de T t *Infidelle* 2de K XIX volume. Lettres 2de. G XXI volume. Tour entier de l'Ile, en mangeant trois quarterons de figues-raisin. Le soir, Toustain.

681. 24 *mart.* Matin, lu la Bible; 1 page de *Séparée.* En ce temps sont les mémoires de Lamotte, Etienville[2], Cagliostro, Oliva[3], des

Mairobert donnée par Quérard dans la *France littéraire* : 29 mars 1779.

1. Alexandre-Jacques, chevalier du Coudray, auteur d'un poème *Le luxe* (1774), du *Théâtre de famille* (1777), etc.

2. Bette d'Étienville, agent secret d'un mariage projeté entre une ancienne maîtresse du cardinal de Rohan et le baron de Fage, et compromis dans le procès du *Collier.*

3. Mlle d'Oliva avait joué, dans un incident de l'intrigue, le rôle de la Reine, à qui elle ressemblait.

rompus, de La Reynière contre Saint-Ange[1], de la Compagnie des Indes; on attend celui du Cardinal[2]. Il (le cardinal) est suspendu à Rome, etc[a]. Pris la chanson pour le drame la *Fille naturelle*, dans *Monsieur Nicolas*. Tour entier de mon Ile, en mangeant pruneaus crus, qui m'ont incomodé. Au retour, vis-à-vis Mlle Londo, Sara et sa mère en noir. Sara était en chapeau. Le soir, chanté aux deux marchandes de mode, coin de la rue de Grenelle et des Rosiers[3] : « Un hiver éternel couvre ma tête et mon cœur! »

682. 25 *mart*. Matin, lavement. Trois pages de la *Séparée*; quelques pages de H II volume *Françaises*, et de K petit romain XIX volume. Je vais chés la Reynière. Binet fait les derniers dessins des *Françaises*[4] et d'*Oribeau*. Pro-

---

1. Ange-François Fariau de Saint-Ange (1747-1810), auteur d'une traduction des *Métamorphoses* d'Ovide qui eut un grand succès; il fut reçu à l'Académie l'année de sa mort. (Voir la note 2 de la page 187.)

2. Le cardinal de Rohan. Voici, à propos de ces mémoires, l'extrait d'une lettre du chevalier de Saint-Mars, en date du 8 avril 1786 (V. le t. XXI des *Contemporaines*, 2e édition) : « En fait de mémoires, j'ai les deux derniers, qui m'ont coûté six francs moins six sols, que je regrette; l'un est l'histoire des trois voleurs, même assassins, qui ont été condamnés, à Chaumont, aux galères, pour la vie, et, à Paris, à la roue, et actuellement innocentés; plus le mémoire du bourgeois de Saint-Ouen, agent d'un mariage entre le baron de *** (ma voisine l'a entre ses mains) et une demoiselle nommée Courville, rue Neuve-Sainte-Gilles, n° 13. L'on dit que c'est un roman, mais il m'a amusé. Pour les trois voleurs, il n'en est pas de même : Cujas et Bartole y sont cités au moins sept ou huit fois à chaque page... »

3. La rue de Grenelle était située comme aujourd'hui. La rue des Rosiers se trouvait entre la rue de Grenelle et la rue Saint-Dominique.

4. Il n'y a que deux estampes des *Françaises* qui soient

mené au Palais-Royal avec La Reynière; Nougaret n'est pas venu. Vu joué aux échecs chés Manouri[1].

683. *26 mart.* Matin, 3 pages *Séparée*; achevé H II volume. Eté trouver Montlinot arrivé; parlé de Mélanie qui ne convient pas. Proposé Victoire Chevalier, qu'il verra aujourd'hui 27. Dîné chez Desessarts, où Mlle sa fille, Madame Doloret. Eté, avec Montlinot, aux Variétés[2], où vu trois pièces, *Les valets*

signées : Binet pour le dessin, Giraud pour la gravure. Ce passage montre que Binet a fait au moins une partie des autres dessins.

1. Café du quai de l'École; il existe encore sous ce nom quai du Louvre et place de l'École. Manoury était l'auteur d'un *Essai sur le jeu de Dames* (1770) réédité en 1787.

Dans ses dernières années, Restif fréquentait quotidiennement le café Manoury, ou s'assemblaient des hommes de lettres, et où il se plaisait à exposer ses théories sur la physique. Un article du *Journal des arts, des sciences et de littérature*, du 30 floréal an X, signé *Reicrem*, anagramme de *Mercier*, mais qui doit être de quelque autre habitué de l'endroit, se moque assez plaisamment de sa *Philosophie de Monsieur Nicolas*, de ses *Contemporaines* et de la malpropreté de leur auteur, dans une lettre adressée par *Servan, premier garçon de fourneau du café Manoury, place de l'École, à Paris, aux auteurs du Journal des Arts*, lettre qui débute ainsi : « Le célèbre Restif de la Bretonne, connu par plus de 400 volumes d'ouvrages qu'il a composés et imprimés lui-même, enrichit depuis longtemps le café Manoury de sa présence; il en charme les habitués par sa conversation ingénieuse et vive. Ce vieillard majestueux, sous les rides de la plus belle vieillesse, n'oublie pas l'artifice de la toilette la plus recherchée, jusque-là que les odeurs les plus suaves annoncent sa présence, même lorsqu'on ne le voit pas encore, etc. »

2. Le théâtre des Variétés amusantes s'ouvrit en janvier 1779, au coin des rues de Bondy et de Lancry. Dorfeuille et Gaillard, qui en étaient les concessionnaires en 1785, le transportèrent au Palais-Royal. Sous la Révolution, il devint le théâtre Montansier, puis de la Montagne. Il reprit, en

singes[1], etc. Tenu la taille d'une brune devant moi, et partouché de temps à autre; été au billard, etc.

27 *mart*. Matin, 3 pages *Séparée*; achevé la feuille K xix; à l'imprimerie, composé l'ajouté de T t *Infidelle*. Quart méridional de l'Ile, par le soleil, d'où chassé par la neige grêleuse. Je vais chés Grangé, d'où chés Chardon, composer l'ajouté de la *Femme-jalouse* sur H ii volume. Ce soir, rendévous avec Montlinot. Estomac chargé; pris trois bols à dîner et, hier, autant à déjeûner. Je n'ai pas trouvé Montlinot chés lui. Il était chés moi.

684. 28 *mart*. Matin, 4 pages de *Séparée*; dîner avec Montlinot chés moi; été chés la Leblanc, rue Saint-Jacques, où laissé; moi, chés celle de la rue de l'Hirondelle[2]. Non soupé; lu, chés Petit, mémoire fille Salmon[3]. Eté chés Toustain, épreuves parafées H ii volume *Françaises*.

29 *mart*. Matin, 4 pages *Séparée*, trois lavements comme hier et avant-hier; je vais chés La Reynière avec Montlinot et Nougaret. Je reviens de chés La Reynière, avec Nougaret

---

1795, le nom de Variétés. En juin 1807, les Variétés s'ouvrirent au boulevard Montmartre, où elles sont encore.

1. *Les valets singes de leurs maîtres*, comédie en deux actes.

2. Entre la rue Giiles-Cœur et la place du pont Saint-Michel. Elle existe encore en partie. Dans les *Nuits de Paris*, t. XVI, p. 304, on lit une conversation de Restif avec l'*Abbesse* de la rue de l'Hirondelle.

3. Héroïne d'une cause célèbre, Marie Salmon, servante à Caen, accusée en 1780 d'avoir empoisonné son maître, fut sauvée du bûcher par l'avocat Le Cauchois et acquittée en 1787.

et Montlinot; j'ai pris une perruque. Ti.. u[1] de la dernière feuille *Infidelle*. 1ʳᵉ *Parisiennes*, demain.

685. 30 *mart*. 1 page *Séparée*; sorti; alé chés Bralle, proposé le *Contradicteur*. Rendévous à lundi; passé chés Dumont, absent; chés Toustain, qui viendra dimanche chés la Reynière. Lu la 1ʳᵉ des *Parisiennes* après dîner. Le soir, lu le mémoire de l'oratorien Brun[2].

31 *mart*. La nuit, rêvé querelle avec ma femme; puis Londo l'aînée, pensant : « Cela me donne de la familiarité. » 1 page *Séparée*; fait le titre du 1ᵉʳ caractère à l'imprimerie. Réponse fʳᵉ Agnès. Quart de tour oriental de l'Ile, au beau soleil. Ce soir, chés Bralle, à 8 heures, ensuite chés Montlinot, qui propose d'amener Agnès avec Mᵐᵉ Chambreuil, à Soissons.

686. 1 *avril*. Matin, B III volume à moitié; chés La Reynière, où le jeune Morel[3], et Toustain, etcᵉ. Le soir, non vu Montlinot, pas arrivé.

687. 2 *av*. Matin, C III volume *Françaises*; demi-tour oriental de l'Ile; insulté par les poliçons, vers l'hôtel Bretonvilliers. Revenu rue Mazarine et promené vers le théâtre; puis entré chés la Catiche *junior*. Laissé les souliers noirs, par oubli. Après dîner, promené avec Marianne; chés Saint-Mars; Mont-

---

1. Mot illisible.
2. J.-B. Brun, fondateur de l'Athénée de Paris, mort en 1824, auteur d'ouvrages d'éducation.
3. Morel de Rosières, lieutenant général au *bailliage de C--lon*. (*Monsieur Nicolas*, t. XI, p. 99.) Il faut lire : lieutenant général de Châtillon-sur-Seine (*Contemporaines*, t. XXVII, 2ᵉ édit.)

linot n'est pas venu. Le soir, chés Mme Marchand, pour le rendévous de Bralle mardi, au sujet de notre journal. Vu Montlinot qui a une grande servante.

688. 3 *ap*. Le matin, renvoi de B III volume *Françaises*, ensuite 1 page *Dissipée* II volume *Parisiennes*. Tour paisible de l'Ile; café, *Leyde*[1], journal, *Fisique*; Montlinot est venu dîner. Il n'y a rien à faire avec lui pour Agnès et sa place, à ce que j'ai vu le soir.

689. 4 *ap*. Matin, 3 pages *Séparée*. Été chés Bralle, en rendévous avec M. de La Reynière : n'est pas venu M. de Toustain, ni Montlinot, à dîner chés nous. Tour paisible de l'Ile. Je donne à brocher mon 1er exemplaire de la *Femme infidelle*.

690. 5 *ap*. Matin, fini *Séparée*. Été chés La Reynière avec Belin et Binet; sorti, avec La Reynière, qui alait chés Beaumarchais. Été chés Toustain, le soir.

6. *ap*. Matin, lu douze pages des *Statuts* des *Parisiennes*, en épreuve. Eu mon 1er exemplaire *Infidelle* que je montre à Maisonneuve; été au Luxembourg par un beau soleil; pluie ensuite. Duchesne refusé de prendre *Femme infidelle*. Soir, couché de bonne heure; mal aux dents.

691. 7 *ap*. Matin, 1 page *Dissipée*; à l'imprimerie, commencé la table. Revu Duchesne et accompagné Maisonneuve au Pont-Rouge. Après-midi, été chés Buisson[2]; n'y était pas. Le soir, chés Préval. Mal aux dents, fluxion.

---

1. C'est-à-dire : lu la *Gazette de Leyde* au café.
2. Libraire, hôtel Mesgrigny, rue des Poitevins.

8 *ap.* Matin, la Bible; resté au lit jusqu'à quatre heures[1]. A l'imprimerie, fini la table quatre des *Parisiennes*. Vu Buisson. N'ai pu entrer dans ma chambre, la Berchu n'étant pas chés elle.

9 *ap.* Matin, lettre de la Reynière; n'ai pu aler dîner avec lui chés Beaumarchais. Levé à trois heures; resté dans ma chambre à me chauffer; matin, lu la Bible; le soir, Térence et *Ifigénie* d'Euripide. Le jeune Morel est venu : parlé de Lalande, l'astronome, relativement à ma querelle avec la Saint-Léger. Le mal a cessé à cinq heures.

692. 10 *ap.* Matin, sureau (hier et avant-hier); vu ma table et mes deux épreuves, déjà corrigées, des *Parisiennes*. A l'imprimerie, pris l'épreuve des tables et de douze pages. Non mal; la joue couverte; froid, vent du nord, soleil. Je dois aler me chauffer à l'Ile. Je n'ai fait que le quart sud-ouest. Le soir, lu 2 de H II volume *Françaises*.

693. 11 *ap.* Matin, à l'imprimerie, vu tables *Contemporaines*, *Françaises* et *Parisiennes* et 1 page *Dissipée*. A l'imprimerie, épreuves I K II volume *Françaises*. La Reynière exilé d'hier à la prière du marquis de la Salle[2]; Augé craint

---

1. Il travaillait la plupart du temps au lit.
2. Dans le factum intitulé *Mémoire à consulter et consultation pour maître Élie-Guillaume Duchosal, avocat à la Cour, demandeur, contre le sieur Ange Fariau Saint-Ange, coopérateur subalterne du Mercure de France, défendeur*, Grimod de la Reynière, avocat au Parlement, attaquait le marquis de la Salle, auteur dramatique, qui prenait, disait-il, la qualité de « marquis chez les auteurs et d'auteur chez les marquis ». Une lettre de cachet envoya la Reynière en exil à l'abbaye de Domèvre, près Blamont (Lor-

les poursuites, m'a dit Petit, et une lettre à la Bizet ! Tour double méridional, lestement. On va brocher *Infidelle*. Le soir, lis III volume *Françaises*. On corrige A et B *Parisiennes*.

694. 12 *ap*. Matin, lu les deux premières feuilles de la *Fille naturelle*, drame, (ou I et K II volume *Françaises*). A l'imprimerie, fait épreuve de 4 et M II volume. *Françaises* ou 3 et 4 du drame. Je regrette la Reynière; j'y étais il y a huit jours. Tour de l'Ile, aux trois quarts; dernière épreuve de mon drame. On compte les feuilles *Infidelle*.

695. 13 *ap*. Matin, achevé de lire les épreuves de mon drame; porté ma lettre chés Beaumarchais pour un rendévous; vu Mme Toustain; tour par le boulevard italien; le soir, porté B II volume à parafer. Montlinot m'a accompagné.

14 *ap*. Matin, fait ma romance : « J'aimais dans mon jeune âge », pour la *Fille naturelle*; à l'imprimerie lu C II volume *Françaises*. Je vais aler savoir l'heure de Beaumarchais.

Je ne l'ai pas sue.

696. 15 *avril*. Matin, relu tout mon drame; été chés Beaumarchais, et, en attendant, au

---

raine). Ce Fariau de Saint-Ange était doué d'un amour-propre excessif. Il avait attribué à M. Duchosal des vers publiés dans le *Journal de Paris*, vers qui faisaient de lui un éloge outré et qui, en réalité, émanaient d'un M. de Ville, président trésorier de France, désireux de se venger d'un refus d'insertion de ses poésies dans le *Mercure*. La consultation de la Reynière était une plaisanterie faite sous des apparences sérieuses. Il en profitait pour attaquer plusieurs écrivains, dont le marquis de la Salle, et ne réclamait, en faveur de son client, que des dommages-intérêts applicables à œuvres pies.

jardin Soubise; où les Juifs étaient, à raison du samedi[1]. Bien reçu de Mmes de Villers et de Beaumarchais; parlé de la Reynière, et contre la Nosoi[2]. Invité à dîner pour jeudi 20.

[1]. C'est-à-dire au Jardin de l'hôtel Soubise, précédemment hôtel de Guise, rues de Paradis et du Chaume; cet hôtel est, aujourd'hui, occupé par les *Archives nationales :* « J'entrai dans le jardin de l'hôtel Soubise... C'étaient tous les Juifs bas mercantiers qui célébraient le samedi. Les pères, les mères, les enfants, les servantes, tout était confondu. Ils parlaient allemand entre eux, et ne se mêlaient pas avec le reste du monde. Ils me prirent sans doute pour un des leurs. Je marchais gravement et j'écoutais. Par ce que je vis et ce que j'entendis, il me semble que l'innocence et les mœurs patriarcales règnent parmi eux. La servante parlait à son maître et à sa maîtresse comme une sœur ou une fille, suivant son âge. Les enfants étaient respectueux et tendres. Les pères et les mères ne paraissaient respirer que pour eux. Je fus édifié des sentimens de ces pauvres Juifs, car, pour les riches, on sait trop que c'est autre chose... » (*Nuits de Paris*, page 1235.)

[2]. Il a été parlé ci-dessus (§§ 226 et 231) de cette dame de *Nosoyl* (et non *de Nosoi* comme l'écrit Restif). Voici une lettre qu'elle lui adressa, en réponse à celle où il la félicitait sur son jeu dans une comédie bourgeoise (V. § 231) : « Ce 8 mars 1783. Madame de Nosoyl a été bien flatée de la lettre que M. Restif lui a écrite, elle trouve qu'il la traite avec beaucoup trop d'indulgence. Elle en a fait part à M. Garnier et au comte de Narbonne, qui veut dîner avec lui, lundi, chés moi, pour lui en faire des remercîments. M. de la Reynière s'y trouvera aussi. Je reçois dans l'instant une lettre du marquis de Jarente, qui est à son château et qui invite fort son neveu (La Reynière) à y aller passer deux jours avec vous... » Elle était, en effet, amie de La Reynière qui l'appelle, dans une lettre à Restif (décembre 1782) : « La belle enfant, qui est vraiment une femme charmante et digne de devenir votre élève. » Elle avait cédé à La Reynière, au sixième étage de l'hôtel de la Fautrière situé rue de l'Ancienne-Comédie, à peu près en face la cour du Commerce actuelle, « une petite chambre vraiment philosophique et le véritable réduit d'un célibataire ». On trouve, dans la 2ᵉ édition des *Contemporaines*, des lettres où La Reynière

Le soir, épreuves D III volume *Françaises*, et 3ᵐᵉ C.

16 *avril*. Matin, *La Muette* (dont j'ai conçu l'idée hier soir), presque toute entière; Marianne sa nouvelle robe. Je vais composer le reste des 200 feuilles de l'*Infidelle*. Beau soleil. Le vil Augé tenu des discours que ma fille Agnès devait sa robe, etc. Promené avec mes filles au Jardin du roi; été chés la Beaucousin; puis moi seul porté C III volume *Françaises*, chés Toustain.

697. 17 *ap*. Matin, 4 pages *Muette*. Lettre de Saint-Mars hier soir, et ce matin, en réponse à Marianne, pour y aler dîner demain[1]; promenade au Luxembourg avec mes filles. Lu une épreuve d'I XXI volume.

698. 18 *ap*. Matin et soir, 7 pages *Muette*. Dîner chés Saint-Mars; été en carosse avec Cugnot[2]; pluie; balançoire. M. Vignon[3], Mˡˡᵉ Ménager[4],

invite Restif au nom de cette dame, et dans le *Drame de la vie*, tome III, page 1339, le passage suivant qui prouve qu'elle fut la maîtresse du gastronome : « Quant à certaine personne (Agnès Lebègue) dont vous prenez si chaudement le parti, elle est encore au-dessous de madame de Nosoyl, qui, en allant à Lyon pour vous joindre, vous tournait en ridicule avec des officiers de la voiture et les excitait à vous faire c... »

1. Voyez sa lettre dans *Monsieur Nicolas*, t. XI, p. 93.
2. Ce nom est écrit *Cunnot* dans *Monsieur Nicolas* (t. XI, p. 109), et ce Cunnot aurait été ingénieur. Ne serait-ce pas Nicolas-Joseph Cugnot (1725-1804), ingénieur, inventeur d'une voiture à vapeur?
3. Agnès, fille aînée de Restif, épousa en secondes noces M. Vignon, employé; Marion, sa fille cadette, épousa son cousin Edmond, fils de Pierre Restif.
4. Félicité Mesnager, que Restif nomme Félicitette Prodiguer dans *Monsieur Nicolas*. Elle lui inspira en partie son

699. 19 *ap.* Mal infini *Muette.* Remis les épreuves à l'imprimerie de tout mon drame, et autres, comme R petit romain xix volume et C. iii volume *Françaises.* Fait le tour entier de l'Ile avec le jeune Morel. Le soir, M. Toustain rendu C iii volume.

700. 20 *ap.* Cinquième anniversaire de la date 20 *aprilis cum Sarâ in hac insulâ.* Matin, 5 pages qui finissent la *Dissipée.* A l'imprimerie, remanié la correction des *Statuts, Parisiennes.* Granger, relu 2 de 1 ; je vais dîner chés M. Beaumarchais.

J'ai été dîner. Beaumarchais était chés M. de la Reynière père[1]. Le fils est furieux dans son exil, à ce que m'a conté M⁽ᵐᵉ⁾ de Villers. J'ai causé avec Eugénie, qui m'a montré ses *Métamorfes* (sic) d'Ovide. J'ai lu mon article de *Figaro* et laissé mon prospectus du *Contradicteur.*

701. 21 *ap.* Matin, lu 2ᵈᵉ de B *Perdue* des *Parisiennnes* ; 3 pages à l'imprimerie ; frontispices, et deux sujets d'estampe pour le 1 volume, ce qui me tient, avec un remercîment, jusqu'à huit heures du soir. xxi volume Granger. Ensuite chés Toustain, avec M. Morel.

702. 22 *ap. Anniversarium matrimonii* 26 *annos.* Matin, lu xxxi volume et 2ᵈᵉ I ii volume *Françaises.* Beaumarchais, Bralle (absens), Préval, Morel de Rosières ; rencontré Virginie. J'ai dîné chés le docteur Préval, et j'y ai mené M. Morel de Rosières : il y avait une dame

---

livre *Ingénue Saxancour ou la femme séparée.* On verra plus loin son aventure avec elle.

[1]. Fermier général. V. l'introduction.

blonde, Goldoni[1] et Turpin[2]. Le soir, chés M. de Beaumarchais, qui m'a remis mon prospectus du *Contradicteur*.

703. 23 *ap*. Matin, 4 pages de la *Pénétrante*; été ensuite au café, puis chés Virginie, qui est au prince de Bouillon[3]; je n'ai trouvé que sa mère, rue des Vieilles-Tuileries[4], au coin de celle Sainte-Placide[5], au premier. De là, chés la Dupont[6] où l'ai trouvée; puis, le soir, au Palais-Royal et aux Tuileries, avec mes filles.

704. 24 *ap*. Matin, 2 pages *Bonne* et *Pénétrante*; corrigé à l'imprimerie; été avec Nougaret au boulevard. Au retour, trouvé Mercier, qui m'a donné trois billets pour sa pièce nouvelle, l'*Habitant de la Guadeloupe*[7]. Le soir, chés Toustain 1 feuille de mon drame; donné un des billets.

---

1. Charles Goldoni, le célèbre auteur italien.
2. François-René Turpin (1709-1799), historien, auteur de la *Vie de Louis II de Bourbon, prince de Condé*, de la *Vie de Mahomet*, etc.
3. Voir Monsieur Nicolas. C'est Restif lui-même qui l'avait procurée au prince de Bouillon : « ...J'amenai Virginie par la main. — C'est là votre fille? s'écria M. de Bouillon. — Oui, mon prince. — Ah! mon ami! Je la reçois comme le présent le plus précieux! — Virginie a effectivement été chérie du Prince, tant qu'il a vécu. Il a fait son sort. »
4. Entre la rue du Cherche-Midi et la rue du Petit-Vaugirard.
5. La rue Sainte-Placide, entre la rue de Sèvres et la rue des Vieilles-Tuileries.
6. « *Maman* publique, marchande de modes... Elle tenait le premier à l'hôtel des Amériquains, rue Saint-Honoré. » (*Le Pornographe*).
7. Comédie en trois actes, en prose, de Mercier, représentée, ce jour-là, pour la première fois, sur le théâtre italien.

705. 25 *ap.* Matin, 1 page *Bonne, Pénétrante.* Arrangé ma copie; à l'imprimerie, corrigé la table, fait épreuves. Je vais à la pièce de Mercier; je l'ai trouvé fort et attendrissant. Toustain et Mérigot y ont été, sur mes deux billets. J'ai eu l'idée, pendant la pièce, d'exprimer fortement l'idée que les parcs immenses de nos richards anéantissent des générations, et de faire d'autres morceaux du *Hibou*[1]. Après, j'ai été voir Morel de Rosières, que j'ai chargé de voir Mercier, et de lui dire mon sentiment.

706. 26 *ap.* Matin, la *Gaie* (*Parisiennes*), la *Rieuse*, la *Femme d'ivrogne* et de *Joueur. Françaises*, 2de II et III, *Couturières*. Morel m'a apporté un billet pour trois : je fais proposer à Mlle Londo d'aler, avec mes filles, à l'*Habitant de la Guadeloupe.* Je prens la copie qui suit la généalogie, pour mes *Parisiennes.* Vu Toustain passant rue de la Harpe; a rendu B *Parisiennes*... Ma belle Londo ne peut venir aux Italiens avec mes filles. Corrigé la table, à l'imprimerie. Après soupé, écrit à Mlle Londo.

707. 27 *ap.* Matin, lu épreuves du *Joueur débauché;* Marianne a été chés Mlle Londo et lui a lu ma lettre; nous aurons sa sœur, au lieu d'elle. Desessarts n'y était pas. Nous verrons ce que produira ceci. O ma belle Londo[2]! que j'ai désiré d'être lié avec vous !...

---

1. *Le hibou spectateur nocturne* est le titre que Restif avait d'abord songé à donner aux *Nuits de Paris*. Il exprime, en effet, cette idée sur les parcs, dans les *Nuits de Paris*. (V. la note 1 de la p. 271.)

2. V. la note 1 de la page 77. Cette jeune personne était adorée de Restif et de Pons de Verdun. (V. *Monsieur Nico-*

La sœur n'y va pas! C'est une mortification. J'irai avec mes filles. Le soir, en vain chés Bralle absent. J'ai fait les deux pages de prospectus. Aux échecs deux fois, avec Nougaret.

708. 28 *ap.* Matin, quatre pages des *Filles à marier,* et C *Parisiennes* 2de. Je verrai demain ce qui sera arrivé; nous avons été à l'*Officieux*[1] et à l'*Habitant de la Guadeloupe,* mes filles et moi, à l'amfithéâtre. Morel est venu au bout d'une demi-heure; Pons de Verdun était au parterre, et Charnois derrière moi. Mes filles sont revenues en voiture, et moi avec Morel, à pied. O ma Londo! que n'y étiez-vous!

Avant-hier, Nougaret m'a dit qu'on m'attribuait les ouvrages de la Reynière. Quand donc les aurais-je faits? La Reynière ne souffrirait pas un seul mot d'une autre plume; en quoi nous nous ressemblons. Cela m'a fait de

---

las, t. V, p. 185.) Le § 823 montre que Restif finit par réaliser son désir d'aller au spectacle avec elle. Voici une lettre adressée par lui à mademoiselle Londo; elle est extraite du *Memento* dont nous parlons page 323 et dans l'introduction : « Il serait difficile d'exprimer combien vous étiez adorable, hier. Cependant j'entrevoyais que vos charmes ne devaient pas tout leur éclat à votre parure. Elle était délicieuse, sans apprêt, surtout ce soulier paré si propre, sur lequel le blanc jouait si bien. Mais de retour chés vous, le soir, vous n'étiés pas moins jolie sous un déshabillé bleu à manches blanches. Que j'ai envié le sort de la dame à laquelle vous avés pris un baiser! Si l'on me donnait le choix de vous couvrir de cent mille baisers ou d'avoir cent mille livres de rentes, je ne préfèrerais celles-ci que pour les partager avec vous et me donner un droit exclusif à la somme totale des baisers de votre jolie bouche, des regards de vos beaux yeux. »

1. *L'officieux,* comédie en trois actes, en prose, par le marquis de la Salle, représentée pour la première fois sur le théâtre italien, le 18 août 1780.

la peine! Et la Reynière peut faire beaucoup mieux qu'il n'a fait (je ne parle pas de son malheureus mémoire).

709. 29 *ap. Anniversarium notæ Guillaume*; matin, 8 pages et demie de l'avant-discours de la IV *Séance* des *Parisiennes*. A l'imprimerie, corrigé sur C 1 volume, puis composé estampe IV. *Séance*, et corrigé la chanson : « Je cherche un cœur [1], etc. » Je vais écrire à Piis [2]. Le soir, M. de Toustain, C. *Parisiennes*. Le matin, doutes sur Morel, qu'il me sonde au sujet de madame de Genlis [3].

710. 30 *ap. Anniversarium cænæ cum marchianâ Montalembert, apud dominum Pelletier*. Le matin, huit pages *Bonne-Pénétrante, Parisiennes*. Mémoire de l'armoire, 20 livres. Lettre insolente de Guillebon [4] pour son *Paysan*. Eté chés M. de Saint-Mars avec mes filles, non dîné, mais au cabaret, près la rue Saintonge. Ecrit, chés Madame Duchesne, à Piis. Je suis tout occupé de ma Londo, à laquelle Marianne a parlé, hier matin. L'arrivée d'une tante a em-

---

1. Couplets chantés en 1752 par Madelon Baron, ancienne maîtresse de Restif à Auxerre :
    Je cherche un cœur plein de franchise,
    Un cœur qui ne déguise rien,
    Un cœur enfin qui sympathise,
    Qui sympathise avec le mien, etc.

2. Antoine-Pierre-Augustin de Piis (1755-1832), auteur de nombreux vaudevilles, du poëme : *L'harmonie imitative de la langue française*, etc.

3. On attribuait à La Reynière une brochure contre madame de Genlis, intitulée : *Le songe d'Athalie*. Il l'a désavouée dans la *Correspondance littéraire et secrète de Neuvied*, n° 52 bis. Elle était en réalité de Rivarol et de Champcenetz.

4. Avocat. Voir une lettre de lui en date du 17 mai 1786 dans le t. XXI des *Contemporaines*, 2ᵉ édit.

pêché l'entretien. Je vas aler porter ma lettre à Piis.

71⁴. 1 *mai*. Matin, 6 pages de la *Bonne*. Morel est venu; j'ai dit du bien de la comtesse[1]. Je porte quatre planches à Richomme[2] et deux à Aze[3]. Dîné à 2 heures et demie avec Morel; sorti ensuite pour aler sur l'Ile; tour entier, sans écrire. Trouvé Barthe[4] qui nous a

1. Madame de Genlis. (V. le § 709.)
2. Graveur en taille-douce.
3. Ce M. Aze qui, outre ses autres métiers, exerçait celui de graveur, se trouvait à dîner avec Restif chez la Reynière, le 9 mars 1786. (Voir une lettre de la Reynière, insérée à la fin du *Drame de la vie*.) Aze et Richomme contribuèrent, on le voit, aux estampes des *Parisiennes*, où M. Paul Lacroix n'a point reconnu le burin de Berthet ni de Le Roy (voir le § 898), mais dont il n'a pu, faute d'éléments, indiquer les auteurs. Voir sa *Bibliographie* (page 247).

Le paragraphe 712 montre que Binet fit quelques dessins des *Parisiennes*.

M. Aze était à la fois « modeleur, acheveur, fondeur, ciseleur, graveur, doreur et argenteur » et père de vingt enfants. La Reynière, qui l'avait connu au Palais où il tenait boutique, lui avait voué une affection singulière. Il ne décidait jamais rien sans le consulter ou du moins sans consulter le manuscrit en quatre volumes in-quarto, connu sous le titre de *Règlement de M. Aze*. C'est lui qui, les soirs de soupers, se tenait, coiffé d'une perruque carrée et vêtu d'une longue robe noire, assis à un bureau d'où il se levait, pour accueillir les invités par un salut grave et silencieux. (V. à son sujet *Grimod de la Reynière et son groupe*, par M. Gustave Desnoiresterres.)

4. Secrétaire de la Reynière, ami de Mercier, de Beaumarchais, puis leur ennemi : « Ce polisson de secrétaire était un espion qui le (la Reynière) trahissait bassement et irritait ses parents par des rapports. » (*Contemporaines*, t. 27. Voir aussi les lettres insérées dans le *Drame de la vie*.) Il ne faut pas le confondre avec Nicolas-Thomas Barthe, l'auteur des *Fausses infidélités*, qui était aussi un ami de La Reynière et qui mourut, en 1786, d'un accès de colère compliqué d'indigestion.

montré une lettre de la Reynière, assés tranquille. Il m'a parlé du mot de madame sa mère à mon sujet. Il a répondu que j'étais un homme généralement aimé. Le soir, Leblanc; vendu un *Oribeau* et une *Infidelle*.

712. *2 mai*. Rêve charmant où j'ai cru voir ma Londo dans un endroit de vente publique; je lui parlais et j'étais persuadé de la réalité; ce rêve délicieux m'a rendu triste. Fin de la *Bonne*; épreuves D. *Parisiennes*. Vu Londo, en revenant de dîner. Composé l'ajouté de D *Parisiennes*. Donné quelques sujets, à Binet, des *Parisiennes*. Le soir, Toustain, C *Parisiennes*. Eté chés la Dumoulin, rendés-vous; Nougaret à 10 heures.

713. *3 mai*. Matin, commencé la *Méchante*, 6 pages; à l'imprimerie composé une page de ma chanson sur l'air : « O ma tendre musette. » Parlé, le soir, à la Petit, de ma Londo; le soir, lu K de mon drame, II volume *Françaises*. Demi-tour de l'Ile à 5 heures.

714. *4 mai*. Matin, *Maladroite*; fini *Méchante*; commencé XIII séance. Lu 2de D *Parisiennes* en sortant de dîner. La pluie m'a empêché d'aler à Montrouge[1]. Le soir, Toustain K II volume.

715. *5 mai*. Matin, lu E *Parisiennes* et K XXI volume. Vendu 1 *Infidelle* à Visse[2] : Maisonneuve vient de me montrer toute sa mauvaise volonté de faire tomber mes *Contemporaines* et tous mes ouvrages. Quel homme indigne! Je n'oublierai jamais les indignes propos qu'il vient de me tenir! Il refuse d'en-

1. Chez Sébastien Mercier.
2. Libraire avec lequel Restif fut en pourparlers pour la publication des *Nuits de Paris*. (Voir le § 1043.)

voyer depuis le xix volume. Il décrie l'ouvrage, et cela par vengeance contre Belin et contre moi! J'en suis tout triste. Le soir, chés les Duchesne, où j'ai pris les 17 à 18 *Contemporaines*.

716. *6 mai.* Matin 2de D ii volume. Commencé les *Femmes de Paris*. 3me de D *Parisiennes*. Vu Buisson. Envoyé des *Infidelles* à Belin, Duchesne, Mérigot, papier. Vendu mon 3me *Paysan-Paysane* vélin. Invité, hier, à dîner chés Saint-Mars. Nous irons demain dimanche. Le soir, Toustain, D *Parisiennes*.

717. *7 matin*, 2de K xxi°. 3me D I *Parisiennes*. Demi-page des *Femmes de Paris*. M. de Saint-Mars l'aîné; été dîner; Mlle Mesnager[1] charmante; causé le soir; baiser sur la bouche deux fois. Lu i volume *Caroline*[2].

718. *8 mai.* Matin, corrigé mon prospectus du *Contradicteur*, ajouté les manuscrits : porté chés Bralle; été chés Dumont; puis dîné chés Préval, avec Morel. Parlé de mon système de fisique avec chaleur. Complimens. Composé à l'imprimerie l'ajouté *Sournoise* et *Flateuse* à la fin. Rentré à 8 heures. Grondé de ce qu'Agnès était absente.

719. *9 mai.* Matin, à 5, écrit mon *P. S. Fisique,* conçu hier. Puis deux pages préambule des *Femmes mariées depuis trois ans.* Été

---

1. Félicité Ménager était une amie de M. de Saint-Mars. Elle avait alors trente-cinq ans; Restif avoue que ses relations avec elle furent « la plus faible et la dernière de ses grandes aventures ». On va voir ce qu'il entend par là.

2. *Caroline de Lichtfield*, ou mémoires extraits des papiers d'une famille prussienne (1786), par madame de Montolieu, traduits et publiés par G. Deyverdun, 2 vol. in-12, souvent réimprimés.

chés Guillot; 2ᵈᵉ épreuve de Richomme; chés Duchesne; mémoire Vaucher; été à l'imprimerie remanier III Séance. Granger, rien; promis ce matin robe blanche. Agnès a été chés procureur. Je vas, après dîner, chés Mˡˡᵉ Ménager que j'ai trouvé charmante.... Lu le mémoire du frère. Le soir, lu le mémoire Vaucher.

720. 10 *mai*. Matin, fini le préambule des *Femmes depuis trois ans*; envoyé chés Ménager, pour dîner avec moi chés Morel de Rosières; à l'imprimerie, fait prix des corrections avec Chenneval. Pluie pendant huit jours; dîner délicieux chés Morel avec Ménager, dont l'aimable sœur était chés nous. Lu deux lettres de la *Paysane*. Le soir, ai rencontré l'aimable Félicité, que j'ai conduite ainsi que son frère. Demi-tour de l'Ile.

721. 11 *mai*. Matin, commencé *Femme altière*; à l'imprimerie, comédie. Dîner délicieux avec Félicité Ménager, chés moi; à l'imprimerie épreuve de mon drame entier. Lu, le soir, à Ménager et à sa sœur, lettre de Mercier, qui m'offre la connaissance de Granger[1]. Reconduit à minuit.

---

1. Acteur du théâtre italien. Ne pas le confondre avec l'éditeur déjà cité dont le nom s'écrit *Grangé*. (V. p. 132, note 5.) Voici le jugement de Restif sur cet artiste (*Nuits de Paris*, p. 3306) : « Le premier des acteurs, dans les premiers rôles, du genre le plus noble et le plus digne de l'homme, le genre raisonnable et sérieux. Cet artiste sublime raisonne son jeu, le proportionne, s'élève à la pensée de l'auteur, s'en rend maître, se l'approprie, la développe et la fait passer fortement au spectateur... M. Granger rend avec une égale énergie le pathétique terrible, le pathétique implorant, l'ironie fine ou amère, le profond attendrissement. Il joue les petits maîtres en distinguant admirablement les nuances, et surtout il excelle dans le ton raisonnable avec dignité... Aussi admire-

722. 12 *mai*. Matin, épreuve du drame, L, M, N. Couru pour vendre un *Paysan Paysane* relié, figures séparées. Je vais dîner chés Ménager, puis aux Italiens.

Nous avons été au parterre des Italiens, et Mlle Ménager avec mes filles, à l'amphithéâtre. Journée délicieuse. L'aimable fille, qui ressemble à Mlle d'Oligni[1], m'a dit, en revenant du Palais-Royal, quai Pelletier : « J'aime à être avec vous. » Encore un instant fugitif de bonheur! Nous nous sommes quittés à minuit; demi-tour occidental de l'Ile.

723. 13 *maii*. Matin, épreuves lettres petit texte XXI volume et K XXI; à l'imprimerie ajouté des caractères, les mains[2]. Type des Ménager. Le soir, Toustain, trois épreuves; Ménager, jusqu'à 11 heures.

724. 14 *maii*. Matin, 2de 4 *Comédie* et 1re F.

---

t-on cet artiste dans tous ses rôles, mais surtout dans le marquis de l'*Indigent* et dans le rôle à triple physionomie de l'*Habitant de la Guadeloupe*. »

1. Actrice des *Français* : « Divine Hébé, charmante adolescence, ne la quittez jamais. Cette aimable actrice prend les rôles de Mlle Gaussin, mais elle ne la remplace pas encore », dit Restif dans la *Mimographe*, en parlant de Mlle d'Oligny. Est-ce elle ou une de ses parentes qui fut victime d'une tentative d'enlèvement de la part du marquis de Gouffier, en 1766, tentative qui valut à son auteur d'être jugé et enfermé à Versailles? Elle avait répondu à ses avances « qu'elle serait honteuse d'être sa maîtresse et qu'il serait honteux de l'avoir pour femme ». Plus tard, dans les *Nuits de Paris* (p. 3287), Restif écrivait : « Elle n'est plus au théâtre, cette touchante Doligni, qui n'avait pas le mérite de Gaussin, mais qui en avait un autre, peut-être égal, surtout de notre temps : la douce et décente naïveté, qu'elle personnifiait, trouveront-elles une autre magicienne qui leur donne un corps? Nous espérons dans la jeune et belle Vanhove. »

2. Caractères typographiques représentant une main dont l'index est ouvert.

Parisiennes. Répondu à M. Mercier. Dîner chés M. de Saint-Mars avec Mlle Ménager, son frère, M. de Rosières et mes filles : journée trop heureuse, pour mon âge et ma situacion cruelle !

725. 15 *maii*. Matin, épreuve *F. Parisiennes* et de 2de E ; 4 *Comédie* en 3me. Commencé l'*Humble et pauvre*. 50 *Infidelle* à Buisson. Été chés Bralle, absent. Chés Dumont ; dîner délicieux, à côté de Mlle Aglaé[1], jeune personne de 18 ans. Le soir, chés Mlle Ménager, de laquelle j'avais parlé à Mlle Saint-Leu.

726. 16 *maii*. Matin, commencement de la *Femme humble et pauvre*. Dîner avec Mlle Mesnager, son frère et M. de Rosières ; promenade autour de toute l'Ile, avec mademoiselle et les messieurs, au nombre de quatre en tout, pendant laquelle nous avons été suivis par Augé, tenant son fils et offrant de me l'envoyer me saluer, de le nommer Restif, etc. Inquiétude, s'il ne sait pas la *Femme infidelle*. Reconduit Mlle et M. Mesnager à minuit.

727. 17 *maii*. Matin, feuilles *F. Parisiennes* en seconde, et comédie en 3e, et M xxi en 1re. Été chés Dumont, où causé avec lui, sur Ménager, avec Mlle Saint-Leu ; arrangé pour la voir, dîner seul avec Marianne. Écrit à M. Mercier ; été ensuite chés Mlle Mesnager, où consolé sa nièce. A l'imprimerie, les mains de trois caractères 5, 6, 7. Le soir, chés Mlle Mesnager incomodée.

728. 18 *maii*. Matin, 2de A a, petit texte, xx volume. Seconde L xxi volume ; été chés

---

1. « Elle se meurt (8 ap. 1787). » *Note du manuscrit.*

M. Ménager. Dîné chés le docteur[1] avec M. Morel; revenu chés Mlle Mesnager, d'où chés moi, lire M drame. Le soir, resté chés Mlle Ménager jusqu'à onze heures.

729. 19 *maii*. Matin, changé le ritme de ma dernière romance du drame, et je l'ai corrigé à l'imprimerie. Dîné chés Guillot. Vu Barte, qui m'a lu une lettre de La Reynière, et parlé du vil Augé, ivre, qui débitait des infamies. Non trouvé, à 6 heures, Mlle Ménager. Conféré F 1 volume *Parisiennes*. Commencé G en 1re. Douleur de Mesnager.

730. 20 *maii*. Matin, épreuves M xxi et N drame; non venu Mercier. Entretien délicieux avec Mlle Mesnager, de 5 heures à 6. Échangé des *Contemporaines* et quatre *Oribeau*. Annoncé *Oribeau* dans le *Mercure*, par le rapport du petit conte du marchand de laines, rapporté au long. Le soir, Mlle Mesnager, à 9 heures. Rencontré Augé, en revenant avec mes deux filles. Été chés le parfumeur Colombier, où Marianne a soupé en asperges.

731. 21 *maii*. Matin, mal dormi; lu G 1 volume *Parisiennes*; été chés la Veuve Duchesne, porté treize *Infidelle* et trois 19-30 *Contemporaines*; chés Mlle Ménager; dîné avec nous; été au Jardin du Roi; puis retourné chés elle, où soirée délicieuse, jusqu'à 10 heures et demie, *mammillonam sugendo*.

732. 22 *maii*. Matin, sorti pour avoir trois 1 à 16 pour Mérigot; remis 10 *Infidelle* à Regnault. A l'imprimerie, composé les ajoutés de G 1 volume *Parisiennes*. Lettre de Mercier,

---

1. Le docteur Guillebert de Préval.

viendra mercredi; vu Mlle Ménager, où est survenu M. Morel de Rosières; Marianne écrit à M de Saint-Mars, pour le mémoire du Cardinal[1], qu'on m'a promis pour demain. N'ai pu avoir mes quatre suites et demie : 1 à 161. Le soir, Mlle Ménager chés nous.

733. 23 *maii*. Matin, sorti; chés Mérigot, Duchesne, eu mes quatre suites et demie; à l'imprimerie, eu le mémoire Cardinal; porté à Saint-Mars; rien de Marianne; vu Mlle Ménager, où Agnès; le soir, trouvé ses parens sortant, Colson[2], sa femme et leur fille. Resté jusqu'à 11 heures. Elle nous a lu des lettres de son frère.

734. 24 *maii*. Matin, 3 pages *Folle*; corrigé, et hier, mémoire[3] Mesnager; fait, hier, le plan d'un *Inspecteur de librairie* : vas aujourd'hui, avec Mercier et mes filles, dîner chés M. de Préval; dîner délicieux! Mlle Mesnager, M. Mercier, Rosières, mes filles, etc. Vu Granger, sous le portique italien et rendévous à samedi en huit... (sic) Juin. Promené sur les boulevards avec ma compagnie, et, le soir, scène délicieuse avec Félicité : *basiâ blandas*

---

1. V. la note 2 de la page 182.
2. « Mauvais peintre de portraits et encore plus mauvais écrivain », disent les *Mémoires secrets* de 1775. Est-ce lui qui publia en 1774 une édition de *Tarsis et Zélie*?
3. Voir *Monsieur Nicolas*. Les bontés de Mlle Mesnager pour Restif n'avaient d'autre but que de l'amener à rédiger ce mémoire, relatif à une affaire assez embrouillée que son frère, directeur des Fermes (*Ingénue Saxancour*, t. III, p. 106), ancien directeur des droits réunis à Caen (Supplément à la *Femme infidèle*, t. XXIII des *Contemporaines*, 2e édit.), avait avec les Fermiers généraux. Elle voulait qu'il en parlât à ses amis les plus influents.

imitata columbas[1]. Rosières s'en est alé à 11 heures.

735. 25 *maii*. Matin; fin de la *Folle*, 4 pages. Journée terrible! Nous avons eu à dîner Mlle Mesnager, et M. Morel de Rosières : j'ai été les chercher en lisant le mémoire du Cardinal; nous avons été suivis par Augé. Après dîner, nous sommes sortis, et ce monstre nous a suivis. J'étais un peu en avant avec Mlle Mesnager; mes filles et M. de Rosières un peu derrière nous, lorsqu'Augé, passant auprès de ma fille Agnès, lui a donné deux soufflets. Ce monstre a fui : nous l'avons retrouvé dans le parterre, où nous l'avons fait arrêter. Il n'est pas d'horreurs qu'il n'ait vomies : accusation de prostitution, d'inceste (il traitait la maison de Berthet, mon graveur, de bordel). Menaces de m'assassiner, etc. Conduit dans le dépôt, il s'est livré aux atrocités les plus horribles.

L'inspecteur du Jardin, chevalier de Saint-Louis, M. Guilliot, a entendu ces horreurs, et a condamné Augé sur ses propres paroles, parce que je n'ai pas eu le moyen d'en prononcer une. Le monstre ne déparlait pas; il écumait de la bouche; les ieux lui sortaient de la tête; il était également fou et pris de vin. L'Inspecteur m'a engagé à ramener mes filles et ma compagnie, et a gardé le monstre, qu'il a traité fort durement, après notre sortie, en le menaçant, s'il ameutait seulement trois personnes, de le faire conduire en prison. De retour, Mlle Mesnager et moi, nous avons été chés le Commissaire du Lorois

---

1. Fin d'un vers de Martial.

rendre plainte de tous les faits que je viens de rapporter[1]. On trouvera cette plainte dans la *Femme infidelle* et *Ingénue Saxancour*. Nous avons quitté Mlle Mesnager, M. Morel et moi; à minuit.

736. *28 maii*. Matin, levé; été chés le procureur, lui raconter la scène d'hier. Il approuve ma plainte; la séparation est sûre : ma plainte sera terrible! Vu Mme Mérigot, pour des livres; Regnaut m'a payé 26 livres; Mme Bizet insultée, ce matin, par Augé; adition à la plainte, etc. Nous alons dîner chés M. de Saint-Mars avec Mlle Mesnager. Dîner délicieux : il y avait M. de Saint-Mars, l'Abbé, Mme, Mlle et M. Palteau[2], le Grand Vicaire; nous nous sommes promenés avec un plaisir inexprimable, Mlle Mesnager et moi : Mme Jouignot[3] est venue deux fois, dont la seconde avec son mari. Au retour, conversation particulière de Mlle Mesnager et moi, jusqu'à 11 heures. Lettre de son frère.

737. *27 maii*. Matin, relu mon drame; Mlle Mesnager a dîné chés nous; livré à Mme Mé-

---

1. La scène du Jardin du Roi est rapportée dans des termes presque identiques, t. XXIII des *Contemporaines*, 2e édit., *in fine*.

2. G.-L. Formanoir de Palteau, premier commis du bureau des vivres de la généralité de Metz; de l'Académie d'Auxerre. Auteur d'*Observations et expériences sur diverses parties d'agriculture*. La Haye, 1768, in-8°.

3. Jolie femme d'un vieux et riche marbrier de la rue Popincourt. M. de Saint-Mars, qui la connaissait, l'avait présentée à Restif pour qu'il l'*historidt* dans une nouvelle. Elle faisait la barbe à son mari, ce qui causait l'admiration du bon chevalier. Sa sollicitude conjugale ne l'empêchait point d'avoir des mœurs assez légères. (*Monsieur Nicolas*.)

rigot un *Paysan-Paysane*, et quatre suites des *Contemporaines*.

738. 28 *maii*. Dimanche. Matin, relu la table et mon drame. 1ʳᵉ H *Parisiennes*; 2 pages de la *Femme humble*. On a porté un bouillon à Mˡˡᵉ Mesnager, qui m'a donné rendévous pour le soir chés M. Massieu[1], rue de Bourbon[2]. J'ai travaillé jusqu'à 7 heures; j'ai été : je ne l'ai pas trouvée, mais, le soir, j'étais à sa porte, lorsqu'elle est entrée. Soirée délicieuse.

739. 29 *maii*. Matin, levé pour aler chés le procureur et le commissaire. Les deux plaintes se font. Passé chés Mˡˡᵉ Mesnager, pour l'avertir de se tenir prête au dîner de M. de Préval. Fait ma tournée; revenu prendre Marianne. Je les ai menées toutes trois par la rue de la Poterie[3]. Dans celle des Arcis[4], le monstre Augé s'est trouvé en face. Ma fille aînée m'en averti; il nous a suivis jusqu'au bout de la rue du Renard[5], où il s'est arrêté, parce que j'ai fait l'arrière-garde. J'ai été chés M. de Rosières, et, au retour, comme j'étais sur la porte, avec M. de Berci[6], j'ai vu cet infâme

---

1. Un sieur Massieu était, en 1778, greffier, commis au greffe criminel du Parlement.
2. Entre la rue Saint-Denis et la rue des Petits-Carreaux. La rue de Bourbon-Villeneuve est devenue rue d'Aboukir.
3. Entre la rue de la Tisseranderie et la rue de la Verrerie.
4. Entre la rue de la Verrerie et la rue Saint-Jacques-la-Boucherie.
5. Il y avait, à Paris, trois rues du Renard; celle-ci se trouvait entre la rue des Deux-Portes-Saint-Sauveur et la rue Saint-Denis.
6. Restif l'appelle le « manipulateur de Bercy » dans *Monsieur Nicolas*. Il avait soupé avec lui en 1785, chez le duc de Gesvres. (V. *Monsieur Nicolas*, t. XI, p. 83.) Un

au coin de la rue Saint-Sauveur¹, qui me montrait à un inconnu. Le dîner a été très-agréable : j'étais à côté de Mme Lalande ; de l'autre était un capucin, son confesseur. MM. Mercier et Robbé y étaient. M. Goldoni est survenu. Après le dîner, et la causette, nous avons été au Palais-Royal où nous nous sommes assis et promenés. J'ai montré mes filles à la veuve Esprit. De retour par le port au bled², nous y avons rencontré Mme et Mlle Colson, avec lesquelles nous nous sommes promenés ; puis nous sommes rentrés chés notre petite amie, pour jusqu'à onze heures, que nous sommes rentrés chés nous. Marianne a été très-goûtée : c'est elle qui a prié M. Robbé de nous dire l'*Origénisme*³.

730 (sic). 30 *maii. Anniversarium antiqui doloris.* Matin, fait la lettre de la *Femme humble*. Écrit ceci depuis le 27⁴ ; sorti ; chés le procureur et le commissaire, qui lui communiquera la plainte. Chés Mlle Mesnager, qui se colfait. Au café, à l'imprimerie, chés Mme Duchesne, où lu les mémoires. Mme Petit malade d'un rume. Épreuve S XXII volume. Mlle Londo et Mme Laruelle⁵ m'ont vu et parlaient de moi.

M. de Bercy, ancien trésorier de l'extraordinaire des guerres, fut nommé, par Necker, troisième garde du Trésor, en 1788.

1. Entre la rue Saint-Denis et la rue Montorgueil.
2. Situé quai de la Grève.
3. V. la note 2 de la page 105.
4. C'est-à-dire : les paragraphes qui précèdent, depuis le 27 mai. Ce retard l'a même induit en erreur, car il donne le n° 730 au présent paragraphe, qui devrait être coté 740.
5. Amie de Restif ; elle prit le nom de sa fille après avoir quitté son mari, M. Moresquin, qui l'avilissait « au-dessous des catins ». Le récit des mauvais traitements dont elle fut

Paysan-Paysane payé par Mme Mérigot ; la 2de V XXI volume. Le soir, *Parisiennes*. Toustain. Morel malade ; non trouvé trois fois Mlle Mesnager.

731. *31 maii. Anniversarium antiqui doloris.* Matin : demi-page *Femme humble* ; sorti : commissaire, Mlle Mesnager, Palais, où l'on jugeait le Cardinal ; de Rosières, M. de Préval ; à dîner, Mlle Mesnager et M. de Rosières ; été chés M. de Saint-Mars lui dire adieu ; non trouvé, si ce n'est en sortant, qu'il était chés Mlle Jouignot. Le soir, chés Mlle Mesnager jusqu'à 11 heures.

732. *1 jun.* Matin : 1 page *Femme humble*. Sorti, été savoir le jugement du Cardinal : hors de cour, lui ; Lamotte fouettée, marquée, tout, *citrà mortem* ; Villette banni ; Oliva hors de cour ; Cagliostro, hier, sorti à 6 heures, dit-on ; mais aujourd'hui, on dit que tout le monde est retourné à la Bastille, pour y attendre l'ordre du Roi.

Été chés mon procureur, pour lui apprendre qu'Augé nous attendait, a envoyé le garson marchand de vin savoir si nous étions sortis, et nous a suivis au Jardin du Roi, pour faire son cou ; qu'il a dit à ma sœur, vendredi matin, devant Vieillot : « J'ai bien tapoté ta nièce, hier ! » Ce Vieillot est un gueux, mais il faudra qu'il dise la vérité. Conduit Mlle Mesnager rue Saint-Sébastien[1]. Vu M. de Toustain pour H. *Parisiennes* ; hier, Milran lui a écrit, disant que

---

victime, amalgamés avec ceux qu'Augé faisait subir à Agnès Restif, inspira à notre auteur certaines parties d'*Ingénue Saxancour*. (V. *Monsieur Nicolas*, t. XI, p. 124.)

[1]. Cette rue avait le même parcours qu'aujourd'hui.

je fesais une satire contre lui. Lu S. XXII volume en 2de. Attendu depuis 8 heures Mlle Mesnager jusqu'à 9, rue Saint-Sébastien ; elle m'a joint au boulevard, et je l'ai ramenée chés elle ; soirée délicieuse jusqu'à 11 heures. Cagliostro a sa maison sur le boulevard. Enterrement rue Saint-Sébastien.

733. *2 jun.* Matin, lettre de M. Morel de Rosières ; 1 page *Femme humble* : 2de H *Parisiennes*. Entretien délicieux avec Mlle Mesnager ; conversation avec Mlle Rose Lesclapart ; avec Mme Petit, au sujet de Mlle Londo ; je lui ai conté d'Amélie, d'Élise et d'Aline[1]. Été à 5 heures chés Mlle Mesnager : nous avons causé de différentes choses qui nous sont arrivées, et du fisiq de l'amour. Je suis revenu, le soir, la chercher pour collationner ; j'ai fait, avec elle, à deux fois, alant et venant, le tour de l'Ile, d'abord occidental, au retour oriental. Entretien délicieux et court, chés elle.

734. *3 jun.* Matin, 1 page *Femme humble* (la *Reconnaissante*). Vu Madame Petit, où Bastien. Je vas aler chés Granger des Italiens, avec M. Mercier : nous avons dîné, et parlé de fisique, puis de mon drame. J'ai vu Mme Grangé, figure italienne ; sa fille laide ; son père homme bon ; un musicien, sot. Je les ai quittés à 7 heures. A huit, chés Mlle Mesnager, où Agnès, que j'ai ramenée. Comme j'étais à la porte, vingt-cinq pas devant elle, je l'ai vue accourir : le vilain Augé, que je n'avais pas vu, lui a mis les deux mains sur les épaules. Je me suis mis

---

1. Aline ou l'Araignée, fille publique d'un tempérament extraordinaire ; Restif prétend avoir été le seul qui pût la modérer, et l'avoir rendue mère. (*Calendrier.*)

fort en colère contr'elle, de ce qu'elle n'avait pas appelé au secours. Été chés M. de Rosières, que j'ai trouvé dans un état pitoyable : d'où, chés Mlle Mesnager, qui m'a calmé par le charme de sa présence, car j'étais furieusement agité.

735. *4 jun.* Matin, lu 1re I *Parisiennes*. Enfin pris mesure de l'habit, et donné au tailleur 164 livres. Été chés Mlle Mesnager, où Colson et un avocat de province. Je l'ai conduite chés M. de Saint-Mars, c'est-à-dire jusqu'à la rue Saint-Sébastien. Dîné chés Dumoulin; puis chés de Rosières. De là, chés Mlle Mesnager, non arrivée. J'ai soupé; j'y suis retourné et l'ai attendue sur l'Ile jusqu'à 10 heures, que j'ai vu de la lumière. Chose étonnante! Même enthousiasme, même discours que Sara sur Lavalette. Mesnager, elle, parlait d'un homme en place, qui a dîné avec elle... Je me suis senti très-refroidi, et ne compte plus sur rien pour Agnès, à la campagne.

736. *5 jun.* Matin : querelle Agnès et Marianne; commencé mémoire contre Augé. Marianne va chés Mlle Mesnager. Je la suis et je l'amène pour dîner : M. Mesnager arrive pendant que nous sommes à table. Je vais voir M. de Rosières : mal! mal¹!

---

1. Voir *Monsieur Nicolas* : de Rosières était amoureux de Marion Restif, qu'il voyait chez M. de Saint-Mars. Il voulait, d'ailleurs, devenir le gendre « *du seul homme qui pût remplacer J.-J. Rousseau* ». Mais Restif, qui regardait le vieux chevalier comme un parti plus avantageux, refusa le jeune homme. D'autre part, Mlle Mesnager qui, elle aussi, avait des vues sur M. de Saint-Mars, travaillait à le détacher de Marion, pour laquelle elle lui voyait du goût. Elle lui envoya Augé : il vint un jour se plaindre de Restif et parler de sa

737. 6 *jun.* Matin, 1ʳᵉ V XXII volume; mémoire contre Augé. Mˡˡᵉ et M. Mesnager à dîner. Été chés M. de Rosières avec M. Mesnager; au retour M. Callenge; nous sommes quittés à 11 heures et demie.

738. 7 *jun.* Matin : mémoire. Lettre du monstre Augé, annonçant que son fils est malade. Dîné chés M. de Préval, avec Mˡˡᵉ Mesnager, M. et Mˡˡᵉˢ de Rivarol[1]. Vu M. de Rosières; promené au Palais-Royal : glaces. Agnès et Marianne avec M. Mesnager nous laissent arriver seuls; on ne monte pas, et je remets nos amis à leur porte.

739. 8 *jun.* Matin : mémoire. Auparavant, la *Femme séparée*, 3 pages et demie; Mˡˡᵉ Mesnager dîné avec nous, ainsi que son frère : un instant délicieux dans la journée. Remené le soir, à 11 heures et demie.

740. 9 *jun.* Matin, 1ʳᵉ T XXII volume; U *idem*; passé deux heures, depuis midi, avec Mˡˡᵉ Mesnager; après dîner, 3 pages *Séparée*, 1 page mémoire; vu tendrement Rose l'Esclapart et sa sœur; *Père avare* à la dernière. Le soir, depuis 9 jusqu'à 11, avec Mˡˡᵉ Mesnager. Triste, à cause de la dépense et du peu de rentrée.

741. 10 *jun.* Matin, 4 pages *Séparée*, 8, 9, 10, 11 : porté le mémoire jusqu'aux moyens :

---

femme, ce qui refroidit le chevalier à l'égard de son ami. Marion resta sans prétendant. De Rosières, évincé, tomba malade de chagrin, si l'on en croit *Monsieur Nicolas*, et mourut en 1788. Les tomes XXI et XXII des *Contemporaines*, 2ᵉ édition, contiennent des lettres écrites à Restif par de Rosières, pendant sa maladie.

1. Filles du comte Antoine de Rivarol (1754-1801). Il les surnomme *Agacette* et *Provoquette*, dans *Monsieur Nicolas*, t. XI, p. 98.

vu Mlle et M. Mesnager toute la journée, dîné ensemble ici, etc. Parlé vivement, sur les 6 heures, et voluptueusement soupé; reconduit, à 11 heures, avec mes filles; assis à la pointe orientale de l'Ile; non eu d'argent, pas même les 60 livres *Femme infidelle*; ne va pas chés Buisson.

742. 11 *jun*. Matin, Marianne écrit à MM. Mercier et de Préval, pour dîner demain : *Séparée*, 12, 13, 14, 15, 16, 17. Courut deux fois pour voir... (*sic*) rue Mazarine; chés M. de Rosières, qui a eu l'attaque sur la vue; de retour, chés Mlle Mesnager, qui est venue, le soir, avec son frère, collationner chés nous. Quitté à 11 heures.

743. 12 *jun*. Matin, 1re K *Parisiennes*; 2de I *idem*; 18 *Séparée*; matinée d'impatience, parce que j'ai craint que M. Mercier ne vînt pas chés M. de Préval, ce qui a empêché M. et Mlle Mesnager d'y venir. Il y était. Dîner agréable, avec Mlle de Rivarol. Vu de Rosières un instant. Promenade aux Tuileries, où rafraîchis; payé 30 sols. Le soir, chés M., Mlle Mesnager, qui ont été fâchés de n'être pas venus.

744. 13 *jun*. Matin, à 3 heures, 19, 20, 21, 22, 23, *Séparée*. A l'imprimerie, sujet d'estampe de la IV séance; à dîner Mlle Mesnager : le soir, à 7 heures, avec elle à l'Arsenal[1]; à 9 chés M. de Toustain, pour I *Parisiennes*.

745. 14 *jun*. Matin, 24, 25, 26, 27, *Séparée*; à dîner, Mlle Mesnager; lettre de Dumont et de Cavagnac pour Mercier et pour ma plainte;

---

[1]. C'est-à-dire dans le jardin de l'Arsenal, entre la Bastille et la Seine.

MES INSCRIPCIONS. 213

2 de T XXII volume. Soir, reconduit Mlle Mesnager avec Agnès ; en venant dîner, parlé à Mme Laruel ; presque tous les jours, je parle à madame Petit-Colombier, en alant au café de la rue de la Harpe[1].

746. 15 *jun*. Matin, 28, 29, 30, 31, 32, 33, *Séparée* ; 1re X, 2de V XXII volume. Dîner avec Mlle Mesnager ; Mlle sa nièce est venue. Salué Mme Laruel ; été chés M. de Rosières, jusqu'à 9 heures : à 9 et demie, travaillé. Vu la *Lupa-Parisotine*[2] de la nouvelle Halle[3]. Le soir, palpé la petite du port au bled, après avoir dit bonsoir à la fenêtre à Mlle Mesnager.

747. 16 *jun*. Matin, 35, 36, 37, 38 *Séparée* ; vu Mlle Mesnager à midi ; rien avancé de mes affaires, si ce n'est relu ma comédie, pour tirer le cent des feuilles L, M, N ; chés Granger, tirés T et V, XXII volume. Le soir, vu Mlle Mesnager à 9 heures, rencontrée sur le quai chés Mme Monclar[4], Amélie.

748. 17 *jun*. Matin : 39, 40, 41, *Séparée*. Je dois aler chés M. Mercier, dîner.

Il y avait quatre hommes et une femme, Madame d'Herbois, directrice du spectacle de Genève ; un vieillard, un jeune avocat, un

---

1. Entre la rue de la Vieille-Bouclerie et la rue Saint-Hyacinthe.
2. Reine Horion, ou la fausse Parizot, fille de la Nouvelle Halle qui ressemblait beaucoup à Mlle Parizot. Nous avons déjà vu paraître une *fausse Londo*, p. 77, note 1.
3. Nouvelle halle ou marché aux veaux, quai des Miramiones, vis-à-vis le port aux Tuiles.
4. Victorine Guisland, dame Monclar, qui avait succédé en 1774 à la Devilliers, marchande de modes de Mme Dubarry, rue de Grenelle. Il a déjà été question (p. 5, note 1) d'Amélie, sa fille, et de Constance, qui travaillaient chez elle.

homme de la maison, et d'Herbois[1]. J'ai oublié les noms. J'ai reconduit Mme d'Herbois chés elle. Le soir, personne ; mais si Mlle Londo avait été sur sa porte, je l'aurais saluée.

749. 18 *jun*. Matin : 42 *Séparée*; couru chés Mlle Mesnager, alant dîner chés chevalier Saint-Mars ; dîné chés Mme Bizet ; couru chés la Leblanc ; vu la Merlin cadette[2], charmante ! Été chés la Dumoulin en vain, deux fois ; salué Mme Laruel : vu Charlotte[3], etc.

750. 19 *jun*. Matin, 1re petit texte lettres XIX volume ; 43 *Séparée*. Vu Mlle Mesnager ; est venu Colson ; vu madame Laruel chés nous ; puis, à 5 heures, Mlle Mesnager ; M. de Rosières ; Mme Marchand ; M. Dumont ; causé. Soupé chés M. Bralle, avec Mad... (*sic*) de Pérone. Après dîner, copié les vers de Pons[4], pour Mlle Londo.

751. 20 *jun*. Matin, écrit à Mercier, pour changer mercredi en jeudi chés Dumont. 44, 45, 46 *Séparée*; Mme Compoin, parlé de sa fille ; le soir, Mme Mesnager avec sa fille. Été chés Mérigot ; pris mes 9, 27 à 30 chés Duchesne, etc.

752. 21 *jun*. Matin : Mlle Mesnager couché

---

1. Collot d'Herbois, le futur conventionnel. Il fut, avant la Révolution, comédien ambulant, puis auteur dramatique et directeur du théâtre de Genève. Restif l'appelle histrion et dit qu'il serait fâché d'être son camarade. (*Monsieur Nicolas*, t. VII, p. 154.)

2. Sœur de Marie-Rosalie Merlin. (V. p. 71, note 1.) Restif en connaissait une troisième, Victoire Merlin, qui n'avait aucune parenté avec les deux autres et se disait fille de Marmontel (*Calendrier*).

3. « Petite marchande de joujous d'enfants, fille d'un brûleur de galons. » (*Nuits de Paris*, p. 2313.)

4. V. la note 2 de la page 193.

MES INSCRIPCIONS. 215

ici; 46, 47 *Séparée*; été chés Ladvocat[1], pour le billet de Mlle Mesnager; 1re L *Parisiennes*; 2{de} XXXII volume. Lamotte marquée à 7 heures du matin.

753. 22 *jun*. Matin : procession; Mlle Mesnager la voit à ma fenêtre. 48, 49, 50, 51, 52 *Séparée*; on tire les trois dernières feuilles drame. Dîner chés M. Dumont avec M. Mercier; Telu de retour; Bralle souper, avec Mme... (*sic*). Demandé des nouvelles de Mlle Londot, à ce que j'ai entendu, cette amie de Mme Godeau.

754. 23 *jun*. Matin : déjeuner au café avec Mlle Mesnager; Mme Laruel est venue : 53, 54 *Séparée*; 1re Z XXII, 1re M 1 volume *Françaises*; le soir, Toustain, K *Parisiennes*.

755. 24 *jun*. Anniversaire fin *Françaises* matin; étendu I et détendu H *Parisiennes*. 55 *Séparée*; dîner porté chés Mlle Mesnager. Lettre de M. de Rosières. Relu mon drame *Fille naturelle*. Les ieus baisés, et hier.

756. 25 *jun*. Matin, achevé de lire et retrancher à mon drame; 56, 57, 58, 59, 60, 61 *Séparée*. Dîner, arrivé M. Mesnager; été voir de Rosières et de Préval : le premier, absent. Le soir, Agnès gourmandé. Mlle Mesnager baisé les yeux.

757. 26 *jun*. Matin, Mlle Mesnager m'a dit bonjour dans mon lit; 62, 63 *Séparée*; couru pour de l'argent; n'ai pas eu; ai donné ce que j'avais, 444 livres. Attendu le déjeuner jusqu'à deux heures; parti, à trois, pour aler chés Mlle Mesnager avec Agnès, d'où parti à quatre pour aler chés MM. de Préval et de Rosières.

1. Libraire-éditeur.

Arrivés aux Tuileries à six. Le cabriolet y était. Montées en voiture : traversé les Tuileries avec M. Mesnager, et revu Mlle Mesnager dans la place Louis XV ; m'a montré ses yeus. De retour, couché de bonne heure.

758. *27 jun.* Matin : 2de des tables, 2de Y XXII volume. Tour entier de mon Ile par la pluie. 1re M *Parisiennes* 1 volume et 3 pages de N ; ajouté 4 pages.

759. *28 jun.* Matin, *La pudeur et la modestie dans le mariage,* pour commencer le second volume *Parisiennes* : 1re A a XXII volume, 2de Z, id. Vu à 7 heures et demie le vil Augé dans mon quartier ; demi-tour de l'Ile et revenu : rien trouvé. Marianne est absente depuis 3 heures. Elle a été promener avec Mme Laruel. Le soir, chés Toustain, absent ; la Jaume[1], Brigand[2] est venue ; Jacob.

760. *29 jun.* Matin, arrangé mes imperfections des *Contemporaines* ; disposé l'assemblage du reste de l'*Antropografe* ; mis à la rame les petits avis *Paysane* ; achevé le discours, *la Pudeur, la Modestie dans le mariage* à 8 heures. Vu la grosse, rue Pierre-Sarrazin[3]. Mari (sic) après assemble.

761. *30 jun.* Matin, achevé le 1er volume des *Parisiennes,* par l'histoire de ma Londo ; fait les renvois de la *Mère sévère.* Lu 2de E

---

1. Mme Jaumes, femme d'un médecin.
2. Femme de Jacques Le Brigant, jurisconsulte et philologue (1720-1804), dont l'abbé de Saint-Léger disait qu'il avait étudié toutes les langues, sauf la sienne. Restif le traite de charlatan dans *Mes ouvrages* (t. XIV, p. 145).
3. Entre la rue de la Harpe et la rue Hautefeuille. Cette rue existe encore en partie.

III volume *Françaises*; écrit à Granger; été aux Italiens, non avec le billet de Mercier, pour trois, donné à Lescofon, beau-frère de Mlle Londo, mais au parterre avec 3 livres empruntées à Mme Vincent-Regnault. Le soir, chés Granger, l'acteur. Donné mes deux drames.

762. 1 jul. Matin, arrangé mes papiers de l'*Antropographe*. Porté mes deux lettres, écrites hier soir à Mlle Ménager et Agnès, chés M. de Toustain, pour contresigner; eu mes deux feuilles M 1 volume et tables *Françaises* et L 1 volume *Parisiennes*. Couru pour de l'argent; eu deux louis, le soir, de Belin, pour mon papier à la rame.

763. 2 jul. Matin, lu 2de M *Parisiennes* et A et B XXIII volume. Dîner chés Granger, avec Mlle Colombe[1] : été, le soir, avec Lescofon et sa femme, jusqu'à leur porte, après avoir été avec Mme Laruel, depuis la Place aux veaux[2], chés elle. Marianne a lu mon drame la *Prévention*, ayant les souliers noirs à hauts talons.

764. 3 jul. Matin : *Anniversaire bandage*; dîner chés M. de Préval avec M. Mercier; vu Morel; été au Palais royal. Parlé chés Desenne[3].

765. 4 jul. Matin 64, 65 *Séparée*; 1re F et G

---

1. Actrice du théâtre italien : « Mademoiselle Colombe, grande et belle actrice qu'on a crue avantageuse parce qu'elle pouvait l'être, mais qui réunit la modestie et la bonté du cœur au talent le plus aimable. » (*Nuits de Paris*.) Selon Métra, Adeline Colombe était « une des plus belles de la Comédie italienne, mais aussi une des plus libertines ».

2. Place de l'aile du Pont-Marie, place ancienne aux Veaux, entre le Pont-Marie et les quais des Ormes et de la Grève.

3. Libraire au Palais-Royal.

Françaises. Commencé à lire; Lup. Hirondelle.

766. 5 *jul.* Matin, achevé de lire les épreuves F et G. Lettre du monstre Augé; le soir, Toustain.

767. 6 *jul.* Matin, 2ᵈᵉ B b XXII volume. Sorti; vu Guillot, qui s'était opposé, hier, à ma table mise à la fin de son IV volume des *Françaises;* dîné chés lui; à l'Ambigu, avec lui et Nougaret. Le soir, Toustain, pour M *Parisiennes.*

768. 7 *jul.* Matin, levé à 4 heures. Arosé; A II volume *Parisiennes.* 66, 67, 68 *Séparée;* dîné chés l'abbé Roi, avec M. Mercier et un prieur.

769. 8 *jul.* Matin, 2ᵈᵉ f *Parisiennes;* dîné chés Préval avec Mercier : étaient les filles de Mᵐᵉ Jeaume. Écrit à Mˡˡᵉ Mesnager, passementière. Vu de Rosières : mieux. Été au Palais-Royal avec Mᵐᵉ Laruel; bu de la bierre chés Manouri; vu Barthe. Marianne attendait chés la veuve Esprit. Le soir, v. a. p. le c. d. m. a. f. s. p.

770. 9 *jul.* Matin, 2ᵈᵉ IV *Françaises,* t. III; 2ᵈᵉ F. *Parisiennes.* 69, 70 *Séparée;* vu l'abbé Roi pour notre journal; je vais au faubourg Saint-Antoine[1], pour la lettre de mon frère le curé, reçue le jeudi 6 jul.

771. 10 *jul.* Matin, sorti; lettre à mon frère le curé : avant dîné, 71, 72, 73 *Séparée.* Le soir, aux Français, l'*Inconstant*[2], mauvais; les *Vacances*[3], farce infâme, surtout le ballet.

---

1. Il avait le même parcours qu'aujourd'hui.
2. L'*Inconstant,* comédie en cinq actes, en vers, par Collin.
3. *Les vacances,* comédie en un acte, en prose, par Dancourt.

772. 11 *jul.* Matin, 74, 75, 76, *Séparée.*
Idées sur mon journal : contredire tout ce
qu'on y dit des pièces louées mal-à-propos.
Le soir, aux Français, 1ʳᵉ représentation de
Virginie[1] : bruit au parterre, pour l'auteur,
demandé en poliçonnant.

773. 12 *jul.* Matin, achevé 78, 79, 80, 81,
82, 83; commencé 84 *Séparée* : dîner chés
l'abbé Roi; été chés de Préval, pour de l'eau :
aux Français, l'*Obstacle imprévu*[2]. Le soir,
Toustain parafé N I — A, II volume *Parisiennes*
et f *Françaises* III.

774. 13 *jul.* 84, 85, 86 *Séparée*; été pour
voir Granger; porté ma *Découverte australe*;
absent. Non pu voir *Nina*[3], faute de billets :
sem. éj.[4] regardant la petite chandelière de la
rue Mazarine.

775. 14 *jul.* Matin, rangé mes imprimés de
Ginographes; commencé la dernière feuille des
lettres du XIX volume en 1ʳᵉ épreuve. Le soir

---

1. *Virginie*, tragédie de la Harpe. Après la représentation, l'acteur Sainfal déclara que l'auteur ne s'était point fait connaître.

2. Comédie en cinq actes, en prose, de Destouches (reprise).

3. *Nina ou la folle par amour*, comédie en un acte, en prose, par Marsollier, musique de Delayrac, jouée aux Italiens. V. au t. XXI des *Contemporaines*, 2ᵉ édition, une lettre de Le Vacher de Charnois qui demande à Restif le premier volume des *Contemporaines* pour dénoncer au public que cette pièce est tirée du conte : *Il a perdu la mémoire.* (Seconde nouvelle du premier volume.)

4. Ces mots sont écrits en abrégé sur le manuscrit; nous les transcrivons tels quels; on a déjà vu et on trouvera plus loin les mots : *bis emiss.*, ou simplement *emiss.* (v. §§ 800 et 854), relatifs à la même infirmité de Restif, infirmité qu'il avoue dans *Monsieur Nicolas*, t. VII, p. 104 : « *Emittebam nullo juvante contactu.* »

aux Italiens. *Habitant de la Guadeloupe* et le *Duel*[1]. Vu Granger. Beaucoup à faire à mes pièces.

776. 15 *jul.* Matin, ma collection des *Contemporaines* chés M. Toustain : 78 livres, 15.

777. 16 *jul.* Matin 2^(de) L xix volume petit texte et 2^(de) L xix volume petit texte et 2^(de) G iii volume *Parisiennes*. Dîné chés Guillot, avec Lafargue[2], Geoffroi, Pons, deux frères; vu à la fenêtre la mère italienne. Le soir, amené Marianne.

778. 17 *jul.* Achevé la feuille L petit texte; vendu le papier de l'abbé Roi et 1 R et demie à moi. Le soir, reconduit la femme au joli pied de la rue du Mouton[3]; observé, rue Saint-Martin[4], la petite Blanche[5], sortie 3 fois, et s'arrêtant chés l'épicier.

779. 18 *jul.* Matin, C xxiii volume; fini la feuille M petit texte xix volume. J'ai vu deux fois Sara, rue de la Comédie-française[6], depuis qu'on bâtit la maison à côté de la sienne. Elle demeure au troisième : la première fois, elle était à la fenêtre avec son mari[7]; la seconde, seule, et c'était samedi 15. Donné le *Paysan*

---

1. Drame en trois actes, en vers, par Lieutaud.
2. Étienne de Lafargue (1728-1795), avocat, auteur d'une *Histoire de la Nouvelle Écosse*, d'un *Discours sur la lecture*, de *Poésies*, etc.
3. Entre la rue de la Tisseranderie et la place de Grève.
4. Entre la rue des Arcis et la place Saint-Martin.
5. Petite, en 1773; elle avait alors seize ans, d'après le *Calendrier*. Restif la rencontra rue de l'Arbre-Sec, lui fit un enfant et lui procura un amant sérieux. Il l'appelle la *petite Blanche*, par souvenir. (V. la note 4 de la page 251.)
6. Actuellement rue de l'Ancienne-Comédie.
7. Elle avait épousé Florimond. (V. la *Dernière aventure d'un homme de quarante-cinq ans*, t. II, p. 500.)

et la *Paysane* à Mme Guillot ; été chés la Lambert. Tour entier de l'Ile à 4 heures ; groseilles à maquereau.

780. 19 *jul.* Matin, achevé M xix volume petit texte ; lu 2de B ii volume *Parisiennes*. 87, 88, 89 *Séparée* ; le soir, Toustain ; montré le plan de Grangé l'imprimeur ; donné mes 78 livres 15 et les feuilles G iii volume *Françaises* et B ii volume *Parisiennes*, le soir, à Mlle Mesnager.

781. 20 *jul.* Matin 89, 90, 91 *Séparée*. 2de B i volume *Françaises*. Écrit la réponse aux articles de Granger, imprimeur, pour le *Contradicteur* : à 7 heures le monstre Augé m'a fait aborder par Duval[1] ivre, qui a voulu me parler malgré moi, en me menaçant. Il m'a dit, ensuite, qu'il alait me faire arrêter. J'ai souri de pitié, sans me fâcher, cet homme étant ivre. Il m'a dit, ensuite, une foule d'inepties, d'impertinences, d'invraisemblances. Je n'ai rien répondu. De retour au port de la Tournelle[2], j'ai rencontré Augé ; le poliçon Duval a dit : « Voilà M. Augé. » Je suis passé sans rien dire ni à l'un à l'autre. J'ai ensuite trouvé Berthet, puis Barthe, qui m'ont dit qu'ils venaient de voir Augé avec un autre, qui parlaient vivement. Je suis retourné avec eux sur mes pas, mais nous n'avons pas re-

---

1. « Le 20 juillet, il (Augé) fit insulter M. R... par le nommé Duval, auquel il venait de payer à dîner ; ils étaient pris de vin. Ce Duval menaça M. R... de le frapper et de le faire arrêter : un pareil excès d'audace est inconcevable. M. R... lui répondit avec sang-froid... » (*Contemporaines*, 2e éd., t. XXIII.)

2. Près du pont de la Tournelle, en aval de ce pont.

trouvé le *monstre*. Le soir, chés M. de Toustain, lui porter la réponse aux articles de Granger, imprimeur.

782. 21 *jul.* Matin, 92 *Séparée.* Vu l'abbé Roi à 1 heure pour notre *Contradicteur* et, le soir, avec lui aux Italiens, où *Jenneval*[1], et le *Bon Parent*[2] (tombée).

783. 22 *jul.* Matin, C iv volume *Parisiennes*, et 93 *Séparée*. Mal à la gorge. Je vas dîner aux Tuileries[3] avec Toustain, et Grimod de Verneuil[4], cousin de la Reynière. Hier, le monstre Augé, en se promenant à l'hôtel Torpane[5], fesait regarder nos fenêtres par des femmes : Marianne a mis exprès le déshabillé de sa sœur, pour passer pour elle. Mal à la gorge.

784. 23 *jul.* Anniversaire de la fuite d'Agnès de chés Augé; mal à la gorge cruelle-

---

1. *Jenneval ou le Barnevelt français*, pièce en cinq actes, en prose, de Mercier, représentée pour la première fois en 1781.

2. Comédie en un acte, en prose.

3. Dès le dix-septième siècle, les Tuileries eurent leur restaurant. En 1649, le jardin du Renard était célèbre. (V. les *Mémoires* de Guy-Joly sous cette date. V. aussi les *Mémoires* de Mme de Motteville, chap. xxxiv et xxxix.)

Ils en avaient plusieurs en 1787 : « On trouve chez les suisses et portiers et sur la terrasse des Capucins (c'est-à-dire des Feuillants) des cafés et des traiteurs. » (Dulaure, *Nouvelle description des curiosités de Paris*, 1787, t. II, p. 117.)

4. Né en 1731, mort en 1810. Directeur des Postes. Il présida les réunions mensuelles du *Jury dégustateur*, institué par La Reynière, et dont les décisions étaient consignées dans son *Almanach des gourmands*. Le sixième volume de cet almanach est dédié à Grimod de Verneuil.

5. L'hôtel de Torpane se trouvait rue des Bernardins. Aucun guide du temps ne dit qu'il renfermât un jardin public; cette phrase l'indique pourtant. Cet hôtel était fort beau et subsistait encore en partie en 1830. (V. Lenoir, *Statistique monumentale*.)

ment. Lu Ć II volume *Parisiennes* et fin de la *Mère sévère*; 94 *Séparée*; *sem ej. videns* la belle Maris à la jolie jambe[1]; j'étais dans l'alée vis-à-vis, et, deux heures après, sur le p. de Marion, qui alait chés Mme Laruelle; puis, le soir, dans mon lit, elle me parlant.

785. 24 *jul*. Mal de gorge affreux : matin, 95, 96, 97, 98 *Séparée*. Lettre de Mesnager avec 477 livres. Le soir, donné deux listes, l'une à M. de Toustain, l'autre à Jobart, pour mes ouvrages; porté B IV volume au censeur.

786. 25 *jul*. Hier, Colson n'avait pas le billet à payer, j'ai gardé les 477 livres de Mesnager. Je lui écris, ce matin, que j'ai donné 444, et que je ne redois que 266, au lieu de 410 qu'il marque; 99, 100, 101, 102, 103. Après dîner, chés M. Toustain, B IV volume *Françaises*. Le *monstre* encore à l'hôtel Torpanne.

787. 26 *jul*. Matin, 103 à demi, 104, 105, *Séparée*; enfin le petit texte XIX volume. On corrige M id. 2de C *Parisiennes*. Vu l'abbé Roi. J'ai mon prospectus du journal *Contradicteur*. Tous ces jours-ci, je suis en fureur contre Legrand, secrétaire de M. Lepelletier, prévôt des Marchands, qui, loin d'empêcher les infa-

---

1. Une dame Mâris tenait à Auxerre un bal public que Restif fréquentait au temps de son apprentissage; il dit, en parlant d'une autre personne : « Elle l'avait (la jambe) effectivement si parfaite, que je n'en ai vu une pareille qu'à Mme Parangon et à la cadette Mâris de la rue de la Vieille-Bouclerie. » (*Monsieur Nicolas*, t. VI, p. 123.) Il est question dans le *Calendrier*, p. 94, d'une Mâris, limonadière, et, dans *Monsieur Nicolas*, t. XI, p. 115, d'une Mâris qui demeurait au carrefour Dauphine et « dont l'air, la démarche, etc., étaient ce qu'on peut voir de plus voluptueux ».

mies du vil Augé, les souffre, les autorise peut-être! Tous ces vils commis sont ennemis des gens de lettres : quels tours, lui et La Goupillère[1], n'ont-ils pas joués à ce pauvre Feutri[2]! Je le tiens de Montlinot. Il me vient en l'idée d'écrire à Legrand, de le traiter comme il le mérite. Je ne sais si j'irai chés M. de Senac[3], intendant de Valenciennes, qui m'a fait demander hier, ainsi que la marquise de Clermont-Tonnerre[4], pour aler dîner avec eux. Je m'en repentirai sûrement, comme je me repens de la connaissance de l'intendant de Soissons[5]!

Et ce Montlinot, qui a mené tout cela! Cet homme m'a toujours paru avoir l'œil faux; il me regardait du même air, dont un chat regarde la souris qu'il craint de laisser échapper. Tout ce que j'ai vu dans cette maison, tout ce qui entoure M. de Morfontaine est vil, bas, sordidement intéressé! Ce

---

1. Premier secrétaire du prévôt des marchands.
2. Aimé-Ambroise-Joseph Feutry (1720-1789), avocat, puis magistrat, auteur de *Poésies fugitives*, d'un *Manuel tironien, ou recueil d'abréviations faciles et intelligibles de la plus grande partie des mots de la langue française*, etc.
3. Gabriel Senac de Meilhan, auteur de *Considérations sur l'esprit et les mœurs* (1788), des *Mémoires d'Anne de Gonzague*, etc. Restif fit chez lui, au début de la Révolution, un souper dans le genre de celui des Académiciens d'Amiens (voir § 958, en note). Une des dames lui fut présentée sous le nom de Mme Denis : c'était la duchesse de Luynes; une autre était la comtesse de Laval. Un des convives, qui se faisait appeler Nicodème, était le duc Mathieu de Montmorency. Il y avait encore là l'évêque d'Autun (Talleyrand) et l'abbé Sieyès.
4. Admiratrice de Restif. Elle s'intéressait surtout à Sara Debée.
5. M. Le Pelletier de Morfontaine, intendant de Soissons de 1765 à 1784.

Montlinot est un libertin, qui voudrait jouir de toutes les femmes; ce Legrand un homme faux, qui fait des agiotages méprisables, dans lesquels le sert Augé, des friponneries, etc. Ce La Goupillère est un insolent gredin, placé à la tête de la capitation, qui ne se donne pas la peine de déguiser son affreux caractère. Grand Dieu! C'est avec ces monstres, qu'un homme que j'aimais... (car j'aimais M. de Morfontaine), m'a mêlé, impliqué, compromis! J'en frissonne! Mais voilà six mois que je ne les ai vus ni les uns ni les autres!

788. 27 *jul*. Matin, préparé le petit prospectus, pour Roi; ensuite, fini 106 *Séparée*. Lu le grand prospectus à Guillot, porté le 1ᵉʳ volume des *Parisiennes* à Mᵐᵉ Mérigot, pour le lire et en dire son sentiment, pour l'achat; vu Duboscq, et parlé de nos affaires.

789. 28 *jul*. Matin, sans goût; 107 *Séparée*; gorge un peu mieux; plus mal après-midi, en quittant Lambert; Mˡˡᵉ Mesnager arrivée à l'improviste. On commence aujourd'hui la réimpression de la *Vie de mon Père*, au bout de huit ans : D ɪɪ volume *Parisiennes*. Le soir, chés M. Toustain. C. *Parisiennes*.

790. 29 *jul*. Matin, fini 107, 108 *Séparée*; couru pour le billet Mesnager : je l'aurai mercredi. Vendu pour 3 livres 18ˢ à la R. à Belin; vu la Catiche; été chés l'abbé Roi, absent.

791. 30 *jul*. Matin, arrangé quelque chose à la table de mes *Provinciales* : 100, 101, 102, 103 de mon discours sur la *Manière d'aimer son mari*; 1 page de l'*Altière*; 2ᵈᵉ C XXIII volume;

répondu à la lettre d'hier de M. Senac de Meilhan. J'irai dîner mercredi. Tour entier de l'Ile. Je médite toujours d'écrire une forte lettre à M. Lepelletier, au sujet de son Legrand, qui a la bassesse de favoriser les insolences d'Augé.

792. 31 *jul.* Matin, 104, 105, et commencement de 106 du *Discours,* VII lecture *Parisiennes;* M^llo^ Mesnager et Marianne sorties; lettre de Rosière à Marianne. Il a dîné ici; tour entier de l'Ile. Le soir, idée d'écrire vivement au prévôt des Marchands.

793. 1 *auguste.* Matin, sorti; rien fait. Porté à Petit 13 à 30; mécontent d'aler dîner rue Bergère[1], chés l'Intendant de Valenciennes; à midi, fini 109 *Altière.* Été dîner : j'ai vu la marquise de Clermont-Tonnerre, Mme de Meilhan, et deux Anglaises de 11 et 14 ans, d'une très-belle figure. On nous a lu des pièces de M. de Senac; est venu un M. de Bruni[2]; je ne m'en suis alé qu'à 9 heures. M^llo^ Mesnager malade.

794. 2 *aug.* Matin, 110 et 111 *Altière, Insolente.* Chardon refusé de la lettre pour la *Femme Séparée.* Vu Sara à 6 heures et demie à sa fenêtre, ancienne rue de la Comédie Française. Continué 111, à 7 heures.

795. 3 *aug.* Anniversaire Villedeuil; presque rien fait; dîné chés Guillot; le soir, au Boulevard : beaucoup parlé pour mes *Françaises.* Tour de l'Ile.

1. Même parcours qu'aujourd'hui.
2. M. de Bruny, ancien directeur de la Compagnie des Indes, auteur de l'ouvrage *Examen du ministère de M. de Colbert.*

796. 4 *aug*. La Mesnager partie; 2ᵈᵉ D *Parisiennes*. Le soir, écrit, chés M. de Toustain, 2 pages au comte de Beaghe, pour le *Contradicteur*.

797. 5 *aug*. Matin, arrangé mes *Provinciales*; composé, à l'imprimerie, la page; parlé à Guillot, pour les *Parisiennes*. Tour de l'Ile; vu le frère de Dubosq, qui est malade.

798. 6 *aug*. Matin, non sorti avant dîner; arrangé mes *Villes des Provinciales*[1], au nombre de 301, ce qui me fera mille et une histoires. 1ʳᵉ H III volume *Françaises*.

799. 7 *aug. Anniversarium notæ uxoris Delixe*, à côté de l'escalier du quai de Bourbon; travaillé aux *Villes* à l'imprimerie, après avoir corrigé les *Pays*; Pichon[2] me tracasse pour la 207ᵉ nouvelle, *Emilie*; je suis triste. Le soir, la Leblanc. Vu Toustain pour Pichon et Beaghe.

800. 8 *aug*. Anniversaire *timoris et tremoris* et de la mise en vente de la *Paysane*. *Noctu p. c. mᵉ matin mam. ment. in man., et emiss.* Ecrit à Pichon de la part de Toustain; fin 112, 113 et 114 *Altière*; repris la *Femme humble et pauvre*. 122. Composé sur ma page des *Villes*; porté D II volume *Françaises*. Vu Pichon; cela m'a l'air d'un dangereux gascon! C'est lui, sûrement, qui a donné le canevas et qui,

1. Les *Provinciales* passent en revue toutes les *villes* de France. Elles parurent en 1791-1794, sous le titre d'*Année des Dames nationales*. Les exemplaires invendus furent ensuite remis en vente sous le titre de *Provinciales*.

2. On voit, dans le *Drame de la vie*, ce Pichon faire une scène à Restif, chez M. de Toustain, parce qu'il prétend s'être reconnu dans la nouvelle intitulée *Emilie ou l'Orfeline de mère*. (V. la note 3 de la page 229.)

depuis, a guetté la nouvelle, pour faire du bruit : tout ce qu'il dit est controuvé.

801. *9 aug.* Matin, fait l'écrit pour Pichon, tel qu'il est imprimé dans... (sic); fini 122 *Femme humble,* 123; avancé ma page des *Villes.* Vu le comte de Beaghe pour le journal, après avoir vu Toustain, homme faible et incapable de servir un ami. Le comte, au lieu de mille écus de dettes, en fait, à présent, naître deux, etc. Dîné avec l'abbé Roi, après avoir parlé à Guillot : c'est un pauvre homme que l'abbé Roi! Tout ira bien mal pour le journal! Je suis tenté d'abandonner absolument cette idée à ces gens-là; ils en feront ce qu'ils voudront; elle est bonne : *Sic vos non vobis.* Du chagrin de ce B. Pichon qui, certainement, a donné le canevas, et veut, à présent, achever sa vengeance contre Dumartrel.

Je suis bien la dupe de mon idée, bonne au fond, de n'avoir voulu mettre que des choses vraies dans mes *Contemporaines.* Hô! que le miel est pénible à faire, quand on ne veut l'extraire que des fleurs de la vérité! On a rien dit à Mme de Gomez[1]; mais comme on aurait dit à la reine de Navarre[2], si elle n'avait pas

---

1. Angélique Poisson (fille de Paul Poisson, comédien), dame de Gomez (1684-1770), auteur des *Anecdotes persanes,* des *Journées amusantes,* imitées de la reine de Navarre, de diverses tragédies, etc.

2. V. les *Contemporaines,* t. XVIII, 2e édition : « Quand la reine de Navarre fit ses contes, elle rapportait, comme je le fais, tout ce qui venait à sa connaissance. Quelqu'un s'avisa-t-il alors de critiquer ses historiettes? Non, cette vermine impure, si fort multipliée de nos jours, les journalistes, n'existaient pas encore! »

été relue! On n'a rien dit à la Dixmérie[1], à Mercier, à Mlle... (sic), imitateurs de Marmontel! Ils ont travaillé autrement. Hier au soir, je suis resté plus d'une heure à l'entrée du pont de la Tourelle (sic), regardant la Froment[2] : car j'écris ceci le matin du... (sic).

802. 10 *aug.* Matin, je continue. J'ai changé, heureusement pour moi, dans la nouvelle, le nom de Voisfonbel, en celui de Vois-fron; la tante Duchesne en celui de de Quinci; Guillaume du Martrel en César-Jules du Martrey; mais j'aurais bien dû changer davantage ce nom! Je n'ai mis ni le nom de la ville, ni celui de la province... Je vas écrire à M. Senac de Meilhan, intendant de Valenciennes, qui l'a été de la Rochelle. J'ai ensuite écrit à Desmarais de Châteauneuf[3], qui m'a fait remettre, ou remis le canevas. Fini ma page des *Villes,* et lue. J'ai corrigé la nouvelle Pichon, pour la réimprimer. Le

---

1. Nicolas Bricaire de la Dixmérie (1731-1791), auteur de *Contes philosophiques* imités de Marmontel; de l'*Éloge analytique et historique de Michel Montaigne*, etc.

2. Savinienne Froment, amie de Mlle Maris, connaissait Restif pour l'avoir vu passer tous les jours sur l'île Saint-Louis. Quand il fut arrêté, en 1789, sur la dénonciation d'Augé, ce fut elle qui alla parler au sergent de garde et le fit relâcher.

3. Ce Desmarais avait envoyé à Restif, dans une lettre datée de Châteauneuf, 22 juillet 1781, le canevas d'une nouvelle des *Contemporaines* : « Laissez les mêmes noms, s'il vous plaît, écrivait-il. Je les ai changés et j'ai mis B. (Benjamin) Pichon, au lieu du mien. » Desmarais, en donnant cette histoire à Restif, voulait sans doute se venger du sieur du Marterel qui l'avait supplanté auprès de mademoiselle Émilie, fille de Voisfonbel. (V. les lettres de la 2e édition des *Contemporaines*, t. XIX.) Nous avons vu, § 799, qu'il s'agit d'*Émilie ou l'Orfeline de mère;* mais cette nouvelle est la

soir, porté à Toustain C iv volume *Françaises*. Cet homme n'est bon qu'à ce qu'il fait, comme e (*sic*). C'est un pauvre homme pour rendre service! Il n'est de feu que pour les choses inutiles.

Le monstre Augé, hier, m'ayant vu passer, m'a suivi, s'est arrêté chés un orfèvre pour me montrer, et, ensuite, à la boutique de Vieillot; il a assemblé de la canaille comme lui, à laquelle il déclamait, en me fesant voir, parce que je causais avec ma sœur. Tour de l'Ile.

803. 11 *aug*. Matin, achevé de lire O xxi volume où sont des lettres; corrigé la nouvelle Pichon, que je vais porter à l'imprimerie. Dîné avec de Rosières, en exaltation; parlé, pleuré. Auparavant, j'ai su que l'infâme Augé était alé chés de Préval, qui m'a parlé de lui: je n'ai répondu qu'avec fureur. Le soir, chés Toustain, qui est encore retourné chés ce gueux de Pichon, sans le trouver. De Rosières m'a copié le désaveu; l'on réimprime la nouvelle.

804. 12 *aug*. Matin, lu D xxiii volume; composé 1 lettre à la fin du xxii; payé les 477 livres à Ladvocat, pour Mesnager. Je fais une lettre au prévôt des Marchands, qui sera mise ici. Cc xxii volume. Le soir, j'ai été voir de Rosières dont j'avais reçu une lettre, et de Préval. Demi-tour de l'Ile oriental.

197ᵉ des *Contemporaines*, et non, comme le dit Restif, la 207ᵉ. La confusion vient de ce qu'il la donne, dans les *analyses*, comme étant la xiiiᵉ ou la ccviiᵉ, tandis que, dans le corps du volume, elle porte les numéros xiii ou *c q v dix sep*ᵐᵉ (197ᵉ).

806. (sic) 13 aug. Matin, fini Ccxxii volume; achevé de corriger la 207 nouvelle (*Emilie*) : sorti, été chés la grosse blonde; dîné avec mon lait seulement. Vu la D'Até[1], vieille et laide; vu la Châtelet[2], etc. Ecrit le 2 post-scriptum de ma *Physique*, et marqué le 13 aug. 6 à l'Ile, au-dessus de l'an passé. Eté promener jusqu'au Palais-Royal, où j'ai vu la Knapen[3] l'aînée, aujourd'hui Laquette, et sa sœur; revu la Châtelet et sa mère chés sa sœur en couche; souper chés la Forêt; Julie est très-jolie[4]. De là, petite bien faite rue Contrescarpe[5] et Daufine[6]. De retour, après que Toustain était venu. J'y ai été; ce gueux de Pichon refuse mon désaveu, tel que je l'ai fait, et a osé en faire un autre sous la forme la plus stupide, où il parle et me fait signer ce qu'il dit de lui, en son nom. Je le répète, c'est un pauvre homme en affaire que M. de Toustain! Je suis furieux.

807. 14 aug. Point dormi. Eté chés cet imbécile de Toustain, dès le matin, en sor-

---

1. Mère de Virginie François.
2. La « jeune et charmante Châtelet cadette » se maria avec un médecin. (V. *Nuits de Paris*, t. XVI, p. 404.)
3. Fille de l'imprimeur André Knapen, chez qui Restif avait travaillé comme ouvrier compositeur, en 1757 : « jeune imbécile alors, qui est, aujourd'hui, dans sa communauté, devenu un sot important ». (*Monsieur Nicolas.*) Il était devenu syndic de la chambre royale de la librairie et imprimerie.
4. Il est question, dans les *Nuits de Paris*, des demoiselles Laforêt, actrices au Funambule et aux Variétés. D'autre part, l'*Errata* (ou clé) de la *Femme infidèle* parle de « la petite Jeanne Laforêt, petite malheureuse qui sert Mme Jeandevert (Agnès Restif) en instruisant Augé ».
5. Actuellement rue Mazet.
6. Même parcours qu'aujourd'hui.

tant de l'imprimerie où j'ai porté le reste de ma nouvelle à refaire. Quel homme! Il n'entend rien; il n'a que la fureur de décider et de donner du sien. Je suis aussi fâché contre lui, que contre le fourbe Pichon. Dans quel trouble je suis! Voir un homme aussi borné que mon arbitre m'exposer, par sotise et par incapacité, aux vues tortueuses d'un scélérat! J'ai été, le soir, chés M. de Préval, puis chés M. de Rosières, auquel je me suis plaint de Toustain.

808. 15 *aug.* Mal dormi; rêvé mal, le matin, de ma femme. La 2de M XIX volume. Mis à la poste ma lettre pour M. Senac de Meilhan; écrit paisiblement à Legrand sur ce qu'on m'a dit, hier, chés de Préval, et j'ai fait le récit de l'avanture du Jardin du Roi. Porté ma lettre; passé chés Dumont, absent pour le moment; chés Bralle, absent; Mme et M. Marchand, et la grosse dame qui était avec la Braque[1], ont voulu me retenir à dîner; je me suis enfui, et je dîne autour de l'Ile, avec une demi-livre de groseille. Je n'ai pu retrouver la date de l'an passé, 15 aug. 5. *Hic hodie ambulat pulchra puella Froment* : elle est effacée. Des poliçons, récemment, ont effacé toutes mes dates apparentes : qui est-ce? Augé, peut-être? Par le temps de retour, je lis 2de. O XXI volume qui, comme la précédente, contient les lettres qui me furent écrites, et que j'imprime pour confondre mes ennemis[2]. Je suis triste et seul; Marianne n'est

1. Brack, censeur royal.
2. Il les a, en effet, publiées dans la seconde édition des

pas revenue. Je lis à 6 la 1ʳᵉ E ıı volume *Parisiennes*. Le soir, chés la Nougaret, puis chés de Rosières, où la sœur de Phelippon[1].

809. 16 *aug*. Matin, fini E ıı volume *Parisiennes*. Lettre de M. de Sénac; été dîner chés lui; m'a promis sa recommandation auprès du baron de Breteuil[2]. De retour, été chés Rosières, où le jeune.... (*sic*); puis est venue la sœur de Phellippon, avec sa mère et son frère. Lettre de Toustain qui m'annonce que Pichon a pris mon écrit, avec une apostille ajoutée par deux témoins. Je ne sais ce que c'est; mais, sûrement, c'est une bêtise. Eté chés Mᵐᵉ Guillot, qui m'a dit qu'elle était dans les *Contemporaines*. Qui donc l'y a mise? Ce n'est pas moi!

810. 17 *aug*. Matin, fini la 1ʳᵉ d'*Emilie*; été chés Mᵐᵉ Guillot, et déjeûné, pour savoir qui lui a dit qu'elle était dans les *Contemporaines*. Lu les dernières 12 pages d'*Emilie*; dîné en marchant. Soupé chés la Torel. Ensuite, chose singulière, été au coin de la rue de Grenelle, où j'ai chanté, comme il y a dix ans! Amélie a envoyé une de ses filles pour me surprendre; je me suis amusé à jouer et à fuir, comme il y a 12 ans! Cela

---

Contemporaines, qui en contient beaucoup plus que la première. Elles se trouvent à la fin des volumes et sont imprimées en petit texte, sans pagination.

1. Un sieur Phelippon était directeur général de l'hôtel des Fermes. Mais nous croyons qu'il s'agit plutôt du sieur Philipon, qui paraît avoir été le médecin de Morel de Rosières, et dont on trouve des lettres datées du 2 au 22 juin 1786, dans la 2ᵉ édition des *Contemporaines*.

2. Louis-Auguste Le Tonnelier, baron de Breteuil (1733-1807), ministre et secrétaire d'État de la maison du Roi.

m'a fait plaisir, et négliger d'aler chés Toustain. Vu l'abbé Roi, en alant souper, près Saint-André, rue Poupée. On aura le privilège du journal *Le Contradicteur*. Le soir, à 11 heures, vers à Amélie[1] :

I

Je revois Amélie,
Que mon cœur tant aima (bis).
Cette beauté chérie
Séduit mon âme ravie,
Elle me rend la vie
Que son départ m'ôta.

II

C'est une Fée amie
Que le sort ramena (bis)
Toujours aussi jolie;
Par l'Amour même fleurie,
Par les Grâces servie,
Vénus la conserva.

III

Hâ! je l'aurais choisie,
Quand son bel œil brilla!
Mais je l'aimais déjà.
L'ancien goût qui me lie
A cette femme accomplie,
L'ancien goût qui me lie
Jamais ne cessera[2].

1. Amélie Schell, jeune Viennoise, ouvrière de Mme Monclar. (V. la note 1 de la page 5 et la note 4 de la p. 213.)
2. Hors ses couplets de théâtre, Restif n'employait guère la langue des dieux que comme moyen de séduction. Il en avait usé et abusé, à Auxerre, du temps de son apprentissage.

811. 18 *aug*. Matin, fini les vers et copié ce billet en pli d'éventail, à mettre, ce soir, chés Amélie; sorti pour déjeûner au café; de retour, fini la 124 de la *Femme humble et pauvre*; été dîner chés l'abbé Roi, d'où au quai de Gêvres[1], où j'ai apris qu'Augé conaissait la *Femme infidelle* et en avait un exemplaire. Eté, chés M. de Toustain, où j'ai trouvé l'écrit mieux que je ne l'espérais : je l'ai pris et le conserve. Eté, le soir, porter ma chanson. Elle n'a pas été vue d'Amélie, et je n'ai pu me faire entendre. De retour, j'ai lu le dernier volume de la *Femme infidelle* presque en entier. J'ai le cœur serré de douleur : Marion est toujours absente.

812. 19 *aug*. Ecrit à Legrand et mis à la poste; j'ai dîné chés la Torel : découvert que Nougaret avait dit à Mme Guillot qu'elle était dans les *Contemporaines*; il s'est dédi ce matin. Lu 2de l III volume *Parisiennes*; 2de *Émilie*; imposé la dernière forme; fait les trois quarts du tour de l'Ile, le midi oriental excepté; Berthet est à la campagne et ne finit rien. Vu la Petit : c'est l'exemplaire de la Vieillot, qu'a vu Augé. Eté voir Amélie : la porte était ouverte; je n'ai pas aperçu mon billet.

813. 20 *aug*. Passé mauvaise nuit : matin, fini la *Femme humble et pauvre*; commencé à 127 la *Femme simple*, 128. Tour entier de l'Ile; dîné avec des abricots passés; 129 et 130; commencé 131, la *Bonasse*. Le soir,

---

Les premiers volumes de *Monsieur Nicolas* contiennent une grande quantité de pièces de vers aussi mauvais que ceux-ci.

1. Allant du pont Notre-Dame au pont au Change.

promené rue Saint-Honoré[1]; vu déshabiller Amélie.

814. *21 aug.* Mauvaise nuit; matin, 131, 132 *Bonasse;* arrangé la page *Infidelle* pour d'Œilbœuf[2] : colé sur deux exemplaires, le premier ayant une faute; dîner chés M. Dumont, et donné 3 volume *Infidelle;* étaient Mme Lamotte[3], et l'abbé de Saint-Léger[4]. De retour, appris que le *monstre* voulait, disait-il, faire arêter la vente de l'*Infidelle*. Je l'attens. Rencontré Sallé de Marnet[5] auprès de ma sœur, et fait avec lui quelques tours au Palais-Royal. Vu Amélie en passant; rien remarqué, on fermait; 133 *Bonasse*.

815. *22 aug.* Matin, sorti, été chés Legrand, expliqué sur le monstre Augé; il le méprise. De là, chés M. Senac de Meilhan, absent; chés Granger : on ne jouera pas mes pièces. J'ai proposé de faire celle : *Les fautes sont personnelles*. Dîner chés l'abbé Roi, avec trois abbés; de là aux Italiens avec l'abbé Roi, par un billet d'amphithéâtre de Granger. En outre, un billet de cinq, pour le ceintre. Abbé Roi entré chés Amélie pour savoir son nom; je l'attendais.

816. *23 aug.* Matin, conféré 3mes I III volume

---

1. Même parcours qu'aujourd'hui.
2. Surnom de Butel-Dumont. (V. la clé de la *Femme infidèle*.)
3. Ne serait-ce point la femme de F. Nicolas Benoit de Lamotte, directeur du collège de Sens, auteur de l'*Ami d'Erato*, des *Veillées du presbytère*, etc., contemporain de Restif?
4. Barthélemy Mercier, abbé de Saint-Léger (1734-1799), le savant bibliographe.
5. Ancien procureur, parrain d'une sœur de Restif.

Françaises et F. ii volume *Parisiennes*. Lis F ii volume. Eté chés Toustain : cet homme commence à faire le raisonneur, le sot ; il raie des mots qu'il n'entend pas. Donné deux *Infidelle* à Petit. Je commence *Les fautes sont personnelles*. Vu cette fille compagne de la d'Amoirette[1] : *sese mast*. Le soir, rentré de bonne heure.

817. 24 *aug*. Matin, travaillé à mon Drame[2], 1, 2, 3, 4, 5, 6, 7. Envoyé la dernière feuille *Infidelle* chés Dubosc ; dévolment ; 8, 9, commencé 10 du Drame.

818. 25 *Aug*. Matin, 10, 11 Drame ; fin du ii⁰ acte ; Marianne va à Choisi, avec Mlle Londo ; 12, 13, 14, 15 et 16, fin du Drame en 3 actes ; tour de l'Ile. Eté jusqu'à la maison Lavalette. Revenu à 7 heures. Copié 3 pages du Drame.

819. 26 *aug*. Achevé 2de D XXIII volume. Copié 22 pages du Drame. Tour entier de l'Ile, et, de là, au Palais-Royal. Vu Amélie, en revenant. Pas content de mon Drame.

820. 27 *aug*. Travaillé tout le jour, jusqu'à six heures, à mon Drame, que j'ai fini de mettre au net : 40 pages. Lu à Marianne. Je l'ai trouvé meilleur qu'hier. Lu 1re E XXIII volume. Commencé 2de F ii volume *Parisiennes*.

821. 28 *aug*. Fini F ; lu 1re K iii volume *Françaises*. Dîné chés Guillot ; relu mon drame ; imposé m. XXII volume. Tables. Ici, la petite Mesnager, nièce. Relu après souper mon 3^e

---

1. Rosalie Damourette.
2. *Les fautes sont personnelles*. V. § 892, et la note 1, p. 261.

acte et le 1ᵉʳ. Je suis content du 2ᵉ et du 3ᵐᵉ.

822. *29 aug.* 2ᵈ anniversaire *Timoris et fugæ!* Matin, sorti : chés Granger, remis mon Drame; M. de Senac absent; vu, en chemin, son secrétaire; Rosières absent; dîné chés Préval. Le soir, lu 4, III volume et table XXXII volume et 7 pages de lettres.

823. *30 Aug.* Ce matin, lu les 7 pages de lettres. Sorti pour l'imprimerie. Repris la *Bonasse*. Habillé, été avec ma Londo aux Italiens; rentrés; revenus à onze heures. Enfin j'ai donc vu ma Londo; j'ai baisé sa main, pressé sa taille au spectacle, loge du ceintre; on donnait les *Deux Billets*[1], *Aucassin et Nicolette*, et le *Mariage d'Antonio*[2].

824. *31 Aug.* La nuit, dévoiement; matin, fini la *Femme simple;* sorti; la 2ᵈᵉ E XXIII volume. 3ᵉ M XIX volume petit texte. 1ʳᵉ G II volume *Parisiennes*. Homme demandant des livres, le soir.

825. *1 7ᵇʳⁱᵉ.* Matin, fini G; la 2ᵈᵉ K III volume; commencé l'*Intriguante;* 2ᵈᵉ N 8 p. petit texte et table; été aux Italiens avec mon billet de mercredi; vu *Fanfan*[3]; commencé les *Amis du jour*[4], 1ʳᵉ représentation, et la *Veuve de Cancale*[5], infâme parodie.

826. *2 7ᵇ.* Corrigé à l'imprimerie mes tables; le soir, composé sur mon prospectus

---

1. Comédie en un acte, en prose, de Florian.
2. Divertissement en un acte, en prose, mêlé d'ariettes.
3. *Fanfan et Colas* (voir la note 3 de la page 111).
4. Comédie en un acte, en prose, de M. de Beaunoir.
5. Parodie en trois actes, par Parisau, de la *Veuve du Malabar*, tragédie de Lemierre, représentée pour la première fois aux Français, en 1770.

de journal, qui entre dans les romans, à la *Femme d'homme d'esprit*. Tour entier de l'Ile avec attendrissement.

827. 3 7bre. Matin, fini 1 page *Intriguante*; vu la jolie Maris; été chés la Leblanc; vu chés elle la Compoin. Chés Toustain, qui m'a parlé de mon mécontentement au sujet de Pichon. Au retour, mon Ile entière; vu 3 7bre à l'orient, écrit en 1780! Ainsi, cette semaine, Mlle Londo, et madame Compoin[1]. Reste la Poinot.

828. Matin, 4 7bre, 4 pages de mon *Epiménide*[2]; sorti; dîné chés l'abbé Roi; perdu ensuite du temps; venu, le soir, chés moi, où madame Laruelle; repris 5, 6, 7 de mon Drame, avec dégoût; fait la 2 et commencé la 3 de l'*Intriguante*.

829. 5 7bre. Matin, à 5 heures, fini l'*Intriguante*; travaillé à *Epiménide*, et fini à 2 heures, pour recommencer, ayant mal enfilé cette

---

1. Voir la note 1 de la page 127.
2. On connaît l'histoire d'Épiménide de Gnosse, le célèbre philosophe grec qui serait resté cinquante-sept ans endormi dans une grotte. Épiménide sert de prétexte, dans les *Nuits de Paris*, à une longue histoire où Restif expose ses théories philosophiques, politiques et même scientifiques; il y développe son système de physique, auquel il attachait une importance particulière. Les *Nuits de Paris* donnent l'origine de son travail : « J'admirais comme Paris dévore ses environs et convertit en rues stériles des jardins nourriciers, et je me dis à moi-même : Un homme qui reviendrait au monde dans cent ans verrait les choses bien changées! Cette idée m'attachait fortement! Elle me rappela l'ancien Épiménide... »

La même légende a fourni à Restif le sujet de deux pièces : 1° Un drame en trois actes intitulé *Épiménide grec*, qui se trouve dans le tome II de son *Théâtre*. 2° Une comédie en cinq actes intitulée : *La Sage Journée ou le nouvel Épiménide*, dans le tome III.

pièce : ce sont 8 pages perdues. Guillot n'était pas chés lui, je devais le voir à midi moins un quart, avec l'abbé Roi, pour notre journal. C'est pour demain. Désolé contre les imprimeurs! Il n'est plus possible de faire travailler : Chardon m'a donné un mémoire exorbitant. Le soir, iv° page du roman d'*Epiménide*.

830. 6 7$^{bre.}$ Matin, 2, 3, 4, 5 d'*Epiménide*; travaillé à ma table du *Contradicteur*, à l'imprimerie; été chés Toustain, pour G. *Parisiennes*. Tour entier de l'Ile, dont moitié avec Barthe, qui part, le 8, pour aler voir la Reynière.

831. 7 7$^{bre.}$ Matin, 6, 7 *Epiménide*; été à l'imprimerie; fini ma table *Contradicteur*; vu Guillot pour les *Parisiennes*; vérifié les chapitres des figures des *Françaises*. Lu 2de H à ma chambre de la Vieille Poste; remis un *Pornographe* à Petit; reçu une lettre de Courgis[1], pour mon lot; été chés Préval, où remis trois *Infidelle*; enfin chés l'abbé Roi. Hier, vu Mlle Raguido[2], qui va demeurer à la Vieille Poste.

832. 8 7$^{bre.}$ Matin, 8, 9, 10 *Epiménide*. Je vas aler voir Rosières et dîner chés Préval; étaient les deux demoiselles Jonas et Lelièvre[3].

---

1. C'est-à-dire une lettre de son frère, le curé de Courgis, au sujet de sa part dans la succession de l'abbé Thomas.

2. Les demoiselles Raguidot, couturières de la rue Guillaume, étaient des amies d'Agnès Restif : « L'aînée m'attendrissait, la cadette me lutinait... J'aimais mieux l'aînée, mais je ne haïssais pas la cadette. Elles devinrent mères par leurs amants et je ne les en estimai pas moins. » (*Calendrier*)

3. Restif avait voulu dédier, en 1768, son ouvrage : *Lucile*

Non vu de Rosières, ni Granger. Le soir, la femme Has m'a parlé du monstre Augé, qui déclame; et mercredi, Barthe m'a dit qu'il menace de m'assassiner[1]. Jeudi 7, me sont arrivées deux lettres : une de Courgis, pour ma petite succession, et une de Montlinot, pour faire accoucher secrettement sa servante à Paris. Je me propose de lui écrire avec force contre le monstre Augé, ainsi qu'à Courgis.

833. 9 7bre. Matin, 11 et 12 *Epiménide*; composé un peu à l'imprimerie. Chagrin; 13, *Epiménide*; tour de l'Ile, où les poliçons de la rue Poultier ont crié : *Griffon!* La grosse, rue Pierre-Sarrasin. Le soir, la Petit m'a raconté du monstre Augé qui l'avait suivie, mais elle me trompe : elle lui a parlé. Suggéré à la Biset de parler aux parents.

834. 10 7bre. Matin, 14, 15, 16 *Epiménide*. Transport de colère contre le *monstre*, dans mon lit; été chés de Rosières : il sait la *Femme infidelle*. Lettre de Toustain qui demande une collection de *Contemporaines*, et fait compléter *Femme infidelle*. Dîner copieux chés Guillot; était un cordelier; été, en chantant, chés Granger, non trouvé : été, à 9 heures, chés l'abbé Roi.

835. 11 7b. Matin, 17 *Epiménide*, 18, 19;

ou les *Progrès de la vertu*, à mademoiselle Hus-Lelièvre, actrice de la Comédie française, qui refusa cet honneur, parce que le roman était « d'un genre licencieux et qui ne permet pas à quelqu'un de connu de souffrir que son nom soit en tête ».

1. Il n'en fit rien, mais tenta, le 30 juin 1793, d'assassiner sa belle-mère; d'après M. Paul Lacroix, il aurait été arrêté et condamné à mort.

tour de l'Ile; été en vain, à 5 heures, chés Granger; chés Decoussi, cousin d'Augé, à 8 heures. Il doit écrire, demain 12, au père Augé.

836. 12 7bre. Matin, F xxxiii volume. Eté chés Toustain; ai été payé de 78 livres de *Contemporaines*; a déjà lu *Infidelle* donnée d'hier; le sait de je ne sais qui. Après dîné, 2de L, première M, à 9 heures. J'écris à Montlinot; renvoi de Calysto dans *Epiménide*, ma *Fisique* dans *Epiménide*, et songe à imprimer des lambeaux du *Monsieur Nicolas*.

837. 13 7bre. Matin, 20, 21 *Epiménide*; sorti; imprimerie A xxii volume; été chés Toustain, porter H ii volume *Parisiennes*, et 3938. Au retour, fini 21.

838. 14 7bre. Anniversaire *notæ viâ Saintonge*, 14 7^{bris} 1769. Matin, 22, 23, *Epiménide*, A xxii volume. La grosse, Pierre Sarrazin; rendu les souliers. Le soir, G xxiii volume. Vers pour la petite Petit. Nougaret a mal parlé de moi, 10...

839. 15 7bre. Matin, 24, 25 *Epiménide*; dîner chés M. de Préval; vu Granger, qui m'a rendu ma pièce avec approbation, et donné un billet pour l'amphithéâtre, où je lui ai parlé : les *Deux Frères*[1], les *Amis du jour*, et l'*Heureux naufrage*[2].

840. 16 7bre. Matin, corrigé le 1er acte de mon drame; lu I ii volume *Parisiennes*; conféré L iii volume *Françaises*; été chés l'abbé

---

1. *Les deux frères*, comédie en deux actes, en vers (tirée d'un conte d'Imbert), par Milcent. Au théâtre italien.
2. *Les heureux naufrages*, divertissement en un acte et en vaudevilles.

Roi; le journal avance; vu la réponse de M. de Monchevreuil[1], du 15; dîné chés Guillot, avec Mercier de chés M. Videau. Querelle au sujet du mal que ce faquin de Nougaret a dit de moi. Demi-tour oriental tronqué de l'Ile.

841. 17 7bre. Matin, achevé de lire mon drame Les Fautes, etc.; indignation du déjeuner; été chés Bralle, mal à la jambe; revenu chés Guillot, retourné chés Bralle, où lu les Fautes. Mangé un peu de concombres. Vu les deux sœurs, qui revenaient de Saint-Cloud, où manqué de périr[2].

842. 18 7bre. Matin, I XXIII volume. Eté chés Toustain, pour L III volume Françaises. Au retour, vu les massons battre un des leurs, qui voulait travailler, rue Couture[3], etc.; 2de F XXIII volume. Article des Filles de Milet, dans Espion. Commencé à copier Les Fautes sont personnelles.

843. 19 7bre. Anniversarium veneni, 1782. Copié 18 pages du 1er acte de mon Drame. Tour entier de l'Ile. Parlé à Royer[4], pour travailler à sa Bibliothèque choisie.

844. 20 7bre. Copié jusqu'à 35 de mon Drame; crié, le matin, pour le bois. Terminé,

---

1. Claude-Henri-Gabriel de Mornay, marquis de Monchevreuil (1731-1824), maréchal de camp en 1762.
2. Voir la note 1 de la page 283. Peut-être, malgré la date, s'agit-il des sœurs Gannéri.
3. C'est la rue Couture (ou Culture) Sainte-Catherine, actuellement rue de Sévigné, entre la rue Saint-Antoine et la rue du Parc-Royal; ou la rue Couture (ou Culture) Saint-Gervais, entre la rue Vieille du Temple et la rue de Thorigny, qui existe encore sous ce nom.
4. Éditeur de la Bibliothèque choisie de contes, facéties, bons mots, etc. Paris, 1786. Neuf vol. in-8°.

avec Guillot, pour les *Parisiennes*. La petite Mesnager partie de ce matin. Tour entier de l'Ile, pour le célèbre 20 7bre, qui jamais n'a été manqué. 2do I *Parisiennes* II volume.

845. 21 7bre. Matin, copié; retiré mon bon de 64 rames; prendre garde à ne perdre pas mes 150 livres de corrections des *Parisiennes* et mes 80 livres des gravures; une comtoise; Mlle Mesnager arrivée de lundi. Colère contre Marianne pour absence avec elle. Fini mon drame à 10 heures sonnantes. Le vil Augé se nommant l'*Echiné* dans l'hôtel Torpanne et au quai de Gêvres[1]. Mécontant de mon échange de 217 *Femme infidelle* pour 155 *Hygrométries* et 19 *Considérations* de Bonnet[2].

846. 22 7bre. Ire K II volume Parisiennes, 3e I; seconde M III volume *Françaises*, 2de P ou Ire de XXIII *Contemporaines*. Dîné chés l'abbé Roi; demi-tour oriental de l'Ile. Deux *Infidelle* à Petit. Commencé, le soir, à recopier mon drame pour la troisième fois.

847. 23 7bre. Recopié mon Ier acte : lu seconde N III volume *Parisiennes*; dîner donné à Rosières, la Mesnager et La Ruelle. Tour de l'Ile.

848. 24 7bre. Second acte de mon Drame, tour de l'Ile, rue Saintonge et boulevard, rue Charlot[3]; Toustain, pour M. *Françaises* et I

---

1. Augé se plaçait sur le passage de son beau-père et se donnait tout haut le nom de l'*Échiné*, qu'il porte dans la *Femme infidèle*; il emmenait son fils et l'appelait *le petit l'Échiné*. (V. *Ingénue Saxancour*.)

2. Charles Bonnet, philosophe et naturaliste (1720-1793), auteur de *Considérations sur les corps organisés*, etc.

3. Même parcours qu'aujourd'hui.

Parisiennes. Souper à La Ruelle et joué au piquet.

849. 25 7bre. Matin, songé à faire un *Théâtre du Peuple*, le *Cordonnier*, le *Serrurier*, le *Menuisier*, le *Mercier*, etc.; copié mon troisième acte, fini à ... heures; tour entier occidental en alant chés Toustain, oriental en revenant. Le soir, commencé à relire mon Drame.

849. (sic) 26 7bre : 4me anniversaire E *Dernière avanture*; matin, relu mon drame entier; tour de l'Ile; grosse *Pierre Sarrazin*; D IV volume *Françaises*.

850. 27 7bre. Matin, trouble pour Chenneval, que Chardon a renvoyé; placé chés Granger, puis remis chés Chardon; 2de K *Parisiennes*; colé des corrections sur mon drame. Dîner chés Guillot; été aux Variétés. *L'épousera-t-il ?*[1] n'est pas ma *N'importe laquelle ?*[2] *Fou raisonnable*[3], *Ecoute aux portes*[4].

851. 28 7bre. Matin, recopié mon drame, 11 pages; Toustain, I II volume *Parisiennes*; D IV volume *Françaises*. Lettre de Rosières, inquiétude; 3 livres d'une *Fille naturelle* reliée. Tour entier de l'Ile en alant et venant de Toustain; anniversaire des deux 28 7^b.

---

1. *Laquelle épousera-t-il ?* Comédie en trois actes, en prose, représentée pour la première fois le 23 septembre.

2. Nouvelle du premier volume des *Contemporaines mêlées*. Elle lui avait été inspirée par une aventure arrivée aux demoiselles Poinot.

3. *Le fou raisonnable ou l'Anglais*, comédie en un acte, en prose, par J. Patrat, représentée pour la première fois aux Variétés le 9 juillet 1781.

4. *L'écouteur aux portes*, comédie en un acte, en prose, de Mme de Beaunoir.

852. 29 7ᵇ· 5ᵐᵉ anniversaire de 29, en face de la rue Bretonvilliers. Matin, copié ; 2ᵈᵉ D ɪᴠ volume. Toustain, K ɪɪ volume *Parisiennes*. Copié mon drame 14, 15, 16-23. Tour entier de l'Ile, en alant oriental, en revenant, occidental ; vu le 29 7ᵇ·.

853. 30 7ᵇ· 2ᵈ anniversaire du 30, pont de la Tournelle. Matin, copié mon Drame, 24, 25, 26, 27. Ces jours-ci, je suis occupé de l'infâme Nougaret, qui a fait, contre moi, une note, p... (*sic*) de la 1ʳᵉ partie de ses rapsodies[1]. On m'a payé, hier, 389 livres, en billets, des *Infidelle*. Maisonneuve n'en vendra plus, parce que d'autres en vendent. Cet homme me ruine par sa mauvaise volonté. 21 à 28ᵇⁱˢ Drame.

854. 1 8ᵇʳⁱˢ. Anniversaire *finis Rusticanæ*, vis-à-vis l'hôtel Bretonvilliers : matin, ajouté du *Duel* et de l'*Infamie*, dans mon Drame ; vu, en sortant, la jolie Maris, à 1 heure un quart, rue Saint-André[2], chaussée en noir, mise en blanc ; jambe voluptueuse ; la Lambert, ensuite ; puis la brune de la rue des Noyers ; puis un joli pied rue Saint-Hyacinthe[3] ; puis la

---

1. Voir le t. XXV des *Contemporaines*, 2ᵉ édition : « Ce petit malheureux vient de publier, en deux fois, cinq volumes de rapsodies, où il déchire des gens estimables en composant son ouvrage de morceaux entiers qu'il leur vole... Il n'est personne qui égale *Négrillon* en bassesse. » Beaumarchais, auquel il aurait eu l'impudence de demander de s'intéresser à un libelle de sa façon contre le *Barbier de Séville*, lui aurait témoigné son mépris et Boisjermain l'aurait précipité en bas d'un escalier pour le remercier d'une épigramme.

2. Rue Saint-André-des-Arcs ; cette rue avait le même parcours qu'aujourd'hui.

3. Entre la rue Saint-Jacques et la place de la Porte-Saint-Michel.

Richer[1] haut talon, *bis emiss*. Tour entier de l'Ile ; vu coucher les hirondelles, vis-à-vis 1 8bre. Le soir, E 1re IV volume ; chagrin.

Je verrai à faire, ce soir ou demain, la note contre Nougaret. Il est des gens dont l'estime serait un blâme infamant : tel est l'auteur du *Tableau mouvant de Paris*, qui a placé contre moi, dans la rapsodie, qui n'est pas le *Tableau mouvant de Paris*, mais un relevé des journaux, fait sans goût, sans intelligence, platement, gauchement[2]. Voici la note, telle que l'auteur l'avait composée : après avoir rapporté une lettre prise dans un numéro du *Journal de Paris*, de l'année 1784, où l'on reproche à un anonyme d'employer le mot *mise* pour signifier la *façon de se mettre*[3], et l'avoir accusé d'avoir dit ces

---

1. Veuve « haut chaussée » d'un notaire. Elle était dévote. Restif se déguisa en prêtre, la posséda et lui fit deux jumeaux : « Depuis ce temps, elle est chaussée bas et en gros souliers, comme nos femmes plates, pour ne pas donner de tentations. » (*Calendrier*.)

2. Voir les *Nuits de Paris*, p. 2900 ; après un éloge du *Tableau de Paris*, de Mercier, Restif parle du *Tableau mouvant de Paris*, de Nougaret : « Rapsodie extraite des journaux et de quelques autres ouvrages dont il gâte le style par ignorance... Il est, dans la littérature, des insectes qui ne se nourrissent que des productions d'autrui. Ils ne peuvent rien créer. Rampantes chenilles, ils vont tout corrodant et laissant, sur ce qu'ils ne dévorent pas, la bave dégoûtante de l'envie. »

3. La note de Nougaret, dans le *Tableau mouvant de Paris*, édité à Londres et Paris, 1787 (t. Ier, p. 353), est dure pour Restif ; après avoir cité le passage de l'article du *Journal de Paris* (voir la note du § 468) : « Il s'agit, écrit Nougaret, de M. Rétif de la Bretonne. Il serait impossible de nombrer les néologismes, les tournures de phrases impropres et barbares dont fourmillent les volumineux écrits de cet auteur *original*, non-seulement par son style extraordinaire, mais encore, ce qui est bien pis, par les obscénités qu'il se

mots imprimés en italique : *qu'elle a une mise fort agréable*. Je défie l'obscur anonyme, auteur de la lettre, et l'infâme Nougaret, N'eg'ret, Regret, Gronavet, Teraguon[1], comme on voudra le nommer, de trouver cette phrase, calomnieusement souslignée, dans aucun de mes nombreux ouvrages[2]. Mais comment un poliçon, un ignorant tel que Nougaret peut-il critiquer le style des autres, lui qui a la manière d'écrire la plus plate, la plus ridicule ? (La suite à un autre date[3].)

855. 2 8ᵇʳⁱˢ. Anniversaire *Sara apud Lavalette*, vis-à-vis les *Hirundines*[4]; copié, à la suite de Marianne, depuis 6-13. Lettre infâme de Milran, au sujet de la *Femme infidelle*; elle se trouvera page... (sic) dans ... (sic) : tour de l'Ile.

complaît à écrire, tout en assurant qu'il se propose de corriger les mœurs, et *original*, surtout, par les louanges qu'il se prodigue. »

1. Sobriquets qu'il applique à Nougaret dans différents ouvrages. Il l'appelle aussi le *Mamonet*, *Progrès* (à cause de son livre : *Lucette ou les Progrès du libertinage*), *Négrillon* (à cause de la couleur de son teint), *Nihil*, etc. Il avait cependant été avec lui du dernier bien, ainsi que le prouvent les lettres flatteuses de Nougaret, t. XX, 2ᵉ éd. des *Contemporaines*.

2. Convenons que les *puristes* avaient tort de lui chercher noise à propos du mot *mise*. Le dictionnaire de l'Académie a donné pleinement raison à Restif en admettant ce mot dans son édition de 1835. Mais pourquoi se défend-il de l'avoir employé ? Nous trouvons dans *Monsieur Nicolas* (t. XI, p. 183) la phrase suivante : « La mise de 1791 était délicieuse, surtout pour l'adolescence. » Elle nous donne lieu de penser que ce mot faisait partie de son répertoire. On le trouve encore dans la *Semaine nocturne*, p. 108 : « J'arrive, un peu honteux de ma *mise*. »

3. Voir le § 860.

4. Endroit où il avait vu les hirondelles se coucher et fait une inscription. (V. le § précédent.)

856. 3 8ᵇ⁻ Anniversaire annonce du titre de la *Paysane*; copié 2ᵈ acte, pages 25-35; été en vain aux Italiens; vu Poinot l'aînée chés sa sœur, rue Saint-Marc¹; joli pied rue Fromenteau², chés la *Loterie*³, etc. Le soir, copie; mauvaise nuit; pensé à Milran.

857. 4 8ᵇ⁻ Anniversaire *panis dati*, près le Pont-rouge; douleur; tout va mal : Milran, mes *Contemporaines* (réimpression) ne finissent pas, quoique composées; mes *Françaises* sont là depuis trois jours. Eydt et Demé ne travaillent pas. Matin, je copie 1 page 2ᵈ acte et 1 : 1ᵐᵉ acte, pages 53-65 et autres du 2ᵈ acte. Tour entier de l'Ile. (*Nota* : l'anniversaire des *panes* est au 4 7ᵇʳᵉ, et non ici.)

858. 5 8ᵇ⁻ Fait brocher mon drame en vers, et une correction à refaire; lu avec Marianne, le matin; chés Toustain, la feuille L des *Parisiennes*; avait vu Milran la veille, et instruit sur le monstre, ma femme.

859. 6 8ᵇ⁻ Lu G *Françaises*; ensuite habillé; sorti pour aler dîner chés Préval; ensuite porté mon drame à Granger; il était sorti pour aler jouer; j'ai vu, au parterre, les *Amis du jour*, pour la 3ᵉ fois, et la 2ᵈᵉ représentation de *Novogorod sauvée*⁴. Après, j'ai

---

1. Même parcours qu'aujourd'hui.
2. Rue Fromanteau ou Froidmanteau, entre la rue des Orties et la rue Saint-Honoré.
3. Restif avait habité deux mois avec la fille d'un marchand de vin, nommée Adélaïde Mazange, qui avait pris un bureau de *loterie*. Peut-être est-ce d'elle qu'il s'agit, bien qu'il déclare, dans le *Calendrier*, ne l'avoir jamais revue depuis 1766 ou environ.
4. *Féodor et Lisinka, ou Novogorod sauvée*, drame en cinq

vu Granger, que j'ai attendu, suivant mon usage, sur le boulevard. Au Palais-royal, mon ancienne grande blonde; chanté à la boutique d'Amélie. Chés Préval, histoire des duellistes de Caen à outrance, par ordre des officiers : indignation.

860. 7 8^b. Matin, achevé M. *Parisiennes*; arrangé mes fins de lettres et table des *Villes* à l'imprimerie[1]; Mlle Mesnager dîne ici. Lettre de Royer pour la *Folle*.

Suite de Nougaret : « Un insecte littéraire, qui débuta par une épître à Priape, qui le fit envoyer à Bicêtre par M. de Sartine, accuse mes ouvrages d'obscénité! Je n'ai jamais eu que les bonnes mœurs en vue : il est vrai que cet insecte ne s'y connaît pas. Le jour même que je m'aperçus de son infâme calomnie, il arriva chés son libraire, la veuve Duchesne, comme M. Favart[2] y était. L'insecte le salua : l'auteur de l'*Anglais à Bordeaux*[3] et de la *Chercheuse d'esprit*[4] feignit de ne pas le voir : l'insecte bourdonna plus haut; point de réponse : « Monsieur, je suis l'Insecte; est-ce que vous m'avez oublié? — Non, certainement : je sais

---

actes, en prose, tiré d'une anecdote russe, par Desforges. Aux Italiens (deuxième représentation).

1. Cette table où se trouvent, dans l'ordre alphabétique, les noms des villes de l'*Année des dames nationales*, est reproduite, sous forme de prospectus, à la fin de plusieurs ouvrages de Restif.

2. Favart paraît avoir tenu en estime les ouvrages de Restif. (V. le t. XIX, *in fine*, des *Contemporaines*.) Il l'avait connu chez Mlle Saint-Leu.

3. *L'Anglais à Bordeaux*, comédie en un acte, en vers libres. Paris, Duchesne, 1763.

4. *La chercheuse d'esprit*, opéra-comique en un acte, en prose, mêlé de vaudevilles. Paris, veuve Allouel, 1741.

que vous êtes l'Insecte; que je vous ai (fait) sortir de prison, que je vous ai prêté de l'argent, et que, six mois après, vous avez écrit contre moi. » Et il tourna le dos à l'insecte. J'ai rapporté cette anecdote, des derniers jours de septembre 1786, pour finir l'histoire de la prison[1].

861. 8 8[b]· 6[e] anniversaire 8 8[b] *piscatoriæ*[2]; tour entier de l'Ile à 4 heures matin; presque rien; cloué mes souliers neufs; sorti; vu, à 1 heure la petite Merlin 2de, la petite chandelière revenant vis-à-vis Saint-André, charmante! Enfin, Mlle Maris chaussée en noir. Dîné seul à froid; lu ma 2de F, commencé G; travaillé sur 27 *Epiménide*. Eté chés Bralle, par une pluie batante; n'ai pu passer à la rue du Grand-hurleur[3]; lu mon drame; était la petite Rosette[4], et la belle maraine, madame

1. La scène entre Favart et Nougaret chez la veuve Duchesne est rapportée en termes identiques, tome XXV des *Contemporaines*, 2e édition; voir aussi dans les *Nuits de Paris*, page 2626, le chapitre intitulé *Suite du Mamonet* : « C'est un petit être aussi laid que vicieux! A son premier séjour à Paris, il était commissionnaire et rinçait les verres au café du Luxembourg. Il en fut chassé et renvoyé à Paris. Il courut avec des baladins, auxquels il servit de singe. Il a été montré pour tel à Lion et on lui attribua même une pièce. Revenu à Paris, il fit une épitre obscène, qu'il vendit manuscrite. M. de Sartine l'en punit par trois mois de Bicêtre, etc., etc. »

2. Voir §§ 14 et 546.

3. La rue du Grand-Hurleur, entre la rue Saint-Martin et la rue du Bourg-l'Abbé.

4. On trouve trois *Rosette* dans *Monsieur Nicolas* : 1° la petite Rosette; 2° Rosette, sœur cadette de Virginie François; 3° Rosette Vaillant, ou le modèle. Il s'agit probablement de la première, qu'il connut en 1767, à l'âge de onze ans. Elle en avait dix-neuf, puisque nous sommes en 1786. Mais nous avons déjà vu, à propos de la petite Blanche

Marchand, etc. Revenu à onze heures, reconduit la dame et l'enfant.

862. 9 8ᵇ· Matin, lu mon drame jusqu'au soir; demi-tour et demi de l'Ile; insulté par le poliçon entre les deux jardins, fils de blanchisseur, qui a couru avertir les autres, à la pointe orientale. Eté chés Toustain pour F. *Françaises*; au retour, fini de relire et corriger mon drame.

863. 10 8ᵇ· Presque rien. Corrigé à l'imprimerie un remanîment sur E *Françaises*. Guillot a reconnu Bastien dans Nesbat (*Mère Gâteau*), mais il ne s'est pas reconnu dans Blantil. Vu Dubosc; a pris 13 nouvelles *Infidelle*; emprunté l'*Année littéraire*, à mon article d'Oribeau, à madame Mérigot; non vu Royer, à cause d'un homme, etc.; non vu l'abbé Roi, pour notre privilége du *Contradicteur*; été deux fois. Le soir, grand bruit chés la Duchêne, pour la contrefaçon de la *Paysane*, par Laporte[1].

864. 11 8ᵇ· Matin, commencé quelque chose de mon III et de IV volume *Parisiennes*. Déjeûné chés Guillot, puis au café : vu Maisonneuve, qui a parlé à M. Vidaud de la Tour, pour notre contrefaçon. J'écrirai demain matin. Donné, ce soir, à Royer une *Folle* à imprimer; arrangé à l'imprimerie table des *Parisiennes*; appris qu'Augé sait où est Agnès[2];

(§ 778), que Restif conserve l'épithète de *petite* aux femmes qu'il a connues dans leur jeune âge.

1. Delaporte, imprimeur à Toulouse, puis à Paris, avait contrefait la première édition du *Paysan-Paysanne* à l'insu de Restif. Les suivantes furent ainsi plus difficiles à écouler.

2. D'après *Ingénue Saxancour*, elle aurait été passer quelque temps à Montfort, dans une propriété de Mˡˡᵉ Ménager.

imposé Q XXII volume ou dernière feuille à imprimer; il n'y aura plus que les 8 pages de chés Granger. Vu l'abbé Roi, pour notre *Contradicteur*; il écrit demain, pour le privilège : lu Q XXII volume, souper. Tour entier de l'Ile.

865. 12 8^b. Matin, lettre à M. Vidaut de la Tour, sur la contrefaçon de la *Paysane*; continué les *Bonnes épouses de Paris*, commencées d'hier; tour de l'Ile.

866. 13 8^b. Matin, fini les *Bonnes épouses*; été dîner chés Granger, pour parler de mon Drame; de là, chés de Préval.

867. 14 8^b. Matin, 1re N II volume *Parisiennes* et 2de Q XXII volume. Dîné chés Préval, où Carraccioli[1] et Turpin. Au retour, copié 7 pages de mon Drame, pour la 5e fois. Demi-tour oriental.

868. 15 8^b. Copié jusqu'à 24, le matin; dîné chés madame Guillot avec Marion et M. Gorgi[2]; copié le 1er acte entier; fini à 2 heures du matin 38 pages.

869. 16 8^b. Copié le 2^d acte; tour de l'Ile, sans insulte.

870. 17 8^b. Vu l'anniversaire de 83, 17 8^b, *Maîtresse des Requêtes*; vis-à-vis l'hôtel Bretonvilliers, au bout, anniversaire 17 8^b, à côté du 1er jardin; tour de l'Ile sans insulte; lettre de la Reynière; écrit en date, à la pointe occidentale, au-dessus du 3 9^b — 5; copié 3me acte, fini à minuit.

---

1. Dominique, marquis de Carraccioli (1715-1789), ancien ambassadeur d'Italie en France, économiste, ami de d'Alembert, Diderot, Condorcet, etc.

2. Gorgy, Dauphinois, auteur du *Nouveau voyage sentimental*, de *Mémoires sur les dépôts de mendicité*, etc.

871. 18 8ᵇʳⁱˢ· Matin, la page 74 du Drame, sur le duel; 2ᵈᵉ N *Parisiennes*, hier; formé 9, XXII volume; conféré N en 3ᵉ. Vu madame Lescarbillet, chés Belin, et ri; lu mon Drame à Marianne et corrigé.

872. 19 8ᵇʳⁱˢ· Matin, 2ᵈᵉ F IV volume *Françaises*; corrigé les changements de G à l'imprimerie; vu la grosse Pierre Sarrazin, le soir, à 8 heures. Inquiétude mortelle de ce Laporte, par ce Maisonneuve. Ce vil Laporte a écrit que la *Paysane* n'était pas pr... se, etc.; tour entier de l'Ile, à dix heures, plein d'inquiétudes cruelles. Écrit, hier soir, à Beaumarchais.

873. 20 8ᵇ· Matin, 2ᵈᵉ F *Françaises*. Été chés M. Vidau, parlé à M. Thiébaut[1] de notre affaire de la contrefaçon de Laporte, puis dîner chés Granger, avec Colombe[2], Charnois et Beaunoir[3]; été à *Céline de Saint-Albe*[4], qui a tombé; le pauvre Beaunoir ne s'y attendait pas à dîner, ni moi; beaucoup philosophé avec Colombe! Le soir, traversé le Palais-royal.

874. 21 8ᵇ· Matin, relu 1ᵉʳ acte de mon Drame; trois pages du roman *Les Fautes*, etc. Remis l'épreuve de la *Folle* à Royer, et repris

---

1. Dieudonné Thiébault, ancien professeur de style français à l'Académie royale militaire de Berlin; fut nommé, à son retour à Paris, chef des bureaux de la librairie; il est l'auteur de *Mes souvenirs de vingt ans de séjour à Berlin*, etc.

2. E. G. Colombe, dit Sainte-Colombe, auteur des *Plaisirs d'un jour ou la journée d'une provinciale à Paris*, de *La femme comme on n'en connaît point, ou primauté de la femme sur l'homme*.

3. A.-L. Bertrand Robineau, dit de Beaunoir (1746-1823), auteur dramatique.

4. *Céline et Saint-Albe*, comédie en deux actes, en prose.

le manuscrit de la *Muette*; dîné chés l'abbé Roi; vendu 135 à 38 à Regnault, été chés Préval, où parlé de Charnoi, pour mercredi.

875. 22 8bre. Achevé de lire mon Drame; commencé le roman *Les Fautes sont personnelles*; dîné chés Guillot; 2de G. IV volume *Françaises* à moitié. Vu la Merlin seconde, qui a eu peur; rue de Savoie[1]. C^{ssé}. Mme trois paires de souliers.

876. 23 *oct*. Matin, troublé par Josse[2] pour m^{in} de la contrefaçon; 4 et 5 *Les fautes sont personnelles*. Tour de l'Île. Garson fou par amour, qui s'est jeté à l'eau au pont de la Tournelle, retiré vivant; 1re H *Françaises*; 2de O II volume *Parisiennes*.

877. 24 8^b. Matin, 7 *Fautes sont personnelles*; corrigé à l'imprimerie les b — nes de H *Françaises*; 18 livres de Regnaut; vu chés la Leblanc cette grosse rouge; *sup. tet.* Soir, 8 *Fautes sont personnelles*, 2de des 8 page XXII volume.

878. 25 8^b. 3e anniversaire de la Maillard à la pointe occidentale; 4e anniversaire haut talon de mule, hôtel Pimodan[3]; Charnois a envoyé pour aler chés Préval; 9 *Fautes sont personnelles*, 10, 11; dîner chés Préval avec Charnoi, sans soupe; causé de Drame; aucun ouvrier ne travaille pour moi, aujourd'hui mercredi soir; le délire, la débauche, l'insubordination sont montées au comble. Le soir, 12e page.

879. 26 8^b. Anniversaire *luti*. Réflexion, cette

---

1. Même parcours qu'aujourd'hui.
2. Libraire.
3. L'hôtel Pimodan ou de Lauzun existe encore dans l'île Saint-Louis, quai d'Anjou, n° 17. Il appartient à M. le baron J. Pichon.

nuit à 6 heures : 1776, pis que 75; 77 pis que 76; 78 pis que 77; 79 pis que 78; 80 pis que 79; 81 pis que 80; 82 pis que 81; 83 pis que 82; 84 pis que 83; 85 pis que 84; enfin 86 pis que 85. Que sera donc 87[1]? 13 *Fautes sont personnelles*, XVI scène des *Fautes sont personnelles*. Tour de l'Ile; 4 livres de Petit.

880. 27 8^b· Matin, 2do B *Vie de mon Père; sutor*; imposé I IV volume; vu la Merlin l'aînée, rue des Noyers[2], chaussée en rose. On apporte ici, demain, mes *Contemporaines* XIX volume. Corrigé 3° G *Françaises*; revu Merlin l'aînée rue Dauphine; parlé de Cagliostro chés Couturier[3]. 14 *Fautes sont personnelles*.

881. 28 8^b· Matin, 15, 16, 17, *Fautes sont personnelles*; 2, 3, 4, 5, IV volume *Parisiennes*; vu la Merlin; été chés la rouge rue Mazarine, avec les souliers noirs à hauts talons; puis chés la Lombart; *emiss. av.* Mme; dîné chés l'abbé Roi; 18, 19, 20 *Fautes sont personnelles*, où la note contre Négret.

882. 29 8^b· Matin, 21, 22, 23, 24 *Fautes sont personnelles*; 1re I *Françaises*. Tour de l'Ile entier; au jardin du Roi, où je n'avais pas été depuis la scène de l'infâme Augé, le 25 mai : à 1 heure, j'avais revu le *Monsieur Nicolas*. 25.

883. 30 8^b· Anniversaire *finis Rusticanæ*. La nuit, trouvé le titre : *La Littérature et les Arts, ouvrage impartial, par une société de gens de lettres;*

---

1. Une semblable revue des années 1778 à 1796 se trouve dans *Monsieur Nicolas*, t. XI, p. 60.
2. Entre la rue Saint-Jacques et le carrefour de la place Maubert.
3. Imprimeur de la *Gazette de France*.

26, 27, 28, 29, 30, 1ʳᵉ I IV volume F. 2ᵈᵉ H idem. Dîné chés nous avec madame Guillot, M. de Rosières; fait du feu hier et aujourd'hui. Tour de l'Ile.

884. 31 8ᵇ· 2ᵈ anniversaire *O dii boni! servate in annum!* 31, *Fautes sont personnelles.* Note au sujet de Nougaret, à mettre à la fin des *Françaises* : « M. Nougaret vient de publier un
« ouvrage estimable, quoique ce ne soit
« qu'une compilation des papiers publics. Il
« y présente, en raccourci, les traits épars et
« saillans qui sont dispersés, et comme perdus
« dans un immense fatras; c'est, en quelque
« sorte, créer de nouveau. Cet ouvrage a été
« bien reçu du public, et doit l'encourager à
« continuer. L'éditeur de ces *Exemples* l'avait
« pressenti; il engagea le libraire à s'en
« charger, par l'éloge qu'il fit de cette pro-
« duction. Une chose qui doit, néanmoins,
« surprendre, c'est que M. Nougaret y ait dé-
« chiré, à trois ou quatre reprises différentes,
« celui qui l'a servi dans cette occasion. Mais
« l'éditeur l'oublie facilement, par la satisfac-
« tion qu'il éprouve d'avoir encouragé l'édi-
« teur des *Anecdotes européanes*, plutôt que *pa-*
« *risiennes*, et d'avoir procuré une bonne affaire
« au libraire qui, depuis dix ans, a vendu
« tous ses ouvrages, tels que le *Paysan et la*
« *Paysane pervertis*, l'*École des Pères*, le *Quadra-*
« *génaire*, le *Nouvel Abeilard*, la *Vie de mon père*,
« la *Malédiction paternelle*, les *Contemporaines*, la
« *Découverte australe*, le *Grand prince Oribeau*, le
« *Pornographe*, la *Mimographe*, les *Gynographes*,
« et l'*Anthropographe*, sans compter la *Confi-*
« *dance nécessaire*, la *Femme-trois-états*, le *Pied de*

« *Fanchette*, et l'ouvrage d'un de ses amis,
« intitulé la *Femme infidelle*. » 32, 33, 34.

885. 1 9$^{bris.}$ Matin, 35, 36, *Fautes sont personnelles*. Vu Lise et madame Laruelle à côté de mon lit ; 2de P II volume *Parisiennes*. 1re K IV volume *Françaises* ; été chés Granger en vain ; Bralle en vain : 1 9$^{b.}$, inscrit à l'alée à côté Tulout. Tour entier de l'Ile. 2^d anniversaire *formosæ carnificis*.

886. 2 9$^{b.}$ Sorti pour l'abbé Roi, qui m'avait averti la veille : bêtise, c'était un sermon ! Chez Granger en vain ; trouvé Desessarts, parlé de mon Drame ; je lui montrerai. Parlé à Visse, libraire, de mon *Épiménide*. Trouvé le sujet du *Mariage au hasard* ; vu passer Marianne, charmante ; fait entrer chés madame Belin. Lettre très-belle de la Reynière[1]. 37 *Fautes sont personnelles* ; 2 pages I volume, 4 pages III volume ; 17, réponse à La Reynière.

887. 3 9^b. Lettre à Nougaret : « Comme il est beaucoup plus dangereux d'être votre ami que votre ennemi, j'ai résolu de ne plus vous voir ; en voici la raison : vous venez de publier une brochure ; j'ai engagé mon libraire à la prendre, à la faire imprimer et à vous en donner un prix convenable. Précédemment,

---

[1]. Dans cette lettre, en date du 27 octobre 1786, la Reynière lui écrit, de l'abbaye de Domèvre, pour protester contre certains passages de la *Femme infidèle* : il n'a jamais pris le parti d'Agnès Lebègue, mais seulement cherché à la rapprocher de son mari ; il ne l'aurait point fait s'il avait été plus au courant de sa conduite. Il ajoute : « Souvenés-vous aussi de moi en faisant le tour de l'île : hélas ! combien j'y ai passé d'heureus momens ! » (*Contemporaines*, 2e édition.) V. le § 1039 et notre introduction.

j'avais cherché à vous obliger[1]; j'étais sur le point de le faire encore, à votre pressante sollicitation. C'est dans ce moment qu'a paru votre brochure. Je n'examine pas le mérite du fonds, je ne vois que votre procédé. Il m'a indigné, il a révolté tous les honnêtes gens. Vous dites que j'ai parlé de vous dans mes ouvrages : vous savez et vous en êtes convaincu, que je n'ai jamais fait que répondre à vos trahisons, à vos noirceurs, avec une modération sans exemple. Vous avez dit, chés mon libraire, que si je vous irritais, en me plaignant, vous feriez ma vie : j'y consens. Je vous en porte le défi parce qu'alors il me serait permis de faire la vôtre, que je sais un peu mieux que vous ne savez la mienne, car jamais je ne vous ai fait de confidence. Voici, en attendant, une petite anecdote de la vôtre, et la plus innocente de toutes :

Vous entrâtes, il y a quelques jours, chés mon libraire, où se trouvait M. Favart, cet homme si bon, tout à la fois, et si spirituel, qu'on vient d'applaudir avec transport dans l'*Amitié à l'épreuve*[2], cet homme qui a fait l'*Anglais à Bordeaux*, où la délicatesse le dispute aux étincelles de l'esprit; vous vous approchâtes, et vous lui dîtes : « Monsieur, j'ai l'honneur de vous saluer. — Mot. — Monsieur, est-ce que vous ne me reconnaissez pas? Je suis Nougaret? — (Avec dignité) : Si, Monsieur, je vous connais ; vous êtes Nou-

---

1. V. le §. 570, 24 novembre 1785.
2. *L'amitié à l'épreuve*, comédie en deux actes et en vers libres, mêlée d'ariettes. Paris, Ballard, 1770.

garet : je vous ai tiré de prison, je vous ai prêté de l'argent, et, six mois après, vous avez écrit contre moi. »

J'en reste là, car il serait trop mortifiant pour vous de dire pourquoi vous étiez dans cette prison, d'où M. Favart eut l'humanité de vous tirer.

38, 39, 40 *Fautes sont personnelles.* Je vas dîner chés M. de Préval : Charnois n'y était pas. Arrivée d'Agnès : 18, 19, 20, 21, 22, 23, 24, 25, 26, 27 III volume *Parisiennes.* (*Chaste, et Soumise.*)

889. (*sic*) 4 9^b. Anniversaire 49^b, à la pointe occidentale. Matin, 41, commencé 42 *Fautes sont personnelles*; 28, 29, 30, III volume *Parisiennes*; corrigé I à l'imprimerie; ai 1re Q *Parisiennes* II volume; non eu d'argent Duchesne. Lettre à Saint-Mars non envoyée : mort de la Devallier, à 1 heure. Rencontré la petite Rochette, en alant à l'Ile; demi-tour occidental. Neige le soir, pour la troisième fois.

890. 5 9^b. Anniversaire *mali* 1779. Matin, fini les *Caractères* et rattrapé la *Muette*; dîné chés Saint-Mars, avec la belle marquise de Gondrecourt, son mari[1], un autre, et le chevalier d'Angenoux[2]; le soir, fait la *Femme sans tempérament*.

891. 6 9^b. Matin, XI *Séance*, préambule; corrigé sur K à l'imprimerie. Lettre de ma

---

1. Un M. de Gondrecourt (Marc-René), né à Châlon-sur-Saône, ancien capitaine de cavalerie et lieutenant de la garde du Roi, fut exécuté à l'âge de trente-trois ans, le 22 messidor an II. Peut-être s'agit-il de lui.

2. M. Dangenoust, colonel d'artillerie, employé à l'Arsenal. (Almanach royal de 1787.)

femme à Agnès; le soir, après soupé, 2ᵈᵒ I
IV volume F. Donné les épreuves *Infidelle* à
madame Laruelle.

892. 7 9ᵇ· Matin, discours, *Manière de rendre
un mari constant*, jusqu'à la fin. Commencé
XII *Séance*. Lettre de Granger; ma pièce refusée[1]; couru chés Guillot; fini K à l'imprimerie. Arrêts du Conseil.

893. 8 9ᵇ· Matin, 7, 8, 9 Iʳᵉ *Éducation des
Enfants* IV volume *Parisiennes*; la Merlin, rue
des Noyers; billet de 104 livres reçu; donné à
Petit un *Infidelle* et un *Oribeau*, demi-tour occidental de l'Ile, pour les 8 du mois; à l'imprimerie, corrigé 2ᵈᵉ I, lu 2ᵈᵉ Q *Parisiennes*; à souper, madame Laruelle.

894. 9 9ᵇ· *Gelidat à 4 diebus*. Matin, 10,
11, 12, 13, 14, 15 IV volume *Parisiennes*. A
l'imprimerie 2ᵈᵉ Q; 2ᵈᵉ K; imposé L; remanié
M; le soir, lu L. Parlé à madame Belin de la
lettre de 1768 à sa sœur, le jour qu'elle était
sur ses genoux.

895. 10 9ᵇ· Matin, 16 IV volume *Parisiennes*
et 1 page XVᵐᵉ *Séance*; à l'imprimerie, les
ajoutés de L IV volume *Françaises*.

896. 11 9ᵇ· Matin, 6 petites pages de la
Déshonorée. Je forme le projet de faire entrer
l'*Épiménide*, la *Séparée*, etcª, dans le *Hibou*[2];

---

1. La pièce : *Les fautes sont personnelles*. Ce drame venait d'être présenté au Théâtre-Français et lu par Desessarts,
avec un certain succès, mais le comité, influencé par l'actrice Bellecour, qui trouvait certaines situations trop osées,
ne se décida point à la recevoir.

2. *Le hibou spectateur nocturne*, titre primitif des *Nuits de
Paris*. Restif raconte, dans *Monsieur Nicolas*, la manière assez
curieuse dont il conçut le plan de cet ouvrage : « Au commencement de 1787, ma tête fermentait déjà pour les *Nuits*

hier soir, Q-A II-III volume *Parisiennes* ; aujourd'hui, à l'imprimerie, corrigé frontispice 1 volume *Parisiennes*, et composé 464 *Cigale*[1] ; après souper, fini une lettre à La Reynière.

897. 12 9^b. Matin, 6 pages des *Mères de grands enfants*, IV volume des *Parisiennes*. Je vas dîner chés Guillot avec mes filles : y était madame Saint-George et son mari ; resté jusqu'à 11 heures du soir à jouer. Laporte me menace !

898. 13 9^b. Matin, 2 pages du VIII *Discours* ; 1 page d'*Épiménide aux Éphésiens* ; été chés l'abbé Roi ; payé à Berthe[2] 60 livres, 12 à Binet ; ai donné à Berthe, sur les *Parisiennes*,

de Paris, qui ont remplacé le *Hibou spectateur nocturne*. Cet ouvrage m'embarrassoit, ayant été conçu déjà sur un plan différent. Mais un jour, en revenant, très-ému, de ma station de la rue Saintonge, je pris par les rues médiaires et inconnues, au lieu de prendre la belle rue Louis, et je me trouvai, je ne sais comment, dans la rue Payenne, solitaire en plein jour et qui l'est encore plus la nuit. Vers le milieu de la rue, à ces petits balcons, les seuls qu'on y voie, j'entendis soupirer au-dessus de ma tête. Je me redresse et vois une femme à laquelle je n'ose parler. Ce n'était pas la marquise de Mntlmbrt (Montalembert), mais alors sa charmante idée s'amalgamait à ce que je voyais, et mon imagination s'échauffa. Je sentis quel devait être le but et la marche des *Nuits*. Je conçus l'idée de les composer de tous les faits, réellement arrivés, dont mes promenades nocturnes m'avaient rendu témoin pendant tout le cours de ma vie. Mon nouveau plan tracé, mon ouvrage me rit et fut aux trois quarts fait. »

1. *La Cigale et la Fourmi*, fable dramatique en cinq actes, reçue, mais non jouée, par suite des menées jalouses de Nougaret, au théâtre d'Audinot (Ambigu-Comique). Mme de Montesson entreprit alors de la faire représenter à ses frais sur le théâtre Popincourt. Mais des difficultés de toute sorte firent avorter son projet.

2. Nom que Restif donnait familièrement à Berthet.

180 livres¹. Vu Granger, qui m'a rendu les *Fautes sont personnelles*. Sur le soir, deux actes à madame Laruelle. On a commencé à apporter de la chambre que je quitte, rue Saint-Jacques.

899. 14 9ᵇ· Fini le 8 discours et comencé la XVI *Séance*; puis, repris le III volume et comrñencé le 23 *Caractère*; fait payer le terme et donner congé rue Saint-Jacques; à l'imprimerie, composé *Zacpin*; mets fin au *Destin*, etcª. La Leblanc.

900. 15 9ᵇ· Matin, 65, 66, 67, 24 *Caractères*; 2ᵈᵉ L *Françaises*; à l'imprimerie, composé fin 3ᵉ acte et commencement IV. Imprimerie feuille M; vu le Chardon², de Chablis; fait, le soir, le sousseing de ma vente.

901. 16 9ᵇ· Matin, M *Cigale*, IV volume *Françaises*; 67 verso, 68 et verso de l'*Épouse infidelle*. Commencé l'*Épouse à tempérament*; à l'imprimerie, composé sur le IVᵐᵉ acte, depuis l'*Intendant*, jusqu'à *Pierrot chassé*. Vu le Chardon, de Chablis, sans avoir fini; mis en colère contre Marianne, à cause qu'elle a montré ma lettre de Granger, l'acteur, à Mercier. Le soir, 2ᵈᵉ G XXIII volume et revu mon drame, pour changer la fin, d'après Desessarts.

902. 17 9ᵇ· Matin, trois pages de l'*Épouse à tempérament*; à l'imprimerie, presque rien. Vu Mercier; lu mon 3ᵐᵉ acte; grondé, à dîner, pour absence de Marianne. Vu la *Pierre-Sar-*

---

1. Ce passage montre que Berthet a fait quelques gravures des *Parisiennes*. V. la note 3 de la page 196.

2. Peut-être un parent de l'imprimeur. Il y avait aussi un Chardon marchand de drap à Auxerre. (V. *Monsieur Nicolas*, t. IV, p. 206.)

razin; une *Femme infidelle* à Petit; ma pièce à Desessarts; Dubosc mort ce matin; arrangé mes épreuves du coin.

903. 18 9^b. Fini la *Tempérament;* le soir, à l'imprimerie, 4 pages.

904. 19 9^b. Fini la *Dominatrice* et la *Raironneuse entières;* dîné avec Caillion[1] chés moi; donné le bon de 1,500 livres; hier, ma quittance de ma chambre de la rue Saint-Jaques et congé; le soir, arrangé mes épreuves du coin tout à fait.

905. 20 9^b. Matin, la *Joueuse* et digressions sur le théâtre et la religion; manqué Desessarts à dîner; vu après, et avons parlé de ma pièce, les *Fautes sont personnelles*, l'approuve; le soir 20 et 25 à Petit *Contemporaines* : 3 livres 10; vu la rue Mazarine, sans souliers : petit ajouté, de Dorfeuil cherchant une femme qui ressemble à Céleste[2], etc.

906. 21 9^b. Ce soir, je finis ma 52me année; matin, fini la *Joueuse*. Commencé l'*Emprunteuse* à la 100e page de manuscrit. J'attens Mercier à dîner ici.

Il est venu, ainsi que de Rosières; nous avons été gais d'abord : j'ai lu mon drame. Il a fait sensation. Est venu Chardon me donner 100 écus pour ma vente de la succession de l'abbé Tomas à Marianne; puis, le chevalier de Saint-Mars, parlé pour Augé. L'infâme Augé!... Le soir, j'ai fini le iv acte à l'imprimerie, de la *Cigale,* à 10 heures.

905. (*sic*) 22 novembre. Mon *Natalis* : matin,

1. Prote d'imprimerie.
2. Dorfeuil et Céleste, personnages des *Fautes sont personnelles.*

fini l'*Emprunteuse*, commencé la *Buveuse*; renvoyé chés Desessarts mon *drame*; chés Toustain, qui arrivait de Bretagne; composé à l'imprimerie deux ou trois pages; on écrit à Saint-Mars ce soir...

906. 23 9^b. Matin, fini la *Buveuse*; commencé la *Gourmande friande*; fait la table des titres du IV volume des *Françaises*; à l'imprimerie, composé la fin de l'*Avis aux jeunes gens*[1]. Le soir, chés Préval, pour amener Mercier.

907. 24 9^b. Matin, mis mon drame en 5 actes, et ajouté 4 scènes; c'est un aperçu. Commencé la *Gourmande*. A l'imprimerie, fini les *Françaises*, 2de N. Vu Toustain, qui m'a parafé. Demi-tour à 11 heures, occidental.

908. 25 9^b. Anniversaire *pacis inscriptæ è regione locumtenentis criminalis*; fini la *Gourmande friande*. Je vais dîner avec Mercier, chés Préval. La lettre de Marion à Saint-Mars, au sujet du monstre Augé, est partie d'hier. Dîné chés Préval, avec Mercier. Vu l'envoyé de Saxe; fâché contre Robert. Le Suire[2] avait fait donner son livre par Dubosq. Drame 2de O des *Françaises*.

909. 26 9^b. Dimanche. La *Déréglée* presqu'entière; sorti; dîné chés Roi, où Géraudier;

---

1. *L'avis aux jeunes gens des deux sexes* se trouve dans les tomes I et IV des *Françaises*.

2. Le Suire, auteur de l'*Aventurier français, ou mémoires de Grégoire Merveil*, publié chez Quillau en 1782, ouvrage auquel Restif fait, pensons-nous, allusion : « De tous les gens de lettres que je connais, il n'en est qu'un seul que je sache d'un probité stricte, d'un caractère probe, d'une naïveté innocente et toujours indicative du génie : c'est Le Suire l'aîné. » (*Monsieur Nicolas*, p. 4828, 1re édit.)

été chés Desessarts; eu ma pièce que je mets en cinq actes; changé le rôle de Thibaut. Vu Desroches frère, qui froid. Lettre de la Reynière très-touchante.

910. 27 9ᵇ. Anniversaire de la fuite du *Monstre*; fini la *Déréglée*; commencé l'*Impudente*. Arrangé mon drame et pris deux scènes dans l'histoire; été chés Granger, non trouvé; chés M. Senac de Meilhan, non revenu de Valenciennes. Dîné chés moi avec Laruelle, apporté des livres; fâché, le soir, de ce que Marianne était sortie. 1ʳᵉ C. III volume *Parisiennes*. Demi-tour oriental, en alant chés Toustain porter N et O *Françaises*. Imprimerie, *Épître à la Reynière*, et mort de Demenc¹.

911. 28 9ᵇ. Matin, 2 pages sur l'*Impudente*. Dîner avec Mercier chés Guillot; été aux Italiens, à l'amphithéâtre, où l'*Habitant de la Guadeloupe* et la *Veuve angloise*² : faible. Le soir, 1ʳᵉ C III volume *Parisiennes*.

912. 29 9ᵇ. Matin, fini *Impudente*; commencé *Imprudente*; un clou au ventre; dîné chés moi, et manqué à mener l'abbé Roi chés Préval; le soir, 1 *Oribeau* à Petit. Querelle avec les Duchesne, pour l'*Émile* et l'*Héloïse*.

913. 30 9ᵇ. Il y a un an, grand trouble à cause de l'absence du *monstre*, qui avait fui. Matin, fini *Imprudente*, commencé *Bavarde*. J'attens Mercier. Il est venu et a lu les lettres de la Reynière. Il écrira demain au père; nous avons dîné chés Préval; de là, composé deux

---

1. Prote de Quillau; Restif accusait cet imprimeur et son prote d'avoir réuni leurs efforts pour empêcher la publication du *Pornographe*.
2. Comédie nouvelle en un acte, de M. Faur.

pages de mon *drame*. Lu 2⁰ C *Parisiennes* III volume.

914. 1 X^b. Anniversaire *magnæ notæ è regione viæ Bretonvilliers*; ajouté de *Célère* au *Drame*; avancé la *Bavarde*, 131-133. Dîné chés Préval avec Mercier; l'abbé Roi n'a pu venir. Le soir, composé les scènes du matin à l'imprimerie. Lettre insolente de Mesnager.

915. 2 X^b. Anniversaire *timoris inscriptæ in pontem et in insulam occidentalem*. Matin, fini la *Braque*; commencé la *Négligeante*. Le soir, à l'imprimerie, composé la fin du Ier acte et le commencement du II^d, 5 pages. Lu 34 pages d'épreuves le soir.

916. 3 X^b. Matin, jusqu'à 3 heures, fini la *Négligeante* et la *Curieuse*, ainsi que le III volume *Parisiennes*, 1re épreuve du IV volume A. Mesnager est venu, ce matin, voir mes filles; demi-tour occidental, par le grand vent. Le soir, achevé 1re A IV volume. Lu la lettre de la Reynière à Mercier.

917. 4 X^b. Matin, *La Mère attachée*; le soir, à l'imprimerie, 4 pages du 2^d acte. Le soir, vu Barte; parlé de la Reynière.

918. 5 X^b. Matin, *La mère dénaturée*; à l'imprimerie, composé 6 pages du II^d acte, lues le soir.

919. 6 X^b, 6 X^b *Nicolai anniversarium*[1] 6 X^b, du Pont-Rouge, des deux côtés; matin, fini la *Préférante*; commencé *La Mère coquette*; dîner, madame Guillot, pour ma fête; à l'imprimerie, 5 pages; commencé 3 acte; le soir, Toustain, C III volume et A IV volume; trois quarts de tour de l'Ile; inscrit mon 6 X^b.

---

1. La Saint-Nicolas.

920. 7 X^b. Matin, la *Mère coquette*; commencé la *Mère qui se sacrifie*. Grande colère; Josse est venu; mon encre a été renversée dans mon lit[1]. A l'imprimerie, 5 pages, 2 et 3 acte.

921. 8 X^b. Matin, sur la *Mère qui se sacrifie*, 10 pages; vu la Maris revenant de chés son père; pris les hauts souliers chés le cordonnier; été rue Mazarine; le soir, ms^t.

922. 9 X^b. Matin, continué la *Mère*, de 5 pages, non fini; mal à la poitrine; le soir, 4 pages à l'imprimerie. Grangé donné mes 6 exemplaires à la brocheuse. Achevé de déménager de la rue Saint-Jacques. 3e feuille de la *Vie de mon père*.

923. 10 X^b. Levé le matin, tour de l'Ile; travaillé à ma table; fini la *Mère qui se sacrifie*; commencé la *Mère d'un fils unique*; dîné chés l'abbé Roi; au retour, lu la seconde A de mon Drame.

924. 11 X^b. Matin, fini la *Mère d'un fils unique*, et le soir; la nuit, trouvé mal; peu composé à l'imprimerie; rendu la C *Vie de mon père*.

925. 12 X^b. Matin, La *Mère ferme*; incomodé du cordon séminal; suspensoir; à l'imprimerie, fin du III acte. Dîner chés Guillot; eu mes 25 *Françaises*; hier, vendu la 1re 9 livres. Le soir, fini la *Mère ferme*.

926. 13 X^b. Matin, *Mère dure*; commencé *Belle-mère*, le soir. Dîné chés l'abbé Roi avec Custines[2], souffert du bas-ventre; mieux le

---

1. Il travaillait, la plupart du temps, dans son lit.
2. Est-ce Adam-Philippe comte de Custines, né en 1740, maréchal de camp en 1786, exécuté en 1793? Est-ce son fils Renaud-Philippe, qui périt de la même manière en 1794?

soir; *difficilis urinatio*. Ne pouvais composer, à 2 heures; ai composé facilement à 6 et 7, jusqu'à 11 heures; travaillé pendant la grande pluie; mal à mon aise. Presque fini la *Belle-mère sage*.

927. 14 X^b. Matin, fini la *Belle-mère sage*; commencé la *Marâtre folle*; sans bandage; mal à mon aise; suspensoir. Je ne sais si je pourrai aler dîner chés Préval, avec l'abbé Roi et Custines.

Je n'ay pu y aler; achevé la *Marâtre folle*. Le soir, réduction de mon (*sic*) hernie, par Bâlin[1]. Trouvé mal trois fois; couché avec mon bandage.

928. 15 X^b. Mauvaise nuit; rien fait dans mon lit; cela m'a été défendu. Levé, la *Mère remariée*, difficilement! Ne me trouve pas bien, après avoir été à la selle; je souffre à midi-une heure. Mieux le soir; composé.

929. 16 X^b. Anniversaire *Postridie quâ nobis sublata est Sara*. Matin, levé, 3 pages, sur la *Mère aimant sa bru*; mieux. Ce soir, composé sur le 5e acte, et lu les pages imprimées. 2de D III volume *Parisiennes*; chés la Leblanc, la grande brune; vendu aujourd'hui 5 *Françaises* à Petit, et payé. Lettre du baron de Malcamp; Marianne fait réponse. La nuit, songe déli-

---

1. « Ce malheureux enfant était incorrigible. Ils (les parents) me consultèrent, et je leur conseillai de le mettre hors de chés eux, de lui donner un état où l'on soit forcé d'être poli, sous un maître honnête homme et ferme. Je leur citai Bâlin. Ils goûtèrent cet avis : Bâlin est un homme fort, terrible, laconique, inexorable. J'ai su, depuis, qu'il avait dompté le *monstre*, mais avec des peines infinies, dont tout autre homme aurait été incapable. » (*Nuits de Paris*, p. 2595.)

cieux de Sara Debée; j'étais chés elle, une fille m'accusait de voler; je fus conduit devant Sara, qui dit, en riant : « Hâ! quel voleur! » Nous avons eu une explication satisfesante, etc. Ce songe, à pareil jour, est singulier!

930. 17 X^b. Dîné chés Guillot : mal de mon incomodité! Promené : vu la Maris à sa fenêtre; Agnès et Marianne ont dîné chés le chevalier de Saint-Mars; fini, le soir, *La belle-mère aimant sa bru.*

931. 18 X^b. Matin, rien; dîné chés Préval, pour lui lire la 1re feuille des *Parisiennes*, t. IV; le soir, deux pages sur la *Mère haïssant sa fille*; mal, en revenant de chés Couturier.

932. 19 X^b. Matin, continué la *Mère haïssant sa fille*; composé à l'imprimerie, sur mon Drame, presque la fin; puis, avancé le XL *Caractère*, mais mal.

933. 20 X^b. Matin, raccomodé mon XL *Caractère*; lu ce que j'ai fait sur la *Commère*; fini les *Parisiennes*, commencé le 25 X^b. 1785; demi-tour occidental de l'Ile; fini la composition de mon Drame; commencé *Le Jugement de Pâris.* Le soir, fini le plan de la continuation du *Lycée des mœurs.* Je vais m'occuper du *Hibou*, etc.; un peu mieux de ma descente.

934. 21 X^b. Rien écrit; travaillé à l'imprimerie; fini la feuille où commencé le *Jugement de Pâris*[1]; le soir, lu E *Vie de mon Père* et F drame; 6me *Française.*

935. 22 X^b. La nuit, eu peur de mes testic.;

---

1. Comédie-ballet intercalée dans *Adèle de Comminges* (1772), puis réimprimée dans les *Parisiennes* et dans le *Théâtre* de Restif.

matin, E III volume *Parisiennes*; à l'imprimerie, corrigé la fin de C *Drame*. Arrangé les livres pour Lacoste. Commencé le *Hibou spectateur*[1] à 7 heures du soir. Demi-tour occidental à 9 heures.

936. 23 X^b. Matin, levé, commencé la *Vaporeuse*[2]; corrigé à l'imprimerie jusqu'à 87 drame.

937. 24 X^b. Continué la *Vaporeuse*; trouvé le titre, les *Mille et une Nuits françaises*; quart occidental de tour de l'Ile à 9 heures; corrigé à l'imprimerie jusqu'à 97. Crainte d'une double descente.

938. 25 X^b. Anniversaire *Parisiensis inceptæ*; fini les 19 et 20; matin, lu l'*Épiménide*; VI nuit qui coupe. Le soir, lut jusqu'à VIII.

939. 26 X^b. La nuit, changé le titre, en *Mille et une Aurores*; matin, relu ce que j'ai fait, et *Épiménide à Athènes*. Le soir, *Épiménide à Thèbes*, IX et X *Aurores*. Dîné chés Guillot. Agnès et Marianne aux Italiens, par Mercier, avec Madame Guillot. *Jenneval, Feodor.*

930. (sic) 27 X^b. Matin, par Agnès, reçu les 120 de La Coste de Toulart, pour mes ouvrages vendus; corrigé deux autres pages à l'imprimerie; X, XI, XII *Aurores*, porté les *Françaises* à l'abbé Roi; vu, dans la *Gazette de Leyde*, que l'Empereur va réaliser mon *Pornographe*[3].

---

1. On va voir que ce titre fut changé en *Mille et une Nuits françaises*, puis en *Mille et une Aurores*, avant de devenir définitivement les *Nuits de Paris*.

2. Titre de la seconde *Nuit*. La *Vaporeuse* n'est autre que Mme de M*** (la marquise de Montalembert. Voir la note 2 de la page 261).

3. Notre auteur paraît avoir été victime d'une mystifica-

931. 28 X^b. Matin, XIII *Aurore*; la *Vie de Voltaire* entière. Dîné chés l'abbé Roi; corrigé la fin du Drame. Accompagné l'abbé Roi rue de Bercy[1].

932. 29 X^b. *Épître* à Mercier; billet d'Italiens; E III volume *Parisiennes*; dîner chés Préval avec Roi; embrassé la Pat et reconnu

tion. Cependant il répète, dans *Monsieur Nicolas* et ailleurs : « L'Empereur Joseph le Réformateur a fait exécuter le *Pornographe* à Vienne. » Le gendre et les petits-fils de Restif ont écrit à M. Monselet une lettre dans laquelle ils affirment que les règlements du *Pornographe* furent mis en pratique par l'Empereur. Ils ajoutent que Joseph II lui envoya immédiatement son portrait enrichi de diamants et un diplôme de baron du Saint-Empire, ce qui lui aurait valu la réponse suivante : « Le républicain Restif de la Bretonne conservera pieusement le portrait du philosophe Joseph II, mais il lui renvoie son diplôme de baron qu'il méprise et ses diamants dont il n'a que faire. » Si cette lettre était authentique, elle serait d'autant plus méritoire que Restif n'était point riche ; mais il est peu probable qu'il se qualifiât de *républicain* en 1786.

Nous avons vainement cherché, dans la *Gazette de Leyde*, quelque chose qui pût avoir du rapport avec cette exécution du *Pornographe*. Restif cite tantôt le numéro du 6 décembre, tantôt celui du 21 décembre, tantôt enfin celui du 21 novembre 1786. Or, la *Gazette* n'a point paru aux deux premières dates, et, à la dernière, il n'est aucunement question du *Pornographe* ni de ses réformes. Quoi qu'il en soit, il fit part de la grande nouvelle à La Reynière, exilé. Celui-ci, plus sceptique, lui répondit qu'en appliquant le *Pornographe*, l'Empereur se ferait honneur; mais, ajoute-t-il : « Je le désire plus que je n'y crois, malgré les papiers publics qui, dites-vous, en ont parlé. Que le fait soit vrai ou non, votre ouvrage sera toujours celui d'un excellent citoyen et d'un homme de génie. » (Lettre du 23 janvier 1787.)

1. Il y avait deux rues de Bercy : l'une continuait la rue de la Râpée jusqu'au château de Bercy; l'autre allait de la rue Vieille-du-Temple jusqu'au vieux cimetière Saint-Jean, rue Bourg-Tibourg. C'est de cette dernière qu'il s'agit : elle forme actuellement la fin de la rue du Roi de Sicile, au devant de la rue de la Verrerie.

par l'abbé Roi; grondé par madame Jaumes. Le soir, à la Comédie italienne, Mercier; Marianne était entrée sans nous, avec mademoiselle Ruel[1]. Le soir, fini 45, 46, *Épiménide, Mille et une Aurores*.

933. 30 X^b. Matin, sorti; à l'imprimerie, corrigé fin du Drame; 2de A *ejusdem*. Dîner chés Guillot; 2de B. Le soir, composé la *Femme aux chiens tués*, et le commencement des *Lettres à Rose Bourgeois*[2]. Souffert la nuit.

934. 31 X^b. Achevé l'*Aventure de Rose*; entrevu Mlle Maris à sa porte : cour vêtement. *Sem. ej.* Marianne. 1re I xxe volume 1re *Françaises*. Souper chés Toustain, invité par lettre, avec la comtesse de.... (sic) et sa fille. Parafé les A et B du Drame.

935. 1787. 1 *jan*. Matin : revu et mis des titres aux *Aurores*; le *Mariage d'honn* (?)....; vue la petite chandelière, rue Mazarine; la grande avec les souliers rose; été chés Dumont, où Brigant et l'abbé de Saint-Léger; correction à mon drame : le père en scène.

936. 2 *jan*. Matin : correction au 5e acte, sous le Père; *Épiménide en Égypte*; à l'imprimerie, corrigé deux feuilles avec les ajoutés; le soir, idée heureuse de rendre Aline sœur de l'anglais!

937. 3 *jan*. A mettre, dans *Épiménide*, le *Charriot des morts*, les *Vidangeurs*, les *Matines*,

---

1. Fille de domestiques : « Je ne lui faisais que des politesses très-réservées. Elle me provoqua. J'en parus surpris. Elle me dit alors : « Ma mère m'a dit qu'il fallait encourager les hommes discrets, pour s'en faire des amis..... » (*Calendrier*.)

2. Rapportées dans le *Drame de la vie*, p. 535.

les *Tours de chiens et de chats*, le *Guet*, la *Nouvelle-Lune* et les *Réverbères*; à l'imprimerie, achevé D, corrigé C et A 3me, vu Mlle Maris; vu madame Gigot[1] et sa fille.

938. *4 jan.* Matin, avis des *Mille et une Aurores*; achevé de corriger mon drame; relu le soir; trouvé mal; Bâlin; abbés Roi, et de la Girardière[2]; été ensuite chés Guillot et Duchesne. Écrit à Granger des Italiens.

939. Matin, presque rien. Le monstre Augé a envoyé son fils; une petite correction au drame; le *Chariot des morts*; M. Mercier. Dîner chés Dumont; lu la moitié de mon drame; été aux Italiens; chés Préval; causé de l'abbé Roi et de la dame de l'Espar[3]; souffrant.

940. *6 jan.* Matin, F *Vie de mon Père*; F III volume *Parisiennes*; dîné chés Guillot : lu mon drame à M. Pons de Verdun. Chés la Leblanc; non souffert.

941. *7 jan.* Matin, corrigé mon drame, pour le pouvoir de l'anglais sur son ami et pour cru frère de Julie. Quitté *Épiménide* pour continuer le roman des *Fautes*, etc^e; souffert, et couru après la fille à la tête de mort, rue Saint-Éloi[4]; chés Toustain, parafé le drame. Tour

---

1. Madame Gigot, grande et belle femme qui avait beaucoup d'esprit. Elle était mariée « au plus affreux des hommes ». (*Nuits de Paris*, t. XVI, p. 352.)

2. Girard de la Girardière, famille originaire du Soissonnais.

3. Est-ce la duchesse de Lesparre, qui avait donné sa démission de dame d'atour de Madame en 1780 ?

4. Rue Saint-Éloi, dans la Cité, entre la rue de la Calandre et la rue de la Vieille-Draperie. C'était une rue tortueuse qui traversait, du sud au nord, l'emplacement occupé aujourd'hui par la caserne de la garde républicaine.

de l'Ile en deux fois. Rêvé, le matin, d'Agathe[1] et de la petite chandelière; parlé à la jolie Froment, le soir à 11 heures 46.

942. 8 *jan.* Matin, corrigé Drame. *Les Fautes,* roman[2], corrigé à l'imprimerie. Dîner chés Dumont; lu mon drame : referai la moitié du 5° acte.

943. 9 *jan.* Composé un peu du roman les *Fautes;* corrigé B à l'imprimerie; chés moi, revu C et D. Tour entier de l'Ile à 8 heures.

944. 10 *jan.* Matin, 2de I XXIII volume; corrigé C et D à l'imprimerie. Tour tronqué de l'Ile. Assignation de Leroi, tailleur.

945. 11 *jan.* Corrigé E à l'imprimerie; le soir, changemens et corrections à toutes les épreuves. Tour entier de l'Ile.

946. 12 *jan.* Matin, jusqu'à 3 heures, refait le 5° acte; 2 *emiss.* Marianne. Le soir, composé à l'imprimerie mon 5° acte. Agnès aux Italiens.

947. 13 *jan.* Matin, à l'imprimerie, corrigé D et E avec F du 5° acte refait.

948. 14 *jan.* Matin, 3me I XXIII volume; 2de G III volume *Parisiennes;* dîné chés Guillot; vu Cousin; vu Desessarts, deux fois, donné mon drame; tour entier de l'Ile à 9 heures.

949. 15 *jan.* Matin, été corriger mon drame D et E-F; vu M. Mercier; été dîner chés Bralle; lu mon drame; trouvé le manque de mouve-

---

1. Nous avons le choix entre Agathe Tilhien, la jeune fille de Sacy qui donna à Restif « la première idée d'un joli pied »; Agathe Prévost, la *jolie parfumeuse* des *Contemporaines;* Agathe Sanloci (Mlle Saint-Leu); Agathe Lamesle; Agathe Quatrevaux, de Saint-Cyr, et Agathe George.

2. Le roman *Les Fautes personnelles,* dans les *Nuits de Paris.*

ment dans les 2 et 3 actes. Le soir, colère Marianne.

950. 16 *jan*. Matin, sorti : 1 page *Fautes sont personnelles* roman ; vu l'abbé Roi ; bis l^{mr} ; vu l'abbé Fontenai, devons dîner ensemble, la semaine prochaine.

951. 17 *jan*. Matin, 50, 51, 2, 3, *Fautes sont personnelles* ; vendu 1 *Paysan-Paysane* ; 1 *Paysanne et* 2 *Françaises*, 44 livres. Demi-tour occidental ; insulté.

952. 18 *jan*. Matin, B IV volume *Parisiennes* (histoire de l'Écolier). Je vais, avec Mercier, chés Courcelles[1] pour mon drame ; dîné avec Courcelles, Mlle Pitrot, ou madame Cardon[2], etc. ; remis mon drame, etc. Le soir, souffert beaucoup de mon hernie ; défait le bandage, la nuit.

---

1. Acteur du théâtre Italien. Voici comment Restif le jugeait : « C'est le naturel de l'honnêteté, de la bonhomie, accompagné du degré de chaleur convenable aux pères nobles et vertueux. Il rend ses rôles avec un sentiment sage. Il en mesure l'étendue et il y proportionne ses moyens avec une intelligence rare. » (*Nuits de Paris*, p. 3308.)

2. Actrice du théâtre Italien. Cette dame Cardon était la fille d'un maître de ballets nommé Pitrot, auteur d'*Ulisse dans l'île de Circé*. Elle débuta sous le nom de Pitrot, en 1780, à la Comédie-Italienne, après avoir joué à la Comédie-française. Restif l'appelle, dans les *Nuits de Paris*, la modeste, la décente Cardon : « Décence, noblesse de jeu, comme de figure. Elle mérite bien ces vers, qu'on fit pour elle, après la première représentation de *Gabrielle d'Estrées* :

> Elle était douce et belle,
> Cette d'Estrée à qui notre bon Roi
> Se promit d'engager sa foi
> Pour le prix d'une amour fidelle.
> Que tu rends bien un si charmant modelle,
> Pitrot ! Par tes regards, par ton art enchanteur,
> Tu nous présentes Gabrielle.

953. 19 *jan*. Matin, un peu mieux : 55, 56, 57 des *Fautes*; nous alons chés M. de Saint-Mars avec M. Mercier. Étaient le comte et la comtesse de Mazille; avons mangé un turbot.

954. 20 *jan*. L'*Enfant nourri par sa mère*[1]; 2de B IV volume *Parisiennes* et 1re C G *Vie de mon Père*.

955. 21 *jan*. Matin, l'*Enfant nourri*; fini 1 acte, 2^d, et commencé le IIIme· Eu, aujourd'hui, mon nouveau bandage, à 1 heure et demie. Fini mon drame à 7 heures.

956. 22 *jan*. Matin, revu mon drame. Le soir, chés M. Dumont, où lu mon nouveau 5 acte. Le soir, Toustain, B IV volume *Parisiennes*.

957. 23 *jan*. Matin : vu quelque chose à l'arrangement du roman *Les Fautes*. Dîné avec MM. Mercier et Fontenai, chés les Académiciens d'Amiens; parlé physique, et histoire de Zéphire[2]; avec Mercier, de mon drame.

958. 24 *jan*. Matin, sorti, pour porter le volume à l'abbé de Fontenai. J'avais dîné avec le duc de Mailli et le marquis de Gemonville, que je croyais, l'un académicien d'Amiens,

---

1. Ce titre fut changé d'abord en celui de *Sa mère l'a nourri*; puis en celui de *Sa mère l'allaita*, sous lequel la pièce fut publiée dans les *Nuits de Paris* et dans le *Théâtre de Restif*. La représentation de cette pièce fut empêchée « par le laid et méchant Granger, plus que par l'indisposition du Mme Verteuil-Forgeot ». (*Monsieur Nicolas*, au chapitre de *Mes ouvrages*, t. XIV, p. 174.) Ce fut sans doute la cause de leur brouille : on peut voir § 721, à la note, l'éloge du même Granger.

2. Ancienne maîtresse de Restif et l'une des plus aimées. Après l'avoir retirée d'une maison publique, il reconnut, un peu tard, qu'elle était sa fille.

l'autre directeur des *Affiches* de cette ville[1]. Ils m'ont embrassé, à ma *Physique*. Dîné aujourd'hui chés Guillot avec l'abbé Geoffroi ; conté mon histoire chés Belin. Vu Mesnager arrivé. Kim[2] écrit ; demi-tour occidental ; écrit la date d'hier.

959. 25 *jan*. Matin, réfléchi sur mes *Nuits de Paris*, ou le *Hibou spectateur* ; changé le titre d'*Aurores* en *Nuits*. Le soir, inquiétude du vilain Maisonneuve de chés la veuve Duchêne,

---

1. *Annonces, affiches et avis divers de Picardie, Artois, Soissonnais et Pays-Bas français*. Amiens, in-4°. Toutefois, dans *Monsieur Nicolas*, l'un des convives est présenté à notre auteur comme directeur de la *Feuille de Picardie*.

Restif recevait souvent des lettres d'invitation des plus grands seigneurs de la Cour. Il ne s'y rendait pas toujours, mais s'empressait de publier leurs lettres. Elles étaient signées du marquis de Jarente, du marquis de Clermont-Tonnerre, du baron de Corberon, etc. Ce fut une espèce de mode de l'avoir à souper. Afin d'être plus sûr de son acceptation, on eut l'idée de le prier à dîner, par l'organe de l'abbé de Fontenay, en lui faisant dire qu'il se trouverait avec des académiciens d'Amiens. Ces prétendus provinciaux étaient le duc de Mailly, maréchal de camp, et M. de Gémonville (V. les notes de la page 279) ; les autres convives : d'Arnaud, « qui bourdait », Legrand d'Aussy, « qui taciturnait », l'abbé de Fontenay, « qui hypocritait », Mercier, « qui gravassait ». Restif raconte la scène dans *Monsieur Nicolas*. Le lendemain, il alla voir l'abbé de Fontenay : « Vous avez fait sentation, lui dit l'abbé ; vous avez pris, et beaucoup ! On veut vous revoir. On doit vous faire trouver à déjeûner avec la duchesse, avec la princesse de Chalais, sa sœur, et la comtesse Argenson, leur amie, qui a beaucoup d'esprit ! » — « Je reverrai avec le plus grand plaisir les académiciens d'Amiens ; je les féliciterai de leur bonne fortune, car il vaut mieux être duc que feuilliste... » — « L'abbé, qui l'était (continue Restif), se mit à rire blanc, et je le quittai. »

Le nouveau souper eut lieu avec les dames précitées et leurs maris, plus le marquis de Jumilhac, Durfort et le marquis de Ximénès.

2. Peut-être faut-il lire *Kirn*. V. la note de la page 133.

qui veut faire anoncer le *Paysan-Paysane* : cet homme cherche à me ruiner. Lu, après souper, mon drame copié : *Sa mère l'a nourri*.

960. *26 jan*. J'envoie, ce matin, les livres aux académiciens d'Amiens. Été chés M. Vidaud de la Tour, pour avoir le censeur des *Nuits de Paris*; vu M. Mercier; jour à jeudi 1 février. Fait l'*Auvergnat*, dans les *Nuits de Paris*.

961. *27 jan*. Matin, envoyé les 42ᵉ *Contemporaines* chés la veuve Duchesne : souffert (?) de la longueur des nuits; été chés mon procureur Guichard, 9 livres de contumace; chés Bralle; chés Mˡˡᵉ Saint-Leu : lu mon drame.

962. *28 jan*. Matin, invitation des académiciens d'Amiens; fait mon ajouté à ma pièce, 1 acte; dîné chés Préval; parlé de ma *Physique*; loué par Goldoni, vu Robé. Le soir, interrompu par Marnet et Mesnager. Écrit à la petite chandelière, rue Mazarine, et mis la lettre par la porte de côté.

963. *29 jan*. Matin et soir, 55, 6, 7, 8 cᵈ d'*Épiménide*; dîné chés le marquis de Gemonville[1], avec le duc de Mailli-Périgord[2], Fonte-

---

1. Dans *Monsieur Nicolas*, il porte le titre de *comte* de Gemonville. Restif ne donne aucun renseignement sur lui, sinon que c'était « un homme de plaisir ». Dans la nouvelle *Le ci-devant qui épouse une sans-culotte* (t. XVI, p. 499, des *Nuits de Paris*), le *citoyen* Gémonville joue le rôle du « ci-devant ».

2. Louis-Marie comte de Mailly d'Haucourt (1744-1795), duc de Mailly par brevet du 2 février 1777, gouverneur d'Abbeville, brigadier en 1780, maréchal de camp en 1781, avait épousé en 1762 Marie-Jeanne de Talleyrand, fille de Gabriel-Marie de Talleyrand, comte de Périgord. Restif a dit de sa femme : « J'ai vu, oui, j'ai eu ce bonheur, une duchesse qui surpassait la meilleure des femmes de laboureurs,

nai, Legrand Fabliaux[1], d'Arnaud-Baculard[2]; conté différens traits.

964. *30 jan.* Matin, 58 et 60 d'*Épiménide*; *Physique.* Le soir, chés Bralle : lu *Sa mère*, etc.; fait des corrections.

965. *31 jan.* 2d anniversaire de mon souper avec le duc de Gêvres, etc.; matin, continué à corriger *Sa mère l'alaita;* lu à Mercier; dîné avec lui, madame Guillot et Mlle Ruelle, ma voisine. Été par billet à la *Fausse inconstante*, pièce de madame de Beauharnais, tombée au 3e acte; 2 n'ont pas été joué. Causé au parterre, avec un gros homme de la vallée des Poisles[3].

966. *1 feb.* Matin, relu les *Fautes sont personnelles*, et corrigé le tout; ensuite, *Sa mère l'alaita*, après dîner. Chés Toustain I III volume *Parisiennes.* Demi-tour occidental.

967. *2 feb.* Sur D IV volume, K III *volume Parisiennes;* 2de N XXIV volume *Contemporaines;* 1re O idem. H *Vie de mon Père;* I 2de III volume. Vu un joli pied en alant à l'Ile, jusqu'au pont Notre-dame; tour occidental. Copié 20 pages du drame *Sa mère.*

968. *3 feb.* Matin, copié. Été chés Préval, le soir; reconduit la jolie dame qui était chés Berci, rue du Faubourg Montmartre[4]. En re-

---

par la modestie, la bonté du cœur, la sensibilité : c'est madame la duchesse de Mailly. »

1. Legrand d'Aussy, auteur de *Fabliaux, ou contes des* XIIe *et* XIIIe *siècles.*

2. François-Thomas-Marie Baculard d'Arnaud (1717-1805), auteur dramatique, correspondant littéraire de Frédéric II.

3. Poilhes, village de l'Hérault, à 13 kilomètres de Béziers (?)

4. Même parcours que de nos jours.

venant, chanté à la jolie fourbisseuse, qui avait son enfant :

> *La fille est aussi jolie que la mère :*
> *L'heureux mortel qui les caresse toutes deux !*

A 2 heures, vu la jolie chandelière à côté de sa mère; non le soir. Après souper, fini de copier le Drame *Sa mère l'alaita*.

969. *4 feb*. Matin, relis le drame *Les Fautes;* en bouche, Leblanc. Lu mon Drame à madame Guillot; fait le morceau de Pascal. Demi-tour méridional de l'Ile, à la lune.

970. *5 feb*. Matin, sorti; vais dîner chés Dumont. Dîné : Le Grand y était; lu ma pièce *Sa mère*, etc. : approuvée à demi. Le soir, lue chés Bralle : approuvée.

971. *6 feb*. Matin, corrigé le *Manteau*, dans mon 2ᵈ acte *Sa mère*, etc. M. de Gemonville est venu me voir : a pleuré son fils; a parlé de M. le duc de Mailli. Été dîner chés madame Cardon Pitrot; lu *Sa mère* devant elle, son mari, ses beau-père et deux beaux-frères; approuvée. Vu la 1ʳᵉ représentation de *Julie d'Étange*[1]; mauvaise; tombée. Journée agréable.

972. *7 feb*. Matin, corrigé le passage de l'*École des Pères* 188, pour la *Vie de mon Père;* 2ᵈᵉ D IV volume *Parisiennes;* 2ᵈᵉ K III volume; arrangé une 3ᵉ copie de *Sa Mère l'alaita*. Tour de l'Ile par la pluie douce, en deux fois; parlé de jouer *Sa Mère l'alaita* sur un petit théâtre. Idée du *Coucher, Rêve* et *Réveil*[2].

---

1. *Saint-Preux et Julie d'Étange*, drame en trois actes, en vers, aux Italiens.
2. Dans les *Nuits de Paris*.

973. 8 *feb*. Matin, 1ʳᵉ K XXIII volume. Querelle orfèvre; comencé le *Coucher*, le *Rêve*; retouché à la 3ᵉ copie de *Sa Mère*, etc. Rosières est venu dîner : lu mon drame; corriger, pour les portraits : IVᵒ J XXIII volume. Le soir, chagrin *ob fart.* 2 *numin. auv.* Demi-tour oriental.

974. 9 *feb*. Mauvaise nuit, *ob fart.*, et pensant aux deux exemplaires *Contemporaines* envoyés à Bordeaux. Vendu un *Paysan-Paysane*; vu l'infâme Augé vis-à-vis Saint-Nicolas[1]; demi-tour occidental : 1ʳᵉ L III volume *Parisiennes*. Le soir, Toustain, D IV volume. Il a vu le monstre Augé, qui lui a parlé avec fureur : ce qui fait que le vicomte est absolument contre lui, à présent. Ce drôle a envoyé chés nous, me voyant absent, sous le nom de M. Mercier.

975. 10 *feb*. Matin, 1ʳᵉ L III volume. Querelle avec Maisonneuve, indignation contre cet homme vil. Il a envoyé, hier, le *Paysan-Paysane* à la chambre; tour de l'Ile, inscriptions.

976. 11 *feb*. Comencé le *Dictionnaire des Femmes célèbres*[2]; tour de l'Ile par la pluie. Envoyé les 18 volumes des *Contemporaines* à Lemercier[3], et ma pièce à Courcelles.

977. 12 *feb*. Travaillé aux *Femmes célèbres*;

---

1. Saint-Nicolas du Chardonnet, qui existe encore, au coin du boulevard Saint-Germain et de la rue des Bernardins.

2. Les *Nuits de Paris* contiennent, t. XI, XII et XIV, des notices sur les principaux acteurs et actrices des théâtres de Paris.

3. P. F. Joachim-Henri Lemercier de la Rivière (1720-1794), célèbre économiste, qui fut député du Calvados à l'Assemblée législative, auteur de l'*Intérêt général de l'État ou la liberté du commerce des blés*, de *L'ordre naturel et essentiel des sociétés politiques*, etc.

dîné chés Préval, vu Bralle et Mlle Ganneri[1], chés madame Marchand. Été chés la dame Duchêne. *Quærela Natureux.*

978. 13 *feb*. Matin, vu Mercier; parlé du monstre Augé, qui avait pris son nom pour envoyer un commissionnaire, et reçu la lettre à lui adressée, etc. Vu Montlinot, arrivé, non Desessarts, à Versailles. Été chés Guichard pour le vil Leroi[2]; je paye. Leblanc. Chés procureur pour ce Leroi : je finis; Berthet est une bête!

979. 14 *feb*. Inquiétude et douleur : je vais porter *Paysan-Paysane* à M. Toustain. Fini avec ce gueux de Leroi. Vu Mercier! Rien! Fini avec ce gueux de Leroi, par un billet de 48 livres. Vu Barthe, chés Petit.

980. 15 *feb*. Matin, Toustain, parafé *Paysan-Paysane*; le monstre Augé venu avant-hier chés moi : Guillot qui lui a dit qu'il était un mauvais sujet. Vu Mercier : a écrit à Montlinot pour réclamer la lettre à lui adressée par ma fille Marion. Je vois la froideur de loin les prendre. Agnès, ne compte que sur toi! Lu 2de E IV volume. 33 L III volume. Commencé le *Deuil du cœur*, la *Vie de mon Père*. Je vais chés Montlinot. Vu Jaubert[3] chés M. Mer-

---

1. Voir *Monsieur Nicolas* (XI, 125). Les demoiselles Ganneri (Irenag) étaient deux sœurs. Dans une partie à Saint-Cloud, leur embarcation chavira. Des amis de Restif, qui se trouvaient sur le bord, les emportèrent dans une auberge où ils les ranimèrent par des moyens assez peu orthodoxes. Ceci se passait en 1776, d'après *Monsieur Nicolas*. (V. note 1, p. 243.)

2. Tailleur de Restif. V. le § 944.

3. L'abbé Jaubert, auteur des *Causes de la dépopulation et des moyens d'y remédier*, de l'*Éloge de la roture*, d'un *Dictionnaire portatif des arts et métiers*, etc.

cier. Le soir, attendu en vain Montlinot, rue de Seine[1]. Pankouke au jeu de paume.

981. 16 *feb*. Matin, sorti; vu madame Guillot. L'infâme Augé avait envoyé son fils : a dit des horreurs; et pareillement hôtel des Trésoriers, rue des Massons[2], chés M. Mercier. Vu Montlinot, homme froid et s'embarrassant peu des autres. J'ai tâché de l'échauffer, mais je ne tiens rien, je crois. Été, le soir, chés mon commissaire, île Saint-Louis. Lu 1re M III volume et conféré d IV volume. Toustain, à 10 heures.

982. 17 *feb*. Matin, fait quelque chose à mes *Femmes Célèbres*. Le monstre Augé a fait aussi ses calomnies à Belin; ma fille a été chés le procureur Cavagnac : nous sommes dans le trouble et l'étonnement. Non vu Montlinot chés lui, le soir.

983. 18 *feb*. Été avec Agnès chés le procureur ; puis chés le Comissaire. Le soir chés la Beaucousin; le joli pied, rue du Petit-Musc[3]. Je ne fais presque rien sur mon *Dictionnaire* de Belin, ni pour mes *Nuits*.

984. 19 *feb*. Dîné chés chevalier Saint-Mars, après avoir été chés le procureur : comédie la *Curieuse*[4]; été chés Toustain, etc.

1. Même parcours qu'aujourd'hui.
2. Le collège du Trésorier, situé rue de la Harpe et des Mâçons (Sorbonne), devait son nom au trésorier de l'église de Rouen, qui l'avait fondé. Jaillot, dans ses *Recherches sur Paris*, nous apprend que cette fausse appellation venait d'une inscription qui portait par erreur « des Trésoriers ». Il a disparu lors du percement du boulevard Saint-Michel.
3. Entre la rue Saint-Antoine et le quai des Célestins; on sait l'origine du nom de cette rue : rue *Put y musse*, c'est-à-dire *la fille s'y cache*.
4. Comédie bourgeoise, probablement. En 1789, le che-

985. 20 *feb*. Mardi gras; le *monstre* a parlé samedi matin à la Lebrun[1] de la lettre interceptée; dîné chés l'abbé Roi, qui a demandé Marion pour son frère; chés la Beaucousin. Le soir, mal de ma descente, 2de T et 2de R *Contemporaines*.

986. 21 *feb*. Rien fait; couru; vu Bralle et Mlle Saint-Leu, où l'abbé de Saint-Léger; parlé d'Augé; Mlle Saint-Leu dit : « Vous alez vous perdre. »

987. 22 *feb*. Matin, quelques lignes sur la rue Bourglabbé et sur le *Dictionnaire des Femmes*. Commencé la *Lire* : vu madame Boisard (la Lebrun). Le monstre Augé dit des inconcevabilités : que j'avais été trois mois renfermé dans ma chambre, et qu'on me nourrissait par un trou fait au plancher, etc.

988. 23 *feb*. Matin, O 2de XXIII volume, 1re K *idem* : 2de M III volume *Parisiennes*. Vu le secrétaire de Mercier; vu Turpin, sur mon Ile; trois fois quart de tour, dont deux avec lui. Le soir, continué *Deuil du cœur*; fini.

989. 24 *feb*. Matin, fini la suite du *Deuil*. Demi-tour de l'Ile. Le soir, chés la Beaucousin, puis chés de Coussi, cousin germain du monstre Augé.

990. 25 *feb*. Matin, sorti; été chés la dame Bléret parler du *monstre*, travaillé à l'ajouté

---

valier de Saint-Mars fit jouer la pièce *Sa mère l'allaita* dans un pensionnat de jeunes filles, ainsi que *La brouette du vinaigrier*, de Mercier ; il avait invité les deux auteurs sans les prévenir de sa délicate attention.

1. Manon Lebrun, ou Mme Boissard. Il la *commémore* dans son *Calendrier*, à cause de deux parties charmantes qu'il avait faites, en 1787, avec elle et le procureur Sallé de Marnet. C'était une amie d'Agnès Restif.

du mémoire contre icelui, et tour de l'Ile presqu'entier; été dans le jardin de l'hôtel Bretonvilliers, pour la première fois; fini le mémoire; je vais chés la Beaucousin; j'y ai parlé du *monstre*.

991. *26 feb.* Matin, le secrétaire de M. Mercier a vu le *monstre* : lu F IV volume. Dîné chés Préval. Tour entier de l'Ile. Le soir, lettre de Le Grand et de M. le prévôt des Marchands. Le *monstre* a tenu ses propos au secrétaire Mercier.

992. *27 feb.* Matin, sorti, mis en colère contre d'Émery (?) et dîné avec la dame Boissard, chés moi. Travaillé un peu au *Mariage au hasard*, scène du Drame. M III volume.

993. *28 feb.* Matin, un peu sur *Mariage au hasard*; procureur,.... Courcelles, Mercier,.... Mlle Saint-Leu, madame Marchand; 2de L-A *Vie de mon père*; corrigé *Sa mère l'alaita*, le soir.

994. *1 mart.* Matin, corrigé mon Drame et fait les ajoutés; été chés Legrand : le soir, F 2de IV volume. Tour entier de l'Ile.

995. *2 mart.* G 2de IV volume ajouté au 2^{d} acte; I drame *Les fautes*; donné l'*Homme de nuit*; corrigé Jean Dumont[1], pour la *Vie de mon Père*; dîné chés l'abbé Roi. Été à *Térée*, de Lemière, qui ne m'a pas déplu[2].

996. *4 mart.* Matin, sorti : vu M. Lepelletier, qui n'a pas écouté mon Drame, et m'a donné deux bagatelles à faire; vu madame Courcelles; laissé mon Drame; vu Maréchal,

---

1. V. la note 2 de la page 297.
2. *Térée*, tragédie de Lemierre, représentée pour la première fois le 28 février; seconde représentation le 3 mars 1787. Ainsi, le § 995 doit porter les dates des 2 et 3 mars.

menuisier, sur les marches de la Comédie italienne. Dîné chés moi, avec Rosière : quart de tour de l'Ile ; comencé la *Matinée du père de famille* ; lu P XXIV volume et H II volume *Parisiennes*. Mal à la gorge. Mémoire du monstre Augé, pour M. Lepelletier, remis à Legrand. Le soir, comencé *Matinée du père de famille*. P XXXV volume.

997. 5 *mart*. Matin, fini la *Matinée* ; 2 pages sur le *Mariage au hazard* ; Granger encore mis à m'alarmer. Corrigé à l'imprimerie sur F IV volume *Parisiennes*. Le soir, 1 feuille des *Nuits*.

998. 6 *mart*. Matin, achevé 1 feuille des *Nuits*. 1 page du *Mariage au hasard*. Arrangé à l'imprimerie l'estampe à la feuille A des *Nuits* : été chés la Beaucousin dire adieu à la Bizet. Le *monstre* a donné un soufflet à Sarad, chés Boisard ; cartel où le *monstre* n'est pas venu. Fini le *Mariage au hasard* à 9 heures. Ai rencontré la petite à la jolie taille, suivie avec un jeune homme, depuis la Place aux Veaux. Demi-tour de mon Ile : Petit est ouvert.

999. 7 *mart*. 2^d anniversaire de ma première sortie : matin, fini le trait contre Augé, à la suite du *Mariage au hasard*, et repris le *Coucher, Rêve, Réveil*. Tour entier de l'Ile ; vu Turpin. Ce soir, Le Blanc.

1000. 8 *mart*. Matin, 5 pages du *Coucher* ; montré la 2de A des *Nuits* à Visse : accepte ; P. S. contre Augé. Vu la bossue : le soir, souper chés Guillot.

1001. 9 *mart*. Matin, lu 2de A *Nuits*, 3me F IV volume. Dîné chés Turpin seul. Le soir, tenté d'aler à *Athalie* ; de retour, XIV volume

Parisiennes. On copie le *Père de famille* pour M. Le Pelletier. Toustain après souper, F. H. Drame.

1002. 10 *mart*. Q xxiv volume. Demi-page du *Coucher*, et 3^(me) G; 2^(de) P xxiv volume. Relu la *Matinée*.

1003. 11 *mart*. Matin, Prévôt des marchands, où l'abbé-maître des enfans; non vu Courcelles absent; sa femme malade : dîner chés Guillot; Saint-Aubin[1]; le soir, tour entier de l'Ile à 6 heures et demie. Une page ou deux du *Coucher*. Conçu l'idée de mes *Analises*. La *Famille* 1^(er) volume; *Lucile*, la *Confidence*, la *Famille*, la *Fille naturelle*, 2^(d) volume. *École de la Jeunesse*, 3^(me) volume. *Lettres d'une fille*, 4 et 5^(me). *École des Pères*, 6^(me) volume. *Femme trois états* et *Ménage*, 7^(me). *Nouveaux mémoires* et *Fin-matois*, 8^(me). *Paysan-Paysane* réunis, 9 et 10^(me). *Quadragénaire*, et *Dernière avanture*, *Vie de mon Père*, 11^(me). *Malédiction*, 12^(me). *Nouvel Abeillard*, 13^(me). *Contemporaines*, depuis 13 jusqu'à 25. *Françaises*, 26^(me). *Parisiennes*, 27^(me). *Nuits de Paris*, 28^(me). *Monsieur Nicolas*, 29^(me). *Les Mille et une Métamorphoses*[2], 30^(me). (Les six volumes d'*Idées singulières* non abrégé).

---

1. Acteur du Théâtre-Italien, et bon graveur.
2. *Les Mille et une Métamorphoses, histoire très-morale, dans laquelle on suit les différents changements par lesquels passent l'Homme et la Femme, depuis le moment de leur naissance jusqu'à la décrépitude.* Tel est le titre complet de cet ouvrage qui ne parut jamais. Restif reproduit l'introduction de ces contes intitulés *Contes thibétains* et les huit premières métamorphoses dans les *Nuits de Paris* (p. 2072), et déclare qu'il suivra un nouveau plan pour la publication définitive « en faisant passer son jeune thibétain par le corps d'un homme de chaque nation dont il exposera les mœurs et les usages, et même dans le corps des animaux les plus connus ».

1004. 12 *mart.* Matin, rien; écrit ce que dessus. Dîné chés Dumont, où Legrand Fabliaux. Le soir, commencé *Errata Infidelle*[1].

1005. 13 *mart.* Matin, fini *Errata Infidelle*. Toustain parafe 6 IV volume *Parisiennes*, et P-Q..... A l'Opéra: *Phèdre*[2]. Soupé chésBralle. Demi-tour de l'Ile, au soleil.

1006. 14 *mart.* 2^d anniversaire *Ab uxore trador* : matin, 1 page *Coucher*, et 2de A XXIV volume. Corrigé à l'imprimerie, jusqu'à 3 heures, mon drame; été à *Nina*, et *Lucette et Lucas*[3]; demi-tour occidental de l'Ile en deux fois, au soleil, et le soir.

1007. 15 *mart.* Matin, 1 page du *Coucher*; composé un peu à l'imprimerie de l'*Errata Infidelle* 2de I IV volume. Vu M. Mercier, deux billets, deux personnes; dîné chés Guillot; été aux Italiens où *Richard*[4] et la *Prévencion vaincue*[5].

1008. 16 *mart.* Matin, 1 page du *Coucher*; 2de I IV volume *Parisiennes*. Morceau contre Augé, tour presqu'entier. Arrangé 341 à Caillion; le soir, B II partie *Vie de mon Père*.

1009. 17 *mart.* Matin, 1re K IV volume. Été aux Italiens avec Guillot, où les *Trois Fermiers*[6] (mauvaise pièce), et 1re représentation du *Men-*

---

1. L'*Errata* de la *Femme infidèle* se trouve à la fin du t. XXIII des *Contemporaines*, seconde édition; c'est une clef de la *Femme infidèle*.
2. *Phèdre*, tragédie lyrique en trois actes, musique de Le Moine (21e représentation).
3. Comédie en un acte, mêlée d'ariettes, par M. Forgeot, musique de mademoiselle de Zede.
4. *Richard-Cœur-de-Lion*, comédie en trois actes, mêlée d'ariettes, par Sedaine; musique de Grétry.
5. Comédie en trois actes, en prose, par Faure.
6. *Les trois fermiers*, deux actes mêlés d'ariettes, par Monvel, musique de M. de Zède.

songe officieux, par Piccini père et fils (mauvaise) ; vu Amélie.

1010. 18 *mart.* Matin, jusqu'à 2 heures, *Errata* des *Fautes.* Été au Jardin du Roi. Après dîné, chés la Beaucousin. Le monstre Augé dit que j'ai perdu un manuscrit précieux ; que j'ai gagné au civil ; que je ne gagnerai pas au criminel ; qu'il a un emploi du côté de Bellechasse, etc. Chés Toustain avec Le Brigant ; 1 page du *Coucher.*

1011. 19 *mart.* Sorti : chés Mercier. Dîné chés Dumont. L'abbé Saint-Léger qui reparle de Beauregard[1] à Mlle Saint-Léger.

1012. 20 *mart.* Matin, 3 pages *Coucher,* etc., *des Artistes :* dîné chés Préval, sans Mercier ; le soir, 2de K. IV volume.

1013. 21 *mart.* Matin, 3 pages *Coucher.* Réponse à la Reynière, d'hier. Été chés Courcelles : malade, et sa femme convalescente. 3 pages. Il fera recevoir ma pièce *Sa mère.* 1re du *Jugement de Pâris;* demi-tour oriental de l'Ile ; vu Barthe chés moi, pour la Reynière.

1014. 22 *mart.* Matin, 2de feuille *Jugement de Pâris :* 1 page *Coucher,* etc. Lu au Luxembourg, seul, mon drame *Sa mère :* trouvé qu'il y fallait des corrections.

1015. 23 *mart.* Matin, 1re L IV volume ; 1 page *Coucher.* Rencontré, par hazard, carre-

---

1. Voir le § 135, p. 50. Voici ce que Restif dit de ce *Beauregard* dans le t. XIX des *Contemporaines,* 2e édition : « La nouvelle est le *Ménage parisien.* Elle était faite avant que je connusse l'homme dont le nom s'y trouve, avant que j'apprisse son existence. Beauregard, froid et beau parleur, me traita d'ivrogne, s'emporta comme un furieux, et c'était un nom de rue que j'avais employé !... Voilà ce que m'ont procuré les *Contemporaines!* »

MES INSCRIPCIONS. 291

four Bussi, M. le comte de Gemonville, qui m'a emmené dîner, avec Fontaine[1] et Legrand Fabliaux : lu mon Drame, il y a de grands défauts!

1016. 24 *mart*. Matin, 1 page *Coucher*, 2de K XXIII volume; corrigé à la fin de mon drame *Sa Mère*, etc. : 2de *Jugement de Pâris*. Demi-tour de l'Ile occidental.

1017. 25 *mart*. Matin, travaillé à l'acte ajouté à *Sa Mère*, etc. La moitié de S XXIV volume. Tour entier de l'Ile, et *emiss. intuitu parvæ Petit*. Vu la Maris sur le quai.

1018. 26 *mart*. Ann^{is} ch^{i}. Matin, fini le 2^{d} acte ajouté : six pages de S XXIV volume. Tour de l'Ile. Dîner chés Belin, gris : causé avec madame Toustain sur la religion.

1019. 27 *mart*. Matin, corrigé 2^{d} acte drame ; à l'imprimerie, composé un peu d'*Errata* de l'*Infidelle*. Tour de l'Ile occidental, en alant chercher mes feuilles chés Toustain.

1020. 28 *mart*. Matin, corrigé III acte. Dîner chés l'abbé Roi; Agnès chés madame Boisard. 2de L, IV volume *Parisiennes*. Idée nouvelle de corriger mon drame. De retour à 6 heures et demie; 2de du *Jugement de Pâris*.

1021. 29 *mart*. Arrangé les chiffres au *Dictionnaire des Femmes célèbres* : le soir, été écrire le 8e anniversaire de Mairobert rue Saint-Pierre[2], à sa porte. Vu Amélie.

1022. 30 *mart*. Matin, arrangé 1re scène de

---

1. Auteur dramatique; il comptait déjà des succès quand il donna aux Italiens les *Amours de Chérubin*, en 1784.
2. Il y avait quatre rues Saint-Pierre à Paris; celle-ci se trouvait entre la rue des Douze-Portes et la rue Saint-Gilles; elle s'appelle aujourd'hui rue Villehardouin.

Sa Mère; composé à l'imprimerie sur l'*Errata Infidelle*. Tour entier.

1023. 31 *mart*. Matin, lu 1ʳᵉ M ɪᴠ volume. Dîné chés l'abbé Roi avec le comte de... (*sic*), Mercier et Delaur[1]. Mal à la cuisse; demi-tour.

1024. 1 *avril*. Matin, sur D des *Femmes célèbres*. Quelques pages 1 acte. Correction drame. Écrit à M. Lepelletier. En colère à 1 heure et demie, de l'absence de mes filles. Garde la chambre. Érisipelle à la cuisse. Non, dartre. Lettre envoyée par Mercier, d'Augé et de Bricquet[2].

1025. 2 *ap*. Corrigé mon drame. Sorti un peu. Le soir, composé la page des noms des personnages à mon drame *Sa Mère*. Souffrant, tour de l'Ile.

1026. 3 *ap*. Matin, à mon Drame; fini le soir mon ɪɪᵈ nouvel acte; pluie, tour de l'Ile.

1027. 4 *ap*. Matin, corrigé mon Drame, 3ᵉ acte, autrefois 2ᵈ. Composé à l'imprimerie sur *Errata Infidelle*. Tour de l'Ile; beau temps. Démangeaison. Été chercher de l'eau chés Préval.

1028. 5 *ap*. Anniversaire 5 *aprilis* en grosses lettres, et 5 *aprilis* 5. Matin, fini de corriger mon Drame. Mal à la cuisse. Tour entier de mon Ile. Chenneval chés Granger, sur mes *Nuits*.

---

1. Jacques-Antoine Dulaure, publiciste, député à la Convention et au conseil des Cinq-Cents, auteur de l'*Histoire physique, civile et morale de Paris depuis les premiers temps historiques jusqu'à nos jours*, etc.

2. Hilaire-Alexandre Briquet, collaborateur des *Affiches du Poitou*, journal fondé en 1773 par l'avocat Jougneau-Desloges, auteur d'une *Oraison funèbre de la royauté*, de la *Légitimité du mariage des prêtres*, etc.

1029. 6 *ap*. Matin, revu mon 1ᵉʳ acte, jusqu'au 3ᵐᵉ. Achevé M ɪv volume. Tour de l'Ile tronqué par la rue Guillaume, et la rue Saint-Louis[1] aux deux bouts. Chaud. A l'imprimerie, arrangé pour comédie *Épiménide*. Imprimé la fin des *Parisiennes* en épreuves, sans imposer : lu 1ʳᵉ N ɪv volume.

1030. 7 *ap*. Matin, achevé de revoir superficiellement mon drame *Sa Mère*. Lu la feuille O sans imposer (en placard). Demi-tour occidental de l'Ile. Composé à l'imprimerie sur mon *Errata Infidelle*. Lu l'épreuve du discours de Madrid. Le soir, chés Toustain, 2ᵈᵉ *Jugement de Pâris*, et M ɪv volume.

1031. 8 *ap*. Matin, lu les épreuves du petit romain de la fin des *Parisiennes* et C ɪɪ partie *Vie de mon Père*.

1032. 9 *ap*. Matin, 1 page du roman *Les fautes* et revu en partie. A l'imprimerie, fini l'*Errata Infidelle*. La Leblanc. A 7 heures, une femme bien chaussée, pont Notre-Dame. Demi-tour oriental. Encore insulté par les poliçons. Fini le petit abrégé des faits, pour les 2ᵈᵉˢ pages de l'*Errata Infidelle*.

1033. 10 *ap*. Matin, les rajoutés colés des *Fautes*, roman, et les pages 61, 62, suite. Composé à l'imprimerie le petit abrégé des faits, à moitié. Dîné chés Guillot. Tour entier de l'Ile à 7 heures et demie. Lettre à La Reynière.

1034. 11 *ap*. Lettre à La Reynière partie. 1 page du *Coucher*, etc. A l'imprimerie, composé la fin de mon *Errata Infidelle*, Chardon la note et mis les noms des acteurs *Jugement de*

---

1. Actuellement rue Saint-Louis en l'Ile.

Pâris, imposé. Chés Couturier, lu l'ajouté *Vie de mon Père*. Le soir, C des *Nuits*.

1035. 12 *ap*. Matin, finit des *Nuits*. 1 page du *Coucher*. Rêvé délicieusement madame Fournier d'Auxerre, autrement madame Parangon. A l'imprimerie, imposé; arrangé mes tables pour les *Contemporaines*, à lire dans les *Parisiennes*. Corrigé la 2de 1 feuille des *Nuits*.

1036. Matin, 13 *ap*. Fini le règlement ou code du *Coucher*. A l'imprimerie, 1 page et demie de l'*Hypocrisie démasquée*[1]. Dîné chés Préval : le soir 2de L XXIII volume.

1037. 14 *ap*. Matin, 2 pages du *Coucher*, etc. A l'imprimerie, 2 pages de l'*Hypocrisie démasquée*. Le soir, fait parafer la 1re feuille de mes *Nuits* et P IV volume *Parisiennes*.

1038. 15 *ap*. Matin, 37-42 *Coucher*. Dîné chés Bralle en grande compagnie, et souper. Revenu à minuit : une dame, qui m'intéressait. Corrigé le mot du marquis, à mon Drame.

1039. 16 *ap*. 42-45 *Coucher*; à l'imprimerie, corrigé 1re C *Nuits*, 2de O IV volume. Soir, inscrit *La Reynière* sur l'Ile[2].

1040. 17 *ap*. Matin, 2 pages avant la *Muette*;

---

1. Pièce de vers d'Agnès Lebègue, insérée en partie dans la *Femme infidèle*, t. I, p. 274, en partie dans les *Contemporaines*, t. XXIII, 2e éd. Voici le début de cette pièce :

> Toi qui ne connais point le doux nom d'amitié,
> Et qui, des maux d'autrui, ne prends pas de pitié,
> Toi de l'humanité le fléau, le supplice,
> Toi qui feins la vertu, canonises le vice,
> Hypocrite maudit, esprit faux, cœur pervers,
> Toi qui souilles l'espace, avilis l'univers,
> Écoutes et frémis : je vais lever la toile, etc.

2. Voir la note de la page 258.

MES INSCRIPCIONS. 295

1 page *Coucher*; à l'imprimerie, 1 page et demie *Hypocrisie*; parlé à Visse.

1041. 18 *ap*. Matin, 2de C *Nuits*, 1 page *Coucher*. A l'imprimerie, fini l'*Hypocrisie démasquée*.

1042. 19 *ap*. Matin, 5 pages du *Coucher*. 2de Q *Parisiennes*. Fin. Imposé *Hypocrisie démasquée* et lu l'épreuve.

1043. 20 *ap*. Matin, lu 1re *Errata Infidelle* et donné à corriger; Visse s'est dédi. *Nuits* à mon compte. Demandé le compte de mon papier à Boulanger. Agnès convalescente de sa fièvre; Marion mal à la main. Peine cruelle de l'annonce de l'*Année littéraire, Paysan-Paysane*[1].

1044. 21. Matin, D II partie *Vie de mon Père*, avec ajouté d'une page; changé à l'imprimerie la fin du *cicero*; crèvecœur, chés la Duchesne par ce vilain Maisonneuve. Dîné chés l'abbé Roi. 2de de l'*Hypocrisie démasquée*. 1 page du *Coucher, Chandelière*.

1045. 22 *ap*. 27e anniversaire *matrimonii*. Matin, 4 pages *Coucher*, et 5 femmes du dictionnaire. Dîner chés Guillot. A la comédie bourgeoise, Virginie[2] a joué. Quitté avant la dernière pièce, été chés Toustain chercher les dernières feuilles parafées des *Parisiennes*. Demi-tour occidental.

---

1. V. l'*Année littéraire*, 1787, t. III, p. 195. Voici la conclusion de cet article : « En reconnaissant que l'auteur a quelquefois des lueurs de génie, en estimant ses intentions plus pures que ses œuvres, on est désolé de ne pouvoir faire, de ces quatre volumes, qu'une annonce motivée et impartiale, qui serve de préservatif pour des lecteurs délicats, des pères, des mères qui ont encore des mœurs. »

2. Virginie François, ancienne maîtresse de Restif

1046. 23 *ap*. Anniversaire *Incipii Oribeau*. Avant 6 heures : inquiétude cruelle! Je vois que Maisonneuve veut me faire perdre le reste de ma subsistance, en fesant annoncer le *Paysan-Paysane*, et provoquant une défense : alors, il ne me paierait pas, et je serais sans pain. J'écris à La Reynière, dont hier soir la lettre. 4 pages du *Coucher*; *L'homme aux affiches*[1] *et aux*..... et *Le Trouveur*.

1047. 24 *ap*. Matin, 3 pages de la *Fille adultérine*. Parlé à Rutteau. Été chés Sergent pour la seconde fois. Parlé à Guillot, pour les *Nuits*. Vu madame Laruelle, et la Tillier[2]. Fini ma lettre à La Reynière. Demi-tour oriental. Demi-tour occidental, le soir à 7 heures. Remis mes lettres chés Petit, pour Barthe.

1048. 25 *ap*. Matin, 5 pages de l'histoire de Hanchart[3]. Dîné chés Guillot, pour parler de mes *Nuits*. Disputé sur le marché, et non conclu. Corrigé B *Nuits*; vu Rutteau. Non pu aler chés Courcelles.

1049. 26 *ap*. 4 pages de l'*Exécution nocturne*, etc. Dîné chés Dumont. A l'imprimerie, 2 pages 97, 98 des *Nuits*. Le soir, chés Toustain, B *Nuits*; demandé le rendu compte.

1050. 27 *ap*. 3 pages des *Nuits*. Arrangé le *Coucher*. Diatribe contre l'insubordination des ouvriers[4]. Lettre de Courcelle, pour ma lecture faite au comité. Dîné chés Préval. Été chés Courcelle, puis avec sa femme à *Fella-*

---

1. *Le Décolleur d'affiches*, dans les *Nuits de Paris*, t. VII.
2. Il y a bien *Tillier* dans le texte, et non *Tillien*.
3. Personnage des *Nuits de Paris*. V. le chapitre intitulé : *Les quatre fils*, p. 1740.
4 Voir les *Nuits de Paris*, p. 1488 et 1808.

MES INSCRIPCIONS. 297

mar¹. 2ᵈᵉ D ıı partie *Vie de mon Père*, où est un ajouté Pascal².

1051. 28 *ap.* Matin, 2 pages article de la rue Daufine, le *Cocher insolent*³. Desserté mes tables chés Chardon. Composé 119 et 120 des *Nuits*. Demi-tour occidental.

1052. 29 *ap.* Matin, copié 2ᵈ acte *Sa Mère*; composé à l'imprimerie 121. A 3 heures et demie, repris le 3ᵐᵉ acte, fini le soir. Deux demi-tour nord : hirondelles.

1053. 30 *ap.* Anniversaire *Montalembert*. Matin, 4ᵉ acte de *Sa Mère*, recopié jusqu'à la dernière scène. Tour de l'Ile.

1054. 1 *maii*. Matin, achevé 3ᵉ acte. A l'imprimerie, composé 1 page *Épiménide à Sparte*. Tour de l'Ile. Vu l'anniversaire *Montalembert* écrit le 2 mai 1784. Corrigé 3ᵉ B *Nuits*. Été chés l'abbé Roi. Été porté *Tom-John*⁴ à madame Courcelles, à 8 heures. Lettre de La Reynière à Marianne.

1055. 2 *maii*. Matin, relu tout mon drame, *Sa Mère*, en 4 actes, et corrigé. Été trois fois chés Mercier, en vain. Dîné chés Guillot avec Pons. Composé 2 pages à l'imprimerie. *Épiménide à Sparte*. Demi-tour oriental à 8 heures. 3ᵉ C à 9 heures.

1056. 3 *maii*. Levé. A l'imprimerie, composé 2 pages pour C 3 des *Nuits*. Corrigé.

1. *Fellamar et Tom Jones*, suite de *Tom Jones à Londres*, comédie en cinq actes, en vers (4ᵉ représentation).
2. Pascal, beau-fils de Jean Dumont, vieillard de Sacy. Cet *ajouté* se trouve dans la troisième édition de la *Vie de mon père* (1788).
3. Le *Cocher brutal*, dans les *Nuits de Paris*, t. VII.
4. *Tom Jones*, le roman de Fielding.

Imposé D, le soir, à la chandelle. Demi-tour occidental. Le valet de Mercier dîné à la maison.

1057. 4 *maii*. Sorti le matin. Étendu mes 2 feuilles. Vu M. Mercier chés moi. Dîné chés Préval. Été chés Courcelles. Remis ma pièce en 4 actes.

1058. 5 *maii*. Matin, D *Nuits*; E II partie *Vie de mon Père*; à l'imprimerie XIV *Nuit*. Dîné chés Guillot. Payé à Chardon 2100 livres par un bon sur Guillot. A Granger, 64 livres. Porté, chés Toustain, C.

1059. 6 *maii*. Matin, 1 page *Nuits*. 1 page du renvoi de Louvet : à l'imprimerie, composé sur la *Rue Cloche perche*[1]. A dîner, madame Boissart, et M. Salé de Marnet. Tour entier de mon Ile, avant d'aler chés Toustain, d'où rapporté C parafé.

1060. 7 *maii*. Matin, fin du renvoi de madame Agard[2]. A l'imprimerie, 3ᵉ C. Composé la fin de la *Nouvelle Thisbé*. Tour de mon Ile. Avant dernière planche des *Parisiennes*. Parlé, chés Maisonneuve, de Fréron.

1061. 8 *maii*. Matin, renvoi de l'*Enlèvement des Filles*. Sailli. Dîné chés le vicaire de Sainte-Marguerite, avec l'abbé de la Boissière[3], Mer-

---

1. La rue Cloche-Perce, et non *Cloche-perche*, existe encore aujourd'hui ; elle va de la rue du Roi de Sicile à la rue François-Miron.

2. Femme d'un marchand orfèvre, la « reine des brunes ». Restif lui avait offert le bras depuis le pont Neuf jusqu'au quai de la Mégisserie, puis au quai des Orfèvres. Là se bornèrent leurs relations (*Calendrier*).

3. L'abbé de Hervieux de la Boissière, auteur d'un *Traité des Miracles*, de l'ouvrage intitulé *De la vérité et des devoirs qu'elle nous impose*, etc.

cier, Roi, Girardière¹, Girard², etc. Revenu par la pluie; écrit à mon retour.

1062. 9 *maii*. Matin, levé, arrangé, sans travailler; à l'imprimerie, commencé à corriger D *Nuits*. Après dîné, arrangé pour la 1ʳᵉ feuille *Vie de mon Père*. Demi-tour occidental. Arrangé avec Guillot, pour les *Infidelle*, 2 f. 25, et 100.

1063. 10 *maii*. Matin, 2 pages *Nuits*, sur les *Enfans de Paris*, à *Thisbé*. Corrigé 1ʳᵉ D à l'imprimerie et lu 2ᵈᵉ le soir. Marion mal à la main pour la seconde fois. Lettre de la Reynière.

1064. 11 *maii*. Lu F avant E des *Nuits*, fait une page de la Merlin cadette et d'Expilli³; pris l'avis de Miller, pour Guillot. Ma Marion la main enflée : j'en suis tout mort!

1065. 12 *maii*. Pas dormi. Marion a bien souffert. 3 pages de l'histoire de la Merlin. Second anniversaire *Pontis bonus Terrasso*. Demi-tour oriental; beau temps, pluie ce matin. Permission des *Nuits*, d'avant hier, signée du 3. Marion plus mal.

1066. 13 *maii*. Matin, rêvassé. Lu E des *Nuits*, et fini l'ajouté de *Femme violentée*. Comencé la *Dévouée*. En alant chés Préval, pour Marion, vu Amélie rue de l'Arbre-sec⁴, et Vic-

---

1. L'abbé de la Girardière.
2. L'abbé François Girard, qui assista Marie-Antoinette sur l'échafaud, ou l'abbé Girard, professeur d'éloquence au lycée de Rodez, qui a publié, en 1787, des *Préceptes de rhétorique* (?).
3. Jean-Joseph abbé d'Expilly (1719-1793), auteur d'ouvrages estimés de géographie, de cosmographie, d'astronomie, etc.
4. Même parcours qu'aujourd'hui.

toire rue Plâtrière[1] : le soir, 62 et 63 de la *Fisique des Égipsiens*. Insulté sur l'Ile, rue..... (*sic*) au midi occidental.

1067. 14 *maii*. Matin, rien. Mal à la poitrine. 64, 65 de la *Fisique*. Renvoi de 59 pour Thot[2]. Marion a percé sa main, cette nuit. Le soir, été chés Courcelle, absent. Parlé à sa sœur. Marnet chés nous, le soir.

1068. 15 *maii*. Matin, 67, 8, 9, 10 de la *Fisique*. La *Femme des Innocens* comencée. Marion mieux. Composé 6 pages à l'imprimerie des ajoutés d'E. Mal à la poitrine. Quart de tour occidental au midi, Pont-Rouge. Le soir, 1 page de la *Fisique*.

1069. 16 *maii*. Matin : 71, 2, 3, 4, 5 de la *Fisique*. A l'imprimerie, ajouté de la fille de joie et du chien. Corrigé et lu la 2de E. Vu le de Roger qui m'a écrit hier. Ma Marion mieux. Demi-tour occidental. Second anniversaire 16 *maii*, sur la fenêtre, vers le jardin.

1070. 17 *maii*. Matin, 76, 7, 8, 9, 80 : à l'imprimerie, lu *Louvet*. Le soir Toustain, E, et *Femmes célèbres*.

1071. 18 *maii*. Matin, rien. A l'imprimerie, suite de *Louvet*; Mérigot pour les *Hygrométries*. 2de F *Nuits*. Le soir, 1re G *Nuits*.

1072. 19 *maii*. Matin à 4 heures, 81, 2, 3, 4, 5, 6 de *Fisique*; des vents, etc. A l'imprimerie, *L'orfèvre*. Corrigé 2de F, le soir, 3e. Quatre fois chés la Duchesne pour mon argent. Pas pu donner à Petit quatre *Parisiennes*, à

---

1. Aujourd'hui la rue Jean-Jacques Rousseau.
2. *Thot*, l'Être supérieur, le Premier principe, dans la *Physique des Égyptiens* des *Nuits de Paris*.

cause d'un homme à sa boutique. En colère, à dîner, devant Langlois[1].

1073. 20 *maii*. Matin, 87, 8, 9, 10 de la *Fisique*; à l'imprimerie, *La belle orfèvre*. Le soir, demi-tour oriental. F chés Toustain. Lettre de Montlinot à Mercier, pour sa fille et mes livres. 1ʳᵉ H et 1ʳᵉ I.

1074. 21 *maii*. Fini I. 91 *Nuits*; achevé à l'imprimerie la *Belle orfèvre*; été aux Italiens au parterre. *Azemia*[2]. Vu les deux Poinot chés la sœur charcuitière. La borgne, rue Saint-André. Le soir, 2ᵈᵉ F *Nuits*.

1075. 22 *maii*. Commencé T IV II partie. *Azemia*, et I partie idem. *Le mariage au hazard amené*. Composé à l'imprimerie frontispice et avis. F *Vie de mon Père* II partie; 3ᵐᵉ F *Nuits*.

1076. 23 *maii*. Matin, fini *Azemia*. Envoyé pour mes billets Marion chés Mérigot. Vendu hier les deux premières *Parisiennes*. Vu hier la Richer au haut talon. *La dévouée*.

1077. 24 *maii*. Matin, fini *La dévouée* à l'imprimerie. Frontispice. II partie et sujet de la figure. Corrigé 3ᵐᵉ G, où changé la *Nouvelle Thisbé*. Le soir, Toustain F-G. Vu le *Journal de Normandie*[3], par Milcent[4], où les *Françaises* louées.

---

1. Libraire de la rue du Petit-Pont.
2. *Azémia, ou les sauvages*, comédie en trois actes, en prose, mêlée d'ariettes, par M. de la Chabeaussière, musique de Delayrac (7ᵐᵉ représentation). La CXLIXᵉ *Nuit de Paris*, t. III, porte ce titre d'*Azemia ou les Sauvages*.
3. *Affiches, ou Journal et avis divers de la basse Normandie*, Caen, 1786-1793. In-4°.
4. J.-B.-Gabriel Marie de Milcent, membre de l'Académie de Rouen (né en 1747), rédigea aussi le *Journal et la Gazette d'agriculture* et composa plusieurs pièces de théâtre.

1078. 25 *maii*. Matin, le *Créancier généreux*. A l'imprimerie, corrigé 5 pages de H. Vu Mercier; été chés Courcelles, où soupé avec madame Saint-Aubin[1]. Rentré à 1 heure 1/2.

1079. 26 *maii*. Matin, fini le *Créancier généreux* : les *Chirurgiens*; le *Bal payé*; les *Bals*; le *Garson en fille*; le *Garson qui se met en Fille* commencé. Chés la borgne, le soir. Commencé à refondre ma pièce.

1080. 27 *maii*. Matin, fin du *Garson en Fille*, et la *Fureur du plaisir*. 2de H et corrigé à l'imprimerie la *Princesse Babylone*.

1081. 28 *maii*. Copié 8 pages de mon Drame; à l'imprimerie, sur la *Femme à la porte*, et 2de H. Le soir, revu le 2^d acte.

1082. 29 *maii*. Matin, achevé de revoir mon drame. Été chés Chardon, pour y mettre mes ouvrages; non trouvé. 7e anniversaire *Ingressus bougi*. 1780. Demi-tour occidental. Copié le 3me acte de mon Drame.

1083. 30 *maii*. 6 anniversaire *infidelis Saræ*. Matin, fini de copier le 11^d acte de Marion. Été à *Briséis*[2] et l'*École des Bourgeois*[3]; 1re médiocre;

---

[1]. Femme de l'acteur du Théâtre-Italien; actrice elle-même : « Actrice charmante ! Une de ces femmes destinées, par leur talent aimable, à charmer les peines de la vie. Leur présence console et réjouit; leurs grâces réveillent et raniment un cœur languissant, et la perfection de leur touche délicate fait chérir les beaux-arts. Cette jeune artiste a un jeu naturel et du sentiment le plus doux. Son œil exprime la mignardise. Un je ne sais quoi touchant résulte de son action, indépendamment de ce que la pièce lui prête, et, comme mademoiselle Carline, elle répand sur tout son rôle le charme de sa jolie physionomie. » (*Nuits de Paris*, p. 3298.)

[2]. *Briséis*, tragédie de Poinsinet de Sivry (reprise).

[3]. *L'École des bourgeois*, comédie en trois actes, en prose, de Delainval.

2ᵈᵉ mauvaise. Le soir, lu la pièce entière jusqu'à minuit.

1084. 31 *maii*. 6 anniversaire *desperii*. Matin, relu les deux premiers actes de ma grande pièce en quatre actes. A l'imprimerie, querelle avec Montigni : feuille F mal imprimée. Tour occidental, le soir, et réminiscence. Entré dans la cour de la Debée, qui a eu peur de moi.

1085. 1ᵉʳ *juin*. Matin, fini le *Sacrifice de la vie*; *Prisonnier qui s'échappe*; commencé *Nouvelle Thisbé*. Soir, demi-tour occidental. A l'imprimerie, commencé la *Physique des Égyptiens*. Relu mon drame en IV actes.

1086. 2 *jun*. Matin, sorti pour ma tierce H. Parlé à Maisonneuve des *Nuits*, sur l'Ile. Fini de lire mon drame IV actes. Soir, borgne rue Saint-Hyacinthe.

1087. 3 *jun*. Matin, fini 1ʳᵉ J, 1ʳᵉ K., 11ᵈᵉ I et corrigé à l'imprimerie G *Vie de mon Père*, II partie.

1088. 4 *jun*. Matin, la *Nouvelle Thisbé*. On achève de copier mon drame 3 actes. Ai mal à la tête. Acheté 12 livres, 3 exemplaires des *Parisiennes* à l'imprimerie Chardon; demi-tour occidental de l'Ile. Écrit trois fois 4 *jun*.

1089. 5 *jun*. *Anniversarium* 5 *jun*. n° 6. Matin, les *Femmes par quartier*. H *Vie de mon Père*. Été chés Courcelles porter ma pièce. Étaient deux hommes dont un déjà vu. Parlé de La Reynière et de Beaumarchais relativement à Cornueau[1]. Le soir, la veuve, belle-sœur de Tufier,

---

1. Le *Dictionnaire néologique* de Beffroi de Reigny désigne un sieur Cornuaud comme l'ancien chef du trésor du duc de Penthièvre.

imprimeur-libraire, rue de la Harpe, à côté de Stouppe.

1090. *6 jun.* Matin, *Les trois monandres*. Le soir, à l'*École des Pères*[1]; inférieur au *Père de famille*[2]. Un seul rôle : la femme, faible, impertinente, et maugréant sans un motif suffisant, hors de la nature ; le fils, calqué sur le marquis de Roselle[3]; le chevalier, intrigant bas et invraisemblable ; Dermont[4], une seule scène : faible. Le père seul vaut quelque chose. Le soir, 2de J *Nuits*.

1091. *7 jun.* Matin, *Les Parisiennes*, *La Porte crochetée*. *La Jolie Sœur*. Corrigé un peu sur K. Dîner chés Marney[5] avec madame Boisard, la blonde, Lise, et mes filles. Au cours : gris.

1092. *8 jun.* Matin, *La Brouette*, suite de la *Jolie Sœur*. A l'imprimerie, sur K corrigé ; le soir, chés madame de Beauharnais[6], mal. Je ne suis pas content : je sentais l'ail. Parlé de ma *Physique*.

1093. *9 jun.* Matin, suite de la *Jolie Sœur*. Le *Falot*. Fini, à l'imprimerie, K. Été chés le

---

1. *L'École des pères*, comédie en cinq actes, en vers, par Pieyre (3ᵉ représentation).

2. *Le Père de famille*, comédie en cinq actes, en prose, par Diderot.

3. Voyez les *Lettres du marquis de Roselle*, par madame E. D. B. (Élie de Beaumont). Paris, Cellot, 1764. 2 vol. in-12. Il existe aussi des *Lettres de Sophie et du chevalier de ****, pour servir de supplément aux *Lettres du marquis de Roselle*, par M. de ***. Fouques Desfontaines. 2 vol. in-12, 1765.

4. Rôle du père, tenu par Desessarts, dans la pièce de Pleyre.

5. Sallé de Marnet.

6. Voir la note 1 de la page 307.

dessinateur. Le soir, à souper, la petite Montlinot.

1094. 10 *jun*. Matin, l'*Échelle de corde*. 2ᵈᵉ K. 1ʳᵉ L. Commencé 1ʳᵉ M. Corrigé K à l'imprimerie. La borgne. Le soir, double tour de l'Ile avec ma Marion.

1095. 11 *jun*. Matin, fin de l'*Échelle de corde*. *Suite du baiser*. Dîner chés Dumont.

1096. 12 *jun*. Matin, 1ʳᵉ M. Dîné chés Granger, à qui porté *Parisiennes*. A madame Courcelles, le *Paysan-Paysane* avec figures. Été chés Maréchal. Causé au Palais-Royal. Trouvé l'abbé de la Girardière au Louvre. Vu la Werkavin[1], qui m'a parlé; sa bru morte. Le soir, chés Toustain, K avec Marion. Remis une lettre écrite à Beaumarchais.

1097. 13 *jun*. Matin, fait trois articles : *Julien*, *Joli*, et *Keralio*. Une page de la *Morale égyptienne*. Écrit à Legrand et à M. Lepelletier pour de Roger. A 1 heure et demie, continué la *Morale*. Le soir, composé à l'imprimerie *Métaux*.

1098. 14 *jun*. *Pet fest*. Matin : *Réciprocité*; *les Femmes*. A l'imprimerie, *Métaux*. Le soir, vu Beaumarchais à dix heures. Tour entier de l'Ile, *cum Agnete*. Apporté des herbes. La nuit, rêvé au pamphlet contre Beaumarchais.

1099. 15 *jun*. Matin, sorti à 7 heures. Composé les *Animaux*, pendant la correction de L 2ᵈᵉ. Vu le pamphlet. Vu Mercier, et consulté. Chés Beaumarchais; décelé. Granger. Triste et indolent. 1ʳᵉ N. Soupé chés Toustain, L.

---

1. « Femme du prote du Louvre, petite brune très-ardente » (*Calendrier*). C'est elle qui facilita à Restif son entrée à l'imprimerie du Louvre, à son arrivée à Paris.

1100. 16 *jun*. Matin, inquiet *ob Granger typographum*. Fait 1 article *Guimart* des *Femmes célèbres*; puis une page sur les passions, *Nuits*. A l'imprimerie, corrigé 3° L. Le soir, composé sur les *Animaux*, 2 ou 3 pages, pendant que Rutteau corrigeait M.

1101. 17 *jun*. Matin, été chés Beaumarchais; n'a pu obtenir la saisie de M. le lieutenant de police. On a été à 11 heures par ordre du lieutenant criminel. Rien; non ouvert. Continué les *Passions* : page 601, celles des *Hommes* et des *Animaux*. Parlé à Mlle Londo, à 2 heures 1/2. Compté avec la Quicemette, à laquelle je dois 220 livres.

1102. 18 *jun*. Matin, fini *Épiménide. La Fille outragée*. Dîné avec le duc de Mailly, le marquis de Vertilhac[1], et le comte de Gemonville. Été au Palais-Royal, punch, puis aux Italiens, *Isabelle et Rosalvo*[2], pièce en ariette, mauvaise. Le soir, vu la Lebrun. 1re O.

1103. 19 *jun*. Matin, comencé O 1re. Été chés Beaumarchais, qui n'a pu empêcher le pamphlet. Revenu par la pluie. Corrigé 2de M et composé la *Fille outragée*. Le soir, clou; couché à 9 heures.

1104. 20 *jun*. Matin, achevé de lire O. Travaillé sur la suite du *Frère jalousé*. A l'imprimerie, commencé à corriger N. Commencé le *Duel des deux filles*.

1105. 21 *jun*. 6 anniversaire *Hic* 21 *jun. presentatio ad Lavalette*. Fini le *Duel*, et le *Frère*

---

1. Un marquis de Vertelllac était maréchal de camp, comme le duc de Mailly, et lieutenant de Roi en Guyenne.
2. *Isabelle et Rosalvo*, comédie en un acte, mêlée d'ariettes, par Patrat, musique de Propiac (1re représentation).

jalousé. A l'imprimerie, corrigé N, 8 pages. Dîné chés Guillot en garson, avec le Prémontré. Vu la petite Modage de chés la Semen.

1106. 22 *jun*. Matin, 1ʳᵉ P. Lettre de madame de Beauharnais[1]; de Beaumarchais à Marion, avec 3 billets d'opéra de *Tarare*[2]. Été à *Tarare* : plein de spectacle et d'amusement. Chéron, *Atar;* Laînez, *Tarare;* Maillard, *Astasie; Spinette*, Gavaudan cadette[3]. Souper chés madame de Beauharnais avec le chevalier de Cubières[4]. Rentré à 1 heure.

1. La comtesse Fanny de Beauharnais (1738-1813), tante d'Alexandre de Beauharnais, premier mari de Joséphine Bonaparte. Elle présidait un salon où se rencontraient Restif, Dorat, Cubières-Palmézeaux, Mercier, etc. C'est ce dernier qui lui présenta Restif en 1787 : « Il est impossible, dit-il dans *Monsieur Nicolas* (t. XI, p. 154), d'exprimer avec combien de grâces et de bienveillance elle m'accueillit. Madame de Beauharnais, au talent brillant de la poésie, joint une douceur angélique de caractère : son regard et le son de sa voix indiquent cette qualité, la plus précieuse de celles de son sexe... etc. » (V. l'Introduction.) Il alla, depuis cette époque, souper chez elle tous les vendredis.

2. *Tarare*, opéra en cinq actes, avec un prologue, par Beaumarchais, musique de Salieri (5ᵉ représentation).

3. Noms des acteurs de l'Opéra qui jouaient dans *Tarare*. Voici ce que Restif dit de mademoiselle Gavaudan cadette dans les *Nuits de Paris*, p. 3303 : « Remerciez *Tarare*. Vous y êtes adorable. Il ne vous a pas donné votre amabilité piquante, votre talent enchanteur, mais il les a bien montrés! »

4. Michel, chevalier de Cubières-Palmézeaux (1752-1820), « successeur de Dorat », dit Restif. Il succéda, en effet, à Dorat, dans les bonnes grâces de Mᵐᵉ de Beauharnais; il a écrit une intéressante notice sur Restif dans l'*Histoire des compagnes de Maria*, ouvrage posthume de notre auteur; elle est reproduite dans la *Bibliographie* de Paul Lacroix. Cubières a composé un grand nombre d'ouvrages, parmi lesquels nous citerons ses *Opuscules poétiques* et ses *Œuvres dramatiques*, qui forment ensemble 8 volumes in-18.

1107. 23 *jun*. Matin, A préface *Vie de mon Père*. A l'imprimerie, tiré, distribué ma correction. Fini de corriger N : lu en 2de.

1108. 24 *jun*. Matin, continué analise de *Tarare*[1]. Fait l'*Escalier*, la *Femme d'ivrogne*. Le soir, Toustain, M. Vu madame Coutras au 4e, chés lui, qui pense comme moi sur la religion, etc. Soupé chés lui.

1109. 25 *jun*. Matin, continué *Tarare*. *Réflexions sur l'amour*. 3e N, 2de T, *Contemporaines*. Bbb, Ccc, du *Dictionnaire des Femmes célèbres*. Querelle à la maison. Le soir, N. Toustain.

1110. 26 *jun*. Matin, 1re Q *Nuits*. Suite de l'*Escalier*. Été aux Italiens, *Pauline et Valmont*[2]; la *Négresse*[3]. Porté les *Parisiennes* à Courcelles. Pris, au parterre, le parti de *Tarare*, et approuvé de mes voisins. Le soir, *la Veuve*.

1111. 27 *jun*. La nuit et le matin, fini *la Veuve*; l'autre *Veuve* : l'idée m'en est venue en voyant la jeune Aubri, veuve depuis deux jours. 2de O lue. Le soir, avec Marianne, chés M. de Toustain, O.

1112. 28 *jun*. Matin, rien. Vu M. de Noirefosse. A l'imprimerie, sur P. Lu 1re Q. Le soir, jusqu'à une heure, chés Courcelle.

1113. 29 *jun*. Matin, *La Femme mentor*, et les *Deux ieux*. A dîner, suite de *Victoire*. Le soir, été chés Courcelle, pour lui dire que Mercier est à Montrouge.

---

1. Cette analyse se trouve dans les *Nuits de Paris*, p. 2962-2968.
2. *Pauline et Valmont*, comédie en un acte, en prose, par Florian (2e représentation).
3. *La négresse, ou le pouvoir de la reconnaissance*, comédie en un acte, prose, et vaudeville, par Radet et Barré.

MES INSCRIPCIONS. 309

1114. 30 *jun.* Matin, fin de *Victoire*. La *Muette*. Fini de corriger, à l'imprimerie, 1ʳᵉ P. Tour de l'Ile avec Marion.

1115. 1ᵉʳ *juillet.* Matin, l'*Aveugle éclairé*. Corrigé 2ᵈᵉ P, à l'imprimerie.

1116. 2 *jul.* Matin, le *Solitaire*. Aujourd'hui, ma lecture de *Sa Mère*. A l'imprimerie, 3ᵉ P. Lu 1ʳᵉ R. Le soir, au Censeur, P.

1117. 3 *jul.* 2ᵉ anniversaire bandage. Matin, la *Lanterne magique*. Commencé le *Libertin sensible*. Ma pièce reçue. Été chés Mercier; chés madame Cardon, dont le mari me demande un opéra comiq; chés Courcelle, que j'ai attendu; chés Maréchal. Marion aux Italiens avec la petite Gaud.

1118. 4 et 5 *jul.* Matin, *Libertin généreux*; la *Fille généreuse*. A l'imprimerie, fini Q remanié. Le soir, aux Italiens, vu *Amélie et Montrose*[1], et 1ʳᵉ représentation des *Promesses*[2]: faible. Vu Courcelles, qui m'a remis ma pièce: corrections légères.

1119. 6 *jul.* Matin, fini le *Misanthrope*. Lu *Paille brûlée*. Porté à l'imprimerie, les *Anniversaires*. Rattrappé les *Fautes*. Le soir, chés Courcelles pour madame de Beauharnais.

1120. 6 *jul.* Matin, rattrappé les *Fautes*. Le soir, chés madame de Beauharnais, avec Mercier et Courcelles; sortis à 1 heure.

1121. 7 *jul.* Matin, revu la copie des *Fautes*.

1122. 8 *jul.* Cherché à placer *Sa Mère l'alaita*. A l'imprimerie, ma table en petit texte.

---

1. *Amélie et Montrose*, drame en quatre actes, par Faur.
2. *Les promesses de mariage*, suite de l'*Épreuve villageoise*, comédie en deux actes, en vers, par Desforges, musique de Lebreton

1123. 9 *jul.* Matin, lu S *Nuits*, et V *Contemporaines*. A l'imprimerie, composé sur la *Femme-Mentor*.

1124. 10 *jul.* Matin, le *Portefeuille*. A l'imprimerie, sur la *Morale*. T *Nuits*, 1ʳᵉ. Tour entier de l'Ile. Cueilli laitrons. A l'imprimerie, composé sur la *Propriété*. Le soir, Toustain, Q à R.

1125. 11 *jul.* Matin, 1ʳᵉ T. Aujourd'hui, dîner avec Mercier et madame Guillot, aux *Lapinis occisis*. A l'imprimerie, composé sur la *Morale*. Dîner splendide chés moi. Cueilli la groseille première à ma fenêtre, tous ensemble. Le soir, Leblanc.

1126. 12 *jul.* Matin, 2ᵈᵉ suite de la *Laide préférée*; suite du *Portefeuille*. Rattrappé le drame *Sa mère*. Composé à l'imprimerie, sur les passions. Entendu la pièce chés madame de Beauharnais, Courcelles, Mercier, Cubières. Soupé nous deux Cubières, rentré à 2 heures.

1127. 13 *jul.* Matin, 3ᵐᵉ S. Revu le ratrappement de *Sa mère*. A l'imprimerie, comencé mon drame. Le soir, Toustain, S.

1128. 14 *jul.* 36 anniversaire *hic adfui primùm*, c'est-à-dire à l'imprimerie[1]. Matin, I *Vie de mon Père*. Fin de l'*Eau bénite*. Arrangé la table. A l'imprimerie, sur mon drame. Le soir, chés Courcelles et Cardon.

1129. 15 *jul.* Matin, un peu de corrigé par Cardon. Continué la *Marchande de Modes*. Fini la romance, et continué 1ʳᵉ U *Contemporaines*, xxiv volume. 1ʳᵉ V-U *Nuits*. Troisquarts de l'Ile.

---

1. A l'imprimerie d'Auxerre. Ces mots étaient inscrits sur ses *Cahiers d'apprentissages*, ou *codices*. (V. l'Introduction.)

MES INSCRIPCIONS.   311

1130. 16 *jul.* 1ʳᵉ X *Nuits.* A l'imprimerie, un peu sur mon drame. Continué la *Marchande de modes*. IIᵈ acte. Tour tronqué de l'Ile. Clou.

1131. 17 *jul.* Matin, suite du IIᵈ acte. A l'imprimerie, remanié sur T : fini le IIᵈ acte, le soir. Commencé le IIIᵉ acte. Retour de Marion.

1132. 18 *jul.* Matin, 2ᵈᵉ T. Invitation de madame de Beauharnais pour vendredi 20. Continué IIIᵉ acte. Vu Mercier; parlé de ma pièce *Les Marchandes de modes*[1]. A l'imprimerie, corrigé sur V : fini à 4 heures. Copié comédie, excepté le vaudeville. Écrit à madame de Beauharnais; comencé le vaudeville. Demi-tour occidental et tour par le pont Neuf.

1133. 19 *jul.* Matin, fini le vaudeville. Corrigé le comencement. A l'imprimerie, sur V-U.

1134. 20 *jul.* Anniversaire *injuriæ Duval*. Matin, revu mon opéra-comique. A l'imprimerie, achevé V-U corriger. Lu 3ᵉ T et 2ᵈᵉ U XXIV volume. Le soir, soupé chés madame de Beauharnais.

1135. 21 *jul.* Matin, achevé de revoir mon opéra-comique. A l'imprimerie, rien. Liste pour la *Vie de mon Père*, de tous mes ouvrages[2]. Le soir, chés madame Cardon, causé deux heures en confidence.

1136. 22 *jul.* Matin, recopié mon 1ᵉʳ acte. Dîné avec madame Guillot. Gris. La servante de la Leblanc.

1137. 23 *jul.* Matin, achevé mon 1ᵉʳ acte.

---

1. *La Marchande de modes, ou le loup dans la bergerie*, pièce en quatre actes. Elle fait partie du t. II du *Théâtre* et a été réimprimée dans le t. I d'*Ingénue Saxancour*.

2. Elle se trouve, en effet, à la fin de l'édition de 1788.

Commencé le second. Fini le soir, dîné chés Guillot avec Pons, travaillé tard.

1138. 24 jul. Matin, achevé de copier le 3ᵉ acte; dans la journée, revu à l'imprimerie sur l'histoire de Victoire, 2 pages. Sorti, pour aler chés Courcelles, et revenu.

1139. 25 jul. Matin, corrigé mon opéra-comiq. A l'imprimerie, remanié avec colère. Le soir, Mˡˡᵉ Courcelle.

1140. 26 jul. Le matin, mon opéra-comique; le soir, achevé de remanier. Toustain, S. T.

1141. 27 jul. Matin, fini les *Riens des Bonnets*; Y et Z *Nuits*. Soir, vu *Lanlaire* : crié contre l'infâme parodie[1]. Vu M. et Mᵐᵉ Cardon : jour à lundi 6 auguste, pour lire mon opéra-comique. Soupé chés Mᵐᵉ de Beauharnais; baron de Parazar, Mathon[2], Mᵐᵉ Mathon, Mercier, etc.

1142. 28 jul. Matin, Agnès partie par Saint-Léger. Recomencé à recopier mon opéra-comique. Travaillé un peu à l'imprimerie. Reporté K de la *Vie de mon Père*, etc. Le soir, Leblanc.

1143. .29 jul. Matin, recopié. Dans la jour-

---

1. Aux Italiens : *Lanlaire, ou le Cahos*, parodie de *Tarare*, en un acte, en prose et vaudevilles. « Cette pièce a été mal accueillie du public », dit le *Journal de Paris*. — « Ce n'est pas un sacrilège, écrit Restif à propos de cette représentation, de parodier un opéra; mais il faut que la critique soit fine, spirituelle, utile à l'art dramatique. Si elle manque de ces qualités, elle devient un libelle punissable. » (*Nuits de Paris*, t. II, p. 681.)

2. Charles-Joseph Mathon de la Cour (1738-1793), rédacteur de l'*Almanach des Muses*, du *Journal de musique*; auteur de la dissertation : *Par quelles causes et par quels degrés les lois de Lycurgue se sont altérées chez les Lacédémoniens*, couronnée par l'Académie des Inscriptions en 1767.

née, 2 actes entiers, sans sortir. Le soir, chés Toustain, X.

1144. 30 *jul.* Matin, 3me *acte.* A l'imprimerie, *Lanterne magique.* Le soir, aux Italiens, parterre, *Les deux tuteurs*[1], tirés de mes *Deux Veufs,* et *Renaud d'Ast*[2]. Mlle Renaud[3] couronnée par Mme..... (sic), cantatrice anglaise.

1145. 31 *jul.* Matin, fini mon opéra-comiq. Vas à *Tarare,* par Beaumarchais. 1re Z.

Été à *Tarare :* entretien avec le Vert-pomme, ressemblant à Geofroi.

1146. 1 *aug.* Matin, fini Z. Prologue de mon opéra-comiq et couplets remplis. A l'imprimerie, sur le *Solitaire.* Le soir, corrigé mon opéra-comiq.

1147. 2 *aug.* Matin, mon opéra-comiq tout entier. A l'imprimerie, sur la *Fille estimable.* 2de XXXIV volume. Hier, les 221 livres de mes livres. Lettre de Mme de Beauharnais pour demain. Marion commence à copier mon opéra-comiq.

1148. 3 *aug.* Matin, la nuit, fini 2de Z *Nuits.* Au jour, revu les *Fautes* en 16 nuits. Réponse à Mme de Beauharnais. Soupé, le soir, chés elle. Lu son acte.

1149. 4 *aug.* Matin, travaillé à recopier 3me Z à l'imprimerie. Commencé la pièce *Sa Mère.* Copié jusqu'à 1 heure après minuit. La sœur de la Gueffier[4].

---

1. *Les deux tuteurs,* comédie en deux actes, mêlés d'ariettes, par Fallet, musique de Delayrac.
2. *Renaud d'Ast,* comédie en deux actes, mêlée d'ariettes, par Radet et Barré, musique de Delayrac.
3. Actrice des Italiens.
4. Gueffier, imprimeur de la rue de la Harpe.

1150. 5 *aug.* Matin, achevé de copier mon opéra-comiq. 2^(do) A petites capitales. Été chés Cardon : c'est un imbécile. Laissé l'opéra-comiq à Courcelle.

1152. 7 *aug.* Second anniversaire *Uxoris Delixe*. 15e anniversaire *Alan*. Matin, 1re B petites capitales, *Nuits*. A l'imprimerie, composé sur *Sa Mère*. Le soir, chés Courcelle en vain.

1153. 8 *aug.* Anniversaire *Timor et tremor*. Demi-tour et un quart de l'Ile. 1re C. 3me A. A l'imprimerie, sur *Sa Mère*. Idée les *Gadoires*[1], le comiq à faire. Le soir, Toustain Y.Z.A.

1154. 9 *aug.* Second anniversaire *Coule fleuve du temps!* à la pointe orientale. Sorti, le matin, pour Rutteau, à l'imprimerie. Été au Palais, où la cause Gilbert de Voisins et Moras[2]. Suite de la *Muette*. La *Mule enlevée*, etc. Dîner chés Dumont, avec Parmentier[3], Mercier, etc. Le soir, chés Courcelle, absent.

1155. 10 *aug.* Matin, suite de la *Mule enlevée*. A l'imprimerie, sur mon Drame. A 9 heures, chés Mme de Beauharnais. A souper, parlé des filles. Rentré à 2 heures.

1156. 11 *aug.*, vis-à-vis l'hôtel Pimodan. Matin, lu 1re P, 3me B, chés la Duchesne. Au Palais, causé des Nassau, réclamation d'état :

---

1. *Les Gadoires*, dans les *Nuits de Paris*, p. 805.
2. Procès intenté à M. Gilbert de Voisins, président à mortier au Parlement de Paris, par sa tante Mme Peirenc de Moras, au sujet des terres de Grosbois et de Saint-Étienne en Forez, à lui léguées par feu M. de Moras, ancien ministre d'État, et qu'il avait vendues, l'une à Monsieur, l'autre au Roi.
3. Antoine-Auguste Parmentier (1737-1813), le célèbre agronome.

MES INSCRIPCIONS. 315

Gerbier[1] a parlé. Tournelle. A l'imprimerie, sur ma pièce; les *Gadoires*. Tour de l'Ile : vu mes dates.

1157. 12 *aug.* 6 anniversaire 12 *aug.*, vis-à-vis l'hôtel Pimodan; et 2 anniversaire au charbon, au midi. Matin, *Le Gîte*. Conclusion de la *Muette*. Incendie. *L'Épicier droguiste*.

1158. 13 *aug.* Matin, fin de l'*Épicier*. *L'Homme aux Lapins*. *Le Comissionnaire de lui-même*. Suite de la *Pelisse bleue*. Conclusion. Conclusion des *Fautes*. La *Marâtre*.

1159. 14 *aug.* 1re E. Suite du *Lapiniste*. Lâche; rien fait. Tour presqu'entier de l'Ile. A l'imprimerie, rien.

1160. 15 *aug.* 3° anniversaire 15 *aug.* Hier, lettre de la Reynière. Matin, *Le voleur de filles*; suite. *Les Médecins*. *Le convoi*, commencé. Promené à la Nouvelle Halle. Tour tronqué de l'Ile.

1161. 16 *aug.* Matin, fini *Convoi*. Seconde E. A l'imprimerie, adouci le mariage de l'original. Le soir, soupé chés Bralle, lu ma pièce sur l'ancien manuscrit. Étais avec Mercier, Marion, Mme Marchand, et le reste.

1162. 17 *aug.* Matin, rien. Sorti. Chambre des comptes. A l'imprimerie, sur le *Gîte*. Batu par Pigeon, menton écorché. Non trouvé Courcelle, soirée perdue. Non été chés Mme de Beauharnais. Écrit la 1re lettre de l'*Homme empoisonné*.

1163. 18 *aug.* Matin, *Fille honteuse*. Le 14 7bre,

---

1. P.-J.-B. Gerbier de la Massilaye (1725-1788), célèbre avocat du Parlement de Paris, auteur d'un *Mémoire sur la Compagnie des Indes*.

à l'imprimerie sur la conclusion de la *Muette*. Le soir, aux Italiens, le *Garson-fille*[1].

1164. 19 *aug*. Matin, lu la pièce de madame de Beauharnais; lu la..... de la *Fille unique*[2]. Le soir, trompé : vu une femme que je croyais toute autre, rue des Augustins[3]. Hier soir, conté à Marion de Zéfire, etc.[4].

———

. . . .
. . . .
. . . .
. . . .
. . . .
. . . .
. . . .

. . . . .[5] agit par les ordres du magistrat, puisqu'il ne put jamais le représenter à son commis, qui le lui demandait : je m'aperçus d'un signe de tête entr'eux, qui fut suivi d'un silence réciproque. Jamais ni M. le Garde des sceaus, ni le Lieutenant de police Albert n'ont

---

1. *La fille-garçon*, comédie en deux actes, en prose, musique de Saint-Georges.
2. *Les cendres de fille unique*, p. 1681 des *Nuits de Paris*. Les nouvelles citées ci-dessus se trouvent dans les *Nuits*.
3. Rue des Grands-Augustins, même parcours qu'aujourd'hui.
4. Ici s'arrêtent *Mes Inscripcions*, dont le dernier feuillet est coté 1027. (V. l'introduction.)
5. Ce feuillet porte le numéro 1202 et doit faire partie du *Grand état de mes affaires* (V. le § 548); il n'est plus, en effet, question, ici, d'*Inscriptions*.

rien ordonné dans cette affaire inique; on suspendait un ouvrage moral[1], approuvé par un censeur, parfaitement dans les règles de la librairie, on le voulait anéantir, parce que j'avais fait le *Contr'avis aux Gens de lettres*[2], qui contrariait le sistème destructeur des de Marolles, des Dhémeri, de tous ces malhonnêtes gens, tels qu'un Mercier, abbé de Saint-Léger de Soissons, qui, vermine immonde, environnent les magistrats, et tâchent de faire servir le pouvoir publiq à la satisfaccion de leurs passions fangeuses.

J'alai 70 fois à la Police, pour ravoir cet ouvrage; je fis un présent à Demarolles, par le conseil du libraire Humblot; je souffris une diminution de 1,500 livres sur le prix du livre vendu à la dame veuve Duchêne; je perdais déjà gros sur mon affaire avec Costard[3] : ces deux nouvelles pertes y furent ajoutées, et j'ai, de plus, le remords d'avoir fait un présent à Demarolles, j'ai partagé sa bassesse, par ce fatal présent[4]! Mais il me fut conseillé; jamais je ne l'aurais fait de moi-même.

1. *L'École des Pères*, en 3 vol. in-8°. (1776.)
2. *Le contr'avis aux gens de lettres, par un homme de lettres qui entend ses véritables intérêts*, opuscule de 56 pages, par Restif. Paris, Humblot, 1770. Il y réfute l'*Avis aux gens de lettres contre les prétentions des libraires*. Liége (Paris), 1770, par Fenouillot de Falbaire. Ce *Contr'avis* est inséré dans le tome V d'*Adèle de Comminges ou lettres d'une fille à son père*. (1772.)
3. V. la note 5 de la page 94. *L'École des Pères* parut chez les éditeurs veuve Duchêne, Humblot, etc., en 1776.
4. Voir l'*Introduction de Monsieur Nicolas* : « Prodigue souvent jusqu'à la pusillanimité, je soldais lâchement le vice. » Le complément de ces détails se trouve dans *Monsieur Nicolas*, tome XIV, page 115.

Ce fut le censeur de Sanci, l'homme le plus vil que je connaisse, après Goupil[1] et Demarolles, bâtard (dit-on) de M. le Garde des Sceaux[2], qui servit la haine de mon ennemi, qui l'avait nommé censeur secret, et en second, de mon ouvrage. Le bonhomme d'Hermilli[3], censeur du *Paysan,* ala le voir, et de Sanci fut très-étonné de voir sa bassesse découverte! C'est le même de Sanci auquel on a, depuis, ôté ignominieusement la censure du *Mercure* et du *Journal-de-Paris;* c'est ce même de Sanci qui se jeta aux genous du comte du Nord[4], pour le prier de lui faire rendre ces deux censures, attendu qu'elles lui avaient été ôtées à l'occasion du rendu-compte de l'*Histoire de Russie*[5], par un M. Garat[6], espèce de follicu-

---

1. Goupil, l'exempt, successeur de d'Hémery, avait apposé son cachet sur les ballots de *L'École des pères,* par les ordres du conseiller d'Esprémenil qui, s'imaginant que l'ouvrage annoncé sous le nom *Logerot* (nom d'un compositeur de l'imprimerie) était de Diderot, voulait susciter à ce dernier une querelle avec le Parlement.

2. La même origine est attribuée à de Sancy dans *Monsieur Nicolas,* t. X, p. 136.

3. Vaquette d'Hermilly (1705-1778), inspecteur de l'école militaire et censeur royal, auteur du *Royaume de Majorque et de Minorque.* Maëstricht, 1777, in-4°. Restif l'eut comme censeur pour le *Paysan perverti. Le Fin matois,* traduit, par d'Hermilly, de l'espagnol de Quevedo, fut, si l'on en croit Restif, entièrement refondu par lui avant sa publication, en 1776.

4. Paul Ier Petrovitch, futur empereur de Russie, fils et successeur de Catherine II.

5. *Histoire de Russie, tirée des chroniques originales et des meilleures histoires de la nation,* par P.-Ch. Levesque (1782-1783), en 6 vol.

6. D.-J. Garat, avocat au Parlement, plus tard, député aux États généraux, ministre, sénateur et membre de l'Institut, auteur d'un *Éloge de Fontenelle,* qui fut couronné par

laire, qui a l'art de faire un ouvrage sur l'ouvrage, sans jamais rendre compte de ce qu'il annonce.

Les Ginografes, 3ᵐᵉ volume des *Idées singulières :* je n'ai pas encore retiré les frais de cet ouvrage, tiré à mille, et que je n'ai fait, ainsi que les 3 volumes suivans des *Idées singulières*, que pour completter ce grand ouvrage. J'en ai cédé à très-grand marché, 300 exemplaires à Merigot jeune, quai des Augustins.

Le Quadragénaire, vendu 3 livres l'exemplaire, à Mᵐᵉ veuve Duchêne : j'eus environ un louis par feuille de profit, et l'ouvrage a 20 feuilles ; c'est le premier avec figures. Les dessins sont d'un certain Dutertre, aujourd'hui mauvais peintre, qui me faisait payer la gravure 60 livres, et qui donnait 18 francs à l'artiste[1]. S'il y avait une retouche, il exigeait 12 ou 18 livres et ne donnait rien à l'artiste. Ce poliçon a prétendu être l'artiste désigné dans la... (sic) *Contemporaine*, intitulée *Le modèle* : il porta des plaintes au bureau de M. de Neville, qui n'en tint compte. Mais, du temps de Demarolles, c'eût été une affaire majeure.

Le Nouvel-Abeillard : je vendis le manuscrit de cet ouvrage cent louis à Mᵐᵉ veuve Duchêne, et j'en fis une partie *à la case.* Il me coûta une année de travail.

---

l'Académie en 1784 ; des *Considérations sur la Révolution française* (1792), etc. On lui doit aussi des articles dans le *Mercure de France* et dans plusieurs autres périodiques.

1. C'est donc ce Dutertre, et non le dessinateur Binet, qui fut, contrairement à l'hypothèse de M. Paul Lacroix dans sa *Bibliographie de Restif*, chargé des dessins du *Quadragénaire*, dont les graveurs furent Baquoy et Berthet.

La Vie de mon Père, que je fis immédiatement après le *Nouvel-Abeillard*, qui a 80 feuilles d'impression, me rapporta le double, quoiqu'elle n'en ait que 13.

La Malédiction paternelle m'a rapporté environ 1500 livres.

La Découverte australe, environ autant.

La Dernière avanture d'un homme de quarante-cinq ans, 600 livres.

La Prévention nationale, 800 livres.

Oribeau, mal-à-propos intitulé, par le libraire, *Les Veillées du Marais*, 1200 livres.

Les Contemporaines, tout compté, à 2 louis la feuille, 1110 (il y a environ 555 feuilles, de 24 pages la feuille).

Les Exemples choisis, de prix fait avec le libraire Guillot, me valut 2734 livres.

Je ne suis pas hors de l'*Andrografe*, IVme volume *Idées singulières*. *La Femme infidelle* doit me rapporter environ 1200 livres.

Le présent ouvrage n'est encore qu'en manuscrit, je l'estime 7500 livres, si je meurs avant l'impression. Il me vaudra 20,000 livres si je l'imprime, en 8 volumes, avec 200 figures comme c'est mon projet.

La Paysane pervertie, et la 4ᵉ édicion du *Paysan et Paysane* réunis, avec les figures, ont été vendus, au prix de fabrique, à la dame veuve Duchêne, et ne me valent que 5000 livres.

Voici maintenant le chapitre de toutes les sommes que j'ai reçues depuis que je travaille[1] :

---

1. Nous transcrivons ces comptes littéralement.

MES INSCRIPCIONS.

Famille vertueuse..........	750 l.	
Lucile................	72	
Pied de Fanchette..........	00	Jauguin me doit
Fille naturelle............	00	ces 2 ouvrages.
Confidence nécessaire.......	00	Kolman (?)
Pornografe.............	00	Edme.
Mimografe.............	00	Edme Michel.
Lettres d'une fille à son père...	600	
École de la jeunesse, environ...	300	
Femmes trois états.........	00	Costard.
Ménage parisien..........	00	Costard.
Nouveaus mémoires d'un H. de q.	00	Costard.
Fin matois.............	00	Costard.
	1722 l.	
ci.....	1722 l.	
Paysan perverti...........	9000	
École des pères...........	00	Costard.
Gynografes et Andrografes....	00	En nature.
Quadragénaire....... —	480	
Malédiction paternelle.......	1500	
Nouvel Abeillard..........	2400	
Vie de mon père..........	4800	
Découverte Australe........	1500	
Dernière avanture.........	500	
Prévencion nationale.......	800	
Oribeau...............	1200	
Les Contemporaines, environ...	27000	
Les Françaises (choisies ou séparément)...........	2734	
Total...	53886 l.	
La femme infidèle.........	00	
Ingénue Saxancour........	00	
Le Thesmografe..........	00	
Les Nuits de Paris.........	00	
La Semaine nocturne.......	00	
Les Filles du Palais-Royal....	600	
Les Tableaux de la vie......	150	
Ci-contre...	53886	
Total...	54636 l.	
Sur la *Femme infidèle*, vendue à 30 s. à Maradan, perdu................	1200	
Sur *Ingénue*, perdu les.............	600	
Sur le *Thesmografe*, toujours au même, perdu..	888	

Sur les *Nuits de Paris*, qui me coûtent d'impression et mss., 22 mille livres, perdu, avec Maradan.		4000
Avec Perlet, brocheur, 3000.		700
Avec Dubosc, colporteur, 1200 l.		200
Volés.		400
Donné à vil prix la moitié de l'édition pour.	9000 l.	
Reçu de Petit.	1700	
Belin.	600 perdu.	335
Duchesne.	1040	
Regnaut.	400	
Ai retiré.	17940 l.	4060 l.
Total de mes pertes. Je pers.		12378 l.
Pertes anciennes et nouvelles.		21707 l.
		12378
Total.		34185 l.
En défalquant cette somme de celle de mes gains, qui est de.		54636
En vingt-quatre ans, on voit que je n'ai eu, sur mes gains légitimes, que celle de.		20451

Il me reste, peut-être, pour 4000 livres de valeurs. Il suit de là que je n'ai pas dépensé mille livres par an, et qu'on m'a beaucoup plus volé, qu'on ne m'a donné, du fruit de mon travail. J'ai élevé deux enfants ; j'ai donné à trois ou quatre personnes ; ma dépense personnelle n'a pas monté à 400 livres par année, l'une portant l'autre.

Vendu à M. Merigot les *Nuits de Paris*.	9600 l.
Les 24 vol. des *Contemporaines* à Mme Duchesne.	(sic).
Total.	(sic).

MEMENTO

Nous avons, dans ce qui précède, fait allusion à un manuscrit trouvé par M. Frantz Funck-Brentano, dans les Archives de la Bastille; nous l'avons appelé le Memento de Restif. C'est un petit volume in-24 de 142 feuillets inégaux, grossièrement rattachés, par une corde, à une couverture de veau marbré. L'écriture est encore plus mauvaise, s'il est possible, que celle de Mes Inscriptions.

Uniquement relatif à ses ouvrages, ce Memento renferme des pensées, des réflexions, des vers galants, des extraits de l'Année littéraire, de Zaïre, des idées pour Le pied de Fanchette, Les Nuits de Paris, Monsieur Nicolas, la Physique, Le Glossographe, *etc. En dehors de ces notes souvent biffées, voici ce qui peut être signalé :*

Folio 35. — Une lettre à Mlle Londo. (Voir cette lettre à la note 2 de la page 193.)

Folio 36. — Un passage destiné au *Compère Nicolas* : « La nature m'avait tout donné : sensibilité extrême, amour du travail, mépris pour les choses futiles, tempérament de fer et de feu, philosophie qui me mettait au-dessus de tout, étant malade comme les animaux, c'est-à-dire n'ayant que mon mal et non les inquiétudes. Sensible au plaisir, insensible à la crainte de la mort. L'exemple de la vertu fortifia ces heureuses disposicions physiques. Mais, hélas ! que mon histoire sera différente de celle de mon père ! »

Folio 46. — « Bernardin est un enfant superstitieux qui se mutine contre la vérité, Robbé étant un enthousiaste : ignorans, gens du monde. Quel siècle où un pareil livre[1] a trois éditions ! La morale est profanée avec les erreurs barbares de physique, qui la feraient révoquer en doute, s'il était possible. »

---

[1] *Les Études de la Nature, par Bernardin de Saint-Pierre. Elles eurent trois éditions, de 1784 à 1790.*

Une note de ce § montre que Restif avait pensé à tirer un drame des *Nuits de Paris*.

Folio 48. — En haut de la page : « *Mes principales dates à citer.* » Ces dates ont été très probablement prises dans *Mes Inscripcions*. Elles commencent par le « 5 *novb. Anniversarium mali* » et vont jusqu'au 2 mars 1788, ce qui donne à penser que *Mes Inscripcions* allaient au moins jusque-là. Voici les dates postérieures au mois d'août 1787 :

« 13 *déc.* Mercier et Rosières à dîner. Mal à la poitrine le 16.

25. Billet. 3 *Quærelæ ob missionem Agnetis*.

1º *Anni* 1788. Dîner chés Bralle, avec Agnès et Marianne. 3 Mal à la poitrine.

22 *janv.* Date de la Reynière du 22 déc.

2 *feb. Quando matris lactantis nuntia fixa.*

2 *mart. Prandium apud Turpin.* Lettres Bº. Mes filles disposent de l'encre invisible... Aux Parlements, aux Rois, etc. »

Folios 77 à 92. — Série de lettres aux ouvrières de la rue de Grenelle Saint-Honoré et des Bons-Enfants. Voici une de ces lettres qui sont dignes de leur destination ; elle fera juger des autres (*folio* 88) :

« Mademoiselle, la chanson qui est ci-derrière est la traduction d'une chanson cochinchinoise que je vous ai chantée un soir : gage que vous serez curieuse de voir du cochinchinois (*suivent des mots prétendus cochinchinois*). J'ai apris le cochinchinois dans un voyage que je fis, il y a dix ans, sur un vaisseau hollandais. J'ai bien vu des pays ; j'ai bien vu des belles, mais la plus belle de toutes les belles, c'est celle d'entre vous que j'adore.

Jeune poulette
Sage et discrette
De ce séjour,
Le plus beau jour
De ma conquête
C'est ma défaite.
Le plus beau tour
D'une coquette
Serait l'emplette
D'un abat-jour.
Ah ! quel contour !

Cette follette,
Sous sa jaquette,
Est faite au tour !
Dans un détour
L'amant se jette
Sur la poulette,
Comme un vautour,
Et, tout autour
De sa fossette,
Il fait cueillette
Des fruits d'amour. »

Folio 102. — « De tous nos gens de lettres, je suis le seul qui connaisse le peuple. Prenez garde, magistrats, une révolution se prépare ! » (Ces deux phrases se retrouvent presque textuellement dans les *Nuits de Paris*.)

Folio 117. — « Tout est tellement arrangé dans la nature, que la vie d'un individu n'est ordinairement souverainement importante que pour lui. » (Pensée reproduite dans les *Nuits de Paris*.)

Folio 118. — « Ce qui me distingue de Marmontel, de La Harpe, c'est qu'un écolier de troisième corrigera mes fautes. Qu'il les corrige! Et que souvent ni Voltaire, ni Rousseau, ni Buffon n'auraient eu mes conceptions. Voyez ma vanité! Elle étonne, et elle ne me coûte rien. Je travaille chaque chose sans me souvenir de la précédente, comme si elle était unique. »

Folio 121. — « Avis à mes lecteurs : On dit que je ne connais pas le monde; mais je connais la nature. Je défie personne de mettre plus de naturel qu'il y en a dans la plupart de mes tableaux et de mes compositions. Si le monde n'est plus naturel, est-ce ma faute? O goût dépravé! Les gens du monde ne disent que des riens et des dégigandades (*sic*). Ils parlent un inintelligible jargon et, parce que je ne puis pas cela, on dit...

J'ai l'honneur d'avertir mes lecteurs raisonnables que j'ai une manière tout-à-fait différente des autres romanciers qui arrangent et disposent leur fable : c'est que je ne rapporte que des faits vrais et que je me laisse maîtriser par eux. Je ne ferai jamais un trompeur. Tant pis pour moi si la vérité est devenue un monstre et si l'on préfère le vraisemblable au vrai.... »

Folio 123. — « Ma femme travaille; mes deux filles travaillent. Le travail honore l'homme. Je travaille moi-même, du moins autant que je le puis et c'est ce qui m'empêche de voir le monde. Mais il n'est pas essentiel que je sois un écrivain poli — il en faut! — et il l'est que je sois citoyen utile. »

Folio 124. — « Prendre l'article rayé au bas des *Fautes* pour en faire, avec l'aventure de dimanche 16 septembre 1787, chés Nicolet, la *Suite du Mamonet*[1], ainsi que le viol de la petite fille et le reste : chés Victoire. Il se présente, puis j'engage le public qui demandait un paillasse. Tu le traites de poliçon, on te connaît! »

Folio 135. —

« Ce n'est qu'à ses dépens qu'on corrompt ce qu'on aime.
. . . .

---

[1] *Nougaret*. V. la note 1 de la page 251.

« Les enfants sont-ils donc de malheureux esclaves ?

. . . .

« Tel est des jeunes gens le malheureux besoin,
« Qu'il faut, pour les polir, risquer de les corrompre.

. . . .

« Ce sont les mœurs qui font la bonne compagnie.

. . . .

« Qu'une femme aisément passe pour un prodige !
« Mais c'est nous qui faisons nous-même le prestige !

. . . .

« L'honneur est donc toujours ennemi de l'amour ?
« Non, vraiment ; au contraire, il l'épouse à son tour. »

. . . .

Folio 135 bis. — « Il y en a de singulières (mœurs) dans la bourgeoisie aisée. Tout l'orgueil de nos anciens nobles si est réfugié. Ils se croient d'une toute autre excellence que le reste des hommes. J'avais cru qu'il suffisait d'être homme pour donner à un autre une grande considération qui serait bien reçue, surtout lors qu'elle est désintéressée et qu'on le doit. Je me suis trompé : il aurait fallu pour cela autant de démarches que pour m'assurer la protection d'un grand. »

Folio 13 bis. — Comparaison de l'homme et des animaux.

Folio 137. — « Je n'ai pas jugé ma comédie digne d'être représentée. — Vous la faites imprimer ? me dira-t-on. — C'est que je regarde le public comme un chapitre : chacun est bon en particulier ; réunis c'est le diable. Il faudrait que j'eusse du génie et que je réussisse... »

Folio 140. — « Fuir le mariage quand on ne peut se passer de femme, c'est libertinage. »

Folio 141. — « Mon histoire, ou les avantures très-communes d'un homme de qualité, d'un mérite assés mince et dont les talens sont très bornés, ouvrage utile aux personnes des deux sexes auxquelles la nature a donné beaucoup de désirs et peu de fortune.

Par moi-même, en vérité.

Je suis né à Saci, parmi des hommes plus brutes que leurs chiens et leurs chevaux. J'ai apris à lire à la même école. J'ai été élevé comme eux. On m'aprit, durant 18 mois, quatre mots de latin à trois lieues de ma patrie, dans un village ; cependant, si l'on voulait considérer quelle différence entre ce que je suis devenu, par les soins de la nature seule, à ce qu'ils sont, on ne songerait plus à celle qui est entre Voltaire, les Rousseau et moi. »

Folio 142. — Ouvrages qu'il veut se procurer pour la *Philosophie de Monsieur Nicolas* :

« Il me faut Locke, Spinosa, Telliamède, Cyrano, la physique du ciel et des comètes. »

Folio 142. — Titre d'un livre ou d'une nouvelle : « *La théologie naturelle ou lettres d'un jeune homme à sa jeune épouse.* » (L'aperçu que Restif en donne est trop *naturel* pour être reproduit.)

Quelques feuilles n'ont pu être attachées avec les autres. L'une d'elles porte l'adresse du dessinateur Sergent, laissée, sans doute, le jour où il vint faire à Restif ses offres de service pour les estampes des *Contemporaines*.

Une autre est l'autorisation du censeur Marchand pour la publication des *Idées singulières* ; la voici :

« N° 876. — J'ay lu, par ordre de Monseigneur le Chancellier, un manuscrit ayant pour titre *Idées singulières*, et j'ay cru, *en considérant moins le bien que l'auteur croit faire que les maux qu'il veut éviter* [1], qu'on en peut permettre l'impression. A Paris, ce 2 May 1769. MARCHAND. »

[1] *Les mots en italique ont été biffés.*

INDEX

NOTA. — *Les chiffres romains renvoient à la préface; les chiffres arabes, au texte de* **Mes Inscripcions.**

Agard (madame). 298.
Agathe. 275.
Aiguillon (le duc d'). 69.
Aladame. 162, 163.
Albert, lieutenant de police. 8, 9.
Aline. 20?
Alvar... ?).
Amé ou ... (mesdemoiselles). 17, 25, ... 56, 57.
Aneilhon. 104.
Amélie. 2..., 2.5, 4, 4, 237 ? ...
Ar... G. : S.), li, 126.
An... ... 190.
Angran d'A..., ..).
Anisson-Du..., tiv.
Anselme. 175, 176.
Apchon (le marquis d') ...
Argenson (la comtesse d'). 278.
Arnaud (d'). 278 à 280.
Arthaud (François). lx, lxxvii.
Artois (le comte d'). xlix, 8, 69.
Assézat (Jules). viij, x, xl, cviij.
Aubry (madame). 308.
Audinot. 96, 262.
Augé, père. 121, 122, 137, 151.
Augé, gendre de Restif. xlv, xxiij, xxvj, xxxix, xl, xlij, lv, lvi, lviij, xcvi, 65, 88, 100, 102 à 106, 119 à 128, 173 à 190, 201 à 252, 264, 274, 282 à 290.
Augé (Agnès), fille de Restif. xxv, lxxvj, xcj, 6, 46, 81, 103 à 109, 116, 119, 120 à 159, 173 à 177, 185, 186, 190, 198, 199, 203, 209 à 223, 240, 252, 260, 261, 270 à 275, 283 à 285, 291, 295, 305, 312, 324.
Augé, petit-fils de Restif. 156.
Azu. 67, 153, 196.

Bâlin. 269, 274.
Baptiste, actrice. lxxxix.
Bajazy. 319.
Baron (Madelon). xxxv, lxxxviij, 6, 69, 195.
Barré, architecte. xlviij.
Barth. 196, 202, 218, 221, 240, 241, 267, 283, 290, 296.
Barthe (Nicolas-Thomas). 196.
Bastien. xcv, 90, 154, 209, 252.
Baudeau (l'abbé). 92.
Baudet du Larry. 174.
Beaucousin (madame). 153, 172, 190, 284 à 290.
Beauharnais (Fanny de). lxxv, lxxvj, 280, 304, 307 à 316.
Beaumarchais. i, ij, xvij, xxj, liv, lxij, lxvj, lxxv, lxxx,

xciv, xcv, 71, 108, 117, 118, 155, 186 à 192, 196, 246, 254, 303, 305 à 307, 313.
Beaumarchais (Eugénie de). 118.
Beaumont (madame Elie de). 304.
Beaunoir (de). 238, 254.
Beaunoir (madame de). 111, 245.
Beauregard. xciv, 50, 290.
Béhague (le comte de). xxij, 171, 227, 228.
Belin. 90, 107, 116, 119, 123, 138, 142, 143, 171, 176, 186, 198, 217, 225, 254, 278, 284, 291.
Belin (madame). cij, 132, 133, 258, 261.
Bellecour, actrice. 261.
Bellecour (Yonne). lxxxvij.
Bellegarde (madame de). 69.
Bérard, actrice. V. Deschamps.
Berchu (madame). 187.
Bercy (de), 206, 280.
Berger. 157.
Berthet. 116, 121, 134, 135, 138, 140, 150, 204, 221, 235, 262, 283, 319.
Bertin d'Antilly. lxxiv.
Bessy (Angélique de). l.
Beugnet. 71, 109.
Binet. 135, 153, 160, 182, 183, 186, 196, 197, 262, 319.
Bizet (madame). 147, 156, 157, 176, 188, 205, 214, 241, 287.
Blanchard de Lavalette. xvij, xxiij, 24 à 56, 210, 237, 248, 306.
Bléret (madame). 285.
Blérie de Sérivillé. 105, 126, 134, 148, 150, 153 à 156, 175.
Blin de Saintmore, 110.
Boisjermain. 246.
Boisard ou Boissard (madame). 285 à 287, 291, 304. V. Lebrun.
Bonnet (Charles). 244.
Bouillon (le prince de). 192.

Boulanger. 295.
Bourgeois (Rose). xcix, 273.
Brack. 232.
Bralle. xl, liv, lxxv, 85, 106, 116, 119, 131, 135, 138, 154, 155, 163, 171, 175, 176, 185, 186, 191, 194, 198, 201, 214, 215, 232, 243, 251, 258, 275, 279, 280 à 285, 289, 294, 315, 324.
Breteuil (le baron de). 233.
Briquet (H. A.). 292.
Brun, oratorien. 185.
Bruny. 226.
Buffon. 325.
Buisson. 123, 186, 187, 198, 201, 212.
Butel-Dumont. xvij, xviij, xxxviij, lxx, lxxiv, lxxv, 19 et suiv., 68, 75, 81, 85, 163, 175, 176, 185, 198, 201, 212 à 215, 232, 236, 273 à 281, 289, 290, 296, 305, 314.

Cagliostro. 181, 209, 256. V. Collier.
Cailleau. 136.
Caillion. 264, 289.
Caillot-Duval. xlviij.
Callenge. 211.
Calvi. 176.
Campardon (E.). xcv.
Cardon-Pitrot, actrice. 276, 281, 309, 310, 311, 312, 314.
Carline, actrice. 302.
Carmontel. 176, 177.
Carnot. lxxvij.
Carraccioli (le marquis de). 253.
Catiche. 170, 185, 225.
Cavagnac, procureur. 175, 177, 212, 284.
Chalais (la princesse de). 278.
Chambreuil (madame). 185.
Champcenetz. 195.
Chardon. 111, 115, 119, 122, 133, 163, 170, 171, 184, 226, 240, 245, 263, 264, 293, 297, 298, 302.
Charlotte. 214.

Charmot. 104.
Châtel (madame). xcij.
Châtelet (mademoiselle). 231.
Chénier (de). lij.
Chenneval. 199, 245, 292.
Chéreau de Villefranche. lxxxix.
Choiseul (le duc de). 69.
Cholet de Jetphort. 137.
Clermont-Tonnerre (la marquise de). lxx, 224, 226.
Clermont-Tonnerre (le marquis de). 278.
Clermont-Tonnerre (le comte de). 88.
Collart (madame). xcij.
Collier (procès du). 151, 174, 180 à 182, 208, 215. V. Cagliostro, Vaucher.
Collin d'Harleville. 218.
Collot d'Herbois. 213, 214.
Colomb. 159.
Colombe, d'Auxerre. xxxiij, cvj.
Colombe, actrice. 217.
Colombe (E. G.). 254.
Colombier. 157, 202.
Colson. 203, 207, 210, 214, 223.
Compoin (Rosalie). 127, 214, 239.
Constance (mademoiselle). 5.
Conti (le prince de). 105.
Corberon (le baron de). lxx, 278.
Cordier de Saint-Firmin. 164.
Cornueau (madame). 303.
Costard. 94, 317.
Coudrai (le chevalier du). 181.
Courcelles, acteur. 276, 282, 286, 288, 290, 296 à 298, 300 à 315.
Courtois. 115, 117.
Cousin. 275.
Coutras (madame). 308.
Couturier. 256, 270, 294.
Cubières-Palmézeaux (le chevalier de). ij, iij, xciij, 112, 307, 310.
Cugnot. 190.
Custines. 268, 269.

Damourette (Rosalie). 120, 166, 237.

Dangenoust (le chevalier). 260.
Dassez (mademoiselle). 157.
Daté (madame). 231.
Debée (Lambertine). 6 à 59, 303.
Debée (Sara). xvij, xxij, xxiij, xxxv à xxxviij, xlvj, xlix, lxxxv, xcvj, 6 à 66, 73, 74, 93, 138, 182, 191, 210, 220, 224, 226, 248, 269, 270, 302.
Decour. 85.
Decoussi. 242, 285.
Deyeux. 172.
Delacroix, dite Delize (madame). 118, 237.
Delaporte, dit Laporte. 252, 254, 262.
Delarbre. 17, 38, 49 à 51.
Delécluze (E. J.). xxxiv.
Delille (l'abbé). 62.
Delormel. 63.
Demailly (Jeannette). lxxxvij.
Demé. 162, 163, 249.
Demeri. 57.
Deschamps, actrice. 159.
Desenne. 317.
Désessarts, acteur. 73, 76, 81, 85, 88, 108, 116, 117, 119, 142, 179, 183, 193, 258 à 266, 275, 283, 304.
Desgardes. 110.
Desmarais. xcv, 229.
Desmarolles. 47, 317 à 319.
Desnoiresterres. xlviij, 196.
Desroches. 266.
Desvignes (madame). xc.
Devallier (madame). 260.
Deville (mademoiselle). 57, 58.
Devilliers, modiste. 213.
Diderot. lxij, 47, 304, 318.
Didier (Désirée). 110.
Didot. 167.
Doloret (madame). 183.
Domenc. 266.
Dorat. 167, 307.
Dorneval (Victoire). xxxviij, cvj, 44, 45, 299, 312, 325.
Dubarry (madame). 213.
Dubosc. 113, 225, 227, 237, 252, 264, 265.
Duchesne (la veuve). xlvij, 83, 84, 89, 93 à 97, 106,

111, 113, 122, 124, 127, 138, 142, 153, 160, 168, 186, 195, 198 à 203, 214, 229, 250, 252, 260, 266, 274, 278, 279, 283, 295, 300, 314, 317, 319, 320.
Duchosal. 187.
Dulaure (J. A.). 292.
Dumas père (Alexandre). 179.
Dumirail. 142, 169.
Dumont (Jean). 286, 297.
Dumoulin (Bastienne). cij, 142, 197, 210, 214.
Dupont (madame). 192.
Dupont, de Nemours. lviij.
Durand (mademoiselle). 90.
Durfort. 278.
Dutertre. 319.
Duval. 221, 311.

Esprit (la veuve). 121, 207.
Eydt. 168, 249.
Expilly (d'). 299.

Fanchette. xiv, lxxxv.
Fariau-Saint-Ange. 182. 187.
Favart. 250, 251, 259, 260.
Fenouillot de Falbaire. 317.
Feuchère (mademoiselle). liij.
Feutry. 224.
Fibert. 174.
Flins des Oliviers. lxxiv.
Florimond. V. Lucas.
Fontaine. 291.
Fontaine, libraire. xj.
Fontanes. xvij, lv, lxxiv, 82, 90, 91, 93, 107, 140.
Fontenay (l'abbé de). xviij, lxxii, lxxiij, 124, 276 à 279.
Formanoir de Palteau. 205.
Fourier. cxiij, cxvj, cxviij.
Fournier, exempt. 94.
Fournier (madame). V. Parangon.
François (Virginie). xcvj, 2, 9, 10, 31, 46, 71, 79, 92, 138, 191, 192, 231, 295.
Fréron. xx, 101, 132, 166, 298.
Froment (Savinienne). lvj, 229, 232, 275, 323.
Funck-Brentano (Frantz). 323.

Gallois. 178.
Ganneri (mesdemoiselles). 243, 283.
Garat. 318.
Garnier. 189.
Gaud (mademoiselle). 309.
Gaudet. lxxxij.
Gaudet d'Arras. xiv, cxv, 12.
Gaussin, actrice. 200.
Gavaudan, actrice. 307.
Gay. 153.
Gemonville (de). 277 à 281, 291, 306.
Genlis (madame de). 195, 196.
Geoffroy (l'abbé). xx, lxxiv, 102, 154, 220, 278, 313.
Géraudier. 265.
Gerbier de la Massilaye. 315.
Gesvres (le duc de). lxx, 19, 104, 206, 280.
Gigot (madame). 274.
Gilbert de Voisins. 314.
Girard (l'abbé). 299.
Girardin (Emile de). cxviij.
Giraud. 153, 183.
Godeau (madame). 152, 215.
Gœthe. lxviij, lxix.
Goldoni. 19, 192, 207, 279.
Gomez (madame de). 228.
Gondrecourt (de). 260.
Gorgy. 253.
Goulher (le marquis de). 200.
Goulard. 52.
Goupil. 318.
Grangé, imprimeur. 61, 132, 133, 158, 164 à 171, 177 à 181, 184, 191, 199, 213, 221, 222, 245, 253, 268, 287, 292, 298, 306.
Granger, acteur. lxxiij, 199, 203, 209, 217 à 220, 236 à 242, 249 à 254, 258, 261, 263, 266, 274, 277, 305.
Grimm. x, lxij, xciij.
Grimod de la Reynière, père. lxxj, 105.
Grimod de la Reynière (madame). 191.
Grimod de la Reynière, fils. xiv à xvij, xx, xxiij, xxv, xxxviij, xlvij à lij, liv, lviij, lxix, lxxj, xcv, 67 à 69, 81 à 89, 97 à 110, 116, 126,

INDEX. 333

137, 141, 153, 158, 166, 174 à 195, 196, 202, 222, 240, 253, 258, 262, 266, 267, 272, 290 à 303, 315, 324.
Grimod de Verneuil. 222.
Grisel. 134.
Gueffier (madame). 313.
Guichard (madame). 86, 116, 166.
Guichard, procureur. 279, 283.
Guillebert de Préval. lxxj, 19, 48, 53, 69, 104, 108 à 110, 179, 186, 191, 198 à 208, 211 à 219, 230, 232, 238 à 255, 260, 265 à 274, 279 à 286, 290 à 299.
Guillebon. 195.
Guilliot. 204.
Guillot. xcv, 124 à 128, 153, 154, 199, 202, 218, 220, 225 à 228, 237, 240 à 245, 252, 255, 261, 262, 266 à 299, 307, 311, 312, 320.
Guillot (madame). 221, 233, 235, 253, 257, 267, 271, 281, 284, 310.
Guimart, danseuse. 306.

Has (madame). 241.
Hémery (d'). 94, 110, 140, 317.
Henri. 137, 143, 144, 151, 152.
Hermilly (d'). 318.
Herschell. lxxxiij.
Heumi. 19.
Horion (Reine). 213.
Houves (de). 20, 26, 33, 57.
Humblot. xc, 317.
Humboldt (de). ij, lxviij, lxix.

Jacob. 165, 216.
Jarente (le marquis de). 189, 278.
Jaubert (l'abbé). 283.
Jaumes (madame). 216, 218, 273.
Jehannin (Marie). lxxxvii.
Jobart. 223.
Johnson. 140.
Jonas (mesdemoiselles). 240.
Joseph II (l'empereur). 272.

Josse. 255, 268.
Joubert. xvij, lv, lxxiv, 90, 93, 103, 107, 110.
Jougneau-Desloges. 292.
Jouignot (madame). 205, 208.
Julien (mademoiselle). 158.
Jumilhac (le marquis de). 278.

Kim. 278.
Knapen. xiv, lxxix, 231.

La Boissière (l'abbé de). 298.
La Chabeaussière (de). lxxiv.
Laclos (mademoiselle). lxxxij.
Lacombe (Paul). xx.
Lacroix (Paul). iij, x, xj, lxxxj, 10, 114, 135, 149, 153, 196, 241, 271, 307, 319.
La Dixmérie (de). 229.
Ladvocat. 215, 230.
Laforêt (mesdemoiselles). 231.
Lafargue (Et. de). 220.
La Girardière (l'abbé de). 274, 299, 305.
La Goupillère (de). 224, 225.
La Harpe. lxiv, lxv, 91, 219, 325.
Lalande (de). lxxviij, 68, 87, 91, 187, 207.
Lallemand (madame). 71.
La Maillardière (le vicomte de). 75.
Lamarque (François). 110.
Lambelin (Rose). xxxiij, 159.
Lambert. 225.
Lambert (madame). 131, 221, 246.
Lambin. 159, 160.
Lamotte (madame). 236.
Langlois. 301.
La Noue. 112.
Laporte. V. Delaporte.
Larchey (Lorédan). xxxviij.
Laruelle (madame). 149, 213 à 218, 223, 239, 244, 245, 258, 261, 263, 266, 296.
Las. 50 à 56.
La Salle (le marquis de). 1, 187, 194.
Lathorillière, acteur. 73.
Laugé. lxvij, 71, 76, 95.
Laval (la comtesse de). 224.

Lavater. lxviij à lxx.
Lebègue (Agnès), femme de Restif. xiv à xvij, xxiij, lxxij, lxxiv, xciij, cvij, 6, 88, 91, 93, 106 à 110, 126, 127, 139, 140, 147, 294.
Leblanc (madame). 95, 97, 184, 197, 214, 227, 238, 255, 263, 269, 274, 281, 283, 287, 310 à 312.
Le Brigant. 216, 273, 290.
Lebrun, poète. lxxvij.
Lebrun (madame). 306. V. Boisard.
Lebrun-Maupeou. lxxix.
Legrand. 102, 103, 116, 119, 137, 139, 140 à 144, 151, 155 à 161, 174, 175, 195, 223 à 226, 232, 235, 236, 281, 286 à 288, 292, 305.
Legrand d'Aussy. 278 à 280, 289, 291.
Lelièvre, 240.
Lemercier de la Rivière. 282.
Lemierre. 238, 286.
Lenoir, lieutenant de police. lv, 93, 95, 152.
Le Pelletier de Morfontaine. xlij, xliv, lij, lxxj, 19, 86, 88, 96, 102.
Leroi. 275, 283.
Leroux (Pierre). cxviij.
Le Roy, graveur. 196.
Lesclapart (Rose). 133, 137, 209, 211.
Lescarbillet (madame). 254.
Lescofon. 217.
Lesparre (madame de). 274.
Le Suire. 265.
Lettré. 133.
Le Vacher de Charnois. 121, 194, 219, 254, 255, 260.
Levé (mademoiselle). 60, 61, 93.
Levesque. 318.
Linguet. lxxiv, 180.
Lise. 258, 304.
Liseux (Isidore). ij.
Loiseau. lxxxiv, cvj.
Lombart (madame). 256.
Londo (mademoiselle). xxiij, 77, 80, 81, 85, 89, 158, 166, 182, 185, 193, 195,
197, 209, 214 à 217, 237 à 239, 306 à 323.
Longnon (A.). xcv.
Lorois (du). 204.
Loterie. V. Mazange.
Louis XVI. cxx, 84, 108.
Louvois (le marquis de). 72.
Lucas (Florimond). 15, 22, 31, 44, 46 à 48, 50, 52 à 58, 62, 220.
Luynes (la duchesse de). liv, lxx, 224.

Madame Adélaïde. 105.
Maillard (Sophie). lix, xcij, 77 à 79, 255.
Maillot. 120.
Mailly (le duc de). lxx, 277 à 281, 306.
Maisonneuve (Defer de). 122, 128, 142, 186, 197, 246, 252, 254, 278, 282, 295 à 298, 303.
Malcamp (le baron de). 269.
Malherbe (le marquis de). 139, 166.
Mallet (P. H.). xcvij, 162, 168.
Marandon. 134.
Marat. cxx.
Marchand (J. H.). 119, 232, 327.
Marchand (madame) 186, 232, 252, 283, 286, 315.
Marcputto. 113.
Maréchal (Sylvain). xvij, 81, 123, 305, 309.
Marie-Antoinette. 69.
Marigny (de). 177.
Marigny (la marquise de). xliv.
Mâris (mademoiselle). 150, 223, 239, 246, 251, 268, 270, 273, 274, 291.
Marlin, dit Milran. lv, lxxij, lxxiij, 75, 76, 87 à 90, 93, 104, 108, 113, 115, 127, 139, 152, 208, 248, 249.
Marmontel. viij, 214, 239, 325.
Marterel (du). 228, 229.
Martin, secrétaire de la police. lv, 98, 139.
Massieu. 206.

INDEX.

Mathon. 312.
Mazange (Adélaïde). 249.
Mazille (le comte de). 277.
Mercier (Sébastien). xvij, xxj, xlix, lij, lxv à lxvij, lxxij, cviij, 83, 116, 119, 120, 135, 169, 178, 183, 192, 193, 196 à 203, 207, 209, 212 à 218, 222, 229, 243, 247, 263 à 267, 271 à 292, 297 à 315, 324.
Mérigot. 85, 103, 151 à 154, 193, 198, 202, 203, 214, 300, 301, 319.
Mérigot (madame). 205, 208, 225, 252.
Merlin (mesdemoiselles). 214, 251, 255, 256, 261, 299.
Mesmer. 54.
Mesnager. 199 à 202, 210 à 216, 223, 225, 230, 267, 278, 279.
Mesnager (Félicité). xxiij, lxxxiij, 190, 198 à 217, 221, 225 à 227, 237, 244, 250.
Mesnager (mademoiselle). 218.
Métra. lxij, lxv, 217.
Milcent (de). 242, 301.
Miller. 299.
Millin. lxxvij, lxxviij.
Milon. 171.
Milran. V. Marlin.
Milton. 125.
Mirabeau (de). cxxij.
Mirabeau (le marquis de). 92.
Mitoire (madame). 1, 98, 137.
Modage (mademoiselle). 307.
Monchevreuil (le marquis de). 243.
Monclar (madame). 5, 213.
Monnet. 8, 161.
Monselet. x, xj, xlix, 272.
Montalembert (la marquise de). xlij à xliv, lxxvj, xcij, c, 86, 195, 262, 271, 297.
Montigny. 303.
Montlinot (l'abbé de). xxij, 85, 87, 102, 105, 109, 120, 121, 134, 140, 142, 157, 162, 168 à 171, 183 à 186, 188, 224, 225, 241, 242, 283, 284, 301, 305.

Montmorency (Mathieu de). lxx, 224.
Montroyal (de). 145.
Moras (de). 314.
Morel de Rosières. 185, 187, 191 à 218, 230, 232, 233, 238 à 245, 257, 264, 282, 287, 324.
Moutiers (de). 69.

Narbonne (le comte de). 189.
Nassau (de). 314.
Natureux. 283.
Navarre (la reine de). 228.
Nerval (Gérard de). x.
Neufchâteau (François de). 105.
Neville (de). 72, 319.
Nicolaï (le président de). 97.
Nogaret (F.) 154.
Noirefosse (de). 308.
Noirette. 140.
Noiron (mademoiselle). 63.
Nord (le comte du). 318.
Normand (madame). 151.
Normandie (le duc de). liij.
Nosoyl (madame de). 1, 68, 189.
Nougaret (P. J. B.). xx, lxxij, 122, 123, 132, 138, 179, 183, 184, 192, 194, 197, 218, 233, 235, 242 à 251, 256 à 259, 262, 325.

Oligny (Mlle d'). 200.
Orléans (le duc d'). xcvij, 105, 176.
Orville (d'). 153.

Palissot. 83, 159.
Panckoucke. lxxiv, 87, 284.
Parangon. lxxxiij, 94.
Parangon (madame Fournier, dite Colette). xiij, xiv, xxx, xxxiij, lxxxv, lxxxix, c, cij, cv, cxvj, 115, 131, 223, 294.
Parazar (le baron de). 312.
Páris (Marguerite). cij.
Parisot (mademoiselle). 92, 213.
Parmentier. 114.
Pascal. 281, 297.
Pelart. 79.
Pelletier des Forts. 178.

Penthièvre (le duc de). 105, 303.
Pétion. 110.
Petit. 117, 153 à 159, 178, 184, 188, 226, 237, 244, 256, 261, 264, 266, 269, 283, 287, 296, 300.
Petit (madame). 89, 166, 197, 209, 213, 235, 241, 242, 291.
Philipon ou Phelippon. 233.
Picard, avocat. lxvij.
Piccini. 290.
Pichon (Benjamin). 227 à 233, 239, 255.
Pidansat de Mérobert. xxxviij, lix, lxxv, xciv, 180, 291.
Pigeon. 315.
Piis (de). 195, 196.
Pitrot. 276. V. Cardon-Pitrot.
Plaisant. 171.
Poinot (mesdemoiselles). xxiij, lix, lxxviij, 9, 10, 39, 63, 73, 81, 112, 120, 155, 168, 239, 245, 249, 301.
Poinsinet. xvj, 302.
Pons de Verdun. lij, 178, 193, 194, 214, 220, 274, 297, 312.
Préville. 105, 121.
Provence (le comte de). 69.
Prudhomme. 70.
Prudhomme, actrice. 89.
Prudhon. cxviij.
Puychevrier (Sylvain). 176.

Quicemette. 115, 132, 163, 306.
Quillau. xiv, 266.
Quinault (mademoiselle). xlvij.

Ragues (le comte de). 133.
Raguidot (mesdemoiselles). 240.
Rapenot (Edme). 94.
Raynal (l'abbé). 94.
Regnault. 70, 74, 159, 202, 205, 255.
Renaud. 179.
Renaud (mademoiselle). 313.
Restif (Agnès). V. Lebègue.
Restif (Edmond). xxv, 190.
Restif (Jean). xiij.
Restif (Marianne), fille de Restif, xxv, liij, lxxvj, xc, cij, 46, 100, 143, 151, 156, 158, 159, 166, 185, 190 à 195, 201 à 212, 216 à 223, 226, 232, 235, 237, 244, 248, 249, 253, 254, 258, 263 à 276, 283, 295 à 316, 324.
Restif (Pierre). xxv, 190.
Restif (l'abbé Thomas). xiij, xxix, cij, 115, 137, 155, 172, 240, 264.
Riccoboni (madame). xcix.
Richardson. xvj, lxx.
Richelieu (le maréchal de). cxiv.
Richer (Adrien). 133.
Richer (madame). 247, 301.
Richomme. 196, 199.
Rivarol. xvij, lxxxiij, 19, 133, 195, 211, 212.
Robbé de Beauveset. 19, 105, 207, 279, 323.
Robert. 265.
Rochelle (madame). 61, 93.
Rochette (mademoiselle). 260.
Roger (de). 300, 305.
Roi (l'abbé). 89, 90, 116, 119, 133, 169, 218 à 225, 234 à 244, 252 à 276, 285, 286, 291 à 299.
Rousseau (J.-J.). viij, xvj, lxiij, lxv, lxxij, lxxvj, lxxx, lxxxiij, cv, cx, 162, 210, 325, 326.
Rousseau (Jeannette). xiij, xxix, lxxxvj, 5.
Royer. 243, 250, 252, 254.
Ruelle (mademoiselle). 273, 280.
Rutteau. 88, 295, 306.

Sade (le marquis de). 13.
Sainfal. 219.
Saint-Aubin, acteur. 288, 303.
Saint-Aubin, exempt. 60, 62.
Saint-Charles. 158.
Saint-George. 262.
Saint-Léger (l'abbé de). 216, 236, 273, 285, 290, 312, 317.
Saint-Léger (mademoiselle Geille de). xix, xlvj, lxxij

INDEX. 337

lxxiij, 62, 63, 66 à 68, 85
à 93, 187, 190.
Saint-Leu (mademoiselle). 21,
68, 158, 201, 250, 279, 285,
286.
Saint-Mars (le chevalier de).
xxv, 69, 89, 90, 112, 152,
157, 177, 182, 185, 190,
195, 198, 201 à 210, 214,
260, 264, 265, 270, 277,
284.
Saint-Pierre (Bernardin de).
323.
Salle. 143.
Sallé de Marnet. 236, 279,
285, 300, 304.
Salmon (Marie). 184.
Sancy (de). 318.
Sarad. 287.
Sartines (de). 250, 251.
Saugrain. 17, 20, 33, 57.
Sausseuil (le chevalier de).
136, 154, 166.
Sauvigny (de). 116.
Schiller. lxviij, lxix.
Sedaine. 112, 289.
Semen. 307.
Senac de Meilhan. liv, 224 à
238, 266.
Senonnes (le marquis de). 117
à 119, 139, 165, 166.
Sergent. lxxiij, 135, 138, 296,
327.
Sieyès (l'abbé). liv, 224.
Silhouette (de). 21.
Simon (l'abbé). lxxix.
Simonnot. 41.
Sirjan, 32.
Soury (Jules). x, xxiij.
Stouppe. 304.

Talleyrand (de). 224, 279.
Talmeyr (Maurice). xij.
Telu. 215.
Terrasson (l'abbé). 72, 75, 80,
81, 84, 92, 94, 103, 105,
113, 168, 299.
Théodore, lxxxij.
Therrin. 55.
Thiébault. 254.
Tillien (Agathe). clj.
Tillien (madame). 176.
Tillier (madame). 296.

Tissot, médecin. 8.
Torel (madame). 233, 235.
Toustain-Richebourg (le vicomte de). lxxiij, 75, 92, 96, 106 à 110, 115 à 133, 139 à 142, 146 à 153, 158 à 171, 175 à 181, 184 à 188, 190 à 200, 208, 212, 215 à 252, 265 à 267, 273 à 314.
Trudaine (les frères). xlix, lij, 176, 178.
Tuñer. 303.
Tulout (Elise). 43, 44, 47, 138, 209, 258.
Turpin, 192, 253, 285, 287, 324.

Ussieux (d'). 168.
Uzanne (Octave). xi.

Valade. lv, lxxxix, 116.
Vallery-Radot (R.). vij, viij.
Vanhove (mademoiselle). 155, 200.
Vaucher. 199.
Verteuil-Forgeot (madame). 277.
Vertilhac (le marquis de). 306.
Victoire. V. Dorneval.
Victoire (la sœur). 87.
Videau de la Tour. 142, 243, 252 à 254, 279.
Vieillot. 163, 165, 208, 230, 235.
Vignon. xxv, 190.
Ville (de). 188.
Villedeuil (Laurent de). 95, 116, 117, 123, 226.
Villedieu (madame de). xcix.
Villeneuve (de). 86.
Villers (madame de). V. Willer-Mawlaz.
Vincent-Regnault (madame). 217.
Virginie. V. François.
Visse. 197, 258, 287, 295.
Voisonbel (de). 229.
Voltaire, xvj, lxxx, 157, 325, 326.

Werkavin (madame). 305.

Willer-Mawlaz (madame de), maîtresse, puis femme de Beaumarchais. 118, 119, 189, 191.

Ximénès (le marquis de). 278.

Zéphyre. xc, cij, cv, cvij, 277, 316.

ERRATUM :

Achever ainsi la phrase du bas de la page 170. — (....trouvée à) la seconde. Le soir, demi-tour oriental, en alant; demi-tour occidental en revenant de (chés M. de Toustain, etc.).

PARIS
TYPOGRAPHIE DE E. PLON, NOURRIT ET Cie
Rue Garancière, 8.

www.ingramcontent.com/pod-product-compliance
Lightning Source LLC
Chambersburg PA
CBHW070820250426
43671CB00036B/524